रसखान ग्रन्थावली

(रसखान तथा उनके काव्य का आलोचनात्मक तथा व्याख्यात्मक अध्ययन)

डॉ. देशराज सिंह भाटी

एम.ए., पी-एच. डी.

राजधानी कॉलेज (दिल्ली विश्वविद्यालय)

नमन प्रकाशन

नई दिल्ली-110002

प्रथम संस्करण 2023

ISBN-81-8129-052-6

नमन प्रकाशन
4378/4बी, अंसारी रोड, दरिया गंज, नई दिल्ली-110002
फोन : 23261839, 23254306

नितिन गर्ग द्वारा नमन प्रकाशन के लिए प्रकाशित। साहिल कम्प्यूटर्स, दिल्ली द्वारा शब्द-संयोजन तथा आर.के. आफसेट, नवीन शाहदरा में मुद्रित।

दो शब्द

हिन्दी के कृष्ण-भक्त तथा रीतिकालीन रीतिमुक्त कवियों में रसखान का अत्यन्त महत्वपूर्ण स्थान है। हिन्दी इनके काव्य के अनेक संकलन प्रकाशित हुए हैं, किन्तु सटीक कोई भी नहीं है, इससे सामान्य पाठक रसखान के काव्य के रसास्वादन से वंचित रह जाता था। प्रस्तुत कृति इसी उद्देश्य की सृष्टि है। इसीलिए इसमें उन सभी छन्दों को समाविष्ट कर लिया है जो संदिग्ध हैं पर रसखान के नाम से प्रचलित हैं।

आशा है, अपने उद्देश्य में यह कृति सफल रहेगी।

—देशराज सिंह भाटी

विषय सूची

आलोचना भाग

व्याख्या भाग

1. रीतिकाल का परिचय

हिन्दी-साहित्य में रीतिकाल का आविर्भाव संवत् 1700 से 1900 तक माना जाता है। इस काल में दो साहित्यिक धाराएँ युगपद प्रवाहित होती हुई भी एक-दूसरी से नितान्त भिन्न हैं। एक धारा है रीतिवद्धमार्गी, जो काव्यशास्त्रीय नियमों का अनुसरण करती है। इस धारा के दो वर्ग हैं। एक वर्ग तो उन लोगों का है जिनके कवित्व के साथ आचार्यत्व का गठबँधन हैं। केशव, जसवंतसिंह, चिन्तामणि, देव, भूषण, कुलपति मिश्र आदि इसी वर्ग में अन्तर्गत आते हैं। दूसरा वर्ग उन लोगों का है, जिन्होंने काव्यशास्त्रीय विवेचन तो नहीं किया, पर उसके आधार पर अपने ग्रन्थों की रचना की है। बिहारी, मधुसूदन, रसलीन, सेनापति आदि इसी वर्ग के अन्तर्गत आते हैं।

इस काल में जो काव्यशास्त्रीय विवेचन हुआ है, वह प्रायः संस्कृत काव्यशास्त्र की सीमाओं में ही आबद्ध रहा है। रीतिकालीन आचार्यों में, इसी कारण, नगण्य मौलिकता परिलक्षित होती है। जहाँ तक उद्देश्य का प्रश्न है, रीतिकालीन आचार्यों का उद्देश्य संस्कृत-आचार्यों से भिन्न था। संस्कृत का काव्यशास्त्र समय-समय पर रसवाद, अलंकारवाद, रीतिवाद, ध्वनिवाद, तथा वक्रोक्तिवाद का समर्थन एवं खंडन-मंडन प्रस्तुत करता रहा है। हिन्दी के रीतिकालीन आचार्य खंडन-मंडन में इन पचड़ों में नहीं पड़े हैं। इन आचार्यों में से कुछ आचार्यों ने नायिका-भेद निरूपण किया है, कुछ ने अलंकार ग्रंथों का निर्माण किया है। और कुछ आचार्यों ने इन दोनों का सृजन किया है। नायक-नायिका-भेद के निरूपण का आधार प्रायः भानुमिश्र रहे हैं और अलंकारों के लिए अप्पय दीक्षित। संस्कृत के ये दोनों आचार्य भानुमिश्र और अप्पय दीक्षित किसी भी काव्यशास्त्रीय वाद से आबद्ध नहीं थे। हिन्दी के कुछ आचार्य, जो सर्वांग निरूपक हैं, आचार्य मम्मट और आचार्य विश्वनाथ के ऋणी हैं। ये दोनों आचार्य काव्यशास्त्रीय वादों एवं सम्प्रदायों से पूर्णतया परिचित थे, पर इन्होंने किसी वाद की दृष्टि से अनुकरण नहीं किया। हिन्दी के आचार्य अलंकारवाद, रीतिवाद तथा ध्वनिवाद से पूर्णरूपेण परिचित नहीं थे, अतः उनका किसी एक सम्प्रदाय को अपनाकर चलना असम्भव था।

रीतिकाल में जो काव्यशास्त्रीय विवेचन हुआ है, उसे देखकर यह प्रश्न उत्पन्न होता है कि ये कवि लक्षणबद्ध साहित्य-निर्माण की ओर क्यों आकृष्ट हुए? क्या इसलिए कि ये हिन्दी साहित्य से सम्बद्ध काव्यशास्त्र का निर्माण करना चाहते थे अथवा इसलिए कि ये हिन्दी में संस्कृत काव्यशास्त्र का अनुवाद प्रस्तुत करना चाहते थे? इन दोनों सम्भावानाओं में से दूसरी संभावना अधिक उचित है। क्योंकि यदि

इनका उद्देश्य काव्यशास्त्र की रचना करना होता तो ये भी संस्कृत आचार्यों की भाँति किसी काव्यशास्त्रीय नियम के उदाहरण में अपने पूर्ववर्ती कवियों के उदाहरण प्रस्तुत करते। संस्कृत काव्यशास्त्र को आधार मानकर ही हिन्दी आचार्यों ने अपने विवेचन को प्रस्तुत किया है। फिर भी हिन्दी में ऐसे अनेक आचार्य हुए हैं, जिन्होंने हिन्दी का विकासशील प्रवृतियों का भी ध्यान रखा है। आचार्य भिखारीदास ने 'तुक' का विवेचन हिन्दी-प्रवृतियों के आधार पर ही किया है। देव और भिखारीदास दोनों ने ही नायिका-भेद में अपनी मौलिकता का परिचय दिया है और अनेक ऐसी नायिका तथा दूतियों का उल्लेख किया है जो संस्कृत काव्यशास्त्र में नहीं मिलती। अब प्रश्न यह हो सकता है कि इन आचार्यों को संस्कृत काव्यशास्त्र के अनुवाद की क्या आवश्यकता थी? इनका उत्तर स्पष्ट है—आचार्यत्व प्राप्ति का प्रलोभन। निष्कर्ष रूप से कहा जा सकता है कि आचार्य के पद पर प्रतिष्ठित होने वाले रीतिकालीन आचार्यों में आचार्यत्व की अपेक्षा का प्रतिभा का अंश ही अधिक है।

इसके अतिरिक्त रीतिकाल में कुछ ऐसे कवि भी हुए हैं, जिनमें आचार्यत्व का प्रलोभन जागृत नहीं हुआ। इन्होंने अपनी प्रतिभा को काव्य तक ही सीमित रखा; अर्थात् लक्षण-ग्रंथों की अपेक्षा लक्ष्य-ग्रंथों का निर्माण किया। बिहारी आदि कवि इसी वर्ग के अन्तर्गत आते हैं।

काव्य-दृष्टि से यदि रीतिकाल का मंथन किया जाए तो इसमें प्रचलित रीतिबद्धमार्गी शाखा की निम्नलिखित विशेषताएँ परिलक्षित होती हैं—

1. शृंगारिकता
2. आलंकारिकता
3. भक्ति और नीति
4. काव्यरूप
5. ब्रजभाषा की प्रधानता
6. जीवन-दर्शन का अभाव।

1. **शृंगारिकता**—रीतिकाल में शृंगार-वर्णन की प्रधानता रही है। इसी प्राधान्य के कारण कतिपय विद्वान इस काल को 'शृंगार काल' कहना उपयुक्त समझते हैं। शृंगार-रस जितना सूक्ष्म विवेचन इस काल में हुआ है उतना किसी अन्य काल में नहीं हुआ। इस प्रवृत्ति का मुख्य कारण तत्कालीन राजनीतिक और सामाजिक परिस्थितियाँ हैं। कवियों का ध्येय अपने आश्रयदाता का मनोरंजन करना होता था और मनोरंजन के लिए शृंगार के अलावा और क्या विषय उपयुक्त हो सकता है। भक्तिकाल में माधुर्य भक्ति का जो अबाध स्त्रोत वहाँ और उसमें जिस शृंगार को अलौकिक रूप दिया गया, वही रीति-काल में आकर लौकिक और मांसल बन गया। प्रथम दर्शन से लेकर सुरतांत तक के चित्रों का इस काल के कवियों ने बड़े मनोयोग से चित्रण किया। इसी कारण इनकी दृष्टि में प्रेम और नारी का स्वस्थ स्वरूप न आ सका। डॉ. भागीरथ मिश्र के शब्दों में—

'श्रृंगारिकता के प्रति उनका (रीतिकालीन कवियों का) दृष्टिकोण मुख्यतः भोगपरक था, इसीलिए प्रेम के उच्चतर सोपनों की ओर वे न जा सके। प्रेम की अनन्यता, एकनिष्ठता, त्याग, तपश्चर्या आदि उदात्त पक्ष भी उनकी दृष्टि में बहुत कम आए हैं। उनका विलासोन्मुख जीवन और दर्शन सामान्यतः प्रेम या श्रृंगार के बाह्य पक्ष शारीरिक आकर्षण तक ही सीमित रहकर रूप को मादक बनाने वाले उपकरण ही जुटाता रहा। यह प्रवृति नायिका-भेद, नखशिख वर्णन, ऋतु-वर्णन, अलंकार निरूपण सभी जगह देखी जा सकती है।

2. आलंकारिकता—रीतिकालीन कवियों के काव्य में दो प्रमुख उद्देश्य थे—मनोरंजन और पांडित्य-प्रदर्शन। आलंकारिकता का प्राधान्य इन दोनों ही कारणों से रीतिकालीन काव्य में समाविष्ट हुआ। यह सच है कि काव्य में अलंकारों को उसकी शोभा के आधार पर धर्म माना गया है और यदि उनका समुचित प्रयोग किया जाए तो काव्य प्रभाव भावप्रेषणीयता में बहुत सीमा तक सहायक सिद्ध होते हैं। किन्तु रीतिकालीन कवियों ने अलंकारों का प्रयोग प्रायः चमत्कार-प्रदर्शन के लिए ही किया, इसलिए इस काल में श्लेष और यमक जैसे श्रमसाध्य अलंकारों का इतना बोल-बाला रहा। इन कवियों ने चमत्कार के प्रति अपना इतना गहन प्रलोभन दिखाया है कि यदि रस और चमत्कार में से इन्हें एक को ग्रहण करने का अवसर आया है तो इन्होंने चमत्कार को ही ग्रहण किया है।

3. भक्ति और नीति—जो भक्ति भक्तिकाल में कवियों का साध्य थी, वही इस काल में आकर साधन बन गई। इन्होंने राधा और कृष्ण को लौकिक धरातल पर ला खड़ा किया और तब ये साधारण नायिका और नायक बनकर रह गये। भक्ति के प्रति इस काल के कवियों का कोई रुझान नहीं था और न ये ऐसे वातावरण में ही थे जो भक्ति के अनुकूल पड़ता है। फलतः राधा और कृष्ण के माध्यम से इन्होंने श्रृंगारिकता की ही अभिव्यक्ति की है। डॉ. नगेन्द्र के शब्दों में—

'यह भक्ति भी उनकी श्रृंगारिकता का अंग थी। जीवन का अतिशय रसिकता से जब ये लोग घबरा उठते होंगे तो राधा-कृष्ण का यही अनुराग उनके धर्मभीरु मन को आश्वासन देता होगा। इस प्रकार रीतिकालीन भक्ति एक ओर सामाजिक कवच और दूसरी ओर मानसिक शरणभूमि के रूप में इनकी रक्षा करती थी। तभी तो ये किसी तरह उसका अंचल पकड़े हुए थे। रीतिकाल का कोई भी कवि भक्तिभावना से हीन नहीं है—हो भी नहीं सकता था, क्योंकि भक्ति उसके लिए एवं मनोवैज्ञानिक आवश्यकता थी। भौतिक रस की उपासना करते हुए उसके विलास-जर्जर मन में इतना नैतिक बल नहीं था कि भक्तिरस में अनास्था प्रकट करने का उसका सैद्धांतिक निषेध करते। इसीलिए रीतिकाल के सामाजिक जीवन और काव्य में भक्ति का आभास अनिवार्यतः वर्तमान है और नायक-नायिका के लिए बार-बार हरि और राधिका शब्दों का प्रयोग किया गया है।

जहाँ तक नीति का सम्बन्ध है, इस विषय में इन लोगों ने जो कुछ लिखा है, वह यथार्थ और व्यावहारिक है। वस्तुतः इनका वातावरण भक्ति की अपेक्षा नीति के अधिक निकट था।

4. काव्यरूप—इस काल का वातावरण मुक्तकों के ही अधिक अनुरूप था, क्योंकि मनोरंजन इस काल के काव्य का मुख्य प्रयोजन था। ऐसे वातावरण में किसी प्रबंधकाव्य की आशा करना अनुचित ही है। काव्य का मूल्यांकन उसके चमत्कार में निहित था। अतः कवि मुक्तको पदों में ही अपनी कविप्रतिभा और पांडित्य-प्रदर्शन कर सकते थे। प्रबन्ध और मुक्तक के स्वरूप को स्पष्ट करते हएु आचार्य शुक्ल मुक्तक के लिए उपयुक्त वातावरण का निर्देश करते हुए लिखते हैं—

'मुक्तक में प्रबन्ध के समान रस की धारा नहीं रहती जिसमें कथा-प्रसंग की परिस्थिति में अपने आपको भूला हुआ पाठक मग्न हो जाता है और हृदय में एक स्थायी प्रभाव ग्रहण करता है। इसमें रस के छींटे पड़ते हैं जिनमें हृदय-कलिका थोड़ी देर के लिए खिल उठती है। यदि प्रबन्धकाव्य वनस्थली है तो मुक्तक एक चुना हुआ गुलदस्ता है। इसी में वह सभा-समाजों के लिए अधिक उपयुक्त होता है। उसमें उत्तरोत्तर अनेक दृश्यों द्वारा संघटित पूर्ण जीवन या उसके किसी एक पूर्ण अंग का प्रदर्शन नहीं होता, कोई एक रमणीय खंडदृश्य इस प्रकार सामने ला दिया जाता है कि पाठक या श्रोता कुछ क्षणों के लिए मन्त्र-मुग्ध सा हो जाता है। इसके लिए कवि को मनोरम वस्तुओं या व्यापारों का एक छोटा-सा स्तवक कल्पित करके उन्हें अत्यन्त संक्षिप्त और सशक्त भाषा में प्रदर्शित करना पड़ता है।'

कहने की आवश्यकता नहीं कि शुक्ल जी का यह विवेचन रीतिकालीन काव्यरूप पर भी उतना ही फिट बैठता है जितना स्वतन्त्र रूप से।

रीतिकाल में कुछ प्रबन्धकाव्य भी लिखे गए हैं, पर मुक्तक काव्यों की तुलना में उनकी संख्या नगण्य ही है।

5. ब्रजभाषा की प्रधानता—इस काल में ब्रजभाषा के प्रयोग को ही कवियों ने अधिक महत्त्व दिया और समूचे रीति-कालीन काव्य में इसी भाषा का बोलबाला रहा। इस प्रयोगाधिक्य से ब्रजभाषा को भी नई शक्ति, नई सजीवता एवं नई प्राणवत्ता मिली।

6. जीवन दर्शन का अभाव—रीतिकाल कवियों के समक्ष यथार्थ जीवन का कोई महत्त्व नहीं था जीवन और की सम्पूर्णता ही उन्हें वांछित थी। वे तो जीवन के केवल उसी भाग को ग्रहण करते थे जिसमें कल्पनाओं की उड़ानें और वासना की थिरकनें थीं, युवावस्था से जीवन ही रीतिकालीन कवियों का प्रतिपाद्य था। प्रो. भागीरथ मिश्र के शब्दों में—

'ऐसे लगता है कि रीति कविता के रचयिता यौवन और वसन्त के कवि हैं। जीवन का फूलता हुआ सुघर रूप ही उन्हें प्रिय है। पतझड़, संघर्ष और विनाश सम्भवतः स्वतः जीवन में इतने घोर रूप से विद्यमान था कि कवि काव्य में भी उसको उतार कर नैराश्य और निवृत्ति की भावना को जगाना नहीं चाहता है। वह तो फूलते-फलते जीवन का भ्रमर है। उसके जीवन का एक ही स्वरूप लिया, एक ही पक्ष लिया, यह इस धारा के कवि की संकीर्णता है, दुर्बलता है, और एकांगिता है; परन्तु जिस पक्ष को उसने लिया है उसके चित्रण में उसने कोई कसर उठा नहीं रक्खी। उसके समस्त वैभव और विलास के चित्रण में उसने कलम तोड़ दी है।'

यही कारण है कि रीतिकालीन कवि के पास न तो कोई स्वस्थ जीवन है और न कोई जीवन-दर्शन है।

रीतिकाल की दूसरी काव्यधारा रीतिमुक्त कवियों की है। घनानन्द, आलम, बोधा, रसखान आदि इस धारा के प्रमुख कवि हैं। ये कवि न तो किसी परम्परा से सम्बद्ध हैं और न किसी काव्यशास्त्रीय नियमन से। ये भावावेश के कवि हैं। इनके मन में जो भी भाव स्फुरित होता है, उसे ये अत्यन्त सबल एवं प्रभावत्पादक अभिव्यंजना के माध्यम से प्रकट करते हैं। इनके अपने सिद्धान्त, अपनी रीति और अपनी अभिव्यंजना शैली है। इनको तो वही व्यक्ति समझ सकता है जो ब्रजभाषा का अधिकारी विद्वान होने के साथ-साथ महास्नेही हो। रसखान का सम्बन्ध इसी धारा से है, अतः इस धारा का परिचय प्राप्त करना आवश्यक है।

भक्ति के युग के पवित्र ब्रह्माद्रव की धारा को पार कर जब हिन्दी के कवियों ने तनिक सामने की ओर अपनी दृष्टि दौड़ाई तो हरे-हरे लता-कुंजों कदम्ब के घने वृक्षों तथा हरियाली से भरे फूलों वाली निर्मल जल की धारा ने उनके मन को अपनी ओर आकर्षित कर लिया, फिर क्या था, वही उनका मन "श्याम ह्वै समान्यों, यमुना यमुन जल तरंग में" कवियों के लिए कविता का एक नया सुन्दर मार्ग मिल गया। यहाँ कविता की शैली में एक नूतन परम्परा का आविष्कार हुआ। आगे चलकर इस नवीन परम्परा को रीतिकाल के नाम से अभिहित किया गया।

हिन्दी-साहित्य का यह रीतिकाल सभी दृष्टियों से ऊँचा और आदर्श माना जाता है। इस युग में कविता करने की एक ऐसी प्रणाली बन गई, जिसका आलम्बन सभी परवर्ती कवियों ने लिया। सच पूछा जाय तो भाषा, शैली और विषय तीनों दृष्टियों से यह काल एक ऐसा राजमार्ग बना, जिस पर चलकर तत्कालीन कवियों को कविता करने में विशेष सुविधाएँ मिलीं। इस युग में कविता-पद्धति के हम दो विभिन्न रूप देखते हैं।

एक रीतिमुक्त और दूसरा रीतिमुक्स है। रीतियुक्त कवियों ने काव्य के लक्षण-ग्रंथों के आधार पर कविताएँ लिखीं पर रीतिमुक्त कवियों ने स्वतन्त्र रूप से अपनी रचनायें उपस्थित कीं। इन कवियों में से प्रमुख कवि घनानन्द थे। सच पूछा जाए तो इन कवियों की स्थिति रीतिकाल में उसी प्रकार की थी जिस प्रकार कमल की स्थिति जल में होती है। सूक्ष्म रूप से इनके काव्य का अध्ययन करने से इस बात की प्रामाणिकता स्पष्ट हो जाती है।

रीतिकालीन कविता का राज मार्ग आद्योपान्त श्रृंगार रस से अभिसिंचत है, इसमें सम्भवतः तो किसी को भी सन्देह नहीं; पर रीतिमुक्त कवियों ने इस पथ पर जहाँ तक संचरण किया भक्ति के, अगर, धूप, चन्दन से उसे पवित्र कर दिया। इनकी कविता केवल श्रृंगार की वंशी-ध्वनि ही नहीं, अपितु भक्ति की खञ्जड़ी भी मुखरित सुनाई पड़ती है। इन्होंने शृङ्गार के साथ भक्ति का मिश्रण करके बिहारी के 'श्याम हरि दुति होय' से कुछ कम कमाल नहीं किया। दो शब्दों में यदि हम रीतिमुक्त कवियों को रीति-परम्परावादी कवियों में भक्त-कवि मान लें तो अधिक युक्तिसंगत होगा। इस

परम्परा के अन्तर्गत घनानन्द, बोधा, आलम, निवाज, ठाकुर आदि प्रमुख हैं। इस धारा के कवियों के काव्य की प्रमुख विशेषताएँ या सामान्य प्रवृत्तियाँ निम्नलिखित हैं—

1. **काव्य-रचना का प्रेरणा-स्त्रोत निजी जीवन**—यद्यपि इन कवियों में से कुछ का सम्बन्ध विभिन्न राजाओं के दरबार से भी रहा। किन्तु फिर भी इन्होंने केवल अपने आश्रयदाताओं को प्रसन्न करने के लिए काव्य-रचना नहीं की। इनकी काव्य-रचना का प्रेरणा-स्त्रोत इनका वैयक्तिक जीवन ही था। इन्होंने अपने जीवन में प्रेम और विरह की ऐसी अनुभूतियाँ प्राप्त कीं जिन्होंने इनको काव्य-रचना के लिए विवश कर दिया। यह कविता नहीं लिखते थे, अपितु कविता स्वतः ही इनकी अनुभूतियों से प्रेरित होकर उच्छ्‌वसित हो जाती थी। घनानन्द ने लिखा है—

''लोग है लागि कवित्त बनावत,
मोहि तो मेरे कवित्त बनावत।''

इसी प्रकार इस धारा से अन्य कवियों ने भी प्रयत्नपूर्वक कविता नहीं लिखी, अपितु उसमें उनकी भावनाओं के सहज स्वाभाविक उद्‌गार हैं। इनके बहुत से समकालीन कवि रीति के लक्षणों को ध्यान में रखकर कविता करते थे, जो इन्हें पसन्द न थी।

ठाकुर ने ऐसे कवियों को आलोचना करते हुए लिखा है—

''सखि लीनों मीन मृग खजन, कमल नयन,
सीखि लीनों जस और प्रताप को कहानों है।''

इससे स्पष्ट है कि इस धारा के कवियों ने कविता के वास्तविक महत्त्व को समझा था। यही कारण है कि इनकी कविता में बाह्य शरीर के चित्रण के स्थान पर हृदय की सच्ची पुकार मिलती है।

2. **स्वच्छन्द प्रेम**—जो प्रेम समाज की मर्यादाओं के प्रतिकूल हो, उसे स्वच्छन्द प्रेम का नाम दिया जाता है। हिन्दी के इन कवियों का प्रेम भी स्वच्छन्द प्रेम की कोटि में आता है। इन कवियों ने जाति, समाज और धर्म की अनुयायिनी ली। घनानन्द की सुजान, बोधा की सुझान, आलम की शेख, आदि नायिकाएँ जाति की मुसलमान थीं। ऐसी स्थिति में इन कवियों का प्रेम के क्षेत्र में विविध कठिनाइयों का सामना करना पड़ा। मित्रों का उपहास समाज की निन्दा और आश्रयदाताओं के विरोध का उन्हें सामना करना पड़ा। उन्हें जीवन में अनेक कष्ट सहने पड़े; किन्तु फिर भी वे अपने प्रेम-मार्ग से पीछे नहीं हटे। उनके प्रेम में सच्चाई और एकोन्मुखता के दर्शन होते हैं। बोधा के शब्दों में वे अपनी प्रेयसी के लिए संसार के वैभव को ठुकराने के लिए सहर्ष प्रस्तुत हैं—

''एक सुभान के आनन पे कुरबान जहाँ लगि रूप जहाँ को।
जानि मिले तो जहान मिले, नहिं जानि मिले तो जहान कहाँ को।।''

प्रेम की इस अनन्यता के कारण इनके शृंगार वर्णन में स्वच्छता, पवित्रता और गंभीरता मिलती है जिसका रीतिबद्ध कवियों में अभाव मिलता है।

3. सौन्दर्य का सूक्ष्म रूप में चित्रण—जहाँ रीतिबद्ध कवियों ने अपने काव्य में नारी के स्थूल अंगों की नाप-जोख की है, वहाँ इन्होंने अपनी प्रेयसियों के सौन्दर्य का वर्णन अत्यन्त सूक्ष्म रूप में किया है। वह उनके नख-शिव का वर्णन न करके उसके स्थान पर सौन्दर्य की अनुभूतिपूर्ण झलक प्रस्तुत करते हैं। घनानन्द के अनुसार—

"अंग अंग तरंग उठे द्युति की,
परि है मनु रूप अबै घर च्वै।"

अर्थात् नायिका के प्रत्येक अंग से सौन्दर्य की लहरें उठ रही हैं। अभी इसका रूप धरती पर चू पड़ेगा। इसी भांति वे स्थूल विशेषताओं के स्थान पर सूक्ष्म सौन्दर्य का चित्रण करते हैं। नायिका के होठों की लाली की अपेक्षा इन्हें अपनी मुस्कराहट अधिक आकर्षित करती है। देखिए—

"छवि को सदन, गोरो बदन रुचिर भाल,
रस निचुरत मृदु मीठी मुस्कयानि में।"

उसकी मीठी मुस्कराहट में रस टपक रहा है। यह वाक्य हमें छायावादी सौन्दर्य-पद्धति का स्मरण कराता है। यहाँ 'मीठी' का प्रयोग विशेषण विपर्यय के रूप में हुआ है जो कि छायावाद की विशेषता मानी जाती है। इसी प्रकार अन्य कवियों ने भी सौन्दर्य का अंकन सूक्ष्म रूप में ही किया है।

4. शृंगार के संयोग और वियोग पक्ष का चित्रण—स्वच्छन्द धारा के कवियों को विरह और मिलन दोनों में प्रेमियों के हृदय के अन्तःस्थों को उद्घाटित करने की ही लगी रहती है। वैसे तो इन्होंने शृंगार के दोनों स्थलों का चित्रण किया है, परन्तु इनकी मनोवृत्ति वियोग-पक्ष में अधिक रमी है। प्रेम को ये लोग आन्तरिक और गोपनीय वस्तु मानते हैं। रीति मार्गीय कवियों की प्रेम-वक्रता के विरुद्ध ये लोग तो यह मानते हैं—

"अति सूधो सनेह को मारग है
जहाँ नेक सयानत बाँक नहीं।"

परन्तु संयोग में बाहरी जगत की प्रधानता होती है और उस समय कवि की अन्तर-वृत्ति भी बहिर्मुखी होती है। ऐसी स्थिति में प्रेम की सघनता व तरलता अभिव्यक्त नहीं हो पाती। वियोग पक्ष में कवि की दृष्टि अन्तर्मुखी होती है। वह प्रेमानुभूति को स्वयं प्रेमी बनकर प्रकट करता है। अतः उसकी विरह-उक्तियाँ हृदय के अन्तस्तल में सच्ची प्रकार से प्रकट होती हैं। वह प्रेम की अतुल गहराइयों तक बैठने को आतुर रहता है। वियोग की अमिट प्यास हृदय को सदा द्रवित रखती है। विरह की अनुभूति का स्वरूप अधिक तीव्र होता है। अतः उनकी विरह विषयक धारणा अधिक विलक्षण है। वस्तुतः इनकी प्रेम तृषा बढ़ती रहती है। इनमें विरह का मार्मिक चित्रण है और निजी प्रेम की पीर का प्रदर्शन सच्चे रूप में मिलता है।

आचार्य विश्वनाथप्रसाद मिश्र ने इन कवियों को सूफियों से प्रभावित माना है। उनका यह विश्वास है कि इनके काव्यों में वर्जित प्रेम-पीर फारसी काव्य-धारा का प्रभाव है जो कि सूफियों के माध्यम से आया है। उनके ही शब्दों में; "इन स्वच्छन्द

कवियों ने फारसी काव्यगत वेदना की निवृत्ति के साथ प्रेम-पीर का स्वागत किया। इनकी रचना में वियोग के आधिक्य का कारण यही है। लौकिक पक्ष में इनका विरह निवेदन फारसी काव्य की वेदना की निवृत्ति से प्रभावित है और अलौकिक पक्ष में सूफियों की प्रेम-पीर से।'' रीतिमुक्त कवियों ने विरह का अतिशयोक्ति वर्णन नहीं किया है। वह नायिका को रीतिबद्ध कवियों की तरह इतनी जलती हुई नहीं दिखाता कि ''उस पर गुलाब जल की शीशी औंधा दी जाए तो वह भाप बनकर उड़ जाएगी।'' परन्तु रीतिमुक्त कवि इन सब अन्तर्दशाओं का चित्रण आन्तरिक शैली से करता है।

इन्होंने कृष्ण के सगुण सलौने रूप को अपने काव्य का विषय बनाया है। अतः इन्होंने कृष्ण और राधा के संयोग पक्ष के प्रेम की भी बड़ी मनोहारी और मार्मिक झाँकियाँ प्रस्तुत की हैं। इनका प्रेम वासना-पंकिल न होकर स्वच्छ चमत्कार प्रदर्शन है। संक्षेप में कहा जा सकता है कि इनका प्रेम बहिर्मुखी न होकर अन्तर्मुखी अधिक है। उसमें हृदय की मार्मिक सूक्ष्म अनुभूतियों और सौन्दर्य की महीन बारीकियाँ हैं। वस्तुतः ये प्रेम हृदय और सौन्दर्य के सच्चे पारखी हैं।

5. भक्ति का स्वरूप—इन कवियों ने राधा और कृष्ण की लीलाओं का उन्मुक्त गान किया है, किन्तु इतने भर से इन्हें कृष्णभक्त कवि सूरदास आदि की कोटि में नहीं रखा जा सकता। लगभग सभी रीतिकालीन कवियों का यह कथन है—

''आगे के सुकवि रीझि हैं तो कविताई,
न तु राधिका कन्हाई सुमिरन को बहानो है।''

इनको शुद्ध रूप से भक्त कवि नहीं कहा जा सकता क्योंकि इनका प्रमुख उद्देश्य शृंगार-वर्णन था। इसलिए इन्होंने भगवद् भक्ति की ओर से अश्लील एवं संस्कृत चित्र प्रस्तुत किए। आचार्य विश्वनाथ के अनुसार—पहले उनकी रुचि रीतिबद्ध रचना की ओर दिखाई देती है। दूसरे रूप में इन्होंने स्वच्छन्द रूप से प्रेम के पवित्र क्षेत्र में पदार्पण किया। तीसरे में इनकी रचनायें भक्तिपरक हो गईं।

आगे वह लिखते हैं कि यदि भक्ति कहे बिना सन्तोष न मिले तो इन्हें उन्मुक्त भक्त कवि मान लिया जा सकता है। इनका भक्त कवियों से पार्थक्य इनकी स्वच्छन्द प्रकृति द्वारा ही हो जाता है। दूसरा भक्त इन्होंने भक्त कवियों द्वारा त्याज्य विषयों को ''प्रेम की वास्तविकता कठोरता'' आदि का वर्णन विस्तार से किया है। इनकी भक्ति में साम्प्रदायिकता एवं संकीर्णता की भावना नहीं है। उन्होंने अनेक देवी-देवताओं के प्रति उदार आस्था प्रदर्शित की है। रसखान और घनानन्द को ही इस भक्त कोटि में रखा जा सकता है।

6. प्रकृति-चित्रण—प्रायः सभी कवियों ने हिन्दी-साहित्य के प्रथम तीन कालों में प्रकृति-चित्रण को उपेक्षित रखा है परन्तु रीतिकाल में दृष्टि शृंगार परक होने के कारण शृंगारिक चित्रण में अधिक रमी इसीलिए उनकी दृष्टि भी इसके वर्णन से दूर हट गई। रीतिकाल में प्रकृति का चित्रण उद्दीपन रूप में हुआ है। सेनापति की रचना प्रकृति कहीं-कहीं उद्दीपन के बंधन से मुक्त अवश्य मिल जाती है। विरह वारीश में बोधा में प्रकृति वर्णन कुछ तो शास्त्रबद्ध और कुछ स्वच्छन्द वृत्तिबद्ध रखा है।

7. लोक जीवन का ग्रहण—स्वच्छन्दमार्गी कवियों ने लोक-जीवन के मंगल मोद पक्ष को भी लिया है। प्रसिद्ध पर्व त्यौहारों पर रीतिमुक्त शैली में उत्तम रचनायें की हैं। अखतीज, हरियाली तीज, झूला, बट-पूजन आदि अनेक त्यौहार ठाकुर के काव्य में वर्णित हुए हैं।

8. काव्य पद्धति—स्वच्छन्द कवियों ने रीति का निर्वाह आरम्भ में स्वीकृत करके बाद में त्याग दिया। रीतियुक्त, रीतिबद्ध सभी कवियों में नेत्र व्यापार सम्बन्धी सभी उक्तियाँ समान रूप से पाई जाती हैं। राजाश्रित कवि ने तो उर्दू या फारसी के काव्यरचना के रकीबों और माशूकों की जोड़-तोड़ में खण्डिता को पेश किया। यहाँ पर ये कुछ रीतिबद्ध कवियों के समीप आ जाते हैं। स्वच्छन्द कवियों ने खंडिता नायिका द्योतक चिन्हों के ब्यौरे प्रस्तुत न करके उनके हृदय को दिखलाने का प्रयत्न किया। सुरतांत यानि रति के कुत्सित चित्र प्रायः इन कवियों में नहीं मिलते हैं। जो मिलते हैं वह भी उस समय के जब इन कवियों ने इस मैदान में प्रवेश किया था। बोधा में कहीं-कहीं बाजारू ढंग अवश्य मिलता है।

9. मुक्तक शैली—वैसे तो समूचे रीतिकाल में मुक्तक शैली की ही प्रधानता पाई जाती है। परन्तु फिर भी कभी-कभी फुटकल रूप में प्रबन्ध काव्यों की रचना होती रही। आलम ने 'माधवानल', 'कामकंदला', 'सुदामा चरित्र' और श्याम स्नेही, बोधा ने 'विरह वारीश' नामक प्रबन्ध काव्य प्रस्तुत किए।

10. छन्दालंकार—इस धारा में अधिकांशतः कवित्त, सवैया और दोहा जैसे छन्दों का प्रयोग किया गया। यद्यपि बीच-बीच में छप्पय, वरवै, हरिपद आदि छन्दों का प्रयोग किया गया है किन्तु सभी रीति-कवियों की वृत्ति अधिकतर दोहा-सवैया और कवित्त में रमी है। रीतिमुक्त धारा के कवियों ने अलंकारों का प्रयोग अपने प्रकृत रूप में किया है। इनके यहाँ अलंकार साधन रूप में आए हैं न कि साध्य के रूप में।

11. भाषा—भाषा का परिमार्जन और व्यवस्थापन भी इन स्वच्छन्द कवियों के द्वारा ही हुआ है। क्योंकि रीतिबद्ध कवियों के पास इतना अवकाश होते हुए भी उन्होंने भाषा को व्यवस्थित करने का प्रयास नहीं किया। मतिराम और पद्माकर को छोड़कर दूसरे कवियों में भाषा की सफाई के दर्शन नहीं होते। भूषण और देव आदि ने स्वेच्छा से शब्दों को तोड़ा-मरोड़ा है। इनकी भाषा में प्रादेशिकता का ही पुट भी बना रहा। परन्तु रीतिमुक्त कवियों में न तो भाषा के अंग-भंग की प्रवृत्ति और नहीं प्रादेशिकता का ही पुट है। रसखान और घनानन्द ने तो ब्रजभाषा का ऐसा प्रयोग किया है, जिसमें ब्रज भाषा का साहित्यिक परिनिष्ठित रूप स्वीकृत और मुहावरों का भी सुन्दर प्रयोग हुआ है।

अन्त में हम कह सकते हैं कि इनकी कविता सच्ची अनुभूति से पूर्ण है। भावपक्ष और कलापक्ष दोनों की दृष्टि से इनका काव्य प्रौढ़ है। यदि हम इस काव्यधारा के सर्वश्रेष्ठ कवि घनानन्द को हिन्दी शृंगारी कवियों में सर्वश्रेष्ठ मानें तो अनुचित नहीं होगा।

2.

रसखान का जीवन-वृत्त

रीतिकालीन स्वच्छन्द काव्यधारा के विशिष्ट कवि रसखान का न तो जीवन-वृत्त ही निर्विवाद है और न इनकी रचनायें। इनके जीवन-वृत्त को जानने की जो सामग्री उपलब्ध है, उसे दो भागों में विभाजित किया जा सकता है—अन्तः साक्ष्य और बाह्य साक्ष्य। अन्तः साक्ष्य में वे तथ्य होते हैं जो सम्बद्ध कवि की रचना अथवा रचनाओं में मिलते हैं। बाह्य साक्ष्य में अन्य विद्धानों द्वारा अन्वेषित तथ्यों का विवेचन होता है। इन्हीं दो आधारों पर हम यहाँ पर रसखान का जीवन-वृत्त प्रस्तुत कर रहे हैं।

अन्तः साक्ष्य—जहाँ तक अन्तः साक्ष्य का सम्बन्ध है, अन्य भक्त-कवियों की भाँति रसखान भी अपने विषय में प्रायः मौन रहे, चाहे शालीनतावश अथवा राजनीतिक कारणों से। प्रेम-वाटिका में अपने विषय में इन्होंने निम्नलिखित केवल चार दोहे लिखें हैं—

1. देखि गदर हित-साहिबी, दिल्ली नगर मसान।
छिनहिं बादसा-बंस की, ठसक छोरि रसखान।।
2. प्रेम-निकेतन श्रबनहिं, आइ गोवर्धन धाम।
लह्यौ सरन चित्त माहिकै, जुगल-सरूप ललाम।।
3. तोरि मानिनी तें हियो, फोरि मोहिनी मान।
प्रेमदेव की छबिहि लख, भए मियाँ रसखान।।
4. बिधु सागर रस इन्दु सुभ, बरस सरस रसखान।
प्रेमवाटिका रचि रुचिर, चिर हिम हरषि बखान।।

इन दोनों से यह ज्ञान होता है कि जब दिल्ली में शासन-लिप्सा के कारण गदर हुआ और दिल्ली नगर श्मशान की भाँति कुरूप एवं भयानक हो गया तो रसखान शाही वंश का तुरन्त गर्व छोड़कर, तथा अपनी मानिनी प्रिया मान की चिन्ता न करते हुए ब्रज में आए जहाँ इन्होंने सम्वत् 1671 में 'प्रेम वाटिका' की रचना की।

यह कथन समस्या का सरल समाधान नहीं, वरन् समस्या को और उलझा देने वाला है। इस कथन से उपस्थित समस्यायें ये हैं—

1. रसखान का अभिप्राय किस गदर से है? यह गदर कब हुआ?
2. रसखान ब्रज में कब आये।
3. रसखान की प्रेयसी कौन थी जिसे ये ठुकराकर ब्रज आये?
4. 'प्रेमवाटिका' की रचना करते समय रसखान की आयु क्या थी?

हिन्दी विद्वान उपर्युक्त प्रथम दो प्रश्नों को तो प्रायः उपेक्षित कर गए हैं। 'प्रेमवाटिका' के रचना-काल को सर्वाधिक महत्त्व देकर इसके आधार पर रसखान के जो विभिन्न काल में निर्णीत किए गए हैं, वे इस प्रकार हैं–

1. 'शिवसिंह-सरोज' के लेखक शिवसिंह ने इनका जन्म संवत् 1630 माना है।

2. 'शिवसिंह-सरोज' के मत को आधार मानकर ही बाबू राधाकृष्णदास ने 'सूरसागर' की भूमिका में रसखान का जन्म संवत् 1631 स्वीकार किया है।

3. पं. किशोरीलाल गोस्वामी ने स्व-सम्पादित 'प्रेमवाटिका' के द्वितीय संस्करण में रसखान का समय सोलहवीं शताब्दी निश्चित किया है।

4. 'रसखान और घनानन्द' नामक कृति के सम्पादक बाबू अमीरसिंह ने पं. किशोरीलाल गोस्वामी के मत को ही मान्यता प्रदान की है।

5. मिश्रबन्धुओं ने 'मिश्रबन्धु-विनोद' में रसखान का जन्म संवत् 1615 में और देहावसान संवत् 1685 में माना है।

6. आचार्य रामचन्द्र शुक्ल ने रसखान के केवल कविता-काल का उल्लेख किया है जो संवत् 1640 के उपरांत है।

7. डॉ. रामकुमार वर्मा ने संवत् 1671 को ही रसखान का कविताकाल माना है।

ये मत मुख्यतः 'प्रेमवाटिका' के रचनाकाल पर ही आधृत हैं।

कुछ विद्वानों ने 'दिल्ली के गदर' के आधार पर रसखान के समय का निर्णय करने के प्रयास किये हैं। श्री अमृत लाल शील ने दिल्ली की इस दुर्घटना को नादिरशाह के भीषण आक्रमण से जोड़कर रसखान का समय गोस्वामी विट्ठल नाथ से 150 वर्ष पश्चात् माना है। पर शील जी अपने मत की स्थापना करते समय ये भूल गए हैं कि गोस्वामी विट्ठलनाथ रसखान के दीक्षागुरु थे। हिन्दी के कुछ अन्य विद्वानों की भाँति आचार्य चन्द्रावली पांडेय ने भी जहाँगीर (सलीम) के खुसरू (जन्म संवत् 1642, मरणकाल संवत् 1679) द्वारा राज्य हड़पने की संवत् 1662-63 वाली विकल घटना को रसखान द्वारा उल्लिखित 'दिल्ली गदर' स्वीकार किया है। कुछ अन्य विद्वानों ने अकबर की काबुल-विजय को ही दिल्ली का गदर मान लिया है। डॉ. भवानीशंकर याज्ञिक ने इन सभी मान्यताओं को अमान्य ठहराते हुए इस विषय पर विस्तार से, इतिहास के परिवेश में, विचार किया है। ये इस घटना को अकबरकालीन मानते हैं–

'ठीक इसी समय संवत् 1642 (23 जनवरी, 1556 ई.) में अपने पुस्तकालय की सीढ़ी से गिर पड़ने से हुमायूँ की अचानक मृत्यु हो गई' और अकबर संवत् 1612 (14 फरवरी, 1556 ई.) को गद्दी पर बैठा। उसने पठानों को खदेड़-खदेड़ कर अशक्त कर दिया और थोड़े समय में सबका दमन कर सूरवंश का नाम मिटा दिया। सिकन्दरशाह सूर अकबर से प्राणों की भिक्षा पाकर शेष जीवन बंगाल में व्यतीत करने लगा और तीन वर्ष बाद मर गया। महमूदशाह आदिल को जो मुनारगढ़ में था, वह महमूदखाँ के पुत्र खिजिरखाँ ने अपने पिता के वध का बदला लेने के लिए बिहार में सूरजगढ़ में परास्त कर संवत्. 1617 में मरवा डाला। इब्राहीमखाँ जो सम्भल भाग रहा था, हेमू से

बार-बार पराजित होकर बुन्देलखण्ड और फिर उड़ीसा भाग गया और कुछ वर्षों बाद मारा गया। हुमायूँ की मृत्यु का समाचार मिलते ही हेमू मुगल-सेना से लड़ने गया और सितम्बर 1556 ई. में दिल्ली पर अधिकार कर लिया, किन्तु 5 नवम्बर, 1596 को युद्ध में तीर की ओट में ऊँचा होने पर बन्दी हुआ और बैरमखाँ द्वारा मारा गया।

उपरोक्त इतिहास-प्रसिद्ध गृह कलह को ही रसखान ने गदर का नाम दिया है। इसी गृहकलह ने दिल्ली को श्मशानवत् कर दिया था। यह राज्यलिप्सा-जन्य परस्पर का कलह रसखान के निकट सम्बन्धियों के बीच ही हुआ था। वे स्वयं बादशाह वंश के पठान थे और सम्बन्धियों में मारकाट मची देखकर व्याकुल हो गये थे। संवत् 1602 में इस कलह का बीजारोपण सलीमशाह द्वारा बड़े भाई का राज्य हड़पने के कारण हुआ और संवत् 1611-12 में भयंकर रूप से फैल गया, जिसकी लपेट में सूरवंश के पठानों का सर्वनाश हो गया था। इस लगातार दो वर्षों के युद्ध के कारण दिल्ली नगर श्मशानवत् हो गया था। कहने का तात्पर्य यह है कि रसखान ने सवंत् 1612 की घटना से त्रस्त होकर अपने प्राण रक्षणार्थ या संसार से एकदम विरक्त होकर दिल्ली छोड़ ब्रजवास किया। इस तथ्य में सन्देह का कोई कारण नहीं है।'

इस आधार पर कहा जा सकता है कि रसखान का जन्म सम्वत् 1590 ई. के आस-पास हुआ होगा, क्योंकि दिल्ली छोड़ते समय इनकी अवस्था बीस-बाईस वर्ष की होगी।

रसखान ब्रज में कब आये? यहाँ पर यह प्रश्न भी विचारणीय है। डॉ. याज्ञिक के अनुसार वे संवत् 1612 में दिल्ली छोड़कर तुरन्त ब्रज में आ गये थे, परन्तु तत्कालीन राजनीतिक परिस्थितियों को देखते हुए यह मत शुद्ध प्रतीत नहीं होता। 'मूल गुसाईं चरित' के अनुसार रसखान ने संवत् 1634 से 1637 तक अर्थात् तीन वर्ष तक यमुना तट पर राम-कथा का श्रवण किया। इसका अभिप्राय यह है कि इस समय तक इनमें कृष्णभक्ति का प्रभाव प्रस्फुटित नहीं हुआ था। रसखान के दीक्षा-गुरु श्री विटठलनाथ जी का गोलोकवास-काल संवत् 1642 है। इसका अर्थ यह हुआ कि संवत् 1637 से 1646 के अन्तराल में ही रसखान कृष्णभक्ति में दीक्षित हुए और तभी ये ब्रज में जाकर बसे।

जिस मानवती के मान की उपेक्षा करके रसखान ब्रज में आकर बसे, यह मानिनी कौन है? इस प्रश्न के उत्तर में रसखान से सम्बद्ध सभी साधन मौन हैं। कुछ विद्वानो का अनुमान है कि यह मानवती रसखान की कोई प्रेमिका होगी। केवल अनुमान का आधार लेकर इस विषय में इससे अधिक कुछ नहीं कहा जा सकता।

रसखान का जन्म-समय निर्धारित कर लेने के उपरान्त अब यह कहना कठिन नहीं कि जब इन्होंने 'प्रेमवाटिका' की रचना की, तब इनकी आयु 81 वर्ष की थी, अर्थात् ये काफी लम्बी आयु तक जीवित रहे। अतः अनेक विद्वानों की यह मान्यता भी असंगत प्रतीत नहीं होती कि ये लगभग 85 वर्ष तक जीवित रहे। इस आधार पर इनका देहावसान संवत् 1675 के लगभग माना जा सकता है।

बाह्य साक्ष्य

रसखान से सम्बन्धित बाह्य साक्ष्य के आधार पर तीन कृतियाँ विशेष रूप से उल्लेख हैं—दो सौ बावन वैष्णवन की वार्ता, मूल-गुसाई चरित और भक्तमाल।

1. दो सौ बावन वैष्णवन की वार्ता—इस कृति में वैष्णव-सम्प्रदाय के 252 प्रमुख कवियों का परिचय है यद्यपि यह परिचय पूर्ण तथा इतिहास संगत नहीं है, फिर भी उसे एकदम निराधार अथवा काल्पनिक नहीं कहा जा सकता। इसमें ऐसे अनेक तथ्य मिलते हैं जिससे सम्बद्ध कवि के विषय में बहुत कुछ ज्ञातव्य बातों का बोध हो जाता है। इस कृति की 218वीं वार्ता रसखान से सम्बन्धित है, जो इस प्रकार है—

'अब श्री गुसाईं जी के सेवक रसखान पठान दिल्ली में रहते तिनकी वार्ता। सो दिल्ली में एक साहूकार रहतो हतो। सो वा साहूकार को बेटा बहुत सुन्दर हतो। वा छोरा सों रखवान को मन बहुत लग गयो। वाही के पाछे फिर्‌यो करै और वाको झूठो खाय और आठ पहर वाही की नौकरी करै। पगार कछू लैवे नहीं, दिन रात वाही में आसक्त रहै। दूसरे बड़ी जात के रसखान की निन्दा बहुत-बहुत करते हते। पर रसखान काहू की सुनते नहीं हते और आठ पहर वा साहूकार के बेटा में चित्त लग्यो रहतो। एक दिना चार वैस्नव मिलकै भगवत-वार्ता करते हते। करते-करते ऐसी बात निकसी जो जो प्रभु में ऐसो चित्त लगावनो जैसी रसखान को चित्त साहूकार के बेटा में लग्यो है। इतने में रसखान वा रस्ता, निकस्ये, बिनने यह बात सुनी। तब रसखान ने कही जो तुम मेरी कहा बात करो हौ। तब वैस्नव ने जो बात हती सो कही। तब रसखान बोले, प्रभु को सरूप दीखे तो चित्त लगाइये। तब वा वैस्नवन श्रीनाथ जी को चित्र दिखायो। सो देखत ही रसखान ने वो चित्र ले लिबौ, और मन में ऐसो संकल्प कर्‌यो जो ऐसो सरूप देखनो जब अन्न खाना और उहाँ सूँ घोड़ा पै बैठकै एक रात में वृन्दावन आयो ओर सबरे दिन दिन सब मंदिरन में भेष बदल कै भिरयौ और सब मंदिरन में दरसन किये पर वैसे दरसन नहीं भये। तब गुपालपुर में गयो और भेस बदलकै श्रीनाथ जी के दरसन करने कूं गयो। तब सिंघमौरिया ने भगवदिच्छा सूँवा के चिन्ह बड़ी जातवारे के पहिचाने। तब वाकू धक्का मार निकास दियो, भीतर पैठन न दिया। सो जइकें गोविंदकुण्ड पर रह्यौ। तीन दिन ताईं परयो रह्यौ। खायबे पीन की कछू अपेक्षा राखी नाहीं। तब श्रीनाथ जी ने जानी यह जीव दैवी है और शुद्ध है, और सात्विक है और मेरो भक्त है, या कूँ दरसन देऊँ तो ठीक है। तब श्रीनाथ जी ने दरसन दिये। तब वो उठिकै श्रीनाथ जी कूँ पकरिवे दौर्‌यो। सो श्रीनाथ जी भाज गये। फेर श्रीनाथ जी ने गुसाई जी सूँ कही, ये जीव दैवी है और म्लेच्छ योनि कूँ पायो है, जासूँ याके ऊपर कृपा करो, याकूँ सरन लेओ। जहाँ ताईं तुम्हारो सम्बन्ध जीव कूँ नाही होवै तहाँ ताईं मैं जीव कूँ स्पर्श नाहीं करत हूँ और वाके हाथ को खाऊँ नाहीं, जासूँ अब याको अंगीकार करो। तब श्री गुसाईं जी श्रीनाथ जी के वचन सुनिकै गोविंद कुण्ड पै पधारे और वाकूँ नाम सुनाओ और साक्षात् श्रीनाथ जी के दरसन श्री गुसाईं जी के समय में वाकूँ भए। तब श्री गुसाईं जी विनकूँ संग लै पधारे और उत्थापन के दरसन कराये। महाप्रसाद लिवायो। तब रसखान जी श्रीनाथ जी के सरूप में आसक्त

भए। तब रखसान ने अनेक कीर्तन और कविता और दोहा बहुत प्रकार के बनाए। जैसे-जैसे लीला के दरसन बिनकूँ भए, वैसे ही बनन किए। सो वे रसखान श्री गुसाईं जी के ऐसे कृपापात्र हते जिनकूँ चित्र के दरसन करत मात्र ही संसार सूँ चित्र खिंच के श्रीनाथ जी में लग्यौ। इनके भाग्य की कहा बड़ाई करती। वार्ता सम्पूर्ण।'

2. मूल गुसाईं चरित—इस कृति के लेखक बाबा बेणीमाधवदास हैं। इसमें बताया गया है कि जब 'रामचरितमानस' की रचना पूर्ण हो गई तो सबसे पहले उसे मिथिला के रूपारण्य स्वामी ने अयोध्या में सुना। तत्पश्चात् स्वामी नन्दलाल के शिष्य दयालदास (अथवा दलालदास) ने 'मानस' की प्रतिलिपि करके उसे यमुना-तट पर अपने गुरु नन्दलाल और रसखान को सुनाया—

मिथिला के सुसंत सुजान हते। मिथिलाधिप भाव पगेर हेत।।
सुचि काम रूपारुन स्वामी जुतो। तिहिं औसर औध में आयो हुतो।।
प्रथमै वह मानस तेईं सुने। तिनहिं अधिकारि गुसाईं गुने।।
स्वामी नंद (सु) लाल को सिष्य पुनी। तिसु नाम दलाल सुदास गुनी।।
तिखि कें सोइ पोथी स्वठाम गयो। गुरु के ढिंग जाइ सुनाम दयो।।
यमुना-तट पै त्रय वस्तर लौं। रसखानहिं जाइ सुनावत भौ।।

इस उद्धरण से यह ज्ञात होता है कि रसखान ने तीन वर्ष तक, अर्थात् संवत् 1634 से 1637 तक, यमुना किनारे 'रामचरितमानस' की कथा का श्रवण किया था। चाहे 'मूल गुसाईं चरित' प्रामाणिक हो, अथवा अप्रामाणिक पर यह कहना अनुपयुक्त नहीं कि इससे रसखान की धर्म के प्रति उदारता का पता चलता है। यद्यपि ये मूलतः कृष्ण-भक्त हैं, पर आम धार्मिक सम्प्रदायों के प्रति, तुलसी की भाँति इनकी पूज्य दृष्टि है। तभी तो ये जिस श्रद्धा से कृष्ण की स्तुति करते हैं, उसी श्रद्धा से शिव की और गंगा की महिमा का भी गुणगान करते हैं।

3. भक्तमाल—वार्ता-साहित्य में भक्तमाल का जितना संवर्द्धन हुआ है इतना और किसी कृति का नहीं हुआ। यही कारण है कि समय-समय पर अनेक कवियों ने भक्तमाल की रचना की है, जैसे—भक्तमाल प्रसंग, भक्तमाल प्रदीपन, भक्तमाल उत्तरार्द्ध, नवभक्तमाल आदि। भक्तमाल के सर्वप्रथम लेखक नाभादास माने जाते हैं। नाभादासकृत 'भक्तमाल' में संवत् 1643 तक के कृष्ण-भक्तों का ही उल्लेख है, पर रसखान के विषय में कुछ नहीं कहा गया है। इसका कारण यह हो सकता है कि जब तक रसखान राजनीतिक कारणों से गुप्त जीवनयापन कर रहे होंगे और इसीलिए कृष्ण-भक्तों में इन्हें इतनी ख्याति प्राप्त न हुई होगी कि ये 'भक्तमाल' में स्थान पा सके। 'भक्तमाल' पर अनेक टीकाएँ भी लिखी गई हैं। वस्तुतः ये टीकाएँ न होकर ग्रंथ का संवर्द्धन ही कही जा सकती हैं, क्योंकि जैसे-जैसे कृष्ण-भक्तों की संख्या बढ़ती गई, वैसे ही टीका के नाम पर इस कृति में कृष्ण-भक्तों का समावेश होता गया। संवत् 1844 में प्रियादास जी के पौत्र वैष्णवदास ने 'भक्तमाल-प्रसंग' नामक टीका के द्वारा इस कृति का संवर्द्धन किया और तब उन्होंने रसखान को भी

कृष्ण-भक्तों में सम्मिलित कर लिया। 'भक्तमाल-प्रसंग' में रसखान-विषयक क्रमांश इस प्रकार है—

"पातस्याह ने देखी तुरक कंठी पैहरन लगे। तब रसखान बुलाए। देखे तो सो कंठी नार में परी हैं। तब पूँछी रसखान, कंठी क्यों राखे है? तब ये बोले—हजरत! काठ की नाव पै पत्थर तिरै याते मैं राखी है। ये काठ हैं, मैं पत्थर हौं। तब कही—भले राखो, परन्तु इतेक तो हिन्दू हू नाहीं राखें। तब रसखान बोल्यो—वे हलके हैं। मैं भारी पत्थर हौं'।"

यद्यपि इस कथा का कोई ऐतिहासिक प्रमाण नहीं मिलता, परन्तु यह जरूर मिलता है कि मुगल राजाओं ने कंठी-माला धारण पर रोक लगाई हुई थी। यह रोक गोस्वामी गोकुलनाथ जी के प्रयास से जहाँगीर ने समाप्त की। इस विषय पर तत्कालीन अनेक कवियों की उक्तियाँ मिलती हैं।

1. **'जयति बिठ्ठल सुवन, प्रगट बल्लभ बली,**
   प्रबल पन करि तिलक माल राखी।'

—हरिराम जी

2. **'माला तिलक न तजी कबहू, परी जदपि पुकारा।'**

—कल्याणदास

3. **'बिठ्टलेस के सपूत गोकुलेश के हुलास,**
   माल राखि सौ कलेस काहु में न राख्यो है।'

—प्रसिद्धि कवि

प्रसिद्धि कवि ने तो इस विषय पर एक प्रबन्धकाव्य की ही रचना कर डाली थी।

इन उक्तियों से यह निष्कर्ष निकालना कठिन नहीं है कि तत्कालीन मुगल उस मुगल को हीन दृष्टि से देखते थे जो हिन्दुओं की भाँति माला-तिलक धारण करता था। यह भी संभव है, हिन्दू भी सार्वजनिक स्थानों पर तिलक और माला धारण करके न जा सकते हैं। इसीलिए तो गोस्वामी गोकुलनाथ जी को उक्त आज्ञा को हटवाने के लिए काफी प्रयत्न करना पड़ा। इस पृष्ठभूमि में यह अनुमान लगाना भी असंगत नहीं है कि कंठी धारण करने के कारण रसखान को भी अनेक यातनाओं का सामना करना पड़ा होगा। वे यातनायें चाहे राजा की ओर से हों, या कट्टरपंथी मुसलमानों की ओर से।

'भक्तमाल-प्रदीपन' में रसखान से सम्बद्ध जहाँ अनेक कथाओं का उल्लेख है, वहाँ यह कंठी वाली वार्ता भी पाई जाती है। 'भक्तमाल प्रदीपन' की कथा इस प्रकार है—

'रसखान जी परम भक्त भगवत के हुए। पहिले मुसलमान थे। बगरज तवाफ (परिक्रमा की इच्छा से) फाबः (मक्का-स्थित एक मंदिर जिसे मुसलमान ईश्वर का घर मानते हैं।) जो बिंदराबन में पहुँचे तो पहले जन्मों के सबाबों (पुण्यकर्मों का फल) ने जहूर (प्रत्यक्षीकरण) किया। यानी (अर्थात्) ब्रिज चंद महाराज ने उस सरूप सोभायमान ब्रिज सुन्दर से कि मोर मुकुट सर पर, बनमाला पहने हुए, जेवरात (आभूषण) हरेक

उजू (प्रत्येक अंग) में बिराजमान, फूल जा बजा (जहाँ तहाँ) गुँथे हुए, लिबास (पहिचान) जक बर्क (तड़क भड़क वाला) का शोभित, एक हाथ में मुरली और दूसरे हाथ में घड़ी, गो चराते हैं, दरसन हुए। बमूजिब (अनुसार) देखने इस रूप माधुरी और दिलरुबा (चितचोर, प्रेमपात्र) के कुछ हालत (दशा) और ही हो गई। इस रूप में महब (तल्लीन) होकर बेहोश (मूर्च्छित) जमीन पर गिर पड़े। मुरशिद (धर्मगुरु, पीर) हमराह (रुहपंथी) था। गश (मूर्च्छा) समझकर दरपए इलाज (चिकित्सा का इच्छुक) हुआ और पुकारा कि आँखें खोलो। रसखान जी ने कहा कि उनको उसी वक्त (समय) अब उलूम (विद्याएँ) व मतालिब (अर्थ समूह, व्याख्याएँ) जाहिर (व्यक्त) व बातिन (अन्तर्गत, अंतरंग) व शायरी से बहः (काव्यकला-सम्पन्न) हो गया था। कवित्त में उस मनोहर मूर्ति का जो देखी थी, मान (वर्णन) करके आखिर (अन्त में) कहा कि आँखें क्या खोलूँ वह मूर्ति तो दिल में बस गई है। मुरशिद (पीर) ने फिर कहा कि काबे (मक्का-स्थित एक मंदिर) को चलो। रसखान जी ने जवाब दिया कि कैसा काबः और कैसा किब्लः (मक्का का वह स्थान जहाँ काला पत्थर स्थापित है और जिसकी ओर मुँहकर नमाज पढ़ी जाती है) जो है सो सब जहाँ मौजूद (उपलब्ध) है। अब मैं कहाँ जाता हूँ? ब्रिज का हो चुका। और एक कवित्त में बयान (वर्णन) किया कि अगर, आदमी जिस्म (शरीर) मुझको मिलेगा तो ब्रिज के ग्वाले और लोगों में रहूँगा और अगर चरिन्द (पशु) हुआ तो नंद बाबा की गौ बछड़ों में और अगर संग (पत्थर) हुआ तो गिर्राज (गिरिराज गोवर्धन) का और अगर परन्द हुआ तो ब्रिज के दरखतों (वृक्षों) का। मुरशिद (पीर) को इन कलामात (वचनों) से ताज्जुब (आश्चर्य) हुआ और चाहा कि रथ पर डालकर जबरदस्ती (बलपूर्वक) ले जाऊँ। रसखान जी भाग कर बन में जा छिपे और बिरन्दाबन में बास करके हजारहः (सहस्त्रों) कवित्त बिरन्दाबन के, व सुझाव (स्वभाव, गुण) व शोभा प्रिया-प्रियतम के तसनीफ (पुस्तक लिखकर) भेंट किए। और लिबास बैस्नवी धारन किया। माला कसीर (अधिक, प्रचूर) पहिना करते थे। किसी ने पूछा कि दो माला ही काफी (पर्याप्त) हैं, इस कदर (अत्यधिक) कसरत (बाहुल्य, प्रचुरता) की क्या जरूरत (आवश्यकता) है? जवाब दिया कि माला असखास मिस्ले संग को (पत्थर जैसे व्यक्तियों को) संसार समंदर (सागर) से पार उतार देती है। सो जो शख्स (व्यक्ति) मिस्ल (समन) छोटे पत्थर के है, उसको तो एक-दो माला काफी (पर्याप्त) है, और मैं मिस्ल संग कला (बड़े पत्थर के समान) हूँ, मुझको बहुत माला रखना वाजिब (उचित) है।

इस कथा में कोई ऐतिहासिक तथ्य नहीं, केवल रसखान से सम्बद्ध अनुश्रुतियों को दोहरा दिया गया है और वह भी श्रद्धा के साथ।

भारतेन्दु जी ने अपने भक्तमाल उत्तरार्द्ध में रसखान के साथ अन्य मुसलमान हिन्दी कवियों की ओर दृष्टिपात किया है और उनकी हिन्दी-सेवा से भाव-विभोर होकर कह उठे है–

'इन मुसलमान हरिजनन पै, कोटिन हिन्दू बारिए।'

राधाचरण गोस्वामी ने अपने 'नवभक्तमाल' में रसखान से सम्बन्धित एक छप्पय लिखा है, जो इस प्रकार है—

'दिल्ली नगर निबास, बादसा वंश विभाकर।
चित्र देखि मन हरो, भरो मन प्रेम-सुधाकर।
श्री गोवरधन आइ, जबै, दरसन नाहिं पाए।
टेढ़े मेढ़े वचन रचन निरभय ह्वै गाए।
तब आप आइ सु मनाइ, करि सुस्त्रूषा मेहमान की।
कवि कौन मिताई कहि सकै, श्रीनाथ साथ रसखान की।।'

गोस्वामी जी का यह विवरण नाभादासकृत 'भक्तमाल' पर ही आधारित है।

उपर्युक्त वार्ता-साहित्य के रसखान के किसी ऐतिहासिक विवरण पर ऐतिहासिक दृष्टि से प्रकाश नहीं पड़ता, वरन् इनमें लेखकों की कृष्णभक्ति-कवि रसखान के प्रति श्रद्धांजलियाँ भी उपलब्ध होती हैं। इसका तात्पर्य यह नहीं है कि इनमें वर्णित तथ्य अथवा घटनाएँ निरी काल्पनिक हैं। इनसे रसखान के विषय में जो निष्कर्ष निकलता है, वह यही है कि इनका प्रारम्भिक प्रेम ठोस भौतिक था, किन्तु बाद में वह ईश्वर-प्रेम में परिणत हो गया और कृष्ण-भक्त कवियों में रसखान का विशिष्ट स्थान है।

जन्म-स्थान

रसखान के जन्म-स्थान के विषय में भी दो मत मिलते हैं। 'शिवसिंह-सरोज' में इन्हें जिला हरदोई के पिहानी जन्म-स्थान का बताया गया है और इन्होंने 'प्रेम-वाटिका' में अपना जन्म स्थान दिल्ली बताया है—

'देखि गदर हित साहिबी दिल्ली-नगर मसान।
छिनहिं बादसा बस की, ठसक छोरि रसखान।।''

अब यह देखना है कि इनमें कौन-सा मत संगत है।

डॉ. याज्ञिक शिवसिंह-सरोजकार के मत को अंसगत मानते हुए लिखते हैं कि पिहानी की बस्ती को हुमायूँ-अकबर ने संवत् 1612 के बाद बसाया था। इस कारण रसखान के जन्म के समय पिहानी का कोई अस्तित्व ही नहीं था। हाँ, रसखान का शिष्य कादिरबख्श वहाँ रहा हो इसकी संभावना हो सकती है और यह भी संभावना हो सकती है कि भूल से शिष्य के निवास-स्थान को ही गुरु का जन्म-स्थान समझ लिया हो।

जहाँ तक दिल्ली का सम्बन्ध है, रसखान ने दिल्ली को अपना निवास-स्थान अवश्य बताया है, पर उसे जन्म-स्थान नहीं बताया। अतः निर्विवाद रूप से यह भी तो नहीं कहा जा सकता कि दिल्ली ही इनका जन्म-स्थान है, किन्तु रसखान के जीवन पर दृष्टिपात करने से यह ज्ञात होता है कि इनका भक्त-पूर्व जीवन दिल्ली में ही बीता। इसलिए यह संभावना की जा सकती है कि इनका जन्म भी दिल्ली में ही हुआ होगा।

निष्कर्ष

अब तक के विवेचन का निष्कर्ष यह है कि रसखान का जन्म संवत् 1590 के लगभग दिल्ली में हुआ। इनका सम्बन्ध तत्कालीन शाही वंश से था, किन्तु जब शाही वंश का पतन हुआ और दिल्ली उजड़ गई तो ये संवत् 1612 के लगभग दिल्ली को छोड़कर ब्रज में आ गये और वहाँ कृष्ण-भक्ति से तल्लीन रहने लगे।

कहते हैं कि प्रारम्भ में इनका प्रेम ठोस भौतिक था, अर्थात् ये एक साहूकार के लड़के पर आसक्त थे, पर संयोग से इनके मन को ठेस लगी और इनका मन प्रेम भगवद्-प्रेम में परिणत हो गया। दिल्ली छोड़ने के बाद कुछ वर्षों तक ये इधर-उधर छिपे फिरते रहे। इस दौरान में ये तीन वर्ष तक यमुना-तट पर भी रहे और रामचरितमानस की कथा सुनते रहे। इससे इनमें हिन्दू-धर्म के प्रति आस्था का जागरण हुआ और तब नियमित रूप से ब्रज में बसकर कृष्ण-भक्ति में तल्लीन हो गये।

इनका पहनावा वैष्णव भक्तों का-सा था। ये कंठियाँ बहुत पहना करते थे। इससे मुसलमानों को बड़ी अप्रसन्नता हुई और इन्हें मुगल बादशाह के सामने पेश किया गया। बादशाह ने पूछा—तुम इतनी सारी कंठी क्यों पहनते हो? इन्होंने उत्तर दिया कि जिस प्रकार पत्थर को नदी से पार होने के लिए लकड़ी का सहारा लेना पड़ता है, उसी प्रकार मैंने संसार-सागर से पार होने के लिए इन मालाओं को धारण कर रक्खा है।

ये जब तक जीवित रहे, पूर्णतया कृष्णभक्ति में तल्लीन रहे और कृष्ण की लीलाओं का गान करते रहे। लगभग 85 वर्ष की अवस्था में, अर्थात् संवत् 1675 के आस-पास इनका देहावसान हुआ। मथुरा नगरी से लगभग 6 मील दूर दक्षिण-पूर्व की ओर एक पुराने टीले पर स्थित लाल पत्थर की एक बारहदरी को इनकी समाधि बताया जाता है।

कृष्णभक्त-कवियों में इनका विशिष्ट स्थान है।

3.

रसखान की रचनाएँ

रसखान, अन्य कृष्णभक्त-कवियों की भाँति मूलतः भक्त थे। कविता इनका कर्म नहीं, वरन् भावाभिव्यक्ति का एक साधन मात्र था। इन्हें जब भी भावावेश हुआ, वह सवैया या कवित्त के माध्यम से फूट पड़ा। इसके छन्दों की संख्या कितनी है? इस प्रश्न का निर्विवाद उत्तर देना असम्भव है। तुलसीदास जी के 'भक्तमाल प्रदीपन' के अनुसार इन्होंने सहस्त्रों कवित्तों की रचना की। पर अब रसखान के नाम से प्राप्त होने वाले असंदिग्ध और संदिग्ध छन्दों को मिलाकर कुछ 334 छन्द प्राप्त हुए हैं। प्रस्तुत संकलन में इन छन्दों को पाँच भागों में विभजित किया गया है—

1. सुजान-रसखान	255	छन्द
2. प्रेम-वाटिका	53	छन्द
3. दान-लीला	11	छन्द
4. स्फुट-छन्द	5	छन्द
5. संदिग्ध-छन्द	10	छन्द

इन भागों का क्रमशः परिचय निम्नलिखित है।

सुजान-रसखान

सुजान-रसखान में संकलित छन्दों का विषय कृष्ण-भक्ति के विविध पहलुओं से सम्बद्ध है। इन छन्दों को निम्नलिखित शीर्षकों के अन्तर्गत विभाजित किया गया है—

1. भक्ति-भावना, 2. कृष्ण का अलौकिकत्व, 3. अनन्यभाव, 4. मिलन, 5. बाललीला, 6. रूप-माधुरी, 7. प्रेम-लीला, 8.बंक-विलोचन, 9. मुसकान-माधुरी, 10. कृष्ण-सौन्दर्य, 11. रूप-प्रभाव, 12. कुब्ज-लीला, 13. नटखट कृष्ण, 14. मुरली-प्रभाव, 15. कालिय-दमन, 16. चीर-हरण, 17. प्रेमासक्ति, 18. प्रेम-बन्धन, 19. प्रेम-वन्दना, 20. रासलीला, 21. फागलीला, 22. राधा-सौन्दर्य, 23. मानवती राधा, 24. सखी-शिक्षा, 25. संयोग-वर्णन 26. वियोग-वर्णन, 27 सपत्न-भाव, 28. कुवलयापीडभाव, 29. उद्धव-उपदेश, 30. ब्रज-प्रेम, 31. गंगा-महिमा, 32. शिव-महिमा।

1. **भक्ति-भावना**—यों तो रसखान के सभी छंद भक्ति-भावना से ओत-प्रोत हैं, किन्तु इस शीर्षक रक्खे गये छंदों की भक्ति-भावना में एक विशेषता यह है कि इसमें कवि प्रत्यक्ष रूप से भक्त के रूप में परिलक्षित होता है। वह कृष्ण तथा उनकी जन्मभूमि ब्रज के प्रति अनन्य प्रेम प्रदर्शित करता हुआ कहता है कि यदि मुझे मनुष्य की योनि मिले तो मैं वही मनुष्य बन सकूँ जो ब्रज के गोकुल गाँव में निवास कर सकूँ;

यदि पशु योनि मिले तो नन्द की गाय बनूँ, यदि पत्थर का जन्म मिले तो गोवर्धन पर्वत की शिला बनूँ और यदि पक्षी की योनि मिले तो यमुना-तट पर उगे हुए कदम्ब वृक्ष की डालों पर बैठकर साहद चहचहाता रहूँ। रसखान अपने शारीरिक अंगों की सार्थकता भी इसी में मानते हैं कि वे ईश्वरोन्मुख हों। इसीलिए ये रसना की सार्थकता कृष्ण-जाप में, हाथों की कुञ्ज-कुटीरों की सफाई करने में ही मानते हैं। अपने आराध्य देव कृष्ण की जन्मभूमि ब्रज में इन्हें इतना प्रेम है कि उसके एक-एक कण पर ये समस्त सिद्धियों और समृद्धियों को न्यौछावर करने की क्षमता रखते हैं। भक्तों को अपने भगवान पर दृढ़ एवं अटल विश्वास होता है। उनकी संरक्षता प्राप्त करके वह स्वयं को हर प्रकार के संकटों से मुक्त मानता है इसलिए तो अपने माखन चाखनहारे के संरक्षण में ये किसी चुगल और लवार की चिन्ता नहीं करते। रसखान अपने प्रिय के रूप में उसी प्रकार एकाकार हैं जिस प्रकार गोपियाँ थीं। उसके प्राण सदैव राधा और कृष्ण के सरस एवं नूतन प्रेम से संयुक्त हैं।

2. कृष्ण का अलौकिकत्व—कृष्णभक्त कवियों ने कृष्ण को साकार मानकर उसके माधुर्य रूप की भक्ति की है, पर वे अपनी कविताओं में यथावसर उसके अलौकिकत्व का प्रदर्शन भी करते रहे हैं। कृष्णकाव्य की यह प्रमुख विशेषता है। सूरदास ने विस्तारपूर्वक कृष्ण के अलौकिकतव का वर्णन किया है। उदाहरण के लिए यह पद प्रस्तुत है।

चरन गहे अंगुठा मुख मेलत।
नंद-घरनि गावति हलरावति, पलना परिहरि खेलत।
जे चरनारबिंद श्री-भूषन, उर तैं नैंकु न टारीत।
देखों धौं का रस भरननि कौ, सुर-मुनि करत विषाद।
सो रस है मोहूँ कौं दुरलभ, तातैं लेत सवाद।
उछलत सिन्धु, धराधर काँपत, कमठ पीठ अकुलाइ।
सेष सहसफन डोलन लागे, हरि पीबत जब पाइ।
बढ़्यौ वृच्छ बट सुर अकुलाने, गगन भयौ उत्पात।
महा प्रलय के मेघ उठे करि, जहाँ-तहाँ आधात।
करुना करी, छाँड़ि पग दीन्हौ, जानि सुरन मन सस।
सूरदास प्रभु असुर-निकन्दन, दुष्टानि कैं उर गंस।

स्वच्छन्द-काव्यधारा के कवि भी इस प्रवृत्ति से उन्मुक्त नहीं हो सके हैं। घनानन्द कृष्ण के अलौकिकत्व का स्पष्ट संकेत देते हुए लिखते हैं—

'तोहि सब गावैं एक तोरी कों बतावै वेद
पावैं फल ध्यावैं जैसी भावनानि भरि रे।
जल-थल व्यापी सदा अंतरजामी उदार,
जगत में नाँव जान राय रह्यौ परि रे।
एते गुन लाय हाय छाय घनआनंद यौं,
कैंधों मोहिं दीस्यौ निरगुन ही उधरि रे।

जरौं विरहागिनि मैं करौं हौं पुकार कासों,
दई गयौ तू हूँ निरदई ओर ढरि रे।।'

रसखान ने भी इस प्रवृत्ति का पालन किया है। कृष्ण के अलौकिकत्व का प्रतिपादन करने वाले इनके आठ छंद उपलब्ध होते हैं जिनमें बताया गया है कि जिस कृष्ण का जप शंकर जैसे महादेव करते हैं, जिसका ध्यान करके ब्रह्मा अपने धर्म में वृद्धि करते हैं, जिस पर देव, किन्नर और पृथ्वी पर रहने वाली स्त्रियाँ अपने प्राणों को न्यौछावर करके सजीवता प्राप्त करती हैं, जिसके गुणों का गान शेषनाग, गणेश, शिव, सूर्य, इन्द्र आदि निरंतर करते रहते हैं, वेद जिसे अनादि, अनंत, अखंड, अछेद्य, अभेद्य आदि विशेषणों से विभूषित करते हैं, योगी, यति, तपस्वी जिसके लिए निरन्तर समाधि लगाये रहते हैं, उसी कृष्ण को अहीर की छोकरियाँ थोड़ी-सी छाछ के लिए नचाती हैं। इस प्रकार रसखान ने पूर्ण स्पष्टता के साथ कृष्ण के अलौकिकत्व का प्रतिपादन किया है।

3. अनन्य भाव—भक्त का अपने आराध्य देव के प्रति अनन्य भाव होता है, अर्थात् उसके लिए उनका आराध्य ही सर्वोपरि तथा सर्वश्रेष्ठ है। उसकी इच्छा केवल उसे ही प्राप्त करने की होती है। उसके अतिरिक्त अन्य सारी वस्तुएँ उसकी दृष्टि में नगण्य हैं, भले ही वे कितने ही महत्त्व की क्यों न हों। सूरदास ने भी कृष्ण के प्रति अपने अनन्य भाव की भक्ति को व्यक्त करते हुए कहा है कि कृष्ण को छोड़कर अन्य देवों की भक्ति करना कामधेनु को छोड़कर छेरी का दुहना है अथवा परम गंगा को छोड़कर जलप्राप्ति के लिए अन्यत्र कूप खोदना है। रसखान ने भी इसी अनन्य भाव को व्यक्त करते हुए कहा है कि चाहे कोई शेष, सुरेश, दिनेश, गणेश, प्रजेश, महेश, भवानी की आराधना करके अपने मनोरथों को पूर्ण कर ले, चाहे कोई लक्ष्मी की भक्ति करके बहुत सारा धन एकत्र कर ले, चाहे तीनों लोक रहें या नष्ट हो जायें, पर इनका एकमात्र आधार कृष्ण है और कृष्ण को छोड़कर ये संसार के और किसी पदार्थ की अभिलाषा नहीं करते। इस अनन्य भाव के पीछे कृष्ण की भक्त-वत्सलता मुखरित है। जो कृष्ण द्रौपदी, गणिका, गृद्ध (जटायु), अजामिल, अहिल्या, प्रह्लाद आदि भक्तों का उद्धार करने वाले हैं, उनकी शरण में पहुँच कर आवागमन के दुःखों से छूट जाना स्वाभाविक ही है। कृष्ण अपने भक्तों का निरन्तर ध्यान रखते हैं और उनकी रक्षा के लिए सदैव सन्नद्ध रहते हैं, अतः किसी भी व्यक्ति के लिए ऐसे कृष्ण ही सच्ची सम्पत्ति हैं, संसार का ऐश्वर्य तो दुखद और नश्वर है। कोई भी मनुष्य चाहे वह कितना ही वैभव-सम्पन्न क्यों न हो, पर यदि वह कृष्ण-भक्ति से विमुख है तो उसकी सम्पूर्ण सम्पन्नता व्यर्थ और निस्सार है।

4. मिलन—इस शीर्षक से सम्बन्धित छंदों के अन्तर्गत रसखान ने राधा-कृष्ण के मिलन का वर्णन किया है। वैष्णव भक्ति-पद्धति के अनुसार कृष्ण भगवान हैं और राधा उनकी शक्ति। बिना शक्ति के भगवान के ईश्वरत्व की सम्पूर्णता कुण्ठित रहती है और कृष्ण को सम्पूर्ण ईश्वर बनाने के लिए उनका राधा से मिलन अनिवार्य है। सभी कृष्णभक्त-कवियों ने राधा-कृष्ण-मिलन का वर्णन किया है। रसखान ने भी तीन सवैयों में इस परम्परा का निर्वाह किया है।

5. बाल-लीला—हिन्दी में प्रचलित कृष्ण काव्यधारा के अन्तर्गत कृष्ण के माधुर्य रूप का ही मुख्यतया वर्णन किया गया है। अतः इनके काव्यों में बाल-लीला की प्रमुखता है। सूरदास तो इस क्षेत्र के सम्राट ही माने जाते हैं। रसखान ने भी कृष्ण की बाललीला से सम्बद्ध कुछ छंद लिखे हैं, पर ये संख्या में बहुत की कम हैं। प्रस्तुत संकलन में इस विषय के केवल चार छंद हैं, और अभी तक एतद्विषयक ये ही छंद प्राप्त भी हुए हैं। पहले छंद में कृष्ण की छठी के उत्सव का वर्णन है। दूसरे छंद में कृष्ण की उस अवस्था का वर्णन है, जब कृष्ण कुछ बड़े हो जाते हैं और पैरों चलने लगते हैं। यशोदा जी उनके साथ खिलवाड़ करती हैं, और 'ता' शब्द कहकर गौओं के पीछे छिप जाती हैं। कृष्ण उन्हें ढूँढते हैं, पर जब यशोदा जी उन्हें नहीं मिलती तो वे उठकर पृथ्वी पर लेट जाते हैं। तब यशोदा जी उन्हें गोद में उठा लेती हैं। तीसरे छंद में कृष्ण की सज्जा का वर्णन है। यशोदा जी उनके शरीर में तेल लगाती हैं, आँखों में अंजन लगाती हैं और साथ ही डिठौना भी लगा देती हैं ताकि उसके लाडले पुत्र को किसी की नजर न लग जाये। चौथे सवैया में कृष्ण की उस अवस्था का वर्णन है जब वे काफी बड़े होकर खेलने के लिए घर से बाहर निकलने लगते हैं। उनका शरीर धूल में सना हुआ है। वे खेलते और खाते हुए अपने प्राँगण में घूम रहे हैं कि अचानक एक कौवा आता है और उनके हाथ से माखन तथा रोटी छीनकर ले जाता है।

6. रूप-माधुरी—'रूप-माधुरी' शीर्षक के अन्तर्गत उन छंदों का वर्णन है जिनमें कृष्ण के सौन्दर्य का वर्णन किया गया है। इन वर्णन में कोई विशेषता अथवा मौलिकता नहीं है, वरन् जैसा वर्णन अन्य कृष्ण-भक्ति-कवियों ने किया है, वैसा ही रसखान ने भी किया है। हृदय पर सुशोभित मोतियों की माला, लटकती हुए घुँघराली अलकें, सिर पर मुकुट, होठों पर मुरली, मस्तक पर गोरज, वाणी में माधुर्य आदि। कृष्ण की शोभा को बढ़ाने वाली प्रायः उन्हीं क्रियाओं का वर्णन किया गया है, जो कृष्ण-काव्य में परम्परागत रूप से वर्णित होती आई हैं। कुंजों से निकलना, अन्य गोपियों के साथ छेड़खानी करना, कदम्बवृक्ष पर चढ़कर बाँसुरी बजाना, कटाक्ष करना, मुस्कराना, आदि क्रियायें कृष्ण-काव्य की चिर-परिचित क्रियाएँ हैं। रसखान का यह वर्णन संश्लिष्ट है अर्थात् इन्होंने कृष्ण-सौन्दर्य का वर्णन प्रत्येक अंग अथवा क्रिया को अलग-अलग लेकर नहीं किया है, वरन् सबका एक साथ वर्णन किया है।

7. प्रेम-लीला—प्रेम-लीला के अन्तर्गत वस्तुतः कृष्ण के सौन्दर्य के द्वारा आकृष्ट गोपियों की प्रेमानुभूति का वर्णन है। प्रत्येक गोपी अपनी सखा से उसी सौन्दर्यजन्य प्रभाव का वर्णन करती है। यदि कोई गोपी अधीर होकर कदम्ब और करील के वृक्षों से पूछती है कि तुम्हारे साथ रहने वाला कृष्ण कहाँ गया तो एक गोपी अपनी प्रेम-दशा का वर्णन करती हुई कहती है कि कृष्ण की भौंहे भरी हुई थीं पलकें सुन्दर थीं, अधर लाल थे। उनके कानों में कुण्डल थे जो हिल-डुलकर कृष्ण के कपोलों की शोभा को द्विगुणित कर रहे थे। वह मुस्कुराता हुआ कुंजों में से निकला और उसे देखते ही गोपियाँ मूर्च्छित हो गईं अर्थात् अपनी सुधि-बुधि भूल गईं। दही का मटका सिर से गिरकर फूट गया। कहीं अवसर पाकर कृष्ण गोपियों को घेर लेते हैं। उनका मटका

फोड़ देते हैं और अपनी मधुर वाणी तथा आकर्षण क्रियाओं से उन्हें मुग्ध करके अपने वश में कर लेते हैं। कृष्ण के इस अपार सौन्दर्य का प्रभाव गोपियों पर इतना अधिक पड़ता है कि वे उसे देखकर लोक और कुल की मर्यादा को तिलांजलि दे देती हैं और जब भी कृष्ण को देखती हैं, वे उसकी ओर इस प्रकार दौड़ती हैं जैसे नदी निर्बाध गति से सागर की ओर भागती है। उसके रूप-सौन्दर्य का ध्यान आने से ही वे स्वयं को भूल जाती हैं। सास के त्रासों की, ननद के तीक्ष्ण व्यंग्यों की उन्हें कोई चिन्ता नहीं रह जाती। कहन का भाव यह है कि वे पूर्णतया कृष्ण के हाथों बिक जाती हैं।

8. बंक-विलोचन—प्रेम-व्यापार में वक्र दृष्टि का महत्त्वपूर्ण स्थान है, इसीलिए साहित्य में इस प्रकार की दृष्टि का और इसके द्वारा उत्पन्न प्रभाव का अनेक प्रकार से वर्णन किया गया है। गोपियाँ कृष्ण के सौन्दर्य से ही नहीं वरन् उनकी वक्र दृष्टि भी उन्हें आकुल किए रहती हैं। जिस गोपी ने भी कृष्ण की दृष्टि को देख लिया, वह फिर कृष्ण से पृथक न हो सकी, भले ही उसे लोक-लाज को तिलाँजलि देनी पड़ी, सास और ननद के त्रासों को सहना पड़ा। कृष्ण की दृष्टि में ही कुछ ऐसा जादू है कि वह एक बार भी जिस गोपी की ओर देख लेता है, उसी के मन को चुरा लेता है।

9. मुसकान-माधुरी—प्रेम के व्यापार में जितना महत्त्व बंक-विलोचन का है, उतना ही मुसकान के माधुर्य का भी है। गोपियों को वशीभूत करने वाले जहाँ कृष्ण के अन्य गुण हैं, वहाँ मुसकान का माधुर्य भी है। जिसने भी इस मुसकान को देख लिया, यह फिर उसके दिल में ऐसी गड़ी कि निकाले से नहीं निकली। इस मुसकान का कोई मूल्य भी तो नहीं, संसार के समस्त रत्नागार इस पर न्यौछावर किए जा सकते हैं। खरिक में जाकर कृष्ण की मुस्कान देखने वाली गोपी की जो दशा होती है, उसका वर्णन करती हुई एक गोपी अपनी सखी से कहती है कि हे सखि! अभी-अभी वह गौशाला में गाय का दूध निकालने के लिए गई थी, लेकिन वह अपने हाथ के दूध के पात्र को फेंककर पागल सी होकर वापस आ गई है। उसकी दशा को देखकर कोई गोपी तो यह कहती है, कि उसे किसी ने छल लिया है, कोई कहती है वह स्तब्ध हो गई है, कोई कहती है कि वह डर गई है, कोई कहती है वह अंधी हो गई है। उसको अच्छा करने के लिए सास अनेक प्रकार के व्रतों को करने का संकल्प करती है, ननद दौड़-दौड़कर सयानों को बोलकर लाती है। सारी सखियाँ उसकी मूर्च्छा को पहचान कर हँसती हैं और कहती हैं कि इसने आनन्द-सागर कृष्ण की कहीं मुस्कराहट को देख लिया है और यह उसी का प्रभाव है। एक अन्य गोपी अपनी सखी से कृष्ण की मुसकान के प्रभाव का वर्णन इन शब्दों में करती हैं कि हे सखि! वह कामदेव के समान मधुर वाणी बोलता है। उसके शरीर पर पीला वस्त्र सुशोभित है। उसके शरीर की कांति इस प्रकार चमकती और झमकती है, मानो काले बादलों में बिजली चमक रही हो। उनके मुख का सौन्दर्य और मुस्कान कुलांगनाओं की लज्जा का नष्ट करने में पूर्णतया समर्थ है।

इस प्रकार गिने-चुने छंदों में रसखान ने कृष्ण की मुसकान का अत्यन्त प्रभावशाली वर्णन किया है।

10. कृष्ण-सौन्दर्य—प्रत्येक कृष्ण भक्त-कवि ने कृष्ण के सौन्दर्य का वर्णन किया है, पर वह वर्णन इतना अधिक परम्पराबद्ध हो गया है और सूर ने इसका इतने अधिक विस्तार से वर्णन कर दिया है कि आगे के कवियों की नवीनता के लिए गुंजाइश ही नहीं रह गई। कृष्ण-सौन्दर्य के उपकरण प्रायः रूढ़िबद्ध हो गए हैं—मोर-मुकुट, वैजन्तीमाला, कुण्डल, पीताम्बर, वक्रदृष्टि, मुस्कान आदि। रसखान भी इस परम्परा से बाहर नहीं निकल पाये हैं। इन्होंने कृष्ण सौन्दर्य का विवरण इस प्रकार प्रस्तुत किया। कृष्ण के सिर पर मोरपंखों का मुकुट और कानों में कुण्डल सुशोभित हैं। उनके केशों की शोभा उनके कपोलों पर बिखरी हुई है। वह दुःख का हरण करने वाली तथा मन को मोहने वाली है उनकी वक्रदृष्टि आनन्द देने वाली और विशाल है। उनका श्याम शरीर नवीन विशाल बादल के समान है जिस पर पीले वस्त्र की शोभा बहुत ही प्रभावशाली है।

जिस प्रकार कृष्ण के अंग और आभरण रूढ़िबद्ध हो गए हैं, उसी प्रकार उनकी क्रियाएँ परम्परा से बँध गई हैं। गौओं का चराना, गोधन गाना, बाँसुरी बजाना, वक्र दृष्टि से देखना, मुस्कराकर चलना आदि। इन सौन्दर्यवर्द्धक क्रियाओं के अन्तर्गत भी रसखान अधिकांशतः परम्परावादी हो रहे हैं।

11. रूप प्रभाव—कृष्ण के अमित अंग-सौन्दर्य को तथा उनकी क्रियाओं के माधुर्य को देखकर कोई भी ब्रजवासी ऐसा नहीं है जो अप्रभावित रह सकता है, विशेषतः गोपियाँ तो एकदम अपनी सुधि-बुधि भूल जाती हैं। कृष्ण के रूप-प्रभाव का उपयोग संयोग और वियोग दोनों ही स्थितियों में किया गया है। संयोग में गोपियाँ उनके रूप को देखते ही किंकर्त्तव्यविमूढ़ बन जाती हैं और अपने होश-हवाश गँवा बैठती हैं। अपनी प्रेम-दशा का वर्णन करती हुई कोई गोपी अपनी सखी से कहती है कि हे सखि! कृष्ण का यौवन कामदेव की शोभा से भरा हुआ है। उनको मनोहर मूर्ति सदैव आँखों में समाई रहती है। उन्होंने मुझसे जो प्रेम-भरी बातें की थीं, वह मन की मन में ही रह गई हैं, अर्थात् मैं उन्हें किसी से कह नहीं पाती। प्रेम की घातें हृदय के बीच में अड़ी हुई हैं। कृष्ण के वियोग में मेरी आँखों में सारी रात आँसुओं की लड़ी रहती है, अर्थात् मैं रातभर कृष्ण का स्मरण करके रोती रहती हूँ। किसी-किसी गोपी पर कृष्ण के रूप का प्रभाव इतना पड़ा है कि वह बिना मोल ही कृष्ण के हाथों बिक गई है। उसके लिए नन्दपुत्र कृष्ण कामदेव से भी अधिक मनोहर हैं, उनकी वक्रदृष्टि प्रेम के पाश में बाँधने वाली है, उनके मुख की सुन्दरता से करोड़ों चन्द्रमा पराजित हो गए हैं। इसीलिए कोई गोपी तो अपनी सखी के सामने अपनी आँखें इसीलिए नहीं खोलती कि उनमें कृष्ण की छबि बसी हुई है अतः जब भी गोपियाँ कृष्ण को देखती हैं, उनके नेत्र बरबस उनकी ओर दौड़ पड़ते हैं। ठीक बिहारी की नायिका के उन नेत्रों के समान जो लाजी-लगाम का शासन नहीं मानते। यह कहना अनुपयुक्त न होगा कि कतिपय छन्दों में ही रसखान ने रूप प्रभाव का जो वर्णन कर दिया है, वह हृदय को प्रभावित करने के लिए काफी है।

12. कुंजलीला—कुंजलीला का वर्णन परम्परागत है। कोई गोपी अपनी सखी से कहती है कि हे सखि! आज प्रातःकाल जब मैं कुंज गली से निकली तो अचानक कृष्ण से भेंट हो गई। कृष्ण के मुख की मुस्कान में मेरा मन इतना डूब गया कि उसकी छवि पर से भी नहीं हटा। उस मुस्कान ने मेरे नयनों को बाँध लिया, चित्त को चुरा लिया और प्रेम का गहरा फंदा डाल दिया। इस प्रकार के वर्णन में कोई नवीनता तथा मौलिकता नहीं है।

13. नटखट कृष्ण—इस शीर्षक के अन्तर्गत संकलित छन्दों में कृष्ण के नटखटपन का वर्णन है। यह वर्णन कहीं गोपियों की सहज स्वाभाविकता से परिपूर्ण है और कहीं तीक्ष्ण व्यग्य से। कोई गोपी कृष्ण की भर्त्सना करती हुई कहती है कि हे कृष्ण! तुम और किसी जगह से नहीं आये हो। तुम्हारा जन्म इसी गाँव में हुआ है। बचपन में हमने तुम्हें दूध पिला-पिलाकर माँ-बाप की तरह पाला है। उसी पहचान और मर्यादा को तुम छोड़ना चाहते हो। तुम बचपन में द्वार-द्वार पर नाचा करते थे और अब हमारे सामने अपनी आँखें नचा रहे हो। तुम्हें तुम्हारी माँ की सौगन्ध है, यदि तुमने हमारी मटकी उतारी। हमें न तो अपनी इस मटकी के उतर जाने की सोचे है, न गोरस बिखर जाने का और न वस्त्रों के फट जाने का। हमें दुःख तो इस बात का है कि तुम हमारे होकर ही हमें इतना तंग करते हो। इन वाक्यों में गोपियों मन की सहज स्वाभाविकता वर्णित है। इसी प्रकार एक अन्य गोपी कृष्ण के नटखट व्यवहार की शिकायत अपनी सखी से करती हुई कहती है कि कृष्ण एक से बढ़कर एक शरारतियों को अपने साथ लेकर वन में घूमता रहता है। वह जितनी शरारतें करता है, उसका वर्णन नहीं किया जा सकता। वह न तो किसी की अनुनय-विनय पर ध्यान देता है और न किसी प्रकार की मान-मर्यादा की ही लज्जा करता है। आती-जाती गोपियों की दधि-मटकियाँ फोड़कर उन्हें कृष्ण ने जिस प्रकार तंग किया है, उस सबका वर्णन इस शीर्षक के अन्तर्गत संकलित छन्दों से मिलता है।

14. मुरली-प्रभाव—वैष्णव सम्प्रदाय के अन्दर मुरली को भगवान की वशीकरण शक्ति माना गया है। कृष्ण जब भी मुरली बजाते हैं, तब जड़ और चेतन स्थिर बन जाते हैं। ब्रज की गोपियों की दशा तो विलक्षण ही हो जाती है। मुरली की ध्वनि सुनते ही गोपियाँ अपना काम करना छोड़ देती हैं, अतः दुहा और दूध ठंडा पड़ जाता है, जामन दिया हुआ दूध रक्खा-रक्खा ही खट्टा हो जाता है। सभी के हाथ-पैर अपना-अपना काम करना छोड़ देते हैं। यह दशा नारियों की ही नहीं, बल्कि पुरुषों की भी हुई। कहने का भाव यह है कि सारा ब्रज ही व्याकुल हो गया। उसकी समस्त व्यवस्था अस्त-व्यस्त हो गई। इसी प्रकार एक अन्य गोपी मुरली-प्रभाव का वर्णन अपनी सखी से करती हुई कहती है कि चन्द्रमा के समान सुन्दर मुख वाले, कामदेव के समान सुन्दर कृष्ण के मधुर वचनों ने मेरा मन मोह लिया है। उसकी बाँकी चितवन को देखकर मैं संज्ञाशून्य हो गई और कुल की मर्यादा छोड़ बैठी। इसीलिए गोपियाँ चाहती हैं कि कोई भी व्यक्ति कृष्ण के हाथ से बाँसुरी छीनकर उसे जला डाले, तभी वे उससे छुटकारा पा सकती हैं। कृष्ण अपनी बाँसुरी से इतना अधिक प्रेम करते हैं कि वे हर

समय उसे अपने अधरों से लगाये रहते हैं। इससे गोपियों के मन में बाँसुरी के प्रति ईर्ष्याभाव उत्पन्न हो गया। वे तो यह चुनौती भी दे देती हैं कि ब्रज में या तो हम रहेंगी या कृष्ण-प्रिया बाँसुरी ही रहेगी।

इस प्रकार काफी विस्तार के साथ रसखान ने मुरली-प्रभाव का वर्णन किया है।

15. कालिय-दमन—कृष्ण की अन्य प्रमुख लीलाओं के अन्तर्गत कालिय-दमन लीला भी प्रमुख है। सूरदास ने इस लीला का विस्तार से वर्णन किया है, पर रसखान के इस विषय में केवल दो छंद ही प्राप्त हैं। इस छंद में यशोदा जी का विलाप है और दूसरे में कृष्ण द्वारा नाग पर विजय-कर लेने के कारण ब्रज वासियों की प्रसन्नता को व्यक्त किया गया है।

16. चीरहरण—चीरहरण-लीला के अन्तर्गत रसखान का केवल एक छंद प्राप्त है।

17. प्रेमासक्ति—इस लीला के अन्तर्गत रसखान के 11 छन्द उपलब्ध हैं। इन छंदों में कृष्ण के सौन्दर्य ने, उनकी लीला क्रियाओं ने और उनकी मुरली की वशीकरण ध्वनि ने गोपियों को इतना आकृष्ट कर लिया है कि वे बिना कृष्ण के जल-रहित मीन की भाँति छटपटाती रहती हैं। अपनी प्रेमावस्था का वर्णन एक गोपी अपनी सखी से करती हुई कहती है कि कृष्ण जब गायें चराकर शाम को घर लौटते हैं तो उनकी मधुर वाणी, तीक्ष्ण कटाक्ष आदि मेरे हृदय पर इतना अधिक प्रभाव डालते हैं कि मैं यह सोचते लगती हूँ कि कितना अच्छा होता, यदि मेरा हृदय पृथ्वी का वह टुकड़ा होता जहाँ काछनी पहनकर कृष्ण क्रीड़ाएँ किया करते हैं। इसी प्रकार एक अन्य गोपी कहती है कि जब से मैंने कृष्ण के मुकुट, मुरली, वनमाला को देखा है, तब से मैं उनमें इतनी आसक्त हो गई हूँ कि कुल तथा लोक की लाज का भी ध्यान नहीं करती। मैं ही क्या, ब्रज की समस्त गोपियों की यही दशा है। प्रेम का यह बंधन इतना दृढ़ हो गया है कि अब चाहे कोई लाख प्रयत्न करे, पर यह टूट नहीं सकता। वस्तुस्थिति तो यह है कि मैं कृष्ण के रंग में ऐसी रंग गई हूँ कि अब मेरे लिए अन्य कोई रंग ही शेष नहीं रह गया है।

अतः यह कहना अनुपयुक्त न होगा कि रसखान ने प्रेमासक्ति का जिस प्रकार वर्णन किया है वह अत्यन्त स्वाभाविक, प्रभावोत्पादक एवं परम्परागत है।

18. प्रेम-बंधन—प्रेमासक्ति में आकृष्ट होने की भावना अधिक होती है। जब यह आकर्षण दृढ़ रूप धारण कर लेता है और हृदय पर अपना आधिपत्य जमा लेता है तो बंधन का रूप बन जाता है। कहने का भाव यह है कि प्रेमासक्ति से अगला सोपान प्रेम-बंधन का है। जो गोपियाँ कृष्ण की ओर आकृष्ट हुई थीं, कालान्तर में वे ही उनके प्रेम में बंदिनी बन गईं। गोपियों की इस दशा का वर्णन रसखान ने बड़े ही कौशल के साथ किया है। गोपियाँ इस बंधन में इतनी जकड़ गई हैं कि वे प्रीति की रीति में लाज का कोई स्थान ही नहीं मानतीं। यह बन्धन उनके लिए भगवान का दिया हुआ है अर्थात् उनके भाग्य में ही इस प्रकार बंदिनी होना लिखा था, यही सोचकर गोपियाँ चुप रह जाती हैं, अपनी बंदिनी-दशा के प्रति संतोष कर लेती हैं।

उनकी दशा तो उन मधु-मक्खियों जैसी हो गई है। जो अपने ही बनाये हुए शहद में लिपटकर असहाय-सी बन जाती हैं। गोपियाँ इस बन्धन से छुटकारा पाने में स्वयं को असहाय और असमर्थ समझती हैं। इसी प्रसंग के अन्तर्गत रसखान ने जलक्रीड़ा का वर्णन किया है। एक दिन सभी ब्रज-गोपियाँ यमुना में स्नान करने के लिए जाती हैं, पर यहाँ पर कृष्ण को पहले से ही खड़ा देखकर वे ठिठक जाती हैं और दोनों ओर से दृग-बाण चलने लगते हैं। गोपियाँ कृष्ण के प्रेम के बंधन में इतनी अधिक बँध जाती हैं कि उन्हें लोक-लाज का भय नहीं रहता। वे तो इस बात के लिए कटिबद्ध हो गई हैं कि एक न एक दिन इस प्रेम का भंड़ाफोड़ होगा, क्योंकि चन्द्रमा को हाथ से छुपाया नहीं जा सकता, फिर डरने से अथवा लज्जित होने से कोई लाभ भी तो नहीं है। कृष्ण गोपियों के हृदय मे जिस बीज का वपन कर देते हैं, वह पूर्णतया अंकुरित होकर गोपियों को व्यथित कर देता है। रात-दिन आँखों से आँखें लड़ती हैं, प्रेम-व्यापार चलते हैं, पर कहीं भी न तो भय का प्रदर्शन होता है और न लज्जा का। जब सभी गोपियाँ पूर्णरूपेण कृष्ण के अधीन हो गई हैं तो फिर डर और लज्जा की बात ही क्या रह जाती है।

कहने का भाव यह है कि इस प्रसंग के अन्तर्गत रसखान ने गोपियों के विविध हावों तथा भावों का कुशलता से वर्णन किया है।

19. प्रेम-वेदना—'प्रेम करि काहू सुख न लह्यौ' फिर गोपियाँ किस प्रकार सुखी रह सकती थीं। उनके हृदय में रसखान बस गया और उसके कारण उन्हें जो पीड़ा हुई उसका अनुभव वे स्वयं ही कर सकती थीं, क्योंकि घायल की गति को घायल ही जानता है। कृष्ण की मुसकान और ज्ञान पर अपने प्राणों को न्यौछावर करने वाली गोपियाँ समाज से भी विमुख हुईं और कृष्ण का मनचाहा प्यार भी उन्हें न मिल सका। यही उनकी विव्रशता थी और यही समाज में ख्वारी होने का कारण था। वे कृष्ण को भूलने का जितना प्रयत्न करतीं, वह उतना ही अधिक याद आकर पीड़ा को बढ़ावा देता। फलतः किंकर्त्तव्यविमूढ़ा होना स्वाभाविक ही था। वे क्या करें, क्या न करें, इसका उन्हें ज्ञान ही नहीं रहा। उन्हें ज्ञान रहा केवल कृष्ण ही क्रीड़ाओं का। इसी दशा का वर्णन करती हुई एक गोपी अपनी सखी से कहती है कि आनन्द-सागर कृष्ण का कुंज-कुंज में घूमना, बंसी बजाना, गौओं को चग्रना, गोचारण के गीत गाना, प्रेम से दही माँगना और मुसकराकर देखना किस प्रकार भूला जा सकता है। इस प्रकार रसखान ने प्रेम-वेदना का मार्मिक और स्वाभाविक वर्णन किया है।

20. रासलीला—रसखान ने रासलीला का भी वर्णन किया है। इस विषय के इनके सात छंद उपलब्ध हैं। इस रासलीला का उद्देश्य भी गोपियों को अपने प्रेम के बंधन में बाँधना है। फलतः जो भी गोपी रासलीला को देखती है, वह कृष्ण की ही होकर रह जाती है। सास चाहे जितना त्रास दे, ननद चाहे जितने व्यंग्य कसे, पर रासलीला की दीवानी गोपी तो उसमें सम्मिलित होकर ही रहती है। रासलीला के द्वारा कृष्ण ब्रज में नवीन जीवन का संचार करते हैं। इसीलिए प्रत्येक गोपी अपनी सखी से आग्रह करती है कि वह रासलीला में अवश्य सम्मिलित हो और कृष्ण के सौन्दर्य को

देखकर अपनी आँखों को लाभान्वित करे। वैसे, गोपियाँ स्वयं भी नहीं रुक पातीं, चाहे उन्हें रोकने की जितनी चेष्टा की जाये, क्योंकि कौवे भी काँव-काँव से शारदागमन कभी नहीं रुका करता।

21. फागलीला—कृष्ण की लीलाओं के अन्तर्गत फागलीला का भी महत्त्व है। सभी भक्त-कवियों ने फागलीला का वर्णन किया है। इस विषय से सम्बद्ध रसखान के आठ छंद उपलब्ध हैं जिनमें विस्तार से इस लीला का हृदय-स्पर्शी वर्णन है। कृष्ण जब फाग खेलते हैं तो उस समय उनकी जो शोभा होती है, यह अवर्णनीय है। कृष्ण और गोपियाँ परस्पर पिचकारी चलाते हैं, एक दूसरे पर रंग डालते हैं पर प्रेम की आग और अधिक प्रज्वलित हो जाती है, उनकी तृप्ति होती ही नहीं। फागलीला के कारण ही ब्रज में धूम मच जाती है। इसमें कोई भी नहीं बच पाता, न तो नवेली गोपियाँ ही और न सलज्ज वनिताएँ ही। सम्मान किसी का भी सुरक्षित नहीं रहता, अर्थात् सभी गोपिकाएँ लोक-लाज को तिलांजलि देकर फागलीला में मस्त रहती हैं।

22. राधा-सौन्दर्य—प्रेम की परिपूर्णता के लिए यह आवश्यक माना गया है कि नायक की भाँति नायिका भी रूपवती तथा सुन्दर हो। इसीलिए रसखान ने ग्यारह छंदों में राधा के सौन्दर्य का वर्णन किया है। राधा रूप राशि है, उसके सौन्दर्य के कारण बरसाने में सदैव आनन्द की लहरियाँ तरंगित होती रहती हैं। घर-घर में अपार कौतुक और रंग का विस्तार रहता है। राधा-सौन्दर्य का वर्णन करने के लिए कवि ने प्रायः उपमा, उत्प्रेक्षा और संदेह अलंकारों का प्रयोग किया है। यह प्रयोग परम्परागत है। राधा के सौन्दर्य का वर्णन करती हुई एक गोपी राधा से कहती है कि तुम्हारा मुख इतना सुन्दर है जैसे अमृतसार को सँजोकर स्वयं चन्द्रमा उपस्थित हो गया हो। तुम्हारे शरीर का गठन ऐसा है जैसे सोने में मणि-मुक्ताओं को जड़ने के लिए कुशल जड़िया यौवन ने सुन्दर घर (रत्न जड़ने का गहरा चिन्ह) बना लिया हो। तुम्हारे अधरों की लाली काम-कामना जैसी सुशोभित है। तुम्हारी नासिका का छिद्र उस भौरे के समान है जिसमें ज्ञान की नौका का गर्व नष्ट हो जाता है। कहने का भाव यह है कि राधा के सौन्दर्य का वर्णन नहीं किया जा सकता। नक्षत्रों की अनुपम प्रभा राधा-सौन्दर्य का कुछ-कुछ बोध करा सकती है।

23. मानवती राधा—प्रेम की परिपुष्टता के लिए आचार्यों ने मान को आवश्यक साधन माना है। जिस प्रकार रंग में पुट लगाने से रंग का रंग गहरा और पक्का हो जाता है, उसी प्रकार प्रेम में मान करने से प्रेम में दृढ़ता आती है। रसखान ने भी उसका पालन किया है। मानवती का मान भंग करने का उत्तरदायित्व उसकी सखियों पर होता है। वे अनेक प्रकार के साधनों का आलम्बन लेकर अपने कार्य में प्रवृत्त होती हैं। मानवती राधा को उसकी एक सखी समझाती हुई कहती है कि हे राधा! जिस कृष्ण पर चारों ओर के राजाओं की स्त्रियाँ जिसे प्राप्त करने के लिए सदैव आकुल रहती हैं, उसके प्रति तुम्हारा मान धारण करना उचित नहीं है। इसी प्रकार एक अन्य सखी राधा से कहती है कि यदि आनन्द-सागर कृष्ण तेरे मान के कारण डर जायें तो तुझे अपना मान छोड़ देना चाहिए। यदि तुम मान नहीं छोड़ सकती तो कृष्ण से प्रेम

करना छोड़ दो और यदि तुम प्रेम करना नहीं छोड़ सकती तो मान छोड़ दो। कृष्ण तुम्हारे मान से बहुत दुःखी हैं और बेचारे हाथ मल रहे हैं। इसी प्रकार से अन्य वाक्य कहकर गोपियाँ राधा से मान छोड़ने के लिए आग्रह करती हैं। यह रीति परम्परागत है।

24. सखी-शिक्षा—साहित्यिक परम्परा के अन्तर्गत सखी-शिक्षा का विषय भी सन्निहित है। जो सखी प्रौढ़ होती है, जिसे प्रेम-संसार के समस्त अनुभव होते हैं, वह अपनी मुग्धा सखी को—जिसने अभी-अभी प्रेम-जगत में प्रवेश किया है और जो प्रेम-रहस्यों में अपरिचित है—शिक्षा दिया करती है। इस शिक्षा का मुख्य उद्देश्य उन साधनों को बताना होता है जिससे प्रियतम वश में किया जा सकता है। रसखान ने भी इस परम्परा का पालन किया है। कोई सखी अपनी सखी को कृष्ण से मिलने के लिए प्रेरित करती हुई कहती है कि हे सखि! वह वही कृष्ण है, जो रासलीला में तनिक नाचकर सबको नचाया करता है। वह ही आनन्द-सागर कृष्ण है जो अनेक मनुहारें करने पर भी पलभर के लिए भी सीधा नहीं देखता। न जाने तुझमें वह कौन से मनोहर भाव देखकर तेरी ओर आकृष्ट हुआ है; अतः इस अवसर को हाथ से न जाने दे और तुरन्त उससे मिल। कहीं-कहीं सखी अपनी सखी को सुरक्षा के उपाय बताती हैं। एक गोपी अपनी सखी से कृष्ण के प्रति सचेत रहने के लिए कहती है कि हे सखी! मेरी बात को ध्यान से सुनो। जिस गली में कृष्ण अपनी बाँसुरी बजाता हुआ गाता है, उस गली में बिल्कुल मत जाओ क्योंकि देखते ही वह प्राणों को हर लेता है और फिर गोपियाँ बेचारी प्रेम की विपत्ति लेकर ही अपने घरों को लौटती हैं। उसने अपनी बाँसुरी की तानों को ब्रज में तान रखा है। अतः मैं तुमसे ज्ञान की बात कहती हूँ कि बहुत सोच-समझ कर पैर रखो, क्योंकि वह कृष्ण युवती को अपने जाल में इस प्रकार फँसाता है जिस प्रकार चारा देकर मछली को फँसाया जाता है। इसी प्रकार की अनेक शिक्षाएँ सखियों द्वारा अपनी-अपनी सखियों को दी गई हैं।

25. संयोग वर्णन—संयोग-वर्णन के अन्तर्गत राधा और कृष्ण के मिलन का विशेष रूप से वर्णन किया गया है। यह वर्णन पर्याप्त विस्तृत है। मिलन-सुख के अनेक चित्र रसखान ने प्रस्तुत किये हैं, यहाँ तक कि सुरतांत चित्रों को भी चित्रित करने में इन्होंने हिचक नहीं दिखाई हैं। हिचक का कोई कारण भी नहीं है, क्योंकि भक्तिरस के अन्तर्गत चित्रित किया हुआ शृंगार रस अलौकिक होता है, लौकिक नहीं। हिचक लौकिक शृंगार में होती है। फिर ऐसे चित्रों में रसखान ने काफी संयम से काम लिया है। सुरतांत का वर्णन करती हुई एक गोपी सखी से कहती है कि चतुर बाला अत्यन्त प्रसन्नता के साथ अपने प्रियतम को छाती से लगा सोई हुई थी। उसके खुले हुए केश बाहर निकल कर हिल रहे थे। उसकी शोभा को देखकर कामदेव तिरस्कृत हो रहा था। प्रिय के साथ आनन्द में डूबी रहकर रातभर जागने की बात का पता उसकी आँखों से चल रहा था। उसका अलसाया हुआ मुख, लाल आँखों के सफेद कोए और रातभर जागने के कारण जम्भाई के कारण निकले हुए आँसू ऐसे प्रतीत होते थे मानो चन्द्रमा पर बिम्ब, बिम्ब पर कुमुद और कुमुद पर मोती हों।

यह वर्णन काफी संयत है। इसमें विद्यापति और सूरदास जैसी असंयमता नहीं है।

26. वियोग वर्णन—संयोग के पश्चात् वियोग अवश्यम्भावी है। रसखान का वियोग-वर्णन काफी मार्मिक और स्वाभाविक है। वियोग-वर्णन में प्रकृति का उद्दीपन रूप में चित्रण करने की जो परिपाटी चली जा रही हैं, रसखान ने भी उसका अनुसरण किया है। विरहिणी गोपी अपनी सखी से कहती है कि सारे बागों में फूल खिल गये हैं। बसन्त के आगमन के कारण भौंरे उन पर गूँज रहे हैं। कोयल की कू-कू सुनकर सबके प्रियतम विदेश से वापस लौट रहे हैं। लेकिन मेरे आनन्द-सागर कृष्ण इतने निष्ठुर हैं कि मेरी विरह-वेदना की तनिक भी चिन्ता नहीं करते। जब कोयल बोलती है तो उसकी कूक हृदय में बरछी के समान लगती है। इसी प्रकार का आगतपतिका का चित्रण है—वह गोपी अपने प्रियतम के वियोग से इतनी दुखी थी कि उसके शरीर की शोभा भी मंद पड़ गई थी। उसका कमल जैसा मुख भी मुरझा गया था उसके हृदय की साँसें लपट बन कर जलने लगी थीं। इसी बीच उसने अपने प्रियतम के आगमन की खबर सुनी। वह इतनी प्रसन्न हुई कि उसकी कंचुकी की दृढ़ डोर भी कसमसाने लगी। उसका शरीर इस प्रकार शोभायुक्त हो उठा, मानो दीपक की बत्ती को उसका दिया गया हो। लेकिन सर्वत्र ऐसी स्वाभाविकता एवं मार्मिकता रसखान के वर्णन में नहीं मिलती। कहीं-कहीं ऊहात्मक चित्र भी आ गए हैं। यथा—कोई गोपी अपनी सखी से अन्य विरहिणी गोपी की विरह-दशा का वर्णन करती हुई कहती है कि जब उसके शरीर में वियोग की आग बहुत अधिक बढ़ गई तो वह उसे शान्त करने के लिए यमुना जल में कूद पड़ी। विरह की आग के कारण यमुना का जल सूख गया और मछलियाँ जल के अभाव के कारण यमुना के तल में बैठ गईं। उस आग के कारण जब यमुना का पानी खौलने लगा तो उसकी गर्मी से पाताल-लोक में स्थित शेषनाग भी जलने लगा। पर ऐसे वर्णन परम्परागत ही समझने चाहिए।

27. सपत्नी भाव—इस प्रसंग की अवतारणा नारियों के मन की स्वाभाविकता को चिभ्रित करने के लिए की गई है। नारी यह सहन नहीं कर सकती कि उसके प्रिय को अन्य कोई नारी भी प्रेम करे। यदि ऐसा होता है तो उसके मन में जलन होती है। इसी जलन को सपत्नी-भाव कहते हैं। कृष्ण-काव्य में कुब्जा को लेकर ही इस भाव की अभिव्यक्ति की गई है। रसखान ने भी इस परम्परा का अनुसरण किया है। इनकी गोपियाँ उद्धव से कहती हैं कि हे उद्धव! उस आनन्द-सागर कृष्ण के गुणों को सुनकर हमारा हृदय सौ-सौ टुकड़े होकर फट गया है। हम नहीं जानतीं कि कौन सा मन्त्र पढ़कर कुब्जा ने कृष्ण पर चला दिया है। हम अपने मन में विचार कर यह बात सत्य कहती हैं और जानती है कि कृष्ण ने इस प्रकार से कितना यश प्राप्त किया है? अर्थात् वे बहुत बदनाम हो गये हैं, क्योंकि ब्रज के सब नर-नारी यह कहते हैं कि कृष्ण कुब्जा के दास बन गये हैं। कहीं-कहीं यह सपत्नी-भाव आक्रोश के रूप मे फूट पड़ा है। एक गोपी कहती है कि वह कुब्जा यहाँ पर होती तो उसे लात-घूँसे मारती और उसका शरीर चोट लेती। अपने हृदय का सारा गुस्सा निकाल लेती और उसकी नाक को छेदकर उसमें कौड़ी पहना देती। उस राँड़ को मैं ऐसा नाच नचाती कि उसे कृष्ण को रिझाने का फल मिल जाता।

28. कुवलयापीड़-वध—सभी कृष्ण भक्त-कवियों ने कृष्ण के अलौकिकत्व का प्रतिपादन करने के लिए इस कथा का वर्णन किया है। रसखान ने इस परम्परा का निर्वाह केवल एक छंद में ही कर दिया है।

29. उद्धव उपदेश—इस शीर्षक के अन्तर्गत रसखान के चार सवैये उपलब्ध हैं। कथा परम्परागत है। उद्धव गोपियों को निर्गुण ब्रह्म का उपदेश देने के लिए आते हैं और गोपियाँ उनकी परिहासपूर्ण भर्त्सना करती हैं।

30. ब्रज-प्रेम—इस विषय के दो छन्द रसखान के मिले हैं। कृष्ण को द्वारिका में रह कर ब्रज की याद आती है और वे अपनी वेदना की अभिव्यक्ति अपनी रानी रुक्मिणी से करते हैं।

31 गंगा महिमा—इस विषय के रसखान के दो छन्द हैं जिनमें गंगा की महिमा का वर्णन किया गया है।

32. शिव महिमा—इस विषय का केवल एक छन्द प्राप्त है जिसमें शिव की महत्ता का प्रतिपादन किया है।

यही सुजान रसखान का प्रतिपाद्य है। इस प्रतिपाद्य पर दृष्टि डालने से यह अनायास ही सिद्ध हो जाता है कि अपने काव्य के उपलब्ध लघु कलेवर में भी रसखान ने उन सभी विषयों को समाविष्ट करने का प्रयास किया जो कृष्ण काव्य के लिए महत्त्वपूर्ण और आवश्यक हैं। इस प्रतिपाद्य को देखते हुए यह अनुमान लगाना असंगत नहीं कि रसखान के अभी बहुत सारे छन्द ऐसे हैं जो प्राप्त नहीं हुए, क्योंकि रसखान जैसा भक्त और भावुक कवि कृष्ण-विषयक किसी-किसी लीला का एक-दो छन्दों में ही वर्णन करके रह जाये, यह बात मान्य नहीं है। 'भक्तमाल-प्रदीपन' में रसखान के सहस्त्रों कवित्तों का उल्लेख है। इसका तात्पर्य यह है कि उस समय रसखान के निश्चय ही हजार के लगभग (हजार से कुछ थोड़े अथवा कुछ अधिक) छन्द अवश्य प्रचलित रहे होंगे। जो कवि केवल प्रेम को लेकर ही एक पुस्तक की रचना कर सकता है, उसने निश्चय ही कृष्ण-लीलाओं का विस्तार से वर्णन किया होगा। रसखान के भक्तिकाल की लम्बी अवधि भी इस अनुमान की पुष्टि करती है। अतः जब तक रसखान के अन्य छन्द प्राप्त नहीं हो जाते, तब तक उपलब्ध छन्दों पर ही परितोष करने के अतिरिक्त और कोई चारा नहीं है।

प्रेम-वाटिका

रसखान की दूसरी महत्त्वपूर्ण कृति प्रेम-वाटिका है जिसमें 53 दोहों में प्रेम के स्वरूप का विस्तार से वर्णन किया गया है। इस स्वरूप का उल्लेख करने से पूर्व प्रेम-वाटिका की प्रामाणिकता पर विचार कर लेना आवश्यक है।

अनेक विद्वानों की यह धारणा है कि प्रेम-वाटिका रसखान द्वारा रचित नहीं है और इस धारणा का मुख्य आधार प्रेम-वाटिका की किसी हस्तलिखित प्रति का प्राप्त न होना है। श्री बटेकृष्ण ने अनेक उक्तियों द्वारा यह सिद्ध करने का प्रयास किया है

कि यह कृति किशोरीलाल गोस्वामी (प्रेम-वाटिका के सर्वप्रथम सम्पादक) की है। श्री बटेकृष्ण के तर्क ये हैं–

1. प्रेम-वाटिका का एक दोहा यह है–

'कमल तन्तु सो छीन अरु, कठिन खडग की धार।
अति सूधो टेढ़ो बहुरि, प्रेम-पंथ अनिवार।।'

इसी भाव से मिलता-जुलता बोधा कवि का यह सवैया है–

'अति खीन मृनाल के तारहु ते, तिहि ऊपर पाँव दे आवनों है।
सुई बेह ते द्वार सकीन तहाँ, परतीत को टांडों लदावनों है।
कवि बोधा अनी घनी तेजहुँ ते, चढ़ि तापै न चित्त डिगावनों है।
यह प्रेम को पंथ करार महा, तरवार की धार पै धावनों है।।'

इस तुलनात्मक अध्ययन से श्री बटेकृष्ण का यह अनुमान है कि प्रेमवाटिका की रचना बोधा के पश्चात् हुई है। शिवसिंह सरोजकार के अनुसार बोधा का जन्म-काल संवत् 1804 है। आचार्य शुक्ल ने इसका कविता-काल संवत् 1830 से 1860 तक माना है।

इसका तात्पर्य यह हुआ कि प्रेम-वाटिका की रचना संवत् 1860 पश्चात् हुई।

2. अपनी इस मान्यता को सिद्ध करने के लिए श्री बटेकृष्ण ने प्रेम-वाटिका के इस दोहे की ओर संकेत किया है–

'बिधु सागर रस इन्द्र सुभ, बरस सरस, रसखान।
प्रेम-वाटिका रचि रुचिर, चिर हिय हरषि बखान।।'

और इसमें 'रस' को 9 अंक का संकेत मान कर प्रेम-वाटिका का रचनाकाल संवत् 1971 निर्धारित किया है।

श्री बटेकृष्ण की यह मान्यता संगत नहीं है। जहाँ तक पहले आपेक्ष का सम्बन्ध है, उसके प्रत्युत्तर में दो बातें कही जा सकती हैं। पहली बात तो यह है कि रसखान ने बोधा के सवैया से भाव-ग्रहण किया है। बोधा ने रसखान के दोहे से नहीं, इस बात का क्या प्रमाण है? दूसरी बात यह कि स्वच्छन्द धारा के कवियों ने प्रेम को 'टेढ़ा', 'खड्ग की धार' आदि बताया है। उदाहरण के लिए घनानन्द का यह सवैया देखिए–

'अति सूधो सनेह को मारग है, जहाँ नेकु सयानप बाँक नहीं।
तहाँ साँचे चलें ताजि आपुनपौ, झपकैं कपटी जे निसाँक नहीं।
घनआनन्द प्यारे सुजान सुनो, इत एक तें दूसरी आँक नहीं।
तुम कौन धौं पाटी पढ़े, हौ लला, मन लेहु पै देहु छटाँक नहीं।।

कहने का तात्पर्य यह है कि प्रेम-वाटिका में बोधा के भावों को ग्रहण नहीं किया गया। प्रेम-वाटिका में प्रेम का दार्शनिक निरूपण है, बोधा में इस दृष्टि का अभाव है। अतः इस दृष्टि से भी बोधा का काव्य प्रेम-वाटिकाकार का उपजीव्य काव्य नहीं हो सकता। डॉ. याज्ञिक के शब्दों में–

'प्रेम-वाटिका की रचना रसखान द्वारा संवत् 1671 में ही हुई' इस तथ्य पर सन्देह करना असंगत है। जो पुस्तक पहली बार संवत् 1948 के आसपास और दूसरी बार

संवत् 1963-64 में प्रकाशित हुई, उसकी रचना संवत् 1971 में कैसे मानी जा सकती है? जिस पुस्तक की खंडित प्रति भारतेन्दु के पास थी और जिसके आधार पर संवत् 1930 में 'प्रेम-सरोवर' की रचना हुई। उसकी रचना संवत् 1922 में जन्म लेने वाले गोस्वामी जी कैसे कर सकते थे? सार की बात यह है कि प्रेम-वाटिका की रचना रसखान द्वारा संवत् 1671 में हुई थी। इस ग्रंथ के 53 दोहों में लगभग 10 में रसखान छाप की श्लिष्ट अथवा स्पष्ट कवि नाम रूप में है। प्रेमवाटिका की प्रामणिकता पर सन्देह करने का कोई कारण हमें दिखाई नहीं पड़ता।

प्रेमवाटिका का प्रतिपाद्य प्रेम है। इसे रूपकत्व प्रदान करने के लिए राधा और कृष्ण को मालिन-माली का जोड़ा माना गया है। इसमें रसखान जी ने प्रेम का स्वरूप विस्तार से वर्णन किया है। इनका मत है कि सच्चा प्रेम अकारण होता है, उसमें किसी आकर्षक साधन की आवश्यकता नहीं। इसीलिए माता, पिता, पुत्र, स्त्री आदि के प्रति जो प्रेम किया जाता है वह विशुद्ध नहीं है। विशुद्ध प्रेम के स्वरूप का प्रतिपादन करते हुए बताया गया है कि यह अनुपम, अमित और सागर के समान होता है। जो व्यक्ति एक बार इस प्रेम को प्राप्त कर लेता है, वह फिर इसे नहीं छोड़ पाता। श्रुति, पुराण, आगम-स्मृति आदि सभी प्रेम के सार हैं। प्रेम ही साधना का आधार है, क्योंकि हृदय, कर्म और उपासना ये सब अहंकार के मूल हैं। जब तक हृदय में प्रेम का अंकुर अंकुरित नहीं होता, तब तक ज्ञान आदि व्यर्थ हैं और ये साधना में किसी प्रकार भी सहायक नहीं हो सकते। प्रेम ही भगवान को स्वरूप है। जिस प्रकार भगवान के स्वरूप का वर्णन नहीं किया जा सकता, उसी प्रकार प्रेम भी अवर्णनीय है। जो व्यक्ति प्रेम-पाश में बँधकर मर जाता है, वह अमर हो जाता है। प्रेम के विविध रूप हैं। इसलिए कोई इसे फाँसी कहता है, कोई तलवार, कोई नेजा, कोई माला, कोई तीर और कोई प्राणरक्षक अनोखी ढाल। इसलिए प्रेम को सब प्रकार की युक्तियों में श्रेष्ठ माना गया है। इसी प्रेम के नियमों से ही संसार का चक्र चल रहा है। प्रेम में इतनी शक्ति होती है कि स्वयं भगवान भी इसके आधीन रहते हैं। रसखान ने गोपियों के प्रेम का आदर्श प्रेम माना है। कहने का भाव यह है कि प्रेम ही सर्वोत्कृष्ट सत्ता है और यही जड़-चेतना समस्त पृथ्वी का नियामक है।

दानलीला

दानलीला के 11 छन्द प्राप्त हैं। डॉ. याज्ञिक इसे संदिग्ध रचना मानते हैं। अपनी मान्यता का आधार वे इन शब्दों में प्रस्तुत करते हैं–

1. स्व-रचित छन्दों में अपना कवि-नाम देने की प्रवृत्ति रसखान में विशेष रूप में पाई जाती है। रसखान के छाप-रहित सवैया संख्या में नगण्य ही हैं, किन्तु दानलीला के 11 छन्दों में केवल एक ही छन्द में 'रसखान' शब्द आया है। 'प्रेमवाटिका' के 53 दोहों में भी 10 बार श्लिष्ट अथवा स्पष्ट नाम में कवि की छाप मिलती है।

2. इस छन्द में 'रसखानि' का प्रयोग कृष्ण की उक्ति में राधा को संबोधन करते हुए किया है। रसखान कवि ने अपने मुक्तकों में 'रसखानि' शब्द का श्लिष्ट प्रयोग जहाँ कहीं किया है, कृष्ण के अर्थ में किया है, राधा के लिए नहीं।

3. रसखान कवि मुख्यतः सवैयाकार हैं। घनाक्षरी का उपयोग तो बहुत थोड़ा किया गया है। यह प्रवृत्ति दानलीला में नहीं देखी जाती, उसमें घनाक्षरी का उपयोग तो सवैया से भी अधिक हुआ है।

4. रसखान के मुक्तक छन्दों में कृष्ण ने राधा अथवा अन्य गोपियों को सम्बोधित करते हुए एक शब्द भी नहीं कहा है। रसखान भी गोपियों के प्रति सदैव मौन ही रहे हैं, परन्तु दानलीला के कृष्ण मुखर हैं। यह बात रसखान की प्रवृत्ति के अनुकूल नहीं है।

5. रसखान के मुक्तकों में दानलीला सम्बन्धी कुछ उत्कृष्ट और लोकप्रिय छन्द मिलते हैं। ये छन्द राधा अथवा गोपियों की कृष्ण के प्रति उक्तियाँ हैं जो संवादात्मक कथोपक़थन के रूप में है। यदि दानलीला वास्तव में रसखान रचित है तो ये छन्द उसमें क्यों नहीं स्थान पा सके? जिस दानलीला में रसखान के तद्विषयक लोकप्रिय उत्कृष्ट छन्दों में से एक भी न हो, उसे रसखान रचित मानने में संकोच होना स्वाभाविक है। इस प्रकार के छन्दों के प्रतीक निम्नलिखित हैं–

(1)

दानी भये नये माँगत दान सुनै जुपै कंस तो बाँधे न जैही।
रोकत ही बन में रसखान पसारत हाथ महादुख पैहौ।
टूटै घरा बछरादिक गोधन जो धन है सु सबै धरि दैहौ।
जैहै अभूषन काहु सखी को तो मोल छला के लला न बिकैहौ।।

(2)

छीर जो चाहत चीर गहे ए जु लेहु न केतिक छीर अंचैहौ।
चाखन के मिस माखन माँगत खाउ न माखन केतिक खैहौ।
जानति हौं जिस की रसखान सु काहे को एतिक बात बढ़ैहो।
गोरस के मिस जो रस चाहत सो रस कान्ह जु नेकु न पैहौ।

(3)

नागर छैल है गोकुल में पग सेकत संग सखा ठिंग तैहैं।
जाहि न ताहि दिखावत आँख सुकौन गई अब तोसों करैहैं।
हाँसी में हार हर्‌यौ रसखान जु जो कहुं नेकु तगा टुटि जैहैं।
एक ही मोती के मोल लला सिगरे ब्रज हाटाहिं हाट़ बिकैहैं।।

6. म्यूनिसिपल म्यूजियम, प्रयोग की प्रति में 'दानलीला' के वास्तविक रचयिता विषयक कोई संकेत नहीं हैं। सभी की खोज के विवरणकार ने इसे रसखान रचित माना है, किन्तु यह मान्यता निराकार जान पड़ती है।

सार यह है कि जब तक कोई पुष्ट प्रमाण प्राप्त न हो, इस दानलीला को रसखान-रचित मानना ठीक नहीं कहा जा सकता।

डॉ. याज्ञिक के ये तर्क काफी सबल हैं। प्रस्तुत दानलीला की भाषा को देखते हुए भी ऐसा ही लगता है कि ये छन्द रसखान द्वारा रचित नहीं हो सकते। पर यहाँ पर एक समस्या और उत्पन्न हो जाती है। सुजान-रसखान में अब तक जितने छन्दों का

संग्रह किया गया है, वे छन्द इस बात के साक्षी हैं कि रसखान कृष्ण भक्ति-विषयक धारा के पूर्णतया अनुसरणकर्ता हैं। दानलीला इस धारा का प्रमुख प्रतिपाद्य है। सूरदास ने इस लीला का वर्णन बहुत ही विस्तार से किया है। उसके कुछ पद यहाँ उद्धृत करना आवश्यक जान पड़ता है—

ग्वालिनि यह भली नहिं करति।
दूध दधि घृत नितहिं बेंचति, दान देतैं डरति।
प्रात ही लै जाति गोरस, बेंचि आवति राति।
कहौ कैसे जानियै तुम, दान मारे जाति।
कालिंदी-तट स्याम बैठे, हमहिं दियो पठाइ।
यह कह्यौ हरि दान माँगहु, जाति नितहि चुराइ।
तुम सुता ब्रजभानु की, वै बड़े नंद-कुमार।
सूर प्रभु कौं नाहिं जानति, दान हाट बाजार।

× × ×

यह सुनि हँसी सकल ब्रजनारि।
आइ सुनौ री बात नई इक, सिखए हैं महतारि।
दधि माखन खैबे कौं चाहत, माँगि लेहु हम पास।
सूधैं बात कहौ सुख पावैं, बाँधन कहत अकास।
अब समझीं हम बात तुमारी, पढ़े एक चटसार।
सुनहु सूर यह बात कहौ जानि, जानती नंदकुमार।।

× × ×

दान दिये बिनु जान न पैहौ।
जब दैहौं ढराइ सब गोरस, तबहिं दान तुम दैहौ।
तुमसौं बहुत लेन है मोकौं, पहिलैं ताति सुनाऊँ।
चोरी आवति बेंचि जाति हौ, पुनि गोरस कहँ पाऊँ।
माँगति छाय कहा दिखलाऊँ, को दही हमको जानत।
सूर स्याम तब कयौ ग्वालि सौं, तुम मोकौं नहिं मानत।।

× × ×

कहा हमहिं रिस करत कन्हाई।
यह रिस जाइ करौ मथुरा पर, जहँ है कंस कन्हाई।
अब हिम कहाँ जाइ गुहरावैं, बसति तिहारैं गाउँ।
ऐसे हाल करत लोगनि के, कौन रहै इहिं ठाउँ।
अपने घर के तुम राजा हो, सब का राजा कंस।
सूर स्याम हम देखत बाढ़े, अब सीखे ये गंस।

× × ×

मौसौं बात सुनहु ब्रज-नारी।
इस उपखान चलत त्रिभुवन मैं, तुमसौं कहौं उधारी।

कबहूँ बालक मुँह न दीजियै, मुँह न दीजियै नारी।
जोइ मन करै साई करि डारैं, मूँड चढ़त हैं भारी।
बात कहत अठिलाती जाति सब, हँसति देत कर तारी।
सूर कहा ये हमकौं जानैं, छाँछहू बेचनहारी।।

× × ×

यह जानति तुम नंद महर-सुत।
धनु दुहत तुमकौं हम देखति, जबहिं जाति खरिकहिं उत।
चोरी करत यहौ पुनि जानतिं, घर घर ढूँढ़त भाँडें।
मारग रोकि भए अब दानी, वे ढंग कब तैं छाँड़े।
और सुनो जसुमति जब बाँधे, तब हम कियो सहाइ।
सूरदास प्रभु यह जानति हम, तुम ब्रज रहत कन्हाइ।।

कृष्ण-भक्तों की भांति स्वच्छन्द काव्यधारा के कवियों ने भी इस लीला का वर्णन किया है। घनानंद ने 'दानघटा' शीर्षक के अन्तर्गत इस विषय के 16 छन्द लिखे हैं। 'दानघटा' और रसखान की 'दानलीला' में बहुत अधिक साम्य है; अतः यहाँ 'दानघटा के समस्त छन्दों को उद्धृत करना आवश्यक प्रतीत होता है। ये छन्द इस प्रकार हैं—

सवैया

गोपी—

छैल नए नित रोकत गैल सु फैलत कायै अरैल भए हौ।
लै लकुटी हँसि नैन नचावत चैन रचावत मैन-तए हौ।
लाज अँचे बिन काज खगौ तिनही सौं पगौ जिन रंग रए हौ।
ऐंड सबै निकसैगी अबै घनआनन्द आनि कहा उनए हौ।।1।।

सवैया

श्रीकृष्ण—

हैं उनए सु नए न कछू उघटैं कित ऐंड अमैड अयानी।
बैन बड़े बड़े नैनन के बल बोलति है क्यौं इती इतरानी।
दान दियें बिन जान न पाइ है आइ जौ भलि खोरि बिरानी।
आगें अछूती गई सो गई घनआनंद आज भई मनमसानी।।2।।

सवैया

गोपी—

जाइ करौ उहि माय पै लाड़ बढ़ाय बढ़ाय किये कितने जिन।
भीत की दौरनि खौरनि है सठता हठ औरिन सों समझे बिन।
दान न कान सुन्यौ कबहूँ कहूं काहे कों कौनें दयौ सु लयौ किन।
टौडिक लै घनआनंद डाटत काटत क्यौं नहीं दीनता सों दिन।।3।।

सवैया

श्रीकृष्ण—

देहिगी दान जो ऐहै इतैं नहीं पैहै अबै सु किये को सबै फल।
बाबा दुहाई सुहाई करौ जिय जानि के मानि छूटै ने कियें छल।
एक ही ओल दै जाहु चली झगरो सगरो मिटि बात परै सल।
नावँ पर्‌यौ अबला घनआनंद एठति ग्वठति मौंह किते बल।।4।।

सवैया

गोपी—

जीभ सम्हारि ने बोलति हौ मुँ चाहत क्यौं अब खायौ थपेरें।
ज्यौं ज्यौं करी कछु कानि-कनौड़ त्यौं मूढ़ चढ़े बढ़े आवत नेरें।
खाय कहा फल माय जने जिम देखौ बिचारि पिता-तन हेरें।
कज-कनेरहि फेर बड़ो घ्ननआनंद न्यारे रहौ कतौं टेरें।।5।।

सवैया

श्रीकृष्ण—

लेहु भया गहि सीसन तें दधि की मटुकी अब करनि करौ कित।
जैसे सों तैसे भए ही बनै घनआनंद धाम धरौ जित की तित।
एकहि एक बराबर जाहु करौ अपने अपने चित को हित।
फोरि कै क्यौं दुहूँ हाथ सकेदिय जौ विधना धर बैठै दयो वित।।6।।

सवैया

गोपी—

गोद भरै बित धाम कै जाय भरो गहि गोद सों माय के आगै।
पेट परे को लखै फल ज्यौं निपजै हौ सपूत सु भागनि जागै।
बाँटिहैं बोलि बधाई कमाई की जाति मैं जातें महा पति पागै।
बास दिये को यहै गुन है घनआनंद जौ छिन दोष न लागै।।7।।

सवैया

मधुमंगल—

नंद लला रससागर सों ललिता रिस की सलिला न बढ़ैयै।
नागरि आगरि हौ सहु भांति तुम्हैं अब कौन सी बात पढ़ैयै।
चोखन तोष नहिं उपजै घनआनंद क्यौं गुन दोष कहैयै।
नेकु ढरें सुघरैं सब काज अकाज इतो अपलोक चढ़ैयै।।8।।

सवैया

ललिता—

सुनि रे मधुमंगल! दान-कथा सु जथारुचि होत वृथा हठ है।
कर ओड़ि दिखाय दया मृदु है चलियै भांति बिनै करि नै
घनआनंद ऐंठ अमैठ कियें कहा पैयत है रिझवारन पै।
गुन गाय रिझयावहु देहि अबै बृषभानलली की निछावर कै।।9।।

सवैया

सखा—

स्याम सुजान सबै गुनखानि बजावत बैन महा सुर साँचनि।
अंग त्रिभंग अनंग भरे दृग भौंह नचाय नचावत नाँचनि।
कीरतिदा कुलमंडन जौ निरखै भरि नैन बढ़ै सुख-माँचनि।
दान हँसें चूकि घनआनंद रीझि नहीं सकि है हित-आँचनि।।10।।

सवैया

सखी—

आयौ सखी चलि कुंज मैं बैठि लखें घनआनंद की सुघराई।
पाठन देहिं न एक सखै अकिले इन्हैं छेकि करैं मनभाई।
भावती टेक रही बहु भांति किये न बनै अति ही कठिनाई।
लेता हौं राधे बलाय कढ़्यौ करि आज मनौ इतनी हम पाई।।11।।
राजदुलार भरी इकसार सुभाय मथे मन डारति पी को।
कुंज जली सुखपुंज अली संग भाल बिराजत लाज को टीको।
लोचनि-कोरनि घोरनि छ्वै मुसिकानी मैं ह्वै दरसै हित ही को।
बोलनि बापुरी डारियै वारि लखैं घनआनंद रूप लली को।।12।।
रंग रह्यौ सुन जात कह्यौ उनह्यौ सुखसागर कुंज मैं आएँ।
फैलि पर्‌यो रस को फगरो अति ही अगरो निबटै न चुकाएँ।
काहू सम्हार रही न पटू तन कौ तन मैं घनआनंद छाएँ।
प्रेम-पगे रिझावरन की तहँ रीझ कै रीझ ही लेत बलाएँ।।13।।

दोहा

दानफटा मिलि छवि-छटा, रसधारनि सरकाय।
जियत पियत और न छियत, रसिक-पपीहा पाय।।14।।
दानघटा-रसखान के, चातक रसिक सुजान।
चखनि लखत चसके चखत, रखत, तृषित ही कान।।15।।
दानघटा सींचत सदा, मधुर केलि नब बेलि।
आलबाल पचि पचि सुमन, लेत रसिक रस केलि।।16।।

इन उद्धरणों को उद्धृत करने से हमारा तात्पर्य केवल यह दिखाना है कि कृष्ण-काव्य के रचयिताओं में दानलीला का वर्णन करना एक अत्यन्त महत्त्वपूर्ण परम्परा थी। रसखान ने भी इस परम्परा का निश्चय ही पालन किया होगा। इनके नाम से जो दानलीला मिलती है, यद्यपि कुछ बातों को देखते हुए वह रसखान की प्रवृत्ति के अनुकूल नहीं जान पड़ती, तथापि यह कहने में सकोच नहीं होता कि अनेक बातों में यह परम्परा की प्रवृत्तियों का अनुसरण करती है, जैसा कि उपर्युक्त सूरदास और घनानन्द के छन्दों से प्रकट होता है। इसे रसखान द्वारा विचरित न मानने के दो ही कारण प्रबल हैं।

1. इसकी भाषा रसखान की भाषा से मेल नहीं खाती।

2. सुजान-रसखान में अनेक पद ऐसे हैं जो दानलीला से सम्बन्धित हैं, उनका इसमें समावेश नहीं किया गया।

इन कारणों का समाधान इस प्रकार किया जा सकता है—

1. जहाँ तक भाषा का सम्बन्ध है, किसी भी लोकप्रिय कवि की भाषा का वही रूप नहीं मिलता, जो उसने अपनाया है। उसकी भाषा को उनके प्रशंसकों ने अपने अनुसार मोड़ दे दिये हैं। उदाहरण के लिए मीरा को लिया जा सकता है। मीरां की भाषा तो अपने मूल स्वरूप को ही छोड़ गई है। उदाहरण के लिए यह पद देखिए—

'म्हां गिरधर रंग राती, सैयां म्हां।। टेक।।
पंचरंग चोला पहर्‌या सखी म्हाँ, झिरमिट खेलण जाती।
याँ झिरमिट माँ मिल्यो साँवरो, देख्याँ तग मण राती।
जिणरौ पिया परदेश बस्याँरी, लिख-लिख भेज्याँ पाती।
म्हारा पियाँ म्हारे हीयड़े बसताँ, णा आवाँ णा जाती।
मीराँ रे प्रभु गिरधर नागर, मग जोवाँ दिण राती।।

× × ×

'मैं गिरधर रंगराती, सैयाँ मैं।। टेक।।
पचरंग चोला पहर सखी मैं झिरमित खेलन जाती।
ओर झिरमिट माँ मिल्यो सांवरो खोल मिली तन गाती।
जिनका पिया परदेश बसत है, लिख-लिख भेजे पाती।
मेरा पिया मेरे हीय बसत है, का कहूँ आती जाती।।'

एक ही पद की इन दोनों भाषाओं में आकाश-पाताल का अन्तर है। इसी प्रकार रसखान की भाषा के विषय में भी कहा जा सकता है कि दानशीलता के पदों की भाषा और प्रवृत्ति में इतना परिवर्ततन होना असंभव नहीं है। श्रुति-पथ से चलने वाली भाषा का एक रूप भी नहीं है।

2. जहाँ तक दूसरे कारण का सम्बन्ध है, इसके विषय में भी यह कहा जा सकता है कि रसखान ने स्वयं किसी संकलन की योजना नहीं की। इनके भक्तों ने ही इनके छन्दों का संकलन किया है। पहले दानलीला से सम्बन्धित कुछ ही पद मिले होंगे जिन्हें

सुजान-रसखान में संगृहीत कर दिया गया होगा और बाद में मिलने वाले पदों को 'दानलीला' शीर्षक के अन्तर्गत रख दिया गया होगा।

इस दृष्टि से विचार करने पर यह निष्कर्ष निकालना कठिन नहीं कि प्रस्तुत दानलीला में निहित भाव रसखान के ही हैं और भाषा का परिवर्तन इनके भक्तों की देन है।

दानलीला में राधा और कृष्ण का संवाद है, ठीक वैसा ही जैसा सूरदास और घनानन्द में मिलता है। राधा दधि माँगने पर कृष्ण की भर्त्सना करती है और कृष्ण भी उस भर्त्सना का वैसे ही शब्दों में उत्तर देते हैं।

स्फुट पद

स्फुट पदों के अन्तर्गत पाँच पद संगृहीत हैं। प्रथम पद में कृष्ण और गोपी का संवाद है। मार्ग में जाती हुई किसी गोपी को कृष्ण छेड़ देते हैं। इस पर वह चिढ़ जाती है और कृष्ण को भला-बुरा कहने लगती है। इसी बात पर दोनों में वाद-विवाद प्रारम्भ हो जाता है। यह वाद-विवाद इस प्रकार है—

कृष्ण—यदि तू अपने मन में इतनी होशियार बनती तो इस रास्ते से निकलती ही क्यों है?

गोपी—यह रास्ता तेरे बाबा का नहीं है और न पहले-पहले ही इस रास्ते से जा रही हूँ। पहले भी इस रास्ते से गई थी, तब किसी ने कुछ नहीं कहा। यह रास्ता तो सभी के चलने के लिए है। अतः तुम हमारा रास्ता क्यों रोकते हो? हमें छोड़कर या तो सीधे-सीधे यहाँ से चले जाओ, अन्यथा हम तुम्हारी शिकायत तुम्हारे पिता नन्द मिहिर से कर देंगी।

दूसरे पद में भी गोपी द्वारा कृष्ण की भर्त्सना का वर्णन है। गोपी की फटकारें सुनकर कृष्ण को क्रोध आ जाता है और वे उसके सिर से दही की मटकी उतार कर पृथ्वी पर फेंक देते हैं। मटकी फूट जाती है, दही नालियों में बहने लगती है। तब विवश होकर गोपी उनसे दूसरे दिन मिलने का वचन देती है।

तीसरे पद में फाग का वर्णन है। कोई गोपी अपनी सखी को कृष्ण के साथ फाग खेलने के लिए प्रेरित करती है।

चौथे पद में भी फाग का वर्णन है। कोई गोपी कृष्ण को फाग खेलने के लिए घर से बाहर निकलने के लिए ललकारती है और जब कृष्ण बाहर आ जाते हैं तो उनसे बिजली की तरह लिपट जाती है।

पाँचवें पद में उस विरहिणी गोपी का वर्णन है जिसे सास और ननद ने कृष्ण से फाग खेलने की अनुमति नहीं दी।

संदिग्ध पद

इस शीर्षक के अन्तर्गत 10 छन्द हैं। डॉ. याज्ञिक ने अनेक प्रमाणों द्वारा यह सिद्ध किया है कि ये छन्द रसखान-रचित नहीं हैं।

पहला पद है–

हैरत कुंज भुजा धरे स्याम सौ नेक तबै हँसती न लुगाई।
लाज न कानि हुती जिय माँझ सुभेटत जो मग माँहि कन्हाई।
हेरैं परैं न गुपाल सखी इन जोबन आनि कुमात चलाई।
होत कहा अब के पछताए जो हाथ तें छूट गई लरिकाई।।

यह सवैया किसी रामगोपाल कवि का रचा हुआ है। प्रबोध रस सुभासागर में इस राजगोपाल के नाम से ही संगृहीत किया गया है। नवीन ने भी इस रामगोपाल के नाम से ही दो बार उद्धृत किया है। एक बार परकीया के वर्णन में और दूसरी बार ब्रजकेलि के वर्णन में। सरदार कवि के श्रृंगार-संग्रह में भी यह छन्द रामगोपाल के नाम से ही मिलता है। इस सवैया की तीसरी पंक्ति के पूर्वार्द्ध में रामगोपाल (गुपाल) की छाप भी अंकित है।

दूसरा पद है–

'मीरा की चटक और लटक नव कुंडल की,
भौंह की मटक मोहि आँखिन दिखाउ रे।
सोहन सुजान गुन रूप के निधान कान्ह,
बाँसुरी बजाय तन तपन सिराउ रे।
ए हो बनवारी बलिहारी जाऊँ तेरी आज,
मेरी कुंज आप नेक मीठी तान गाउ रे।
नन्द के किसोर चितचोर मोरपंख बारे,
बंसीवारे साँवरे पियारे इत आउ रे।।''

'शिवसिंह-सरोजकार' ने इस कवित्त को आदिल कवि द्वारा रचित माना है। इसीलिए उसने 'मोहन सुजान' के स्थान पर 'आदिल सुजान' पाठ दिया है।

तीसरा छन्द है–

'तट की न घट परैं मग की न पग धरैं,
घर की न कछू करैं बैठी भरैं साँसु री।
एकै सुनि लोट गई एकै लोट पोट भई,
एकनि के दृगनि निकसि आए आँसु री।
कहै रसखान सो सबै ब्रज बनिता बधि,
बधिक कहाय हाय भई कुल हाँसु री।
करिये उपाय बाँस डारियै कटाय, नाहिं।
उपजैगों बाँस नाहिं बाजै फेरि बाँसुरी।।'

'शिवसिंह-सरोजकार' ने इसे रसनायक कृत माना है और 'कहैं रसखान' के स्थान पर 'कहे रसनायक' पाठ दिया है।

चौथा पद है–

'भिक्षुक तिहारो कहाँ बलि मखशाला जहाँ
सर्पन को संगी कहाँ ह्वै है छीरनिधि में।

ऐ रों बहुरंगी बैलवारौ कहाँ नाचत है,
कीने तिरभंगा कहीं ह्वै है ग्वालगन में।
चाउर चबैया कहाँ होय है सुदामा पास,
विष को अहारी कहाँ पूतना के घर में।
सिन्धु सुता आन मिली तर्क सों तरक करी।
गिरजा मुसकाति जाति झारी लिए कर में।।'

केवल प्रभुदत्त ब्रह्मचारी द्वारा सम्पादित 'रसखान पदावली' में यह कवित्त रसखान के नाम से मिलता है। यह कवित्त संस्कृत-कवियों की प्रवृत्ति के अधिक निकट है। अतः निश्चय ही यह संस्कृत के किसी श्लोक का अनुवाद है।

पाँचवाँ पद है—

'खेलिए फाग निसक ह्वै आज मयंकमुखी कहै भाग हमारो।
लेह गुलाल दुऔ कर में पिचकारिक रंग हिये महँ डारो।
भावै सु मोहि करो रसखान जू पाँव परौं जनि घूंघट टारो।
बीर की सौंह हौं देखिहौं कैसे अबीर तो आंख बचाय के डारो।।'

स्वतन्त्र भारत

5 मार्च सन् 1928 के होली विशेषांक में श्री पुत्तूलाल शर्मा ने यह सवैया रसखान के नाम उद्धृत किया है। शर्मा जी को वह सवैया कहाँ से मिला, इसकी ओर कोई संकेत नहीं किया गया है। नवीन कवि इसे रसखानकृत न मानकर किसी अन्य अज्ञात कवि द्वारा रचित मानते हैं। इस सवैये के अंश 'भावै सुमोहि करो रसखान' के स्थान पर 'भावै तुम्हें सु करो मुहि लालन' पाठ भी मिलता है। नवीन ने वसंत ऋतु के अन्तर्गत फाग-प्रसंग में इसी सवैये को उद्धृत किया है।

छठा छन्द है—

'नन्द महर के बगर तनु, अब मेरे को जाय।
नाहक कहूं गढ़ि जायगी, हित काँटो मन पाय।।'

यह दोहा रसनिधि-कृत 'रतन हजारा' का है। हिन्दी शब्द-सागरकार ने भूल से इसे रसखान का मान लिया है।

सातवाँ छन्द है—

'सुरतर लतानि चार फल है ललित कैंधौं,
कामधेनु धारा सम नेह उपजावनी।
कैधौं चिन्तामनिन की माल उर सोभित,
बिसाइ कंठ में धरे हैं जोति झलकावनी।
प्रभु की कहानी ते गुसाईं को मधुर बानी,
मुक्ति सुखदानी रसखानि मन भावनी।
खाँड़ की खिजाबनी सी कंद की कुढ़ावनी सी,
सिता को सतावनी सी सुधा सकुचावनी।।'

(वर्ष 5, खंड, 1 श्रावण 1987 वि. में)

'कल्याण' मासिक पत्रिका में यह कवित्त प्रकाशित किया गया था। इसे रसखान-कृत मान लेने का भ्रम संभवतः 'मुक्ति सुखदानी रसखानि मानभावनी' के कारण हुआ है। इसे रसखान-कृत मान लेने का अभी तक कोई दृढ़ प्रमाण उपलब्ध नहीं हुआ है।

आठवाँ पद है–

'अंग भभूत लगाये महा सुख है कोउ ऐसौ सो प्रेमहु पागै।
नाथ को नाम सुनै बिगसै हियौ कान्ह को नाम सुनै अनुरागै।
जोग लिए हरि प्यारो मिलै तो पै कान कटाये कहा दुख लागै।
मोहन के मन मानी यही तो सबै री कहौ मिलि गौरख जागै।।'

वह सवैया किसका रचा हुआ है, यह बताना असंभव है। नवीन ने इसे किसी नाथ कवि का माना है। यह भ्रम नाथ शब्द के कारण हुआ है। यह शब्द नाथपंथियों के लिए प्रयुक्त हुआ।

नवाँ पद है–

'कैसा है यह देश निगोरा। जग होरा ब्रज होरा।
मैं जल जमुना भरन जात रही, देखि बदन मेरा गोरा।
मोसो कहैं चलो कुंजन में, तनक-तनक से जोरा।
परे आँखिन में डोरा।।
जियरा देखि डरात सखी री लाज भरम को ओरा।
का बूढ़े का लोग लुगाई, एक ते एक ठिठोरा।
न काहू सों काहू को जोरा।
मन मेरो हर्‌यो नन्द के ने सखि, चलत लगावत चोरा।
कहै रसखान सिखाइ सखन, सों सब मेरा अंग टटोरा।
न मानत करत निहोरा।।

इस पद को श्री अखिलेश मिश्र ने 18 सितम्बर 1960 के 'स्वतंत्र भारत' में रसखान का मान उद्धृत किया है। इस भ्रम का कारण 'कहै रसखान' वाक्यांश है। यहाँ रसखान का अर्थ कृष्ण है।

दसवाँ पद है–

'परम चतुर पुनि रसिक बर, कैसो हूँ नर होय।
बिना प्रेम रूखो लगै, बादि चतुराई सोय।।'

गीता प्रेस गोरखपुर से प्रकाशित 'प्रेमयोग' नामक पुस्तक में यह दोहा रसखान के नाम से दिया गया है। अन्यथा कोई प्रमाण उपलब्ध नहीं होता।

4.

रसखान का प्रेम-दर्शन

प्रेम शब्द 'प्रिय' का भाववाचक रूप है। 'प्रिय' शब्द का अर्थ है तृप्ति प्रदान करने वाला—प्रीणातिति प्रियः। अतः प्रेम उस प्रभाव को कह सकते हैं जो हृदय को आनन्द देकर तृप्त करने वाला हो।

प्रेम-भाव की महत्ता असंदिग्ध है इसीलिए भारतीय एवं पाश्चात्य साहित्य दोनों में इसके स्वरूप का विस्तार से प्रतिपादन किया गया है। भारतीय आचार्यों के एतद्विषयक प्रमुख मत निम्नलिखित हैं—

1. चित्तरूपी समुद्र में जब सत्त्व गुण का जल भर जाता है तो उसमें दृष्टि, परिचय, हार्द्र तथा प्रेम की चार प्रकार की तरंगें उठा करती हैं। प्रेम का मूलोपादन आत्मा का सत्त्वगुण है। विषय तो केवल निमित्त कारण है, वह उद्दीपन है और भाव की जिस स्थिति को प्रेम कहते हैं, वह अनुभूति की चरम कोटि है। उससे पूर्व तीन विकास-क्रम दृष्टि परिचय और हार्द्र समाप्त हो लेते हैं। इनमें दृष्टि चित्त की वह वृत्ति है जिसमें चंचल चित्त विषय की ओर हठात् प्रवृत्त होता है। परिचय से विषय के विविध संस्कार मन में उत्पन्न होते हैं। दोषी पर ध्यान देना हार्द्र है। जीव में आत्मा का ही रूप जो रस है वह जिस उपाधि का आश्रय लेकर श्रृंगार बनता है, वह उपाधि प्रेम है; अर्थात् प्रेम रसमय आत्मा के बहिर्विकास का साधन है; उसी का अंगभूत तत्त्व है।

—प्रेमरसायनकार विश्वनाथ

2. अन्तः करण की वृत्ति जिससे वस्तु के संयोगकाल में भी वियोग-सा बना रहता है, प्रेम है।

—शांडिल्य

3. चित्त की द्रवावस्था को प्रेम कहते हैं।

—आचार्य भरत

4. प्रेम इच्छा-विशेष को कहा जाता है।

—आचार्य अभिनव

5. प्रेम वह भाव है जो अनुभवैकगम्य है; यह वाणाी का विषय नहीं है। मूकास्वादवत् अनिर्वचनीय है। यह पहले तो विषयजन्य होता है, गुणों के कारण उत्पन्न होता है, पर बाद में भावात्मक, विषयानपेक्ष बन जाता है।

—नारद-भक्तिसूत्र

6. प्रेम ऐसा सन्द्र भाव है जो हृदय को स्निग्ध करता है और ममत्व के अतिशय से संयुक्त होता है।

—जीव गोस्वामी

इन सब लक्षणों का सार यही है कि सात्विक हृदय का उदात्त भाव है।

पाश्चात्य आचार्यों ने प्रेम-लक्षण न देकर प्रेम की महत्ता प्रतिपादन किया है, यथा—

1. प्रेमानुभाव से रहित व्यक्ति सदा अंधकार में भटकता रहता है।

—प्लेटो

2. प्रेम से ही हमारे अन्तर्चक्षु खुलते हैं।

—नीत्शे

3. प्रेम के द्वारा अभेद की स्थिति प्राप्त होती है।

—हेगेल

4. तुच्छ वासना के रहते हुए प्रेम का कमल नहीं खिल सकता।

—हैवलाक

5. प्रेम का अर्थ है अहंकार के त्याग द्वारा अपनी मुक्ति।

—विलेडीमीर सॉलॉवेन

उपर्युक्त उद्धरणों से यही निष्कर्ष निकलता है कि प्रेम वासना का नाम नहीं है और न यह स्वयं को आबद्ध करने का बंधन है, वरन् प्रेम हृदय की वह परिष्कृत, उदात्त और अनिर्वचनीय भावना है जो मन को शुद्ध करती है। भावों का परिष्कार करती है और व्यक्ति को अहं के बन्धन से छुड़ा कर उसे सार्वजनीन बना देती है।

प्रेम का मुख्य कार्य है प्रेमी के चित्त का संस्कार करना। इसीलिए प्रेम उल्लास, ममता, विश्रंभ, अभिमान, द्रवीभाव, अतिशय अभिलाषा, नव नवत्व की अनुभूति और उन्माद; ये आठ गुण माने गये हैं।

1. उल्लास—उल्लास पन का वह भाव है जिसकी व्यंजक प्रीति को रीति कहते हैं। उसके उत्पन्न होने से केवल प्रिय में ही प्रेम होता है अन्य पदार्थों और व्यक्तियों के प्रति तुच्छत्व बुद्धि हो जाती है।

2. ममता—प्रेम प्रीति से उत्पन्न होने वाला भाव ममता है। इस गुण के उत्पन्न होने पर प्रीति इतनी दृढ़ बन जाती है कि उसे भंग करने के लिए न तो प्रेम के उद्यम को ही कम कर सकते हैं और न उसके स्वरूप को ही। मार्कण्डेय पुराण के अनुसार ममतातिशय ही प्रेम समृद्धि का कारण है।

3. विश्रंभ—प्रेम के विश्वास की अवस्थिति अनिवार्य है। इसी अवस्थिति का घोतक यह गुण है। इसके उत्पन्न हो जाने पर संदेहास्पद स्थलों पर भी प्रेमी को संदेह नहीं होता।

4. अभिमान—प्रिय के गुणों का अभिमान प्रेमी के प्रेम को दृढ़तर बनाता है। अतः प्रिय को अधिक प्रिय समझकर उसके प्रति इस प्रकार के प्रणय का प्रदर्शन—जो कुटिलता के आयास से कुछ विभिन्न हो जाये—अभिमान या मान गुण कहलाता है।

5. द्रवीभाव—भरत ने चित्त की द्रव्यावस्था को ही प्रेम बताया है। इसका अर्थ है कि प्रेम के द्रवीभाव की महत्ता असंदिग्ध है। इस गुण के 'उत्पन्न हो जाने पर प्रिय के सम्बन्ध के अभास से ही हृदय में सत्त्व को उद्रेक हो जाता है। इस अवस्था को प्राप्त कर लेने के पश्चात् प्रिय के दर्शन आदि से ही प्रेमी की तृप्ति नहीं होती। उसके समर्थ होने पर भी उसके अनिष्ट की आशंका प्रेमी के मन में निरंतर बनी रहती है।

6. अतिशय-अभिलाषा—प्रेमी के हृदय में जब अभिलाषा इस सीमा तक पहुँच जाती है कि उसे अपने प्रेमी का क्षणिक वियोग भी सह्य नहीं होता और संयोग में भी वियोग की आशंका से दुखी रहता है तो उस अवस्था को अतिशय अभिलाषा गुण से सम्पन्न माना जाता है।

7. नवनवत्व की भावना—जब प्रेमी अपने प्रिय में नित नई बातों का अथवा भावों का दर्शन करने लगता है तो इस अवस्था में वह नवनवत्व की भावना से युक्त बन जाता है।

8. उन्माद—उन्माद का अर्थ है पागलपन। प्रेमी में जब अपने प्रिय के प्रति इतना ममत्व आ जाता है कि वह उसके बिना पागल-सा बन जाता है तो उसकी यह दशा उन्माद कहलाती है। उन्माद गुण के उदय होने पर महाभाव की दशा आती है। इस दशा में संयोग के कल्प निमेष की भांति और वियोग के निमेष कल्प की भाँति प्रतीत होते हैं।

प्रेम के गुणों पर दृष्टिपात करने के उपरांत अब यह जान लेना आवश्यक है कि प्रेम के कितने भेद होते हैं। इस वर्गीकरण के तीन आधारा हो सकते हैं—

1. प्रेम यात्रा का आधार।
2. प्रेम के आलम्बन का आधार।
3. प्रेम के स्वरूप का आधार।

प्रेम की यात्रा के आधार पर प्रेम के तीन भेद हैं—उत्तम, मध्यम और अधम। प्रेम के आलम्बन के आधार पर प्रेम के अपार भेद हो सकते हैं। यथा—देश प्रेम, जाति-प्रेम, मानव-प्रेम, पशु-प्रेम, पक्षी-प्रेम, पुस्तक-प्रेम, दुग्ध-प्रेम आदि। प्रेम के स्वरूप के आधार पर प्रेम के दो भेद हैं—पार्थिव और अपार्थिव प्रेम। पार्थिव प्रेम के दो भेद होते हैं—प्राकृत प्रेम और सात्विक प्रेम। इन्हें पाश्चात्य आचार्यों ने क्रमशः 'नेच्यूरल लव' (Natural Love) और 'प्लेटोनिक लव' (Plantonic Love) कहा है।

सहज मानव-प्रेम ही को प्रकृत प्रेम कहा जाता है। पार्थिव आलम्बन के प्रति पार्थिव आश्रय की सहज वासनात्मक प्रणयाभिव्यक्तियाँ इसी प्रेम के अन्तर्गत आती हैं। दूसरे शब्दों में कह सकते हैं कि नर-नारी की सहज प्रीति ही प्रकृत प्रेम है। ऐसे प्रेम का आलम्बन पार्थिव होता है अतः शरीर सुख की उत्कट इच्छा से प्रेरित होकर जिस प्रेम का निवेदन किया जाता है, वह स्वभावतः ही वासनात्मक होता है। रीतिकालीन काव्य में ऐसे ही वासनात्मक प्रेम की अभिव्यक्ति है।

सात्विक प्रेम इस प्रेम से भिन्न होता है। प्लेटो ने आत्मा की प्रीति का वर्णन किया है। उसने पार्थिव आलम्बन के प्रति अशरीरी आकाँक्षा अथवा वासनायुक्त शुद्ध

प्रीति और शुद्ध राग को ही सात्विक प्रेम की संज्ञा दी है। सहज ऐन्द्रिय सुख से ऊपर का प्रेम ही आत्मा की प्रीति है। ऐसे प्रेम में वस्तुतः वासना का परिष्कार एवं उन्नयन हो जाता है और वह वासना त्याग तथा संय का प्रतिरूप बन जाती।

जिस प्रेम का आलम्बन अपार्थिव हो, उसे अपार्थिव प्रेम कहते हैं। अपार्थिव प्रेम को चार भागों में विभक्त किया जा सकता है—

1. अपार्थिव आलम्बन के प्रति अपार्थिव आश्रय की वासनामूलक प्रणयाभिव्यक्ति।

2. सगुण साकार अपार्थिव आलम्बन के प्रति अपार्थिव आश्रय की दाम्पत्य प्रणयाभिव्यक्ति।

3. सगुण निराकार के प्रति मानव-आत्मा की रीति-भावना।

4. निर्गुण निराकार के प्रति मानव-आत्मा की ज्ञानमूलक आनंदबद्ध प्रणयाभिव्यक्ति।

अपार्थिव आलम्बन के प्रति अपार्थिव आश्रय की वासनामूलक प्रणयाभिव्यक्ति सगुण साकार के प्रति ही सम्भव है। अतः सगुण और साकार अपार्थिव आलम्बन आश्रय की भावना के लिए नितांत आवश्यक है। पार्वती-शिव, राधा-कृष्ण, सीता-राम की शक्ति और परम पुरुष के रूप में वर्णन अपार्थिव प्रणयमूलक प्रेम है। सगुण साकार अपार्थिव आलम्बन के प्रति अपार्थिव आश्रय की दाम्पत्य प्रणयाभिव्यक्ति में पार्थिव आश्रय सगुण और साकार अपार्थिव आश्रय में वासना का आरोप कर लेता है। फलतः ऐसे प्रेम में ऐन्द्रिय भावना का समावेश हो जाता है, किन्तु आलम्बन की अपार्थिवता के कारण ऐन्द्रिय भावना उदात्त रूप में ही व्यक्त होती है। सगुण निराकार के प्रति मानव-आत्मा की रीति-भावना में पार्थिव आश्रय का रति-भाव साकार के प्रति ही सम्भव है, निराकार के प्रति नहीं। इसका कारण यह है कि निराकार ब्रह्म प्रेम का आश्रय नहीं हो सकता। प्रेम के लिए प्रतिपादन, प्रतिक्रिया आवश्यक है जो सगुण द्वारा ही सम्भव है, निर्गुण द्वारा नहीं। अतः साहित्य में कई स्थानों पर अपार्थिव आलम्बन को सगुण निराकार-रूप में चित्रित करके आत्मा का उसमें रति-भाव आरोपित किया है। सूफी कवियों की प्रेममयी तथा सन्त-कवियों की रहस्यमयी भक्ति ऐसी ही है। निर्गुण और निराकार के प्रति रति-भाव का प्रदर्शन नहीं हो सकता, अतः निर्गुण निराकार के प्रति मानव-आत्मा की ज्ञानबद्ध प्रणयाभिव्यक्ति में प्रेम की आनन्दमग्नता की संज्ञा दी जाती है। ज्ञानमूलक होने के कारण इस प्रेम के क्षेत्र से बाहर की वस्तु माना जा सकता है, किन्तु तथ्य यह नहीं है। इस अपार्थिव सम्बन्ध में भावना की मग्नता है, इसीलिए इसे प्रेम ही कहा जायेगा। उपनिषदों में आत्मा के इसी आनन्द की व्याख्या की गई है।

रसखान का प्रेम-दर्शन

रसखान ने अपार्थिव प्रेम का निरूपण किया है। इन्होंने स्पष्ट कहा है कि राधा और कृष्ण ये दोनों ही प्रेम के आलम्बन हैं, प्रेम-वाटिका के मालिन और माली हैं। प्रेम-तत्त्व सुबोध और सर्वगम्य नहीं है। अतः इस तत्त्व को सभी मनुष्य नहीं जान सकते पर विडम्बना यह है कि प्रेम के ज्ञाता होने के सभी दावा करते हैं। जो व्यक्ति

प्रेम-तत्त्व को जान जाता है, वह संसार के सभी दुःखों एवं क्लेशों से मुक्त हो जाता है। प्रेम अगम, अनुपम, अमित और सागर के समान गम्भीर होता है, जो इस प्रेम-सागर के समीप आ जाता है वह फिर यहाँ से लौट कर वापस नहीं जाता। प्रेम कमल-नाल से भी पतला होता है, तलवार की धार पर चलने की भाँति दुष्कर होता है। इसका मार्ग सीधा भी है और टेढ़ा भी। इस प्रकार प्रेम-तत्त्व अनुपम और विलक्षण है। ज्ञान की शोभा भी प्रेम से ही है। कोई व्यक्ति चाहे जितना गुणवान बन जाय, पर यदि उसमें प्रेम-तत्त्व नहीं है तो उसका ज्ञान फीका और निस्सार है। वेद, पुराण, आगम, स्तुति सभी का सार प्रेम है। बिना प्रेम के हृदय में भगवद-भक्ति का अंकुर प्रस्फुटित नहीं होता। प्रेम के बिना किसी भी प्रकार के आनन्द का अनुभव नहीं हो सकता। प्रेम ज्ञान, कर्म आदि सभी उपलब्धियों से श्रेष्ठ है, क्योंकि ज्ञान, कर्म उपासना ये सब अहंकार के कारण हैं। जब तक हृदय में प्रेमोत्पत्ति नहीं होती, तब तक किसी भी साधना अथवा कर्म के प्रति मनुष्य में दृढ़ निश्चय की भावना नहीं आती।

जो प्रेम सांसारिक आकर्षणों से उत्पन्न हुआ करता है, वह पार्थिव प्रेम है। इसे सच्चा प्रेम नहीं कहा जा सकता। सच्चे प्रेम में, अपार्थिव प्रेम में, गुण, यौवन, रूप, धन स्वार्थ और कामना आदि कारण नहीं होते; अर्थात् यह इन सबसे रहित मानस का सहज भाव होता है। प्रेम भगवान की भाँति सर्वव्यापक तत्त्व है। इसीलिए इस संसार में अन्य सभी वस्तुओं को देखा जा सकता है, उनका वर्णन किया जा सकता है, और प्रेम और भगवान ये दो तत्त्व ऐसे हैं जिन्हें न तो देखा जा सकता है, और न जिनका वर्णन किया जा सकता है। प्रेम ऐसा ज्ञान है जिसे प्राप्त कर लेने के पश्चात् अन्य किसी ज्ञान को प्राप्त करने की आवश्यकता नहीं रह जाती। मित्र, स्त्री, बन्धु, पुत्र आदि के प्रति मनुष्य के मन में यद्यपि स्वाभाविक प्रेम होता है, पर इसे सच्चा प्रेम नहीं कहा जा सकता। सच्चा प्रेम किसी भी प्रकार के कारण की अपेक्षा नहीं रखता। वह सदैव समान रहता है और सदैव प्रिय की हित-कामनाओं से परिपूर्ण होता है। इस संसार में अपने तन की ममता सर्वाधिक मानी जाती है, पर सच्चा प्रेम इससे भी अधिक प्यारा होता है। इस प्रेम को प्राप्त कर लेने के पश्चात् प्रभुप्राप्ति की भी इच्छा नहीं रह जाती। ऐसा ही प्रेम अलौकिक शुद्ध, शुभ और सरस कहलाता है।

इस प्रेम के अनेक नाम तथा रूप हैं। कोई इसे फाँसी कहता है; कोई तलवार कहता है, कोई नेजा कहता है, कोई भाला कहता है, कोई बरछी कहता है, कोई तीर कहता है और कोई अनोखी रक्षा करने वाली ढाल बताता है। इस प्रेम की मार इतनी सरस होती है कि जिसको यह मार पड़ जाये, वह इसके आनन्द में सब कुछ भूल जाता है। इस प्रेम में द्वेत भावना नहीं रहती, वरन् दोनों प्रेमी मिलकर एकाकार हो जाते हैं। जहाँ द्वैत भावना बनी रहेगी, वहाँ सच्चे प्रेम का अभाव होगा। इसीलिए इस प्रेम को सब प्रकार की मुक्तियों से श्रेष्ठ माना गया है। प्रेम का अभाव नाश का कारण है। प्रेम से ही संसार की स्थिति है। भगवान् भी प्रेम के अधीन होते हैं। जो प्रेम आनन्दपूर्ण, स्वाभाविक, निःस्वार्थ, अचल, महान और एकरस होता है, वही शुद्ध प्रेम कहलाता है। शुद्ध प्रेम स्वयं ही अंकुर है, स्वयं ही बीज है, स्वयं ही सिंचन है और

स्वयं ही डाल, पात, फल तथा फूल है। यही स्वयं कारण और कार्य है, कर्त्ता, कर्म क्रिया और कारण भी यही स्वयं है। कहने का भाव यह है कि अलौकिक प्रेम की महत्ता और उसका स्वरूप वैविध्यपूर्ण है, ठीक उसी प्रकार जिस प्रकार ईश्वर नाना रूपधारी एवं नामधारी है।

रसखान का यह प्रेम-दर्शन भारतीय पद्धति पर आधृत है। निम्नलिखित कतिपय तुलनात्मक उद्धरणों से यह मान्यता सिद्ध होती है—

1. **'लोक बेद मरजाद सब, लाज काज संदेह।**
देत बहाये प्रेम करि, विधि-निषेध को नेह।।' —रसखान
'सर्वमेव तथा सिद्धं, कर्त्तव्यं ना विशिष्यते।' —बोधसार

2. **बिन गुन जीवन रूप, धन, बिन स्वारथ हित जानि।**
शुद्ध कामना तें रहित, प्रेम सकल रसखानि।।' —रसखान
'गुणरहितं, कामनारहितं प्रतिक्षण वर्धमानमविच्छन्ननं सूक्ष्मतरमनुभवरूपम्।
—नारद भक्तिसुत्र

3. **'जिहिं पाए बैकुण्ठ अरु, हरिहू की नाहिं चाहि।**
सोइ अलौकिक शुद्ध सुभ, सरस सुप्रेम कहाहि।।' —रसखान
'यत्प्राप्य न किञ्चिद्वाञ्छति, शोचति, न द्वेष्टि, न रमते, नोत्साही भवति।'
—नारद भक्तिसूत्र

4. **'दो मन इक होते सुन्यौ, पै वह प्रेम न आहि।**
होय जबहिं हैं तनहूं इक, सोई प्रेम कहाहि।।' —रसखान
'प्रेमानान्दप्रकारेण द्वैतं विस्मरणं गतम्। **—बोधसार**

5. **याहीं तें सब मुक्ति ने, लही बड़ाई प्रेम।**
प्रेम भए ससि जाहि सब, बँधे जगत के नेक।।' —रसखान
'सालोक्य सार्ष्टि सामीप्य सारूप्यैकत्वमप्युत।
दीयमानं न गृह्णन्ति बिना मत्सेवनं जनाः।।' —भागवत

6. **'हरि के सब आधीन पै, हरी प्रेम अधीन।**
पाही तें हरि आपु ही, याहि बड़प्पन दीन।।' —रसखान
'अहं भक्तपराधीनो ह्य स्वतन्त्र इव द्विज।
साधुभिर्ग्रस्त हृदय भक्तैर्भक्तजनप्रियः।।' —भागवत

अन्त में, रसखान का प्रेम-दर्शन भारतीय दर्शन पर आधृत है। भारतीय दर्शन में प्रेम को जिस रूप में वर्णित किया है, शुद्ध प्रेम का जो वैविध्य दिखाया है, वही रूप रसखान ने प्रेम-वाटिका में प्रतिपादित किया है।

5.

रसखान की भक्ति-पद्धति

'भक्ति' शब्द की उत्पत्ति 'भज्' धातु से हुई है जिसका अर्थ है भजन इसीलिए भक्त का अर्थ यह हुआ भगवान् का भजन अथवा स्मरण। मनुष्य आनन्द प्राप्त करने का अनादिकाल से ही इच्छुक रहा है और इसके लिए सदैव प्रयत्नशील रहा है। इन्द्रियों के सहयोग से भी आनन्द प्राप्त होता है, पर इसे वास्तविक आनन्द नहीं कहा जा सकता, क्योंकि यह सांसारिक, क्षणिक और दुःख पर्यवसायी है। इसी सत्य को गीता में इन शब्दों में प्रतिपादित किया गया है—

'ये हि संस्पर्शजाभोगा दुखयोनय एव ते।
आद्यन्तवन्तः कौन्तेय न तेषु रमते बुधः।।'

इसीलिए बुद्धिमान लोग इन सांसारिक सुखों की ओर आकर्षित नहीं होते। महर्षि पतंजलि ने भी विवेकी के लिए संसार के समस्त भोगों को दुःख का कारण बताया है—

'परिणामताप संस्कार दुखैर्गुणवृत्तिविरोधाच्च सर्वमेवदुःख विवेकिनः।

सभी आचार्यों ने इस मत को एक स्वीकार किया है कि वास्तविक आनन्द तो भगवत्सान्निध्य से ही प्राप्त हो सकता है। इसी सान्निध्य के सान्निध्य का प्रयास भक्ति है। इस सान्निध्य को प्राप्त करने के लिए दो मार्ग प्रमुख माने गये हैं—प्रवृत्ति मार्ग और निवृत्तिमार्ग। प्रवृत्ति मार्ग का अर्थ है शरीर की स्वाभाविक प्रवृत्तियों द्वारा परमेश्वर को प्राप्त करना; अर्थात् विषयों को भगवदोन्मुख कर देना। इस मार्ग के दो भेद हैं—कर्ममार्ग और भक्तिमार्ग। निवृत्ति मार्ग का अर्थ है प्रतिकूल वृत्तियों की निवृत्ति करके विवेक द्वारा अनात्म को त्यागते हुए भगवान का साक्षात्कार। इस मार्ग के दो भेद हैं—योगमार्ग और ज्ञानमार्ग। योगमार्ग का अर्थ है विषयों से चित्तवृत्तियों का निरोध करके ईश्वर में संगमन करना; और ज्ञानमार्ग का अर्थ है आत्मअनात्म का भेद करना। निष्कर्षतः कहा जा सकता है कि भगवत्प्राप्ति के चार मार्ग हैं—कर्ममार्ग, भक्तिमार्ग, योगमार्ग और ज्ञानमार्ग। इन भागों में भक्ति मार्ग को ही सर्वश्रेष्ठ बताया गया है, क्योंकि यह सहज साध्य है—

'अन्यस्मात् सौलभ्यं भक्तौ।'

आचार्यों द्वारा भक्ति की भिन्न-भिन्न परिभाषाएँ दी गई हैं। महर्षि नारद के अनुसार भक्ति परमप्रेमरूपा और अमृत स्वरूपा है जिसे प्राप्त करके मनुष्य सिद्ध अमर तथा तृप्त हो जाता है—

'त्वस्मिन परमप्रेमरूपा अमृतरूपा च। यल्लब्ध्वा पुमान् सिद्धो भवति अमृतो भवति, तृप्तो भवति।

'भक्तराज शांडिल्य ने ईश्वर में प्रगाढ़ अनुरक्ति को भक्ति कहा है–

'सापरानुरक्तिरीश्वरे।'

भागवतकार के अनुसार 'सांसारिक विषयों का ज्ञान देने वाली इन्द्रियों की स्वाभाविक प्रवृत्ति निष्काम रूप से जब भगवदोन्मुख हो जाती है तो उसे भक्ति कहते हैं–

'देवानां गुणलिंगानामनुश्रविक कर्मणां सत्व एवैक मनसो वृत्तिः स्वाभाविकी तु याऽनिमिता भागवती भक्तिः सिद्धेर्गरीयसी।'

रूपगोस्वामी के मत से श्रीकृष्ण का अनुकूल रूप में अनुशीलन जिसमें अन्य किसी प्रकार की अभिलाषा न हो और जिस पर ज्ञान कर्म आदि का आवरण न हो भक्ति कहलाता है–

'आत्माभिलाषिता शून्यं ज्ञान कर्माधनावृतम्।
आनुकूल्येन कृष्णानुशीलं भक्तिरुत्तमा।।'

बल्लभाचार्य के अनुसार, भगवान के महात्म्य का ज्ञान रखते हुए उनमें सबसे अधिक दृढ़ स्नेह करना भक्ति है–

'महात्म्यं ज्ञानपूर्वस्तु सुदृढ़ सर्वतोऽधिकः।
स्नेहो भक्तिरिति प्रोक्तस्तयामुक्तिर्न चान्यथा।।'

इन सभी परिभाषाओं में एक तत्त्व सर्वथा विद्यमान है। यह है ईश्वर के प्रति अनुराग। प्रायः सभी भक्त-सम्प्रदायों ने अनुराग को भक्ति का अनिवार्य अंग माना है। बल्लभीय सम्प्रदायी हरिराम अनुराग की महत्ता इन शब्दों में प्रतिष्ठित करते हैं–

'सो ठाकुर जी भक्त के स्नेहवश होय भक्त के पीछे-पीछे डोलते हैं। सो जहाँ ताई ऐसो स्नेह नहीं होय तहाँ ताई महात्म्य रखनो.......तासो महात्म्य विचारै और अपराध सों डरपै तो कृपा होय। जब सर्वोपरि स्नेह होयगो तब आपही ते स्नेह ऐसो पदार्थ जो महात्म्य कूँ छूड़ाय देयगो।'

भक्ति के अनेक भेद हैं। इसके विभाजन के मुख्यतया चार आधार माने जाते हैं–

1. साधना का आधार।
2. अधिकारी का आधार।
3. प्रेरणा का आधार।
4. विकास का आधार।

साधना के आधार पर, भागवतकार ने भक्ति के नौ भेद किये हैं–श्रवण, कीर्तन, स्मरण, पादसेवा, अर्चन, वन्दन, दास्य, सख्य और आत्मनिवेदन। अष्टछाप के प्रमुख कवि नन्ददास ने पहले छः भेदों को दो भागों के अन्तर्गत संपादित किया है–नादमार्ग और रसमार्ग। पहले तीन प्रकार अर्थात् श्रवण, कीर्तन और स्मरण नादमार्ग के और पादसेवा, अर्चन तथा वन्दन रसमार्ग के अन्तर्गत आते हैं।

अधिकारी के आधार पर भक्ति के चार भेद माने गए हैं—सात्विकी, राजसी, तामसी और निर्गुण। जो भक्त पापों के नाश के लिए अपने पाप-पुण्य सब भगवदर्पित कर देता है और अनन्य भाव से ईश्वर से आसक्ति रखता है, उसकी भक्ति सात्विकी कहलाती है, राजसी भक्ति लौकिक विषय, यश, ऐश्वर्य आदि की दृष्टि में रखकर की जाती है। तामसी भक्ति में हिंसा, दम्भ, क्रोधादि के वशीभूत होकर इच्छाओं की पूर्ति के लिए भगवत-उपासना की जाती है। निर्गुण भक्ति में परमेश्वर को सब में सब भाव से व्याप्त जानते हुए अपने समस्त कर्म परमेश्वर को अर्पित किये जाते हैं। इसमें निष्काम आसक्ति रहती है।

प्रेरणा के आधार पर भक्ति के अनेक भेद हो सकते हैं, क्योंकि प्रेरणाओं की कोई संस्था निर्धारित नहीं की जा सकती। गीता में आर्त, जिज्ञासु, अर्थार्थी और ज्ञानी ये चार प्रकार के भक्त बताये गये हैं—

'चतुर्विधा भजन्ते मां जनाः सुकृतिनार्जुनः,
आर्तो जिज्ञासुरर्थार्थी ज्ञानी च भरतर्षभ।'

इन्हीं भक्तों के आधार पर भक्ति के भी चार भेद किये जा सकते हैं। आर्तभक्त की भक्ति तामसी, जिज्ञासु की सात्विकी, अर्थाथी की राजसी और ज्ञानी की निर्गुण कहलाती है।

रूपगोस्वामी ने, विकास के आधार पर भक्ति के तीन भेद माने हैं—साधनारूपा, भावरूपा और प्रेमरूपा। साधनारूपा भक्ति भक्त की प्रथम अवस्था की द्योतिका है। इसमें भक्त का परमेश्वर से पूर्ण राग तो नहीं होता, किन्तु अर्चना आदि कर्मों के द्वारा वह उसे प्राप्त करने का प्रयास करता है। भावरूपा भक्ति साध्य होती है। भावरूपा भक्ति के दो भेद हैं—वैधी और रागानुग। जब परमेश्वर के स्वतः राग नहीं होता, वरन् शास्त्रों के शासन से अर्जित किया जाता है तो उसे वैधी भक्ति कहते हैं। वैधी भक्ति में शास्त्रज्ञान का महत्त्वपूर्ण स्थान होता है। रागानुग भक्ति में अनुराग का प्राधान्य होता है। इसमें शास्त्रीय ज्ञान की अपेक्षा नहीं होती, वरन् भावना का अतिरेक आवश्यक है। परमेश्वर की ह्लादिनी, संगिनी और संवित् नाम की जो तीन शक्तियाँ हैं इनमें से पहली का जीवों में प्रेम-रूप प्रकट होने वाला अंश शुद्ध तत्त्व कहलाता है। यही भाव है। इसी भाव की भक्ति को भावरूपा भक्ति कहते हैं। हृदय जब भाव में अत्यन्त द्रवीभूत और प्रगाढ़ ममता से संयुक्त हो जाता है तो यही प्रगाढ़ावस्था प्रेम कहलाता है। इस भाव की भक्ति को प्रेमरूपा भक्ति कहते हैं। साधनारूपा भक्ति से प्रेमरूपा भक्ति तक आने के लिए भक्त को भक्ति-विकास के अनेक सोपानों को पार करना पड़ता है।

भक्ति के स्वरूप पर विहंगम दृष्टिपात करने के पश्चात् अब उन कृष्णभक्ति के समुदायों का संक्षिप्त परिचय जान लेना आवश्यक है जिन्होंने भक्ति जगत् एवं साहित्य को प्रचुरता से प्रभावित किया है। इन समुदायों में से मुख्य सम्प्रदाय ये हैं—

1. **बल्लभ सम्प्रदाय।**
2. **गौड़ीय सम्प्रदाय।**

3. राधावल्लभीय सम्प्रदाय।
4. सखी सम्प्रदाय।
5. निम्बार्क सम्प्रदाय।

बल्लभ सम्प्रदाय के प्रवर्तक बल्लभाचार्य हैं। बल्लभाचार्य ने प्रेम-लक्षणा भक्ति की महत्ता प्रदान की है और नवधा भक्ति का प्रतिपादन किया है। इस सम्प्रदाय में कृष्ण-भक्ति को प्रधानता दी गई है और राधा को उनकी (भगवान् की) आह्लादिनी शक्ति अथवा रसशक्ति के रूप में स्वीकार किया गया है। कृष्ण-भक्त साहित्य में इस सम्प्रदाय को सर्वाधिक मान्यता मिली है और इसका प्रचार सबसे अधिक हुआ है।

गौड़ीय सम्प्रदाय के प्रवर्तक चैतन्य महाप्रभु हैं। इस सम्प्रदाय में राधा और कृष्ण के समान महत्त्व को स्वीकार किया गया है और दलों की समान पूजा का विधान माना गया है। इसमें सत्संग, नाम तथा लीला-कीर्तन, ब्रज-वृन्दावन, कृष्ण-मूर्ति की सेवा आदि भक्ति के साधनों को विशेष महत्त्व दिया गया है।

राधावल्लभीय सम्प्रदाय के प्रवर्तक स्वामी हितहरिवंश हैं। इस सम्प्रदाय में राधा की पूजा को प्रधानता दी गई है, यद्यपि कृष्ण-पूजा की भी उपेक्षा नहीं है। इसमें राधा-कृष्ण की कुंज लीला तथा श्रृंगारकेलि को प्रधानता देने के कारण रति-क्रीड़ा का ही एकमात्र आलबंन ग्रहण किया गया है। इसमें विप्रलम्भ श्रृंगार का अभाव तो है, किन्तु सूक्ष्म विरह की अनोखी दृष्टि की गई है।

सखी सम्प्रदाय के प्रवर्तक आचार्य हरिदासी सम्प्रदाय भी है, क्योंकि हरिदास इस सम्प्रदाय के प्रवर्तक हैं। इस सम्प्रदाय में राधा-कृष्ण की युगल-उपासना का विधान सखी-भाव से किया गया है।

निम्बार्क-सम्प्रदाय के प्रवर्तक आचार्य निम्बार्क हैं। बल्लभ और गौड़ीय सम्प्रदायों की भांति इस सम्प्रदाय में भी मधुर भाव की उत्कृष्टता स्वीकार की गई है। इस सम्प्रदाय में कृष्ण को आराध्य माना गया है जो अपनी प्रेम और माधुर्य की अधिष्ठात्री शक्ति राधा तथा आह्लादिनी गोपी-स्वरूपा शक्तियों से घिरे रहते हैं। इस सम्प्रदाय में कृष्णोपासना के साथ-साथ राधा की उपासना का भी विशेष महत्त्व माना गया है।

रसखान की भक्ति पद्धति

रसखान बल्लभ सम्प्रदाय के अनुयायी हैं, अतः इनकी भक्ति-पद्धति वैष्णवभक्ति है। वैष्णव भक्ति-पद्धति में नवधा भक्ति को पूर्ण महत्त्व दिया गया है। नवधा भक्ति के नौ सौपान हैं—श्रवण, कीर्तन, स्मरण, पद-सेवा, अर्चना, वन्दन, दास्य, सख्य और आत्मनिवेदन। सूरदास ने इसमें मधुर भाव को जोड़कर इसके दस सोपान बना दिये हैं। श्रवण में भक्त अपने आराध्य के गुणों को सुनता है, कीर्तन के द्वारा उन्हें प्रकट करता है। नाचकर तथा गाकर सुनाता है। पद-सेवा का अर्थ है भगवान के चरणों की पूजा करना अथवा उनके चरणों की महता का वर्णन करना। अर्चन का अर्थ है पूजा करना, वन्दन का अर्थ है स्तुति करना। दास्य में भक्त दास-भाव से अपने आराध्य की सेवा करता है अथवा उसका गुण-गान करता है और आत्मनिवेदन में भक्त अपने

भगवान के समक्ष अपना हृदय खोलकर रख देता है। रसखान के काव्य में ये सभी सोपान प्राप्त नहीं होते। वस्तुतः रसखान किसी बाँधी हुई पद्धति पर चलने वाले भक्त नहीं हैं। ये प्रेमोमंग के भक्त हैं, अतः इन काव्य में माधुर्य भक्ति ही अधिक दिखाई पड़ती है।

माधुर्य भक्ति के तीन अंग प्रमुख हैं—रूपवर्णन, विरह-वर्णन और पूर्णतया आत्मसमर्पण। रसखान-काव्य में ये तीनों अंग पाये जाते हैं। रूप-वर्णन के कुछ उदाहरण देखिए—

1. 'मोतिन माल बनी नट के, लटकी लटता लट घूँघरवारी।
अंग ही अंग जराव लसै अरु सीस लसै पगिया जरतारी।
पूरब पुन्यनि तें रसखानि सु मोहिनी मूरति आनि निहारी।
चारयौ दिसानि की लै छवि आनि के झाँके झरोखे मैं बाँके बिहारी।।

2. 'गोरज बिराजै भाल लहलही बनमाल,
आगे गैयाँ पाछें ग्वाल गावै मद मृदु तानि री।
तैसी धुनि बाँसुरी की मधुर-मधुर जैसी,
बंक चितवनि मंद मंद मुसकानि री।
कमद विपट के निकट तटनी के तट,
अटा चढ़ि चाहि पीत पट फहरानि री।
रस बरसावै तन तपनि बुझावै नैन,
आननि रिझावै वह आवै रसखानि री।

3. नैननि बंस विसाल के बाननि झेलि सकै अस कौन नबेली।
लोलत हैं हिय तीछन कोर सुमार गिरी तिय कोटिक हेली।
छोड़ै नहीं छिनहूं रसखानि सु लागी फिरै द्रुम सी जनु बेली।
रौरि परि छवि को ब्रजमण्डल कुण्डल गंड न कुंतल केली।।'

4. 'बाँकी बड़ी अँखियाँ बड़रारे कपोलनि बोलति कौं कल बानी।
सुन्दर हास सुधानिधि सो मुख मूरति रंग सुधारस-सानी।
ऐसी नबेली ने देखे कहूं ब्रजराज लला अति ही सुखदानी।
डोलति है बन बीथिन मैं रसखानि मनोहर रूप लुभानी।।'

5. 'लाल लसै पगिया सब के पट कोटि सुगन्धनि भीने।
अंगनि अंग सजे सब ही रसखानि अनेक जराउ नवीने।
मुकता गल माल लसै सबके सब ग्वार कुमार सिगार सो कीने।
पै सिगरे ब्रज केहरि ही हरि ही कैं हर हियरा हरि लीने।'

6. 'साँझ समै जिहि देखती ही तिहि पेखन का की मन यों ललकै री।
ऊँची अटान चढ़ी ब्रजबाल सु लाज सनेह दुरै उझकै री।
गोधन धूरि की धूँधरी में तिनकी छवि यौं रसखानि तकै री।
पावक के गिरि तें बुझि मानौं धुंबा-लपटी लपटैं लपकै री।।'

जिस प्रकार रसखान ने कृष्ण के रूप का सौन्दर्य का वर्णन किया है, उसी प्रकार राधा के सौन्दर्य का भी विस्तार से वर्णन किया है। कुछ उदाहरण प्रस्तुत हैं—

1. 'प्यारी की चाह सिंगार तरंगनि जाय लगी रति की दुति कूलानि।
जौबन जेब कहा कहियै उर पै छबि मंजु अनेक दुकूलनि।
कंचुकी सेत में जाबक बिन्दु बिलोकि मरें मघवानि की सूलनि।
पूजे हैं आजु मनौ रसखान सुभूत के भूप बंधूक के फूलनि।।'

2. 'बाँकी मरोर गही भृकुटीन लगीं अँखियाँ तिरछानि तिया की।
टाँक सी लाँक भई रसखानि सुदामिनि तें दुति दूनी हिमा की।
सोहैं तरंग अनंद की अंगनि ओप उरोज उठी छतिया की।
जोबन-जीति सु यों दमकै उसकाइ दई मनो बानी दिया की।।'

3. 'बासर तूँ जु कहुं निकरै रबि को रथ माँझ अकास अरै री।
रैन यहै गति है रसखानि छपाकर आँगन तें न टरै री।
औस निस्वास चल्यौई करै निसिद्यौस की आसन पाय करै री।
तेरो न जात कछू दिन राति बिचारै बटोही की बाट परै री।।'

4. प्रेम-कथानि की बात चलें चमकैं चित चंचलता चिनगारी।
लोचन बंक बिलोकनि लोलनि बोलनि मैं बतिया रसकारी।
सोहैं तरंग अनंग की अंगनि कोमल यों झमकै झनकारी।
पूतरी खेतत ही पटकी रसखानि सु चौसर खेलत प्यारी।।'

5. 'जाको लसै मुख चन्द समान कमानी सी भौंह गुमान हरै।
दीरघ नैन सरोजहुं तैं मृग कंजन मीन की पाँत दरैं।
रसखान उरोज निहारत ही मुनि कौन समाधिनि जाहि टरै।
जिहिं नीके नवै कटिं हार के भार सों तासों कहैं सब काम करै।।'

इस प्रकार रसखान ने रूप का वर्णन काफी विस्तार से किया है। माधुर्य भक्ति की सफल अभिव्यंजना के लिए यह विस्तार आवश्यक भी है।

माधुर्य भक्ति का दूसरा अंग है विरह-वर्णन। रसखान ने इस अंग का भी काफी विस्तार से वर्णन किया है। सारे बागों में फूल खिल गये हैं। बसंत के आगमन के कारण भौंरे उन पर गुँज रहे हैं। कोयल की कू-कू सुनकर सबके प्रिय विदेश से वापस लौट चले हैं, लेकिन कृष्ण इतने कठोर हैं कि वे इस मादक ऋतु की तनिक भी चिन्ता नहीं करते। जब कोयल बोलती है तो कृष्ण की प्रियतमा के हृदय में वह बरछी के समान लगती है—

फूलत फूल सबै वन बागन बोलत भौंर बसंत के आवत।
कोयल की किलकार सुनै सब कंत बिदेसन तें बस आवत।
ऐसे कठोर महा रसखान जु नेकहु मोरी ये पार न पावत।
हूक सी सालत है हिय मैं जब बैरिन कोयल कूक सुनावत।।'

वियोग के कारण विरहिणी के शरीर की द्युति मन्द पड़ गई है। उसका कमल जैसा कोमल मुख भी मुरझा गया है। उसके हृदय की साँसें लपट बनकर जलने लगी

हैं। ऐसे ही अवसर पर जब उसे यह सूचना मिलती है कि उसका प्रियतम आ गया है तो उसकी क्षीण होती हुई शरीर द्युति इस प्रकार दमक उठती है मानो दिये की बाती उकसा दी हो–

'रसखान सुनाह वियोग के ताप मलीन महा दुति देह तिया की।
पंकज सौ मुख गौ मुरझाय लगी लपटै बरै स्वांस हिमा की।
ऐसे में आवत कान्ह सुने हुलसै सुतनी तरकी अँगिया की।
यों जग जोति उठी तन की उकसाय दई मनौ बाती दिया की।।'

विरह-वर्णन में कहीं-कहीं रसखान परम्परा से इतने जड़ीभूत हो गए हैं कि भावलोक की क्षति का ध्यान भी भूल गये हैं और परम्परा के अबाध प्रवाह में बह गए हैं। यथा–

'बिरहा की जु आँच लगी तन में तब जाय परी जमुना जल में।
बिरहानल तें जल सूखि गयौ मछली बही छाँड़ि गई तल में।
जब रेत फटी रु पताल गई तब शेष जर्यौ धरती-तल में।
रसखान तबै इहि आँच मिटै जब आय कै स्याम लगै गल में।।'

अर्थात् जब विरहिणी के शरीर में वियोग-दुख की अग्नि बढ़ गई तो वह उसे शान्त करने के लिए यमुना के जल में कूद गई। तब विरह की आग के कारण यमुना का जल सूख गया और मछलियाँ जल के अभाव के कारण यमुना के तल में बैठ गईं। उस आग के कारण जब यमुना का जल अत्यन्त गरम हो गया तो उसकी गरमी से पाताल लोक में स्थित शेषनाग भी जलने लगा। रसखान कहते हैं कि यह ज्वाला तभी शान्त हो सकती है जब कृष्ण उसके गले से आकर लगेंगे।

लेकिन सर्वत्र ऐसी ऊहात्मकता नहीं है। एक भावपूर्ण कवि के लिए यह संभव भी नहीं था। यथा–

'बाल गुलाब के नीर उसीर सों पीर न जाइ हियैं जिन ढारौ।
कंज की माल करौ जु बिछावन होत कहा पुनि चंदन गारौ।
एते इलाज बिकाज करौ रसखान कों काहे कों जारै पै जारौ।
चाहति हौ जु जिबायौ पटू तो दिखावौ बड़ी बड़ी आँखिनवारौ।।'

इस सवैया में हृदय की सहज भावनाएँ मुखरित हैं। विरहणी के विरह का सच्चा इलाज यही है कि उसका प्रियतम उसे मिल जाये। अन्यथा अन्य इतर उपचारों से कोई लाभ नहीं है। इसीलिए तो विरहिणी अपनी सखी से कहती है कि मेरे हृदय पर गुलाबजल और खस छिड़कना बेकार है। कंज माला का बिछावन करने में तथा चंदन का लेप करने से भी कोई लाभ नहीं है। ये सारे उपचार व्यर्थ हैं वरन् ये तो मेरी पीड़ा को, जलन को, और भी अधिक बढ़ाते हैं। हे सखि! यदि तुम मुझे जीवित रखना चाहती हो तो मुझे विशाल नेत्र वाले कृष्ण का दर्शन करा दो। यही एकमात्र उपचार मेरे विरह रोग को ठीक कर सकता है।

माधुर्य भक्ति का तीसरा प्रमुख अंग है पूर्णतया आत्मसमर्पण। जब तक भक्त स्वयं को अपने आराध्य के प्रति पूर्णतया समर्पित नहीं कर देगा, तब तक उसका उसके प्रति प्रेम और विश्वास अधूरा ही रहेगा। रसखान को अपने आराध्य पर पूर्ण विश्वास है। उसके संरक्षण में ये सब प्रकार के दुखों से तथा कष्टों को स्वयं को सुरक्षित समझते हैं–

'कहा करै रसखानि को, कोऊ चुगल लबार।
जो पै राखनहार है, माखनचाखनहार।।'

इसीलिए उनका मन कृष्ण के लिए चातक बना हुआ है–

'बिमल सरस रसखानि मिलि, भई सकल रसखानि।
सोई नव रसखानि कों, चित चातक रसखानि।।'

अपने आराध्य के प्रति इनका इतना घनिष्ठ स्नेह है कि ये युगान्त तक उसका सानिन्ध्य प्राप्त करना चाहते हैं। इनको इच्छा है कि यदि मुझे आगामी जन्म में मनुष्य-योनि मिले तो मैं वही मनुष्य बनूँ जिसे ब्रज और गोकुल के ग्वालों के मध्य खेलने का अवसर मिले। यदि पशु-योनि मिले तो उस गाय का जो नंद की गायों के साथ विचरण कर सके यदि पाषाण-योनि मिले तो उसी पर्वत की शिला बनूँ जिन्हें कृष्ण ने इन्द्र का गर्व खण्डित करने के लिए अपने हाथ से उठाया था और यदि पक्षी बनूँ तो तुझे यमुना-तट पर उगे हुए कदम्बवृक्षों पर निवास करने का अवसर मिलें–

मानुष हों तो वही रसखानि बसौं ब्रज गोकुल गाँव के ग्वारन।
जो पसु हौं तौ कहा मेरो चरौं नित नन्द की धेनु मंझारन।
पाहन हौं तौ वही गिरी को जो धर्‌यौ कर छत्र पुरन्दर-धारन।
जौ खग हौं तौ बसेरो करौं मिलि कालिन्दी कूल कदम्ब की डारन।।'

इसी प्रकार ये अपने शरीरावयवयों की सार्थकता इस बात में मानते हैं कि ये आराध्यदेव के काम आयें–

'जो रसना रस ना बिलसै देहु सदा नाम उचारन।
मो कर नीकी करै अपनी जु पै कुँज कुटीरन देहु बुहारन।
सिद्ध समृद्धि सबै रसखानि लहौं ब्रज-रेनुका-अंग संवारन।
खास निवास मिलै जु पै तौ वही कालिन्दी-कूल कंदब की डारन।।'

और–

बैन वही उनको गुन गाइ और कान वही उन बैन सों सानी।
हाथ वही उन गात सरै अरु पाँव वहौ जु वही अनुजानी।
जान वही उन आन के संग ओ मान वही जु करै मनमानी।
त्यौं रसखानि वही रसखानि जु है रसखानि सों है रसखानी।।

उस आराध्यदेव के समक्ष दुनिया का सारा वैभव तुच्छ और निस्सार है। कोई व्यक्ति चाहे जितना वैभव संचित कर ले, यदि उसकी कृष्ण में भक्ति नहीं है तो उसके संचित वैभव का कोई मूल्य नहीं, क्योंकि कृष्ण की भक्ति ही सर्वोच्च और सत्य वैभव है–

संपति सौं सकुचाइ कुबेरहिं रूप सौं दीनी चिनौती अनंगहिं।
भोग कै कै ललचाइ पुरन्दर जोग कै गंग लई घर मंगहिं।
ऐसे भए तौ कहा रसखानि रसै रसना जौ जु मुक्ति-तरंगहि।
पै चित ताके न्र रंग रच्यौ जु रह्यौ रचि राधिका रानीके रंगहिं।।'

× × ×

कंचन-मंदिर ऊँचे बनाइ के मानिक लाय सदा झलकैयत।
प्रात ही तें सगरी नगरी नग मोतिन की ही तुलानि तुलैयन।
जद्यपि दीन प्रजान प्रजापति की प्रभुता मधवा ललचैयत।
ऐसे भए तो कहा रसखानि जो साँवरे ग्वार सौं ह नैन लैयत।।'

× × ×

'कहा रसखानि सुखसम्पति सुमार कहा,
कहा तन जोगी ह्वै लगाए अंग छार को।
कहा साधे पंचानल कहा सोए बीच जल,
कहा जीत लाए राज सिंधु आर-पार को।
जप बार बार तप संगम बयार ब्रत,
तीरथ हजार अरे बूझत लबार को।
कीन्हौं नहीं प्यार नहीं सैयों दरबार चित,
चाह्यौ न निहार्‍यौ जो नन्द के कुमार को।।'

× × ×

कंचन के मंदिरनि दीठि ठहराति नाहिं,
सदा दीपमाल लाल मानिक उजारे सौं।
और प्रभुताई अब कहाँ लौं बखानौं, प्रति–
हारन की भीर भूप हटत न द्वारे सों।
गंगाजी में न्हाइ मुक्ताहलहू लुटाइ, वेद,
बीस बार गाइ ध्यान कीजत सबारे सों।
ऐसे ही भए तौ नर कहा रसखानि जो पै,
चित्त दै न कीनी प्रीति पीतपटवारे सों।।

इन उद्धरणों ये यह स्पष्ट होता है कि रसखान के मन में अपने आराध्य के प्रति पूर्ण आत्मसमर्पण, विश्वास एवं अनुराग है किन्तु अन्य कृष्ण-भक्तों की भाँति इनका हृदय सकीर्ण नहीं है। सूरदास .कृष्ण को छोड़कर अन्य देव की उपासना इसी प्रकार हास्यास्पद समझते हैं जिस प्रकार कामधेनु को छोड़कर छेरी का दूध निकालना। पर रसखान में यह संकीर्णता नहीं है। ये यद्यपि कृष्ण के प्रति अपनी पूर्ण आस्था प्रकट करते हैं, पर शिव और गंगा के प्रति भी इनके मन में श्रद्धा-भाव है। शिव की स्तुति करते हुए ये कहते हैं—

'यह देखि धतूरे के पात चबात तौ गात सों धूलि लगावत हैं।
चहुँ ओर जटा अटकै लटकै फनि सों ककनी फहरावत हैं।
रसखानि जेई चितवैं चित दे तिनके दुख-दुन्द भजावत हैं।
गज-खाल कपाल की माल दिवसाल सौ गाल बजावत आवत है।।'

गंगा-महिमा से सम्बद्ध इनके दो सवैये उपलब्ध हैं। वे ये हैं–

1. 'इक ओर किरीट लसै दूसरी दिसी नागन के गन गाजत री।
मुरली मधुरी धुनि अधिक ओठ पै अधिक नाद से बाजत री।
रसखानि पितम्बर एक कंधा पर एक बघम्बर राजत री।
काउ देखउ संगम ल बुड़की निकल यहि भेख सौ छाजत री।

2. 'वेद की औषद खाई कछू न करै बहु संजम री सुनि मोसें।
तो जल-पान कियौं रसखानि सजीवनि जानि लियो रस तोर्सें।
ऐ री सुधामई भागीरथी नित पथ्य अपथ्य वनै तोहि पोर्सें।
आक धतूरो चबात फिरै बिख खात फिरै शिव तेरे भरोसें।।'

इस प्रकार हम देखते हैं कि यद्यपि रसखान बल्लभाचार्य की परम्परा में आते हैं, पर ये इस परम्परा के भक्तों की भांति नियमों का कठोर पालन करके नहीं चले हैं। नियमों की अपेक्षा इनकी भक्ति पद्धति भावों पर अधिक आधृत है। यही कारण है कि इनके मन में जितनी कृष्ण के प्रति आस्था है, उतनी ही अन्य देवताओं के प्रति विशेषतः गंगा और शिव के प्रति। उदार मन की यह उदारता रसखान के अतिरिक्त न तो अन्य कृष्ण-भक्तों में मिलती है और न स्वच्छन्दवादी कवियों में।

6.
रसखान की रस-योजना

रस काव्य की आत्मा है, अतः प्रत्येक सजीव काव्य के लिए रस-योजना अनिवार्य है। भावपूर्ण कवियों के काव्य में रस-योजना श्रमसाध्य नहीं होती वरन् स्वाभाविक होती है। विविध रसों की योजना रसखान का ध्येय नहीं है। ये तो भक्त हैं और भक्ति के आवेश में आकर ही इनकी वाणी फूटी है। इनकी भक्ति माधुर्य भाव की है। अतः शृंगार रस की योजना ही इनके काव्य में पाई जाती है। भक्त होने के नाते इनकी इस शृंगारिकता योजना को अलौकिक शृंगार के अन्तर्गत ही परिगणित किया जाएगा।

शृंगार रस के दो भेद होते हैं—संयोग शृंगार और वियोग शृंगार। इन्हें क्रमशः सम्भोग शृंगार और विप्रलम्भ शृंगार कहते हैं।

संयोग शृंगार

संयोग शृंगार के अन्तर्गत नायक और नायिका के मिलन की अवस्था एवं तज्जन्य आनन्द का वर्णन होता है। यह मिलन-अवस्था एकदक नहीं आती, बल्कि इसे प्राप्त करने के लिए दोनों को अनेक सोपान पार करने पड़ते हैं। पहले वे अचानक मिलते हैं, एक-दूसरे को देखते हैं और पारस्परिक रूप का लावण्य उन्हें सान्निध्य प्राप्त करने को प्रेरित करता है। तत्पश्चात् उन दोनों की प्रेम-क्रीड़ाएँ चलती हैं। संयोग शृंगार के अन्तर्गत मुख्यतयसा तीन बातों का वर्णन किया जाता है—

1. रूप-वर्णन।
2. प्रेम-व्यापार का वर्णन।
3. नायिका भेष-वर्णन।

रूप-वर्णन—रूप अथवा सौन्दर्य के प्रति आकर्षण प्रेम का प्रथम सोपान है। नायक नायिका के सौन्दर्य से और नायिका नायक के सौन्दर्य के कारण ही दोनों एक-दूसरे की ओर आकर्षित, होते हैं। हिन्दी में विशेषतः रीतिकालीन साहित्य में—केवल नायिका के सौन्दर्य का ही वर्णन किया गया है। यह वर्णन एकांकी है। रसखान ने नायक और नायिका—कृष्ण और राधा—दोनों के सौन्दर्य का वर्णन किया है। कृष्ण के सौन्दर्य का वर्णन करते हुए इन्होंने बताया है कि उस नटवर कृष्ण के गले में मोतियों की माला पड़ी हुई है। उनकी घूँघरवारी केश-राशि लटक रही है। अंग के प्रत्येक भाग में जड़ाऊ आभूषण और सिर पर जरी वाली पगड़ी सुशोभित है। ऐसे सौन्दर्य के दर्शन पूर्ब पुण्यों के कारण ही हुआ करते हैं—

'मोतिन माल बनी नट के लटकी लटवा लट घूँघरबारी।
अंग ही अंग जराव लसै अरु सीस लसै पगिया जरतारी।
पूरब पुन्यनि तें रसखानि सु मोहिनी मूरति आनि निहारी।
चार्‌यौ दिसानि की लै छवि आनि के झाँके झरोखे मैं बाँके बिहारी।।'

कृष्ण जब शाम को गाय चराकर अपने अन्य साथियों के साथ बन से वापस लौटते हैं तो उस समय उनका जो सौन्दर्य होता है, उसे देखकर ब्रज की बनिताएँ अपने सारे दिन की थकान को भूल जाती हैं–

'आवत हैं बन तें मनमोहन गाइन संग लसै ब्रज-ग्वाला।
बेनु बजावत गावत गीत अभीत इतै करिगौ कछु ख्याला।
हेरत हेरि ककै चहूँ ओर तें झाँकि झरोखन तैं ब्रज-बाला।
देखि सु आनन कों रसखानि तज्यो सब घोस को ताप-कसाला।

कृष्ण जितने सुन्दर हैं, उनकी वाणी में उतना ही माधुर्य है और कुंजों में घूमने फिरने की उतनी ही आकर्षणमयी आतुरता है। जो भी गोपी उनके सौन्दर्य को तथा उनकी सुन्दर चेष्टाओं को देख लेती है, वह उनके सौन्दर्य सागर में डूबे बिना नहीं रह पाती–

'अति सुन्दर री ब्रजराजकुमार महामृदु बोलान बोलत है।
लखि नैन की कोर कटाछ चलाइ कै लाज की गाँठन खोलत है।
सुन री सजनी अलबेलो लला वह कुंजनि कुंजनि डोलत है।
रसखानि लखें मन बूड़ि गयौ मधि रूप के सिन्धु कलोलत है।

जो गोपी कृष्ण के सौन्दर्य को देख लेती है, वह दीवानी बन जाती है, कृष्ण का सौन्दर्य उनके हृदय में अटक जाता है–

'तैंन लख्यौ जब कुँजनि तें बनिकै निकस्यौ भटक्यौ मटक्यौ री।
सोहत कैसौ हरा टटक्यौ उठ कैसो किरीट लसै लटक्यौ री।
को रसखानि फिटै फटक्यौ हटक्यौ ब्रजलोग फिरै भटक्यौ री।
रूप सवै हरि वा नट को हियरे अटक्यौ अटक्यौ री।।'

जितना मधुर कृष्ण का शरीरगत सौन्दर्य है, उतना ही आकर्षक उनका चेष्टागत सौन्दर्य भी है। उनके वक्र नेत्रों की मार इतनी पैनी और प्रभावशाली है कि जिस गोपी पर भी वह पड़ जाती है, वह अपनापन भूल जाती है और क्षणभर को भी कृष्ण-स्मृति को नहीं छोड़ पाती–

'नैननि बंक बिसाल के बाननि झलि सकै अरु कौन नबेली।
बेधत हैं हिय तीछन कोर सुमार गिरी तिय कोंटिक हेली।
छोड़ै नहीं छिनहूँ रसखानि सु लागी फिरै द्रुम सौ जनु बेली।
रोरि परी छवि की ब्रजमंडल कुंडल गडनि कुंतल केली।।'

कृष्ण की वाणी और उनकी चंचल दृष्टि विलक्षण है। उनके कपोलों पर कुंडलों की छवि हाथी के गंडस्थल पर पड़ी हुई छवि की भांति अद्वितीय है। जब वे वृक्ष की

डाली पकड़कर त्रिभंगिमा से खड़े होते हैं तो उस समय उनकी जो शोभा होती है, उसका वर्णन नहीं किया जा सकता। उनकी सरस मुस्कान तो वशीकरण मंत्र है ही–

'अलबेली बिलोकनि बोलनि औ अलबेलियै लोल निहारन को।
अलबेली सी डोलनि गंडनि पै छवि सों मिलि कुंडल बारन की।
भट् ठाढ़ौ लख्यौ छबि कैसे कहौं रसखानि गहे द्रुमडारन की।
हिय मैं जिय मैं मुसकानि रमी गति को सिखबै निरवारन की।।'

उनके विशाल नेत्र सुख देने वाले हैं, उनके कपोल पुष्ट हैं, वाणी में माधुर्य हैं, हँसी में आकर्षण है, मुख में चन्द्रमा जैसी सुन्दरता और स्निग्धता है। इस सौन्दर्य-राशि को देखकर भी गोपियाँ इसकी मनोहरता पर मोहित हो जाती हैं–

'बाँकी बड़ी अँखियाँ बड़रारे कपोलनि बोलनि कौं कल बानी।
सुन्दर हास सुधानिधि सो मुख मूदति रंग सुधारस-सानी।
ऐसी नवेली ने देखे कहूँ ब्रजराज लला अति ही सुखदानी।
डोलति है बन बीथिन में रसखानि मनोहर रूप लुभानी।।'

रसखान ने जिस प्रकार कृष्ण के सौन्दर्य का वर्णन किया है, उसी प्रकार राधा के सौन्दर्य के भी अनेक चित्र चित्रित किए हैं। राधा के नेत्रों में वह सुन्दरता तथा मादकता है, मानो ब्रह्मा ने संसार को प्यासा जानकर उसकी तृप्ति के लिए उसके नेत्रों में सुधा-सागर भर दिया है। मुख इतना सुन्दर है जैसे अपने समस्त अमृत-सार को संजोकर चन्द्रमा स्वयं उपस्थित हो गया हो। उसके शरीर का गठन ऐसा है जैसे सोने में मणिमुक्ताओं को जड़ने के लिए कुशल जड़िया यौवन ने रत्न जोड़ने के लिए स्थान-स्थान पर सुन्दर स्थान निर्धारित किए हुए हों। उसके अधरों की लाली काम-कामना के समान सुशोभित है। उसकी नासिका का छिद्र उस भौंरे के समान है जिसमें पकड़कर ज्ञान की नौका का गर्व नष्ट हो जाता है और उसकी मनोहर चिबुक तो सैकड़ों रति और रम्भा की शोभा को न्यौछावर किया जा सकता है–

'कैधों रसखान रस कोस दृग प्यास जानि,
आनि के पियूष पूष कीनो विधि चंद घर।
कैधों मनि मानिक बैठारिंबै को कंचन में,
जरिया जोबन जिन गढ़िया सुघर घर।
कैंधों काम कामना के राजत अधर चिन्ह,
कैधों यह भौंर ज्ञान बोहित गुमान हर।
एरी मेरी प्यारी दुति कोटि रति रम्भा की,
वारि डारौ तेरी चित्तचोरनि चिबुक पर।।

राधा का मुख इतना सुन्दर है कि उसकी सुन्दरता का किसी भी प्रकार वर्णन नहीं किया जा सकता। उसका सौन्दर्य प्रकाशित करने वाला है। उसके रूप का बोध वही व्यक्ति कर सकता है, जिसने नक्षत्रों की अनुपम शोभा को देखा है। उसके मस्तक पर लगा हुआ टीका इस प्रकार सुशोभित हो रहा है मानो चन्द्रमा अपनी गोद में मंगल को लिए हुए हो–

'श्री मुख कौं न बखान सकैं, वृषभान सुता जू को रूप उजारों।
हे रसखान तू ज्ञान संभार तरैनि निहार जु रीझनहारो।
चारु सिन्दूर को लाल रसाल लसै ब्रज बाल को भाल टिकारो।
गोद में मानौं विराजत है घनश्याम के सारे की सारे को सारो।।'

राधा का यह स्वाभाविक सौन्दर्य सौन्दर्य-साधक उपकरणों से विभूषित होता है तो उसकी शोभा द्विगुणित हो जाती है। उसका गहरे लाल गुलाल के समान दुकूल गुलाब के लाल फूल की भांति शोभायमान है। उसकी काली केश राशि भोंरो के समान सुशोभित है। काले रेशम की डोरियों में बँधे हुए गुंज पलाश-पुण्य की भाँति शोभा-सम्पन्न हैं। उसके मोती कदम्ब और आम की मंजरियों के समान शोभायमान हैं। उसकी वाणी में इतना माधुर्य है कि उसके वचनों को सुनकर कोयल भी लज्जित हो जाती है।

'अति लाल गुलाल के दुकूल ते फूल अली! अलि कुंतल राजत है।
मखतून समान के गज धरानि में किंसुक की छति छाजत है।
मुकता के कदम्ब ते अब के मौर सुने सुर कौकिल लाजत है।
यह आवनि प्यारी जु को रसखानि बसन्त-सी आज विराजत है।।'

जब राधा ने अपने शरीर पर चन्दन का लेप कर लिया तो वह ऐसी प्रतीत होने लगी मानो चन्द्रमा की पत्नियों तारिकाओं को लज्जित करने के लिए सब प्रकार से अपनी सात्विक शोभा को बाहर निकालकर वह सुधा की मानसपुत्री बैठी हो। उसके कुचों के बीच में हार का चन्दा इस प्रकार सुशोभित हो रहा था जैसे सौन्दर्य को ही उसके शरीर में जड़ दिया गया हो, अथवा वह दृग-बाणों का घाव दमक रहा। अथवा श्वेत पर्वत के संधि-स्थान में कोई जलाशय हो—

तन चन्द खौर के बैठी भटू रही आजु सुधा की सुता मनसी,
मनौ इन्दुबधून लजावन को सब ज्ञानिन काढ़ि धरी गन-सी।
रसखानि बिराजति चौकी कुचौ बिच उत्तमताहि जरी तन-सी।
दमकै दृग-वान के घायन कौं गिरि सेत के संधि के जोवन-सी।

कहीं-कहीं राधा-सौन्दर्य का अत्युक्तिपूर्ण वर्णन भी रसखान ने किया है—

'वासर तूँ जु कहूँ निकरै रवि को रथ माँझ अकास अरै री।
रैन महै गति हैं रसखानि छपाकर आँगन तैं न टरै री।
द्यौस निस्वास चल्यौई करै निसि द्यौस को आसन पाय धरै री।
तेरौ न जात कछू दिन राति विचारे बटोही की बाट परै री।'

हे राधा! यदि तू दिन में अपने घर से बाहर निकल जाती है तो तेरे सौन्दर्य से सूर्य इतना चकित हो जाता है कि उसका रथ आकाश में ही रुक जाता है; अर्थात् सूर्य अपनी गति भूलकर एकटक तुझे ही देखता रह जाता है। तेरा सौन्दर्य देखकर चन्द्रमा तेरे घर के आँगन में ही ठहर जाता है और आगे नहीं बढ़ता। दिन में तो पवन चलता ही रहता है, पर रात में भी वह दिन की आशा से तेरे पीछे लगा रहता है; अर्थात् तेरी सुगन्ध का लोभी पवन रात-दिन तेरे इर्द-गिर्द चलता रहता है। इस पवन के रात-दिन

चलते रहने के कारण तेरा तो कुछ नहीं बिगड़ता, पर बेचारे पथिक का रास्ता रुक गया है; अर्थात् पवन-वेग के कारण वह अपने मार्ग पर नहीं चल पाता।

2. प्रेम-व्यापार का वर्णन—जिस प्रकार रसखान ने रूप का पर्याप्त विस्तार से वर्णन किया है, उसी प्रकार प्रेम-व्यापार का भी किया है। यह व्यापार कंजलीला, रासलीला, दानलीला और फागलीला में विशेष रूप से मुखरित हुआ है।

कोई गोपी कृष्ण से मिलकर आई है। अपनी मिलन-दिशा का वर्णन वह अपनी सखी से कहती है कि हे सखि! मैं आज प्रातः काल जब कुंजगली से निकली तो वह अचानक कृष्ण से भेंट हो गई। कृष्ण के मुख की मुस्कान में मेरा मन इतना अधिक डूब गया कि वह उस मुस्कान की छबि पर से नहीं हटता, हटाने पर भी नहीं हटता। उस मुस्कान ने मेरे नैनों को बाँध लिया, चित को चुरा लिया और प्रेम का गहरा फंदा डाल दिया। तुम्हीं बताओ, अब मैं क्या करूँ? मेरे चित्त में बसा हुआ कृष्ण कैसे बाहर निकाला जा सकता है। उस आनन्द-सागर कृष्ण के सौन्दर्य ने तो मेरे सारे शरीर को ही घेर लिया है—

'कुंजगली मैं अली निकासी तहाँ सांवरे ढोटा कियौ भटनेरो।
माई री वा मुख की मुसकान गयौ मन बूड़ि फिरै नहिं फेरो।
डोरि लियौ दृग चोरि लियो चित्त डार्‌यौ है प्रेम को फंद घनेरो।'
कैसी करौं अब क्यौं निकस्यों रसखानि पर्‌यौ तन रूप को घेरो।

रासलीला में प्रेम-व्यापारों का कुंजलीलाओं की अपेक्षा अधिक वर्णन है। रासलीला के समय नटखट कृष्ण अपनी बाँसुरी में जिस गोपी का नाम ले देते हैं वह तो इतना सर्वस्व भूलकर कृष्ण के ऊपर न्यौछावर ही हो जाती है—

अधर लगाइ रस प्याइ बांसुरी बजाइ,
मेरो नाम गाइ हाइ जादू कियौ मन मैं।
नटखट नवल सुधर नन्दनन्द बने,
कविकै अचेत चेत हरिकें जतन में।
झटपट डलट तुलट पट परिधान,
जान लगी लालन पै सबै बाम वन में।
रस रास सरस रंगीलो रसखान प्रानि,
जान जौर जगुति विलास कियौ जन पै।

कोई गोपी अपनी सखी से रासलीला का वर्णन करती हुई कहती है कि जब कृष्ण ने अपनी बाँसुरी बजाई और मेरा नाम उसमें गाया तो मेरे मन पर वह जादू कर गया। नटखट, युवक और सुन्दर कृष्ण ने मुझे अचेत करके यत्नपूर्वक अपने ध्यान में लगा लिया, अर्थात् मेरी वह अवस्था कर दी कि मैं उसके बिना नहीं रह सकती थी। बाँसुरी की ध्वनि को सुनकर सारे ब्रज की स्त्रियाँ जल्दी से अपने वस्त्रों को उल्टा-सीधा पहनकर वन में पहुँच गईं तब सुन्दर रास रचने वाले सरस और रंगीले कृष्ण ने वहाँ आकर रासलीला की तथा युवतियों का समूह एकत्र करके उनके साथ आनन्द मनाया।

'आज भटू मुरली बट के तट नन्द के सांवरे रास रच्यौ री।
नैननि सैननि बैननि सों नहिं कोऊ मनोहर भाव पच्यौ री।
जद्यपि राखन कौं कुल-कानि सबै ब्रजबालन आन बच्यौ री।
तद्यपि वा रसखान के हाथ बिकानी को अंत लच्यौ पै लच्यौ री।।'

अर्थात् जब कृष्ण ने मुरली-बट के नीचे रास रचा तो उन्होंने प्रेम की सभी भंगिमाओं का प्रदर्शन किया। कोई भी भाव उनसे बचा न रह सका, उनकी भंगिमाओं को देखकर ब्रज-बनिताएँ इतनी भाव विभोर हुईं कि प्रयत्न करने पर भी वे अपनी कुल-मर्यादा को न बचा सकीं; अर्थात् कृष्ण के वशीभूत हो गईं।

फागलीला में प्रेम-व्यापारों का रूप और भी अधिक स्पष्ट है। इसी लीला का वर्णन करती हुई कोई गोपी अपनी सखी से कहती है कि हे सखि! कल गोकुल का एक ग्वाला (कृष्ण) चारों ओर की गोपियों को घेरकर, भाँवर रचाकर, धूम मचा गया। वह बाँकी बाँसुरी की तान सुनाकर तथा हृदय को उल्लाससित करके सहज स्वभाव से सब गाँव वालों को ललचा गया है। वह अपनी पिचकारी चलाकर तथा समस्त युवतियों को प्रेम से भिगोकर अपनी आँखों को नचाकर मेरे सारे अंगों को नचा गया है। वह हमारी ही गली में मेरी सास को तथा भोली ननद को नचाकर और पुराने वैरों का बदला लेकर मुझे लज्जित कर गया–

'गोकुल को ग्वाल कानिह चौमुँह की ग्वालिन सों,
चाँचर रचाइ एक धूमहिं मचाइगो।
हियो हुलसाय रसखानि तान गाइ बांकी,
सहज सुभाय सब गाँव ललचाइगौ।
पिचका चलाई और जुबती भिंजाई नेह,
लोचन नचाइ मेरे अंगहि नचाइगो।
सासहिं नचाइ मोरी नंदहि नचाइ खोरी,
बैरिन सचाइ गोरी मोहि सकुचाइगौ।।'

कृष्ण पर फागलीला का इतना अधिक भूत सवार है कि वे रास्ते में आती जाती ग्वालिनों को भी नहीं छोड़ते। इतनी जबरदस्ती से उनके मुख पर गुलाल मलते हैं कि उनकी साड़ियाँ भी फट जाती हैं, पर वे किसी को नहीं छोड़ते। ऐसी ही एक घटना का वर्णन कोई गोपी अपनी सखी से कर रही है–

'आवत लाल गुलाल लियें मग सूने मिली इक नार नवीनी।
त्यौं रसखानि लगाइ हियें भटू मौज कियौ मन मांहि अधीनी।
सारी फटी सुकुमारी हटी अँगिया दरकी सरकी रंग भीनी।
गाल गुलाल लगाइ लगाइ के अंक रिझाय बिदाइ करि दीनी।

दानलीला में भी प्रेम के ये व्यापार पूर्णतया मुखरित हुए हैं, एक उदाहरण देखिए–

'छीर जौ चाहत चीर गहूं एजू लेउ न केतिक छीर अचैहौ।
चाखन के मिस माखन माँगत खाउ न माखन केतिक खैहौ।

जानति हौं जिय की रसखानि सु काहे कौ एतिक बात बढ़ै हौ।
गोरस के मिस जो रस चाहत सो रस कान्हजू नेकु न पैहौ।।'

अतः हम देखते हैं कि रसखान ने प्रेम-व्यापारों का पर्याप्त और सफल चित्रण किया है।

3. नायिका-भेद—प्रेम व्यापार में नायिका को प्रमुख स्थान दिया गया है, अतः इसके भेदों के वर्णन का विधान भी संयोग शृंगार के अन्तर्गत किया जाता है। रसखान आचार्य नहीं, कवि हैं। अतः यह आवश्यक है कि सभी काव्यशास्त्रीय विधान इनके काव्य में उपलब्ध हों जहाँ तक नायिका-भेद का प्रश्न है, इस ओर से ये प्रायः उदासीन ही रहे। इस उदासीनता का कारण इनका भक्त-हृदय है। फिर भी कुछ नायिकाओं के भेद इनके काव्य स्वतः आत ही गये हैं। यथा—

'बाँकी मरोर गही भृकुटीन लगीं अँखियाँ तिरछानि तिया की।
टाँक सी लाँक भई रसखानि सुदामिनि नें दुति दूनी हिया की।
सोहैं तरंग अनंग की अंगनि ओप उरोज उठी छतिया की।
जोबन-जाति सुयौं दमके उसकाइ दई मनो बाती दिया की।।'

इसमें मुग्धा नायिका की वयःसन्धि का वर्णन किया है, और—

'जो कबहूँ मग पांय न देत सु तो हित लालन आपुन गौनै।
मेरो कह्यौ करि मौन तजौ कहि मोहन सों बलि बोल सलौने।
सौहैं दिवावत हौं रसखानि तूँ सौहैं करै किन लाखनि लौने।
नीखी तूँ मानिनि मान कहयौ किन आन बसन्त मैं कीनौ है कीने।।'

× × ×

'मान की ओधी है आधी धरी अरी जौ रसखानि डरै हित कैं डर।
कै हित छोड़िये परियै पाइनि ऐसें कटाछनहीं हियरा-हर।
मोहनलाल को हाल बिलाकियै नेकु कछू किनि छूबै कर सों कर।
नां करिबे पर वारे हैं प्रान कहा करि हैं अब हाँ करिबे पर।।'

इन सवैये में मानवती नायिका का वर्णन है—

खेलैं अलीजन के गन मैं उत प्रीतिम प्यारे सों नेह नवीनो।
बैननि बोध करै इत कौ, उत सैनिन मोहन को मन लीनो।
नैननि की चलिबी, कछु जानि सखी रसखानि चितबै कौं कीनो।
जा लखि पाइ जँभाइ गई चुटकी चटकाइ बिदा कर दीनी।।'

यहाँ क्रियाविदग्धा नायिका है। यह नायिका अपने प्रेम-व्यापारों को अपनी क्रियाओं के द्वारा छिपाने का प्रयास करती है।

'नाह-वियोग बढ़्यौ रसखानि मलीन महा दुति देह तिया की।
पंकज सौ मुख गौ मुरझाय लगीं लपटें बरि स्वांस हिया की।
ऐसें में आवत कान्ह सुने हुलसै तरकीं जु तनी अंगियाँ की।
यों जग जोति उठी अंग की उकसाइ दई मनौ बाती दिया की।।'

इसमें आगतपतिका है, क्योंकि विरहिणी की उसकी प्रियतम के आने का समाचार मिल गया है।

नायक और नायिका का संयोग कराने में नायिका की सखियों का भी महत्त्वपूर्ण योगदान होता है। वे उसे प्रेरित करके नायक के पास भेज ही देती हैं। निम्नलिखित सवैये में अपनी सखी को प्रेरित करती हुई एक गोपी कहती है कि न जाने मिलन का ऐसा अवसर फिर मिले या न मिले, अतः तुम शीघ्र ही कृष्ण से जाकर मिल लो–

'सोई है रास मैं नैसुक नाचि के नाच नचायौ कितौ सबकों जिन।
सोई है री रसखानि किते मनुहारिन सूधें चितौतन दो छिन।
तो मैं धौं कौन मनोहर भाव विलोकि भयौ बस हाहा करी तिन।
औसर ऐसो मिलै न मिलै फिरि लगर मौड़ो कनोड़ो करै किन।।'

संयोग-शृंगार के अन्तर्गत रसखान ने मिलन का वर्णन भी दिया है और सुरत का भी। मिलन का वर्णन इस सवैसे में निहित है–

'एक समै इक ग्वालिन कों ब्रजजीवन खेलत दृष्टि पर्‌यौ है।
बाल प्रवीन सकै करिकै सरकाइ कै मौरन चीर धर्‌यौ है।
यौं रस ही रस ही रसखानि सखी अपनो मनभायौ करयौ है।
नन्द के लाड़िले ढाँकि दैं सीस हहा हमरो बरु हाथ भर्‌यौ है।।'

रसखान ने सुरत और सुरतान्त का भी वर्णन किया है। यथा–

'वह सोई हुती परजंक लली लला सु आइ भुजा भरिकै।
अकुलाइ कै चौंकि जठी सुडरि निकरी है अंकनि तें फरिकै।
झटका झटकी मैं फटौ पटुका दरकी अँगिया मुकता फरिकै।
सुख बोल कढ़े रिस से रसखानि हटौ जू लला निषिया धरिकै।।'

इस सवैये में सुरत का वर्णन है। नायिका पलंग पर सोई हुई थी अचानक कृष्ण वहाँ पहुँच गए और उसे अपनी बाहुओं के पाश में बाँध लिया। वह आकुल होकर और भयभीत होकर जग गई। उसने काफी जोर लगाया कि वह स्वयं को आलिंगन से मुक्त कर ले, पर उस संघर्ष में उसकी चोली और फट गई। तब उसने रोष में भरकर कृष्ण की भर्त्सना शुरू कर दी। सुरत का यह वर्णन बहुत ही स्वाभाविक है। और–

'सोई हुती पिय की छतियाँ लगि बाल प्रबीन महा मुद मानै।
केस खुले छहरैं बहरे फहरैं छवि देखत मैन अमानै।
ना रस में रसखानि पगी रति रैन जागी अँखियाँ अनुमानै।
चन्द पै बिम्ब और बिम्ब पै कैरव कैरव पै मुकतान प्रमानै।।'

इस विवेचन के आधार पर हम कह सकते हैं कि रसखान का संयोग-वर्णन पूर्ण और सफल है। रूप-प्रभाव से लेकर सुरतान्त तक के चित्र इनके काव्य में मिलते हैं।

वियोग-वर्णन

जब किसी कारण से नायक और नायिका एक-दूसरे से दूर हो जाते हैं तो इस दशा को वियोग की दशा कहते हैं और यह दशा वियोग या विप्रलम्भ शृंगार के

अन्तर्गत आती है। प्रायः सभी कवियों ने संयोग शृंगार की अपेक्षा वियोग-शृंगार को अधिक महत्त्व दिया है। इसका कारण यह है कि संयोग की अपेक्षा वियोग में पुनः स्थितियाँ अधिक व्यापक और भावुक बन जाती हैं। जिस प्रकार अग्नि में तपाने पर रंग में उज्ज्वलता और परिपक्वता आती है। उसी प्रकार वियोगाग्नि में जलकर मन के सात्विक भाव शुद्ध, परिष्कृत और परिपक्व बन जाते हैं।

वियोग-शृंगार के चार भेद माने गए हैं–

1. पूर्वराग
2. मान
3. करुण
4. प्रवास

पूर्वराग में प्रिय के गुण-कथन अथवा श्रवणपात्र से ही उससे मिलने की इच्छा उत्कट हो जाती है और इसका अभाव खटकने लगता है। मान में नायिका का रूठना आता है। कुछ आचार्य मान विप्रलम्भ को अधिक महत्त्व नहीं देते। इसका कारण यह है कि मान को स्थिति में वस्तुतः वियोग होता ही नहीं है, क्योंकि रूठने पर भी नायक और नायिका साथ-साथ तो रहते ही हैं और एक-दूसरे के दर्शन करते रहते हैं अतः स्थिति न तो करुण है और न प्रभावशाली। प्रवास विप्रलम्भ तब होता है जब किसी कारण से नायक विदेश चला जाता है। किसी शाप या प्रेम-पात्र की मृत्यु के कारण जो विरह-भावना होती है, वह करुण विप्रलम्भ के अन्तर्गत आती है। इस स्थिति को भी आचार्य अधिक महत्त्व नहीं देते, क्योंकि मृत्यु के उपरान्त तो सारा खेल ही समाप्त हो जाता है तब सन्तोष तथा धैर्य की भावना का प्राधान्य हो जाता है। ये भावनाएँ कारुणिक भावों को जागृत करने में बाधक हैं।

रसखान-काव्य में वियोग की पृथक् तीन स्थितियाँ ही मिलती हैं। यथा–

पूर्वराग–

1. लोक की लाज तज्यौ तबहीं जब देख्यौ सखी ब्रजचन्द्र सलौनो।
खंजन मीन सरोजन की छबि गंजन नैन लला दिन होतो।
हेरें सम्हारि सकै रसखानि सो कौन तिया वह रूप सुठोनो।
भौंहे कमान सों जोहन को सर बेधत प्राननि नन्द को छोनो।।'

2. 'उनहीं के सनेहन सानी रहैं उनहीं के जुनेह दिवानी रहैं।
उनहीं की सुनैं न औ बैन त्यौ सैन सों, चैन अनेकन ठानी रहैं।
उनहीं संग डोलन मैं रसखानि सबै सुख सिन्धु अघानी रहैं।
उनहीं बिंन ज्यौं जलहीन ह्वै मीन सी आँखि मेरी अंसुवानी रहैं।।'

मान–

'प्रिय सों तुम मान कर्‌यो कत नागरि आजु कहा किनहूं सिख दीनी।
ऐसे मनोहर प्रीतम के तरुनी बरुनी पग पोछे नवीनी।

सुन्दर हास सुधानिधि सो मुख नैननि चैन महारस भीनी।
रसखानि न लागत तोहि कछू अब तेरी तिया किनहूं मति छीनी।।

प्रवास–

उपर्युक्त दोनों स्थितियों की अपेक्षा रसखान ने प्रवास-विप्रलम्भ का अधिक वर्णन किया है। प्रियतम के विदेश चले जाने पर बीती बातें एक-एक करके विरहिणी के मस्तिष्क में आती रहती हैं और उसे व्यथित करती रहती हैं, उसकी व्यथा को बढ़ाती रहती हैं। जब भी प्रिय की बातें चलती हैं, विरहिणी की बीती घटनाएँ स्मरण हो आती हैं–

'प्रेम कथानि की बातें चलैं चमकै चित चंचलता चिनगारी।
लोचन बंक बिलोकनि लालनि बोलनि में बतियाँ रसकारी।
सोहैं तरंग अनग की अगनि कोमल यौं झमके झमकारी।
पूतरी खेलत ही पटकी रसखानि सु चौपर खेलत प्यारी।।

लेकिन अब चौपड़ खेलने का अवसर कहाँ? उसका प्रिय तो विदेश में बैठ हुआ है। केवल स्वप्न में ही उससे मिलन हो सकता है–

'काह कहूँ रतियाँ की कथा बतियाँ कहि आवत है न कछू री।
आई गोपाल लियौ परि अंक कियौ मनभायौ पियौ रस कूँरी।
ताही दिना सों गड़ी अखियाँ रसखानि मेरे अँग-अँग में पूरी।
पै न दिखाई परै अब बावरी दै कै वियोग बिथा की मंजरी।।'

'वियोग बिथा की मजूरी' देने वाला प्रियतम अपनी क्रूरता का संबल लेकर नायिका का सदैव तड़पाता रहता है, उसे अहर्निश व्यथित करता रहता है। नायिका का भोलापन केवल इतना था कि वह उसकी मुस्कान पर, उसकी बाँसुरी की तान पर और उसके मंजुल मुख पर स्वयं को न्यौछावर कर बैठी। इसमें वियोग-व्यथा भी मिली और समाज में बदनामी भी हुई–

'वा मुसकान पै प्रान दियौ जिय जानि दियौ वहि तान पै प्यारी।
मान दियौ मन मानिक के संग वा मुख मँजु पै जीवन हारी।
वा तन कौ रसखान पै री तन ताहि दियौ नहिं आन विचारी।
सो मुँह मोरि करी अब का हहा लाल लै आज समाज में ख्वारी।।'

कृष्ण के बिना विरहिणी ने खाना और पहनना सब कुछ छोड़ दिया है–

'मोहन सों अटक्यौ मनु री कल जातें परै सोई क्यौं न बतावै।
ब्याकुलता निरखे बिन मूरति भागति भूख न भूषन भावै।
देखें तें नेकु सम्हार रहै न तबै झुकि कै लखि लोग लजावै।
चैन नहीं रसखानि दूहूँ विधि भूली सवै न कछु बनि आवै।'

वियोग-शृंगार के अन्तर्गत प्रकृति का उद्दीपन रूप में वर्णन करने की काव्यशास्त्रीय परम्परा है। रसखान ने इस परम्परा का भी पालन किया है। यथा–

'फूलत फूल सबै बन बागन बोलत भौर बसंत के आवत।
कोयल की किलकार सुनै सब कत बिदेसन तें सब धावत।
ऐसे कठोर महा रसखानि जु नेकहू मोरी ये पीर न पावत।
हूक सी सालत है हिय में जब बैरिन कोयल कूक सुनावत।।'

प्रिय का पथ देखते-देखते विरहिणी की आँखें धुँधली पड़ गयी हैं। जीभ उसके गुणों को रटते-रटते थक गई है, लेकिन अभी तक प्रिय के आने का कोई सन्देश ही नहीं मिलता है–

'मग हेरत धूँधरे नैन भयै रसना रट वा गुन गावन की।
अंगुरी गनि हार थकी सजनी सगुनौती चलै नहिं पावन की।
पथिकौ कोउ ऐसो जुनाड़िं कहै सुधि है रसखानि के आवन की।
मनभावन आवन सावन मैं कही औधि करी डग बावन की।।'

इस प्रकार हम देखते हैं कि रसखान के वियोग-वर्णन में स्वाभाविकता और प्रभावोत्पादकता है। लेकिन सर्वत्र ऐसा नहीं हुआ है। कहीं-कहीं रसखान पर रीतिकालीन जादू सर पर चढ़कर बोल उठा है। ऐसे स्थलों पर इनका वर्णन ऊहात्मक बन गया है। यथा–

'विरहा की जु आँच लगी तन मैं तब जाय परी जमुना जल में।
विरहानल तैं जल सूखि गयौ मछली बहि छाँड़ि गई तल में।
जब रेत फटो पताल गई तब सेस जर्‌यौ धरती तल में।
रसखान तबै इहि आँच मिटै जब आय के स्याम लगैं गल में।।'

× × ×

'गोकुलनाथ वियोग प्रलै जिमि गोपिन घंद जसोमति जू पर।
बाहि गयौ अंसवान प्रवाह भयौ जल में ब्रजलोक तिहूं पर।
तीरथराज सी राधिका प्रान सु तो रसखान मनौं ब्रज भू पर।
पूरन ब्रह्म ह्वै ध्यान रह्यौ पिय औधि अखेबट पात के ऊपर।।'

लेकिन ऐसे स्थल में कम ही हैं।

निष्कर्ष रूप में कहा जा सकता है कि रसखान ने अपने काव्य में केवल एक रस की–श्रृंगार रस की–योजना की है और इसमें ये भावुकता एवं स्वाभाविकता की दृष्टि से भी और परम्परा के पालन की दृष्टि से भी पूर्णतया सफल सिद्ध हुए हैं।

7.

रसखान के कृष्ण

भारतीय साहित्य में कृष्ण के स्वरूप का उल्लेख अत्यन्त प्राचीनकाल से होता चला आ रहा है। वैदिक साहित्य में कृष्ण का जिस रूप में उल्लेख हुआ है, उससे उसे न तो अवतार की संज्ञा दी जा सकती है और न देवता की ही। महाभारत में कृष्ण के अवतारी रूप का अवश्य उल्लेख मिलता है पर इस रूप के वर्णन की सीमा कम ही है; अर्थात् इस रूप में इनका वर्णन थोड़ा ही हुआ है। महाभारत के अनन्तर कृष्ण की गणना पूर्ण अवतारों में होने लगती है। गोपाल-रूप में उसकी उपासना की पद्धति प्रचलित करना पुराणकाल की ही देन है। हरिवंश-पुराण में कृष्ण के स्वरूप का सबसे अधिक विस्तार और वर्णन पाया जाता है। इस पुराण में कृष्ण के चरित को गोपियों से आबद्ध किया गया है। 'विष्णु-पर्व' के 128 अध्यायों में कृष्ण की जीवन-गाथा वर्णित है जिसमें कृष्ण के चरित के अनेक पहलुओं पर प्रकाश डाला गया है। यथा—पूतनावध, शकटवध, यमलार्जुन-पतन, माखन-चोरी, कालिय-मर्दन, धेनुक वध, प्रलम्ब-वध, गोवर्धन धारण इत्यादि। कृष्ण की इन लीलाओं का वर्णन करते समय पुराणकार ने यथास्थल प्रकृति के भी मनोरम चित्रण प्रस्तुत किये हैं। इसके अतिरिक्त पद्म पुराण, वायु पुराण, वामनपुराण, सूर्य पुराण, गरुड़-पुराण और विष्णुपुराण में भी कृष्ण से सम्बद्ध अनेक गाथाओं का वर्णन किया गया है। पद्मपुराग में अध्याय 69 से 72 तक श्री कृष्ण के महात्म्य का वर्णन है और अध्याय 72 से 83 तक वृन्दावन आदि के महत्त्व का तथा कृष्ण की लीलाओं का विवेचन किया गया है। इसी पुराण में गोपियों के अध्यात्मपक्ष और उनकी उत्पत्ति के विषय में भी विस्तार से उल्लेख किया गया है। द्वारिका, गोकुल, मथुरा, वृन्दावन आदि का भी सुन्दर वर्णन है तथा द्वादश वनों का भी उल्लेख है। इस अध्याय के श्लोक 88 से 102 तक कृष्ण के सौन्दर्य का अत्यन्त मनोरम चित्रण किया गया है। कृष्ण भक्त साहित्य पर इस पुराण का काफी प्रभाव है। पुष्टिमार्गीय आचार्यों ने इसमें से अनेक बातों का तो ज्यों का त्यों ही अपना लिया है। वायुपुराण में स्यमन्क मणि की कथा का विस्तारपूर्वक वर्णन करके फिर कृष्ण जन्म का वर्णन किया गया है। इसके पश्चात् कृष्ण की सोलह सहस्र रानियों तथा उनके पुत्रों आदि का वर्णन है। वामनपुराण में कृष्ण जीवन से सम्बद्ध केवल केशी सुर और कालनेमि के वध की कथाओं का वर्णन हैं। कूर्मपुराण में यदुवंश वर्णन के अन्तर्गत कृष्ण के पुत्रों की कथा वर्णित है। गुरुड़पुराण के 144वें अध्याय में कृष्ण की लीलाओं का विस्तारपूर्वक वर्णन है। इस पुराण में कृष्ण-विषयक कथाएँ

ये हैं—पूतना-वध, यमलार्जुनोद्धार, गोवर्द्धन-धारण, केशी-चाणूर-वध, कालिय-मर्दन, शकटासुर-वध, कृष्ण की रुक्मिणी, सत्यभामा आदि आठ रानियों का उल्लेख और संदीपन गुरु के पास विद्याध्ययन। विष्णुपुराण में चौथे अंश के पन्द्रहवें अध्याय में श्रीकृष्ण के जन्म का वर्णन है। पाँचवें अंश में कृष्ण-चरित का विशेष रूप से अंकन हुआ है। इसमें कृष्ण की लीलाओं के साथ-साथ रासलीला का भी वर्णन है।

कृष्ण-चरित से सम्बद्ध भागवतपुराण सब पुराणों से अधिक महत्त्वपूर्ण है। कृष्णभक्तों ने अपने मार्ग में इसी को आधार के रूप में ग्रहण किया है। महाभारत से लेकर पुराणकाल तक जितना भी कृष्ण का विवेचन हुआ है, वह सब इस पुराण में संगृहीत है यद्यपि इस पुराण में कृष्ण के सभी रूप आ गये हैं, परों, प्रमुखता रसिकराज कृष्ण की है। डॉ. हरबंसलाल शर्मा ने बाल-लीलाओं को छोड़कर कृष्ण के शेष जीवन-चरित की पुष्टि से भागवत के प्रतिपाद्य की घटनात्मक, उपदेशात्मक, स्तुत्यात्मक और गीतात्मक इन चार भागों में विभाजित किया है और इनका विवेचन निम्नलिखित शब्दों में किया है—

1. **घटनात्मक**—श्रीमद्भागवत के वे स्थल घटना-प्रधान स्थल हैं जो ऐतिहासिक घटनाओं का वर्णन करते हैं। परन्तु जैसे गोस्वामी तुलसीदास जी मर्यादापुरुषोत्तम श्रीरामचन्द्र जी के चरित्र का चित्रित करते हुए 'रामचरित मानस', में ग्रंथ के प्रधान सूत्र भक्ति को नहीं छोड़ते और उसी भावना से अभिभूत होकर अनजाने ही राम के चरित में अलौकिकता का रूपादेश कर जाते हैं, उसी प्रकार व्यास जी का लक्ष्य भी भगवत भक्त-निरूपण द्वारा भक्तिरस का परिपाक करना है। अतएव भागवतकार ने घटनात्मक स्थलों पर भी भगवान के दिव्य मंगल स्वरूप की कई बार स्तुति कराई है। जैसे—भौमासुर-वध के समय वाणासुर-संग्राम के समय तथा वेद-स्तुति आदि। इन घटनाओं में अलौकिक घटनाओं का भी सम्मिश्रण है। जैसे स्वर्ग से कल्पवृक्ष लाना, देवकी के मृतक पुत्रों का लाना आदि। ऐसे स्थलों पर कवि की प्रतिभा सजग हो उठती है और वह भगवान के स्वरूप में इतना तन्मय हो जाता है कि अन्य सब भाव अभिभूत हो जाते हैं तथा हृदयानुभूति रागात्मिका वृति के साथ उन स्तुतियों और स्त्रोतों के रूप में साक्षात् रूप धारण कर लेती है। श्रीमद्भागवत में जहाँ-जहाँ भी इन घटनाओं का उल्लेख है, वहीं-वहीं कवि को इस अनुभूति का परिचय मिलता है। इस घटनात्मक भाग में भागवतकार का उद्देश्य भी भक्ति की दृढ़ता ही है।

2. **उपदेशात्मक**—भागवत के उपदेशात्मक भाग में हमें श्रीकृष्ण योगेश्वर, उपदेष्टा तथा विज्ञानी के रूप में मिलते हैं। श्रीमद्भागवत में दो प्रकार के उपदेश हैं—साधारण तथा विशेष। साधारण उपदेश वे उपदेश हैं जो साधु, महात्माओं, गुरुजनों या मित्रों ने दिए हैं। इन उपदेशों का अभिप्राय कर्त्तव्यकर्म का अनुष्ठान करते हुए भगवद्भक्ति करना है। विशेष उपदेशों के रूप में वे स्थल आते हैं, जहाँ उपदेश किसी व्यक्ति-विशेष को विशेष रूप से दिये गए हैं। जैसे उद्धव के प्रति भगवान् के उपदेश, ध्रुव को नारद का उपेदश चलु श्लोकी भागवत तथा कपिलगीता आदि। ये

उपदेश बड़े महत्त्वपूर्ण हैं क्योंकि इनसे दो बातों की व्याख्या हुई है—परमतत्त्व की और ज्ञान-भक्ति कर्म की।

3. स्तुत्यात्मक—भागवत का स्तुत्यात्मक भाग भी बड़ा महत्त्वपूर्ण है क्योंकि इसके द्वारा भी कृष्ण के वास्तविक रूप की व्याख्या की गई है। ये स्तुतियाँ दो प्रकार की हैं—सकाम और निष्काम। सकाम स्तुतियाँ वे हैं जो किसी कामना से प्रेरित होकर की गई हैं। जैसे—कारागार से मुक्त होने के लिए, किसी आपत्ति या दैविक, भौतिक तापों की निवृत्ति के लिए की गई है। निष्काम स्तुतियाँ दो प्रकार की होती हैं—एक तो वे जिनमें तत्त्व-ज्ञान की प्रधानता है और दूसरी वे जिनमें साधना की प्रधानता है। वेद-स्तुति तत्त्वज्ञानप्राघान स्तुति कही जायेगी, क्योंकि इसमें सब तत्त्वों का पर्यवसान एक ही तत्त्व में दिखाया गया है। प्रह्लाद, अम्बरीष, ब्रह्मा, ध्रुव आदि की स्तुतियाँ साधनप्रधान कही जायेंगी क्योंकि इनमें भक्त मुक्ति का इच्छुक न होकर केवल भगवान लीला के रूप तथा लीला के स्मरण, कीर्तन में आनन्द लेता है।

4. गीतात्मक—श्रीमद्भागवत का चौथा भाग गीतात्मक है। इन गीतों में ग्रंथकार का हृदय साक्षात् रूप से द्रवित हुआ प्रतीत होता है। उसकी अन्तरात्मा इन गीतों में पूर्णरूपेण प्रस्फुटित है। ये हृदय के वे स्वतः प्रवाही स्त्रोत हैं जिनका अवरोध कवि के वश की बात नहीं थी। उसकी आत्मा की व्यथा एवं अन्तर्वेदना के ये गीत साकार प्रतिबिम्ब हैं। प्रेम और विरह की भावनाओं से ओतप्रोत इन गीतों की संख्या अधिक नहीं हैं। पाँच गीत गोपियों के तथा एक द्वारिका की कृष्ण-पत्नियों का है। ये छः गीत दशम स्कन्द में आए हैं। एकादश-स्कन्द में भी दो गीत आये हैं—एक पिंगला का और दूसरा एक भिक्षुक ब्राह्मण का। पिंगला का गीत निर्वेद गीत है जो संसार के कटुअनुभवों से उत्पन्न अन्तर्वेदना का अभिव्यंजन करता है। सात्विक और सदाचारी होने पर भी दुनिया के हाथों अपमानित होने वाले ब्राह्मण भिक्षुक के गीत में भी वेदना की झलक है। कृष्ण की पत्नियों का गीत दशम स्कन्द के 90 वें अध्याय में है। उनका मन भगवान की लीला में इतना तन्मय हो जाता है कि वे अपने को भूल जाती हैं। सांसारिक अनुभवों का ज्ञान लुप्त हो जाता है और आत्म-विभोरता की अनिर्वचनीय दशा में उनके हृदया हृदय से अनायास ही अवधारा बह निकलती है। समस्त प्रकृति के सब पदार्थों को सम्बोधित करके उनका कृष्ण से सम्बन्ध स्थापित करती हैं। वे यह भी भूल जाती हैं कि कृष्ण उनके समीप हैं, गोपी गीतों का वर्णन तो वर्णनातीत है। उनके पाँचों गीतों में अनुपम प्रेम की झलक है। प्रतीत होता है हृदय वाणी के साथ लिपटा हुआ चला आया है।

उपर्युक्त विवेचन से निम्नलिखित निष्कर्ष निकलते हैं—

1. कृष्ण के दो रूप हैं—सगुण कृष्ण और निर्गुण कृष्ण।
2. कृष्ण का सौन्दर्य अमिट है।
3. कृष्ण और गोपियों में घनिष्ठ प्रेम-सम्बन्ध है।
4. कृष्ण अनेक प्रकार की लीलाएँ करते हैं।

रसखान ने भी कृष्ण के स्वरूप में इन्हीं विशेषताओं को प्रतिष्ठित किया है।

सगुण कृष्ण

सिद्धान्ततः कृष्णभक्त-कवि कृष्ण का निर्गुण रूप ही स्वीकार करते हैं, पर व्यवहारतः उन्हें कृष्ण का सगुण और साकार रूप ही मान्य है। इसका कारण यह है कि भक्ति के लिए किसी साकार आलम्बन की आवश्यकता होती है, क्योंकि निराकार आराध्य पर मन की एकाग्रता प्रतिष्ठित नहीं हो सकती।

सूरदास के शब्दों में—

'रूप रेख गुन जाति बिनु निरालम्ब मन चकृत धावै।
सब विधि अगम विचारहिं ताते सूर सगुन लीला पद गावै।।'

इस सगुण कृष्ण में कृष्णभक्तों ने अनेक प्रकार की विशेषताओं का समावेश किया है। ये विशेषताएँ ही कृष्ण की विविध लीलाओं के नाम से पुकारी जाती हैं। यथा—बाललीला, रासलीला, फागलीला, कुंजलीला आदि। रसखान ने अपने काव्य की सीमित परिधि में इन सभी लीलाओं को समाविष्ट करने का प्रयास किया है।

बाललीला में कृष्ण के बचपन की विभिन्न झाँकियाँ हैं। कृष्ण को खिलाते समय यशोदा किसी गाय की ओट लेकर 'ता' शब्द कहती हैं जिसे सुनकर कृष्ण अपनी और सब बातों को भूलकर यशोदा को ढूँढने लगते हैं। वे कुछ पग चलकर जब यशोदा जी को नहीं देखते तो मचल जाते हैं और पृथ्वी पर लोटकर अपने वस्त्रों को धूल-धूसरित कर लेते हैं। तब यशोदा जी उसके पास आती हैं, कृष्ण हँसने लगते हैं। यशोदा जी अपना सारा मातृत्व कृष्ण पर बलिहार कर देती हैं—

'ता' जसुदा कह्या धनु की ओट ढिंढोरत ताहि फिरै हरि भूलै।
ढूँढ़न कूँ पग चारि चलें मचलें रज पाँहिं बिधूरि दुकूलैं।
हेरि हसे रसखान तबै उर भाल तै टारि कै बाद लटूलैं।
सो छबि देखि अनन्दब नन्दूज अंगनि अंग समात न फूलैं।

जब कृष्ण बड़े हो जाते हैं तो उनकी शोभा में भी अभिवृद्धि हो जाती है। धूल में सना हुआ उनका शरीर, सिर पर बनी हुई चोटी, पैरों में पहनी हुई पैंजनी और धारण किया हुआ पीला वस्त्र अत्यन्त ही शोभायमान लगता है। वह प्रसन्नता से परिपूर्ण होकर माखन और रोटी लिए हुए अपने आँगन में घूम-घूमकर खा रहे हैं कि अकस्मात् एक कौवा आता है और उनके हाथ से माखन और रोटी छीनकर ले जाता है—

'धूरि भरे अति सोभित स्यामजू तैसी बनी सिर सुन्दर चोटी।
खेलत खात फिरैं अंगना पग पैंजनी बाजति पीरी कछोटी।
वा छबि को रसखान विलोकत बारत काम कला निज कोटी।
काग के भाग बड़े सजनी हरि हाथ सौं लैं गयौ माखन रोटी।

कृष्ण जब किशोरावस्था को प्राप्त कर लेते हैं तो उनका नटखटपना बहुत अधिक बढ़ जाता है। वे गोपियों को अपनी ओर आकर्षित करने के लिए विविध लीलाओं की संयोजना करते हैं, जिनमें से एक रासलीला भी है। रासलीला में कृष्ण अनेक प्रकार

से गोपियों को अपनी ओर आकर्षित करने का प्रयत्न करते हैं। कभी वे अपनी बाँसुरी के स्वरों में किसी गोपी का नाम ले देते हैं और कभी अपनी अन्य चेष्टाओं से उन्हें रिझाने की कोशिश करते हैं। यथा–

1. 'अधर लगाइ रस प्याइ बाँसुरी बजाय,
मेरो नाम गाइ हाइ जादू कियौ मन मैं।
नटखट नवल सुघर नन्दनवन ने,
करि कै अचेत चेत हरि कै जतन मैं।
झटपट उलटि पुलटि पट परिधान,
जानि लागीं लालन पै सबै बाम बन मैं।
रस रास सरस रंगीली रसखानि आनि,
जानि जोर जुगुति विलास कियौ जन मैं।

2. आज पटू मुरली-वट के तट नन्द के साँवरे रास रच्यौ री।
नैननि सैननि सों नहिं कोऊ मनोहर भाव बच्यौ री।
जद्यपि राखन कौं कुल-कानि सबै ब्रज-बालन प्रान पच्यौ री।
तद्यपि वा रसखानि के हाथ बिकानी कों अंत लच्यौ पै लच्यौ री।

3. कीजै कहा जु पै लोग चबाव सदा करिबौ करि हैं बजमारौ।
सीत न रोकत राखत कारा सुगावत ताहि री सावनहारौ।
आप री सीरी करैं अंखियाँ रसखान धनै धन भाग हमारौ।
आवत है फिरि आज बन्यौ वह राति के रास को नाचनहारौ।।

4. 'देखत सेज बिछी ही अछी सू बिछी विष सो भिदिगौ सिगरे तन।
ऐसी अचेत गिरी नहिं चेत उपाय करे सिगरी सजनी जन।
बोली सयानी सखी रसखानि बचै यौं सुनाइ कह्यौ जुबती गन।
देखन कौं चलियै री चलौ सब रस राख्यौ मनमोहन जू बन।।

रासलीला की भांति फागलीला में भी कृष्ण और गोपियों के प्रेम की मनोहर झाँकियाँ प्रस्तुत की गई हैं। होली आ गई है। गोपियाँ कृष्ण से और कृष्ण गोपियों से फाग खेलते हैं। उस समय कृष्ण की जो शोभा होती है, उसका वर्णन करना आसान नहीं है–

'खेलत फागु लख्यौ पिय प्यारी कौं ता सुख की उपमा किंहि दीजै।
देखत ही बनि आवै भलै रसखान कहा है जो यारि न कीजै।
ज्यों ज्यों छबीली कहै पिचकारी लै एक लई यह दूसरी लीजै।
त्यों त्यों छबीलो छकैं छकि छाक सों हेरै हँस न टरै खरौ भीजै।'

वस्तुतः जब से फागुन का मास प्रारम्भ होता है कृष्ण फागलीला में इतने तल्लीन हो जाते हैं कि ब्रज की शायद ही कोई नवयुवती बचती हो जो कृष्ण के साथ फागलीला न करे–

'फागुन लाग्यौ सखी जब तें तब तें ब्रजमंडल धूम मच्यौ है।
नारि नवेली बचै नहिं एक बिसेख मरै सबै प्रेम अच्यौ है।

साँझ सकारे वही रसखानि सुरंग गुलाल ल खेल रच्यौ है।
को सजनी निलजी न भई अरु कौन भटू जिहिं मान बच्यौ है।

कृष्ण की कुंज-लीलाएँ भी वैसी ही आकर्षक हैं जैसी अन्य लीलाएँ। जब मुस्कराते हुए कृष्ण कुंज से निकलते हैं तो उनकी शोभा को जो भी गोपी देख लेती है वह इतनी भाव-विभोर हो जाती है कि उसे कृष्ण के अतिरिक्त और कोई बात ही याद नहीं रह पाती। उसके सारे सामाजिक बन्धन टूट जाते हैं। और नारी सुलभ लज्जा की प्रतिष्ठा समाप्त हो जाती है—

रंग भर्‌यो मुस्कान लला निकस्यौ कल कुंजन तें सुखदाई।
मैं तबही निकसी घर तें तकि नैन बिसाल की चोट चलाई।
घूमि गिरी रसखानि तबै हरिनी जिमि बान ललजै गिरि जाई।
टूटि गयौ घर को सब बन्धन टुटिगो आरज-लाज बड़ाई।

इन लीलाओं के अतिरिक्त दानलीला, चीरहरण-लीला आदि का वर्णन भी रसखान ने किया है।

निर्गुण कृष्ण

जैसा की ऊपर कहा जा चुका है कि कृष्णभक्त-कवियों को सिद्धान्ततः कृष्ण का निर्गुण स्वरूप ही मान्य है। इस स्वरूप का प्रतिपादन सभी कवियों ने किया है। सूरदास की विशेषता तो यह रही है कि वे कृष्ण के साकार अथवा अवतारी-रूप का वर्णन करते-करते बीच-बीच में उनके अलौकिकत्व का भी संकेत देते जाते हैं। यथा—

'जसोदा तैरौ मुख हरि जोव।
कमलनैन हरि हिचिकिनी रौवे, बन्धन छोरि जसोब।
जो तेरौ सत खरो अचगरौ, तऊ कोखि को जायौ।
कहा भयौ जो घर के ढोटा, चोरी माखन खायौ।
कोरी मटुकी दह्यौ जमायौ, जाख न पूजन पायौ।
तिहिं घर देव पितर काहे कों, जा घर कान्हर आयौ।
जाकौ नाम लेत भ्रम छूटै, कर्म-फन्द सब काटै।
सोई इहाँ जेबरी बाँधे, जननी साँटि लै डाटै।
दुखित जानि दोउ सुत कुबेर के ऊखल आपु बँधायौ।
सूरदास प्रभु भक्त हेतु ही देह धारि के आयौ।'

× × ×

'भीतर तैं बाहर लौं आवत।
घर-आँगन चलत सुग भए देहरि अँटकावत।
गिरि-गिहि परत, जात नहिं उलधी, अति श्रम होत नचावत।
अहुठे पैग वसुधा सब कीनी, धाम अवधि बिरमावत।
मन ही मन बलबीर कहत हैं, ऐसे रंग बनावत।
सूरदास-प्रभु-अगनित-महिमा, भगतनि कैं मन भावत।

रसखान ने पूर्णरूप से और स्पष्ट रूप से कृष्ण के अलौकिकत्व का वर्णन किया है। ये कहते हैं कि जिस कृष्ण का जप शंकर जैसे देव करते हैं, जिनका ध्यान करके ब्रह्मा अपने धर्म में वृद्धि करते हैं, जिनका तनिक-सा ध्यान भी हृदय में लाते ही अत्यन्त मूर्ख भी निपुण ज्ञान के भण्डार बन जाते हैं, जिस पर देव, किन्नर और पृथ्वी पर रहने वाली स्त्रियाँ अपने प्राणों को न्यौछावर करके सजीवता प्राप्त करती हैं, उसी कृष्ण को अहीर की लड़कियाँ थोड़ी-सी छाछ के लिए नाच नचाती हैं—

संकर से सुर जाहि जपैं, चतुराननन ध्यानन धर्म बढ़ावैं।
नैक हियें जिहि आवत ही जड़ मूढ़ महा रसखानि कहावैं।
जा पर देव अदेव भू-अँगना वारत प्रानन प्रानन पावैं।
ताहि अहीर की छोहरियाँ छछिया भरि छाछ पै नाच नचावैं।

जिस कृष्ण के गुणों का शेषनाग, गणेश, शिव, सूर्य और इन्द्र निरन्तर स्मरण करते हैं, वेद जिसके स्वरूप का निश्चित ज्ञान प्राप्त करके उसे अनादि अनन्द, अखण्ड, अछेद्य, अभेद्य आदि विशेष विशेषणों से पुकारते हैं। नारद, शुकदेव और व्यास जैसे प्रचण्ड पण्डित भी अपनी पूरी कोशिश करके जिसके स्वरूप का पता न लगा सकने के कारण द्वार पर बैठ गए हैं, उसी कृष्ण को अहीर की लड़कियाँ थोड़ी-सी छाछ के लिए नाच नचाती हैं—

'सेष, गनेस, महेस, दिनेस, सुरेसहु जाहि निरन्तर गावैं।
जाहि अनादि अनन्त अखण्ड अछेद अभेद सु वेद बतावैं।
नारद से सुक व्यास रटें पचि हारे तऊ पुनि पार न पावैं।
ताहि अहीर की छोहरियाँ छछिया भरि छाछ पर नाच नचावैं।

जिस कृष्ण के गुणों का गान अप्सरा, गंधर्व, शारदा और शेषनाग सभी करते हैं। गणेश जिसके अनन्त नामों का स्मरण करते हैं, ब्रह्मा और शिव भी जिसके स्वरूप को नहीं जान पाते, जिसे प्राप्त करने के लिए योगी, यति, तपस्वी और सिद्ध निरन्तर समाधि लगाये रहते हैं, फिर भी उसका भेद नहीं जान पाते, उन्हीं कृष्ण को अहीर की लड़कियाँ थोड़ी-सी छाछ के लिए नाच नचाती हैं—

'गावैं गुनी गानिका गंधरव और सारद सेस सबै गुन गावत।
नाम अनन्त गनन्त ज्यौं ब्रह्मा त्रिलोचन पार न पावत।
जोगी जती तपसी अरु सिद्ध निरन्तर जाहि समाधि लगावत।
ताहि अहीर की छोहरियाँ छछिया भरी छाछ पै नाच नचावत।'

ब्रह्मा आदि अनेक योगी, जिस कृष्ण के स्वरूप को जानने के लिए समाधि लगाए रहते हैं पर उसका पार नहीं पाते, शेषनाग अपनी सहस्त्रों जिह्वाओं से जिसका निरन्तर जाप करते हैं, महर्षि नारद अपने हाथ में वीणा लेकर और उसे बजाते हुए तीनों लोकों में फिरते हैं पर कोई भी ऐसी साक्षी नहीं मिलता जिसके आधार पर वे यह दावा कर सकें कि उन्होंने कृष्ण के स्वरूप को जान लिया है। ऐसे दुर्बोध्य और अनंत कृष्ण को अहीर की लड़कियाँ थोड़ी-सी छाछ के लिए नाच नचाया करती हैं।

शिव जिनको आराध्य मानकर उनका ध्यान करते हैं, सारा संसार जिनकी पूजा करता है, जिनसे महान् और कोई दूसरा देव नहीं हैं, वही कृष्ण साकार रूप धारण करके अवतरित हुआ है और जो विराट् पुरुष है, वही अपनी लीला दिखाने के लिए माटी खाता फिरता है–

संभु धरै ध्यान जाकौ जपत जहान सब,
ताते न महान और दूसर अब देख्यौ मैं
कहै रसखान वही बालक सरूप धरै,
जाको कछु रूप रंग अद्भुत अबलेख्यौ मैं।
कहा कहूँ आली कछु कहती बनै न दसा,
नन्द जी के अंगना में कौतुक एक देख्यौ मैं।
जगत को ठांटी महापुरुष विराटी जो,
निरंजन निराटी ताहि माटी खात देख्यौ मैं।'

कृष्ण की प्राप्ति के लिए ही सारा जगत प्रयत्नशील है। ये वही कृष्ण हैं जिनकी पूजा ब्रह्मा जी रात-दिन किया करते हैं, सदा भक्त-वत्सल शिव जिनका पूर्ण तन्मयता से ध्यान करते हैं, जिनके लिए अहंकारी, मूर्ख राजा, निर्धन सभी प्रकार के लोग योगी बनकर शीतादि के द्वारा अपने अंगों को शिथिल बनाते हैं, वही आनन्द के भण्डार कृष्ण प्राणों के प्राण हैं जिन्हें देखने के लिए लाखों अभिलाषाएँ लाखों प्रकार से बढ़ती हैं, जो पृथ्वी पर रहने वाले लोगों का अहंकार मिटाने वाले हैं, कमल के समान सुन्दर नेत्र वाले हैं, वे ही यशोदा जी के आगे खुरचनी लेने के लिए मचलकर खड़े हुए हैं–

'वेई ब्रह्म ब्रह्मा जाहि सेवत हैं रैन-दिन,
सदा सिव सदा ही धरत ध्यान गाढ़ें हैं।
वेई विष्नु जाके काज मानी मूढ़ राजा रंक,
जोगी जती ह्वै के सीत सह्यौ अंग डाढ़े हैं।
वेई· ब्रजचन्द्र रसखानि प्रान प्रानन के,
जाके अभिलाख लाख लाख भांति बाढ़े हैं।
जसुधा के आगे वसुधा के मान-मोचन ये,
तामरस-लोचन खरोचन कौं ठाढ़े हैं।।'

इसके अतिरिक्त कृष्ण का अलौकिक प्रतिपादन करने के लिए रसखान ने कालिय-दमन और कुबलियपीड-वध जैसी कथाओं का भी उल्लेख किया है।

इस विवेचन के आधार पर कहा जा सकता है कि अन्य कृष्ण-भक्त कवियों की भाँति रसखान ने भी कृष्ण के लौकिक और अलौकिक दोनों प्रकार के रूपों का वर्णन किया है। वस्तुतः इनके कृष्ण हैं तो अलौकिक ही, पर अपने भक्तों को अलौकिक आनन्द प्रदान करने के लिए और लोक की रक्षा करने के लिए वे साकार रूप ग्रहण करके अवतार लेते हैं।

8.

रसखान का सौन्दर्य-चित्रण

कृष्ण-भक्ति प्रेम-मूलक भक्ति है। प्रेम के लिए आकर्षण एक प्रमुख तत्व है और आकर्षण के लिए सौन्दर्य का होना आवश्यक है। सौन्दर्य दो प्रकार का होता है—आभ्यन्तरिक सौन्दर्य और बाह्य सौन्दर्य। आभ्यन्तरिक सौन्दर्य के अन्तर्गत मन की उदात्त भावनाएँ आती हैं। बाह्य सौन्दर्य शारीरिक सौन्दर्य है। कृष्ण-काव्य इन दोनों प्रकार के सौन्दर्यों का विस्तार से चित्रण हुआ है। रसखान ने भी अपने सौन्दर्य चित्रण में इस परम्परा का पालन किया है।

आभ्यन्तरिक सौन्दर्य

जैसा कि ऊपर बताया जा चुका है, आम्यन्तरिक सौन्दर्य के अन्तर्गत मन की उदात्त भावनाएँ आती हैं। भक्त की इससे अधिक उदात्त भावना और क्या हो सकती है कि वह स्वयं को सर्वरूपेण अपने आराध्य के प्रति समर्पित कर दे। रसखान-काव्य में, अन्य कृष्ण-भक्तों की भाँति समर्पण की यह भावना पूर्णरूपेण लक्षित होती है। इन्होंने जिस प्रकार स्वयं को अपने आराध्य के प्रति समर्पित किया है, उसी प्रकार अपनी गोपियों में भी समर्पण की यह भावना समाविष्ट की है। पहले कवि की समर्पण-भावना को देखिए।

रसखान का अपने आराध्य के प्रति इतना गम्भीर लगाव है कि ये प्रत्येक स्थिति में उसी का सान्निध्य चाहते हैं, चाहे इसके लिए इन्हें किसी भी प्रकार का फल भुगतना पड़े। इसीलिए कहते हैं कि आगामी जन्म में यदि मुझे मनुष्य योनि मिले तो मैं वही मनुष्य बनूँ जिसे ब्रज और गौकुल के ग्वालों के साथ रहने का अवसर मिले। यदि मुझे पशु-योनि मिले तो मेरा जन्म ब्रज में ही हो, ताकि मैं नन्द की धेनुओं के मध्य विचरण कर सकूँ। यदि मैं पत्थर बनूँ तो उसी पर्वत का बनूँ इन्द्र का गर्व खंडित करने के लिए कृष्ण ने अपनी अंगुलियों पर धारण किया था और यदि मैं पक्षी बनूँ तो सदैव यमुना के किनारे उगे हुए वृक्षों की शाखों पर चहकता रहूँ—

'मानुष हों तौ वही रसखानि बसौं ब्रज गोकुल गाँव के ग्वारन।
जो पसु हौं तो कहा बस मेरो चरौं नित नन्द की धेनु मझारन।
पाहन हौं तो वही गिरि को जो धर्‌यो कर छत्र सुरन्दर धारन।
जो खग हों तो बसेरों करौं मिलि कालिन्दी-कूल-कदम्ब की डारन।

इसी प्रकार रसखान अपने शरीरावययों की सार्थकता तभी मानते हैं जब उनसे किसी प्रकार आराध्यदेव की सेवा की जाये। ये अपने आराध्यदेव से विनती करते हैं

कि मुझे सदा अपने नाम का स्मरण करने दो ताकि मेरी जीभ इन्द्रियों से प्राप्त आनन्द में न डूब जाय। मुझे कुञ्जों में बनी हुई अपनी कुटी में झाड़ू लगाने दो जिससे मेरे हाथ सत्कर्म में सदैव प्रवृत रहें। मुझे ब्रज की धूल में अपने शरीर को धूसरित करने दो, जिससे मुझे अणिमा आदि आठों सिद्धियों का सुख मिल जाये। यदि आप मुझे निवास करने के लिए कोई विशेष स्थान देना चाहते हैं तो यमुना तट पर खड़े हुए उन्हीं कदम्ब वृक्षों की डालियों पर दीजिए जहाँ पर आप अनेक प्रकार की क्रीड़ाएँ किया करते थे–

'जो रसना रस ना बिलसै तेवि देहु सदा निज नाम उचारन।
मो कर नीकी करें करनी जु पे कुञ्ज-कुटीरन देहु बुहारन।
सिद्धि समृद्धि सबै रसखानि लहौं ब्रज-रेनुका अंग-संवारन।
खास निवास मिलै जु पै तौ वही कालिंदी-कूल-कदम्ब की डारन।।'

जिस प्रकार कवि ने कृष्ण के प्रति अपनी उदात्त भावनाओं की अभिव्यक्ति की है, उसी प्रकार गोपियों की उदात्त भावनाओं को भी व्यक्त किया है। ये भावनाएँ कृष्ण के प्रति आकर्षण के परिलक्षित होती हैं। गोपियाँ जब भी कृष्ण को देखती हैं, तभी उनके हृदय का सौन्दर्य उमड़ पड़ता है और वे कृष्ण के प्रत्येक अंग में, उसकी प्रत्येक वस्तु में सौन्दर्य का अपार पारावार तरंगित देखती हैं, यदि कभी वे कृष्ण की अलकावलि पर विशाल भार पर, हृदय पर, फूलती हुएं बनमाल पर भाव-विभोर हो उठती हैं–

'सखि गोधन गावत हो इक ग्वार लख्यौ वहि डार गहें बट की।
अलकावलि राजति भाल विसाल लसै बनमाल हियें टटकी।
जब तें वह तानि लगी रसखानि नियारै को या मग हौं भटकी।
लटकी लट सों दृग-मीननि सों बनसी जियवा नट की अटकी।।'

तो कभी उसे देखते ही उसके सौन्दर्य का ऐसा समन्वित प्रभाव होता है कि उनका शरीर रांग की भांति ढर जाता है–

'गाइ दुहाइ न या पै कहूँ न कहूँ यह मेरी गरी निकर्‌यौ है।
धीरसमीर कलिन्दी के तीर खर्‌यौ रहै आजु ही डीठि पर्‌यौ है।
जा रसखानि बिलोकत ही सहसा ढरिं रांग सो आँग ढर्‌यौ है।
गाइन घेरत हेरत सो पट फेरत टेरत आनि अर्‌यौ है।।'

इसी प्रकार के अन्य अनेक उद्धरण प्रस्तुत किये जा सकते हैं जिनमें गोपियों की उदात्त भावनाएँ–भावों का सौन्दर्य–पूर्णतया व्यक्त हुआ है।

बाह्य सौन्दर्य

बाह्य सौन्दर्य के अन्तर्गत रसखान ने कृष्ण और राधिका के सौन्दर्य का वर्णन किया है। यह वर्णन दो भागों में विभाजित किया जा सकता है–

1. शारीरिक सौन्दर्य
2. चेष्टागत सौन्दर्य

रसखान ने कृष्ण के सौन्दर्य का वर्णन करने के लिए जिन अंगों को चुना है, वे बहुत सीमित और परम्परागत हैं। अतः इनके इस वर्णन में अपेक्षित व्यापकता का अभाव है। प्रायः इतर शब्दों में पुनरावृत्ति-सी ही हुई है। पर यह पुनरावृत्ति भी भावपूर्ण और कवित्वपूर्ण हैं। कुछ उदाहरण देखिए–

यशोदा जी के द्वारा सज्जित कृष्ण के सौन्दर्य का वर्णन करती हुई कोई गोपी अपनी सखी से कहती है कि ऐ सखि! मैं आज ही प्रातः काल नन्द के उस भवन में गई थी जहाँ रस-सागर कृष्ण थे। मैं उन्हें देखते ही उनमें अनुरक्त हो गई। उन जैसा पुत्र पाकर यशोदा जी को जो सुख मिला है, उसका वर्णन नहीं किया जा सकता। मैं तो भगवान् से प्रार्थना करती हूँ कि उनका यह पुत्र लाख करोड़ युगों तक जीवित रहे। यशोदा जी ने उनके सिर पर तेल लगाकर और आँखों में काजल डालकर उनके मुख पर डिठौना लगा दिया। उनके गले में हमेल और हार डालकर यशोदा जी उनके सौन्दर्य को निहारती रहीं, उन पर स्वयं को न्यौछावर करके उन्हें चूमती रहीं–

'आजु गई हुती भोर ही हौं रसखान रई वहि नन्द के भौनहिं।
वाको जियो जुग लाख करोर, जसोमति को सुख जात कह्यो नहिं।।
तेल लगाइ लगाइ के अंजन, भौंहें बनाइ बनाइ डिठौनहिं।
डालि हमेलनि हार निहारत, वारत ज्यौ चुमकारत छोनहिं।

कृष्ण का सौन्दर्य वस्तुतः इतना अमित है कि उस पर कामदेव भी अपनी करोड़ों सुन्दरताओं को न्यौछावर करने के लिए विवश हो जाता है–

'धूलि भरे अति सोभित श्याम जू, तैसी बनी सिर सुन्दर चोटी।
खेलत खात फिरैं अंगना, पग पैजनि बाजत पीरी कछोटी।
वा छवि को रसखानि विलोकत, वारत काम कला निज कोटी।
काम के भाग बड़े सजनी, हरि हाथ सों लै गयौ माखन रोटी।'

कृष्ण के गले की मोतियों की माला का, घूँघरदार केशराशि का, जड़ाऊ आभूषणों का, सिर पर जरीदार पगड़ी का सौन्दर्य भी कुछ कम नहीं है। इस सौन्दर्य का दर्शन तो पूर्व-सँचित पुण्यों से ही होता है–

'मोतिन माल बनी नट के, लटकी लटवा लट घूघरवारी।
अंग ही अंग जराव लसै अरु सीस लसै पगिया जरतारी।
पूरब पुन्यनि ते रसखानि सु मोहिनी मूरति आनि बिहारी।
चार्‌यो दिसानि की लै छवि, आनिकै झाँके झरोखे में बाँके बिहारी।।'

इनके मस्तक पर लगी हुई गौधूलि को हृदय पर लहराती हुई बनमाला को, सुरीली वंशी को और पीले वस्त्र की फहराइट को देखकर गोपियाँ इतनी भाव-विभोर हो जाती हैं कि वे सब प्रकार के दुःखों को भूलकर आनन्द में डुबकियाँ लेने लगती हैं–

गोरज बिराजै भाल लहलही बनमाल,
आगे गैया पाछे ग्वाल गावै मृदु तानि री।।
तैसी धुनि बाँसुरी की मधुर-मधुर जैसी,
बंक चितवनि मंद मद मुसकानि री।।

कदम बिटप के निकट तटनी के तट,
अटा-चाढ़ि चाहि पीत पट फहरानि री।।
रस बरसावै तन-तपनि बुझाबै नैन,
प्राननि रिझावै वह आंवै रसखानि री।।'

कृष्ण के नेत्रों की बक्रता इतनी तीक्ष्ण है कि कोई गोपी उसकी चोट को सहन नहीं कर सकती, इसीलिए उनकी शोभा से समूचे ब्रज में कोलाहल मचा हुआ है—

'नेननि बंक विसाल के बाननि झेलि सकै अस कौन नवेली।
बेंधत है हिम तीछनि कोर सुमार गिरी तिम कोटिक हेली।।
छौड़ै नहीं दिनहूँ रसखानि सु लाग फिरै द्रुम सों जनु बेली।
रौरि परी छवि की ब्रज-मंडल कुंडल गंडनि कुन्तल केली।।'

उनकी दृष्टि और वाणी विलक्षण है; उनकी चंचल दृष्टि भी विलक्षण-सी है। उनके कपोलों पर कुण्डलों की छवि हाथी के गंडस्थल पर पड़ी हुई छवि की भाँति विलक्षण है। जिस समय वे पेड़ की डाली पकड़ कर खड़े होते हैं तो उसके समय उनकी जो शोभा होती है, उसका वर्णन करना कठिन है। कोई भी गोपी उनकी उस समय की शोभा से और उनकी मधुर मुस्कान से अपने को नहीं बचा सकती—

'अलबेली बिलोकनि और अलबेलियै बोल निहारन की।
अलबेली सी डोलति गंजनि पै छवि सों मिल कुण्डल वारन की।
भटू ठाढ़ौ लख्यौ छवि कैसे कह्यौ रसखानि गहें द्रुम डारन की।
हिय मैं जिय मैं मुसकानि रमी गति को सिखवै निरवारन की।।'

कृष्ण की विशाल आँखें पुष्ट कपोल, मधुर-भाषण, सुन्दर हँसी, सुन्दर मुख को जो भी गोपी एक बार देख लेती है, वह पागल होकर उसे गली-गली में ढूँढती फिरा करती है—

'बाँकी उड़ी अँखियाँ बड़रारे कपोलनि बोलनि कोकिल वानी।
सुन्दर हार सुधानिधि सो, मुख मूरति रंग सुधारस-सानी।।
ऐसी नवेली ने देखे कहूँ ब्रजराज लला अति ही सुखदानी।
डोलति है वन बीथिन में रसखानि मनोहर रूप लुभानी।।'

कृष्ण के नेत्र इतने विशाल हैं कि वे कानों तक खिंचे रहते हैं। उनके केश मुख पर लहराते रहते हैं। उसकी सुन्दर शोभा की कान्ति चारों ओर बिखर कर करोड़ों प्रकार के खेल दिखाती है। वास्तविकता तो यह है कि उसकी शोभा झुक कर, झूमकर और अमृत को चूमकर चन्द्रमा की चाँदनी को चुराने वाली है—

'दृग दूने खिचे रहैं कानन लौ लट आनन पै लहराइ री।
छकि छैल छबीली छटा घहराय कै कौतुल कोटि दिखाद रही।।
झूक झूमि झमाकनि चूमि अभी चहि चाँदनी चंद चुराइ रही।
मन भाह रही रसखानि महा छवि मोहन की तरसाइ रही।।'

संध्या समय जब कृष्ण गायों को चरा कर वापिस लौटते हैं तो सारे गोरज से धूसरित हो जाते हैं। उस समय कृष्ण की शोभा ऐसी दिखाई देती है मानो आग के पहाड़ से बुझकर धुएँ के बादल चढ़े चले आ रहे हों—

सांझ समै जिहि देखति ही तिहि देखन कौ मन मा ललकैं री।
ऊँची अटान चढ़ी ब्रजबाम सु लाज सनेह दुरैं उझकैं री।।
गोधन धूरि की धूँधरि मैं तिनकी छवि, यों रसखानि तकै री।
पावक के गिरि ते बुझि मानौ धुवां-लपटी लपटैं लपकै री।।'

कृष्ण का शारीरिक सौन्दर्य स्वाभाविक रूप से बहुत ही आकर्षक है। पर इस पर स्वाभाविक गति से धारण किए हुए आभूषण इसे और भी अधिक आकर्षक बना देते हैं। कृष्ण के कानों में पड़े हुए कुण्डल बिजली के समान चमकते हैं। गौवों के पैरों से उठी हुई धूलि बादलों के उमड़ने के समान प्रतीत होती है–

'दमकैं रवि कुण्डल दामिनि से धुरवा जिमि गोरज राजत हैं।
मुकताहल-वारन गोपन के सु तौ बूँदन की छवि छाजत हैं।
ब्रजवाल नदी उमही रसखानि मयंक बधू-दुति लाजत है।
यह आवन श्री मनभावन की बरखा जिमि आज विराजत है।'

शारीरिक सौन्दर्य के अतिरिक्त रसखान ने चेष्टागत सौन्दर्य का भी पर्याप्त वर्णन किया है। जिस प्रकार कवि ने शारीरिक सौन्दर्य की परिधि को सीमित रखा है; अर्थात् इने-गिने शरीरावयवों का परम्परागत अनुमानों के द्वारा चित्रण किया है; अथवा परम्परागत आभूषणों का उल्लेख किया है, उसी प्रकार चेष्टायें भी इनी-गनी हैं। वक्र-दृष्टि, वंशीवादन, मुस्कराना आदि तक ही कवि ने अपने चेष्टागत सौन्दर्य को सीमित रखा है। निम्नलिखित सवैये में वंशी-वादन के सौन्दर्य का वर्णन है–

आवत है वन ते मनमोहन गाइन संग लसै ब्रज-ग्वाला।
बेनु बजाबत गाबत गीत अभीत इतं करिगौ कछु ख्याला।।
हेरत हेरि चकै चहुँ ओर तें झाँकि तैं ब्रजबाला।
देखि सु आनन को रसखान तज्यौ सब द्योस को ताप-कसाला।।

और–

अति सुन्दर री ब्रज राजकुमार महामृदु बोलनि बोलत है।
लखि नैन की कोर कटाछ चलाइ कैं की गांठन खोलत है।।
सुन री सजनी अलबेलो लला वह कुंजनि-कुंजनि डोलत हैं।
रसखानि लखें मन बूड़ि गयौ मधि रूप के सिन्धु कलोलत हैं।।

इसमें वक्रदृष्टिगत चेष्टा के सौन्दर्य का वर्णन है।

कृष्ण के द्वारा गायों के घेरने में, लाठी को घुमाने में, वक्रदृष्टि से देखने में, संगीत की तानें बजाने में और पीले वस्त्रों को फहराने में भी गोपियों को अपार सौन्दर्य के दर्शन होते हैं–

'वह घेरनि धेनु अबेर सबेरनि फेरनि लाल लकुट्टनि की।
वह तीछन चच्छु कटाछन की छवि मोरनि भौंह भृकुट्टनि की।।
वह लाल की चाल चुभी चित में रसखानि संगीत उघुट्टनि की।
वह पीत पटक्कनि की चटकानि लिटक्कानि और मुकुट्टनि की।।'

कृष्ण की वक्रदृष्टि में इतना सौन्दर्यपूर्ण आकर्षण है कि उसे देखते ही समस्त ब्रज बालाएँ अपनी कुल-लाज और अपने गृह-काज को छोड़ बैठती हैं—

भटू सुन्दर श्याम सिरोमनि मोहन जोहन मैं चित चोरत है।
अवलोकन बंक बिलोचन में ब्रजबालन दृग जोरत है।।
रसखानि महावत रूप सलोनो को मारग तें मन मोरत है।
गृहकाज समाज सबै कुल लाज लला ब्रजराज को तोरत है।

वक्रदृष्टि का यही प्रभाव निम्नलिखित सवैये में वर्णित है—

आली लला घन सों अति सुन्दर तैसो लगै पियरो उपरैना।
गंडनि पै छलिकै छवि कुण्डल मडित कुंतल रूप की सैना।।
दीरघ बक बिलोकनि की अवलोकनि चोरित चित्त को चैना।
मो रसखानि हर्‌यौ चित की मुसकाइ कहे अधरामृत बैना।।

कहीं-कहीं रसखान ने अनेक चेष्टाओं का एक साथ ही वर्णन किया है। निम्नलिखित सवैये में वक्रदृष्टि, कटाक्ष मारना, मुस्कराना इन तीनों चेष्टाओं का एक साथ वर्णन किया है—

मोहन रूप छकी बन डोलति घूमति री तजि लाज बिचारै।
बक बिलोकनि नैन बिसाल सु दम्पति कोर कटाछन मारै।
रंग भरी मुख की मुसकान लखैं सखि कौन जु देह सम्हारै।
ज्यौं अरबिन्द हिंमत करी झकझोरि कै तोरि मरोरि कै डारै।'

कृष्ण की चेष्टाओं में मुस्कान और वक्रदृष्टि का वर्णन कवि ने सबसे अधिक किया है।

कृष्ण के सौन्दर्य के अतिरिक्त कवि ने राधा के सौन्दर्य का भी वर्णन किया है। राधा के सौन्दर्य के उपमान और उन्हें प्रस्तुत करने की रीति प्रायः परम्परागत है। यथा—

'कैधों रसखान रस कोस दृग प्यास जानि,
आनि के पीयूष पूष कीनो विधि चंद घर।
कैधों मनि मानिक बैठारिबो को कंचन मैं,
जरिया जोबन जन गढ़िया सुघर घर।
कैंधों काम कामना के राजन अधर चिन्ह,
कैंधों यह भौंर ज्ञान बोहित गुमान हर।
एरी मेरी प्यारी दुति कोटि रति रम्भा की,
वारि डारौं तेरी चित चोरिन चुबक पर।

इस कवित्त में नेत्र, मुख, शरीर-गठन, अधरों की लाली, नासिका का छिद्र और चिबुक की शोभा का वर्णन किया गया है। इनकी शोभा का वर्णन करने के लिए जिन उपमानों की संयोजना की गयी है, वे सभी प्रायः परम्परागत हैं।

'श्री मुख सौं न बखान सकै वृषभान सुताज को रूप उजारो।
हे रसखान तू ज्ञान संभार तरैनि निहारि जु रीझनहारो।

चारु सिन्दूर को लाल रसाल लसै ब्रजबाल को भाल टिकारो।
गोद मैं मानौं बिराजत है घनस्याम के सारे की सारे को सारो।।'

इस सवैये में राधा के समस्त सौन्दर्य के साथ उसके मस्तक पर लगे हुए सिन्दूर के टीके की शोभा का वर्णन किया गया है जो ऐसा प्रतीत होता है, मानो चन्द्रमा क़ी गोद में मंगल सुशोभित हो।

'अति लाल गुलाल दुकूल ते फूल अली; अलि कुंतल राजत है।
मखतूल समान के गुंज छरानि मैं किंसुक की छबि छाजत है।
मुकता के कदम्ब ते अंक के मौर सुने-सुर कोकिल लाजत है।
यह प्राननि प्यारी जु कि रसखानि बसंत-सी आज बिराजत है।।'

इस सौन्दर्य-वर्णन में सांगरूपक की योजना के द्वारा राधा को बसन्त बताया गया है। कोई गोपी अपनी सखी से राधा के सौन्दर्य का वर्णन करती है कि हे सखी! राधा का अत्यन्त लाल गुलाल के समान दुकूल गुलाब के लाल फूल की भाँति शोभायमान है। उसकी काली केश-राशि भौंरो के समान सुशोभित है। काले रेशम की डोरियों में बँधे हुए गुंज पलाश-पुष्प की भाँति, शोभा से सम्पन्न हैं। उसके मोती कदम्ब और आम की मंजरियों के समान शोभायमान हैं। उनकी वाणी में इतना माधर्य है कि उसके वचनों को सुनकर कोयल भी लज्जित हो जाती है।

'तन चंदन खौर के बैठी भटू रही आजु सुधा की सुता मनसी।
मनौ इंद्रबधून लजावन कौं सब ज्ञानिन काढ़ि धरी गन-सी।
रसखानि बिराजति चौकी कुचौ बिद उतमताहि जरी तन-सी।
दमकै दृग-बान के घावनि कौं गिरि सेत के संधि के जीवन-सी।''

अपने शरीर पर चन्दन लगाकर बैठी हुई वह सुधा की मानस-पुत्री राधा ऐसी प्रतीत हो रही है मानो चन्द्रमा की पत्नियों-तारिकाओं को लज्जित करने के लिए सब प्रकार से अपनी समग्र सात्विक शोभा को बाहर निकाल कर बैठी हुई हो। उसके कुचों के बीच में हार का चंदा इस प्रकार सुशोभित है जैसे सौन्दर्य को ही उसके शरीर में जड़ दिया गया हो। वह चन्दा ऐसा प्रतीत होता है मानो दृग वाणों का घाव दमक रहा हो अथवा श्वेत पर्वत के संधिस्थान में कोई जलाशय हो।

'आज सँवारति नेकु भटू तन, मंद करी रति की दुति लाजै।
देखत रीझि रहे रसखानि सु, और कहा विधिना उपराजै।
आए हैं न्यौतें तरैयन के मनो संग पतंग पतंग जुराजै।
ऐसे लसै मुकुतागन मैं तिल तरौना के तीर बिराजै।।'

कोई गोपी राधा से उसके सौन्दर्य का वर्णन करती हुई कहती है कि हे सखि! आज तनिक अपना शरीर सँभाल लो, क्योंकि इसके समक्ष रति का सौन्दर्य भी मंद हो गया है और वह इसी कारण लज्जित हो रही है। आनन्द-सागर कृष्ण तुम्हारी शोभा को देखकर रीझ रहे हैं। तुम ब्रह्मा की सौन्दर्य-सृष्टि की चरम पराकाष्ठा हो। मोतियों से युक्त तुम्हारे तरौना के किनारे पर सुशोभित तिल इस प्रकार शोभा दे रहा है मानो सूर्य के साथ सारे नक्षत्र आकर एकत्र हो गये हों।

यह राधिका का स्वाभाविक सौन्दर्य है, किन्तु कवि ने उस सौन्दर्य का भी वर्णन किया है जो आभूषणों एवं परिधानों के कारण द्विगुणित हो रहा है। यथा–

'प्यारी की चारु सिंगार तरंगन जाय लगी रति की दुति कूलनि।
जोबन जेब कहा कहिए उर पै छबि मंजु अनेक दुकलनि।
कंचुकी सेत मैं जावक-बिन्द बिलोकि मरैं, मघवानि की सूलनि।
पूजे हैं आजु मनौ रसखान सु भूत के भूप बंदूक के फूलनि।।'

अर्थात् राधा के सुन्दर सौन्दर्य की लहरें रति की शोभा के किनारों से जा लगी हैं। उनके यौवन की कांति का तो कहना ही क्या? उसके हृदय पर अनेक वस्त्रों की शोभा सुशोभित है। उसकी श्वेत कंचुकी में लाल रंग के बिन्दु को देखकर तो मनुष्य इन्द्र के वज्र के चोट की भाँति चोट खाकर मर जाता है। उसके कुचों पर पड़ा हुआ लाल वस्त्र इस प्रकार प्रतीत हो रहा है मानो बंधूक के फूलों से शिव की पूजा की गई हो।

राधा की शरीर-कांति इस प्रकार चमकती है जैसे दिये की बाती उकसा दी गई हो–

'बांकी मरोर गही भृकुटीन लगीं अँखियाँ तिरछानि तिया की।
टाँक सी लाँक भई रसखानि सुदामनि तें द्युति दूनी तिया की।
सौहैं तरंग अनंग की अंगनि ओप उरोज उठी छतिया की।
जोबन-जोति सु यौं दमकैं उकसाइ दई मनो बाती दिया की।।'

राधा के शरीरावयवों के सौन्दर्य-वर्णन में परम्परागत उपमानों का ही प्रयोग किया गया है। यथा–

'जाको लसै मुख चंद समान कमानी सी भौंह गुमान हरै।
दीरघ नैन सरोजहुं तैं मृग खंजन मीन की पाँत दरै।
रसखान उरोज निहारत ही मुनि कौन समाधि न जाहि टरै।
जिहिं नीके नवै कटि हार के भार सों तासौं कहे सब काम करै।

इस सवैये में मुख के लिए चन्द्रमा का, भौंह के लिए कमानी का, नेत्रों के लिए कमल, खंजन, मृग और मीन का उपमान ग्रहण किया गया है। ये उपमान उपर्युक्त उपमेयों के लिए परम्परागत हैं।

इस विवेचन के उपरान्त यह कहा जा सकता है कि यद्यपि रसखान ने सौन्दर्य के दोनों पक्षों का–आन्तरिक पक्ष और बाह्य पक्ष का–वर्णन किया है, पर इनके वर्णन में व्यापकता नहीं है। गिने-चुने शरीरावयवों की तथा भावों की परम्परागत उपमानों के द्वारा शोभा वर्णित की गई है अतः पुनरावृत्ति भी पाई जाती है। यह पुनरावृत्ति मुक्तक काव्य में किसी प्रकार की बाधा भी नहीं है। निष्कर्ष रूप में कहा जा सकता है कि अपनी सौन्दर्य-भावना को व्यक्त करने के लिए कवि ने जिस सीमित क्षेत्र को चुना है, उसमें वे काफी सफल रहे हैं।

9.

रसखान की अलंकार-योजना

'अलंकार' शब्द दो शब्दों के योग से बना है—अलंकार, जिसका अर्थ है अलंकृत अथवा विभूषित करने वाला। जिस प्रकार शरीर की शोभा के लिए हारादिक का प्रयोग किया जाता है, उसी प्रकार वाणी की शोभा के लिए—सशक्त अभिव्यंजना के लिए—उपमा आदि अलंकारों का प्रयोग किया जाता है। यहाँ पर यह बता देना भी आवश्यक है कि यदि आभूषणों का उचित प्रयोग न हो तो वे शरीर की शोभा में बाधक ही होंगे। इसी प्रकार वाणी के अलंकार तो तभी अभिव्यंजना में सहायक होते हैं, जब उनका प्रयोग स्वाभाविक रीति से होता है। प्रयत्न साध्य अलंकार-प्रयोग काव्य के काव्यत्व को हानि ही पहुँचाते हैं।

अलंकारों के मुख्यतया दो भेद माने गये हैं—शब्दालंकार और अर्थालंकार। जब चमत्कार शब्द पर आश्रित होता है तो वहाँ शब्दालंकार माना जाता है और जब वह अर्थ पर आश्रित होता है तो वह अर्थालंकार माना जाता है। कुछ आचार्यों की मान्यता यह है कि शब्दालंकार केवल चमत्कार होते हैं, भाव-वर्धक नहीं, पर यह मान्यता उचित नहीं है। स्वाभाविक रीति से प्रयुक्त शब्दालंकार भी भावों को सबल बनाते हैं, उनकी प्रेषणीयता में सहायक सिद्ध होते हैं।

रसखान के काव्य में दोना ही प्रकार के अलंकारों का प्रचुर प्रयोग मिलता है। यहाँ पर यह भी स्मरण रखना चाहिए कि रसखान का साध्य भावों की अभिव्यक्ति थी, चमत्कारों का प्रदर्शन नहीं। अतः इनके काव्य में प्रयुक्त अलंकार भाववर्द्धक हैं।

शब्दालङ्कार

रसखान के काव्य में शब्दालङ्कारों का प्रयोग प्रचुर मात्रा में पाया जाता है। अनुप्रास, यमक, सिंहावलोकन, वीप्सा, श्लेष, वक्राक्ति आदि अलङ्कारों को इन्होंने बहुत ही सफलता से प्रयोग किया है। यह बात निम्नलिखित विवेचन से स्वतः सिद्ध हो जाती है।

1. अनुप्रास—जहाँ समान व्यंजनों की स्वर-संहिता अथवा स्वर-रहित हो, यहाँ अनुप्रास अलंकार होता है। इसके पाँच भेद माने गये हैं—छेकानुप्रास, वृत्त्यनुप्रास, श्रुत्यनुप्रास, लाटानुप्रास और अन्त्यानुप्रास। जहाँ वृत्तिगत अनेक वर्णों की एक बार रूपता हो, वहाँ छेकानुप्रास होता है। जहाँ वृत्तिगत अनेक वर्णों का एक वर्ग की अनेक बार समता हो, वहाँ वृत्यनुप्रास होता है। जहाँ कण्ठ, तालु आदि किसी एक ही स्थान

से उच्चरित होने वाले वर्णों की आवृत्ति हो, वहाँ श्रुत्यनुप्रास होता है। जहाँ आवृत्त वाक्यों में तात्पर्य भेद से अर्थ की भिन्नता हो, वहाँ लाटानुप्रास होता है। छन्द की अन्तिम तुक को अन्त्यानुप्रास कहते हैं। रसखान-काव्य में ये सभी भेद उपलब्ध हैं। यथा–

'मानुष हौं तो वही रसखानि बसौं ब्रज गोकुल गाँव के ग्वारन।
जौ पसु हौं तो कहा बस मेरो चरौं नित नंद की धेनु मँझारन।
पाहन हौं तो वही गिरि को जो धरयौ कर छत्र पुरन्दर धारन।
जौ खग हौं तौ बसेरो करौं मिलि कालिंदी कूल कदंब की डारन।

इस सवैये में 'बसौं ब्रज' मैं 'ब' की, 'गोकुल गाँव में' 'ग' की 'नित-नंद' में 'न' की और कालिंदी कूल में 'क' वर्णों की आवृत्ति है। अतः यहाँ छेकानुप्रास है। इसी प्रकार–

'सकर से सुर जाहि जपैं चतुरानन ध्यानन धर्म बढ़ावै।
नैक हिये जिहि आनत ही जड़ मूढ़ महा रसखानि कहावैं।
जा पर देव अदेव भू-अंगना बारत प्रानन प्रानन पावै।
ताहि अहीर की छोहरियाँ छछिया भरी छाछ पर नाच नचायें।

इसमें 'संकर से सुर' में 'स' को, च्यानन धर्म' में ध' की, 'देव-अदेव' में 'द' और 'व' की, 'प्रानन पावै' में 'प' की 'छोहरिया छछिया' में 'छ' की 'नाच नचावै' 'न' की आवृत्ति होने से छेकानुप्रास है।

वृत्यनुप्रास में वृत्तिगत अनेक वर्णों को या एक वर्ण की अनेक बार समता होती है। यथा–

'सेष गनेस महेस निदेस सुरेसुहु जाहि निरन्तर गावैं।
जाहि अनादि अनंत अखंड अछेद अभेद सुबेद बतावैं।
नारद से मुनि व्यास रहैं पचि हारे तऊ पनि पार न पावैं।
ताहि अहीर की छोहरियाँ भरि छाछ पै नाच नचावैं।।'

इस सवैये में 'स', 'अ', 'द', 'प', और 'घ' वर्ग की अनेक बार आवृत्ति है। अतः यहाँ कोमलावृत्ति से युक्त वृत्त्यनुप्रास है। इसी प्रकार–

'गावैं गुनि गनिका गंधरब औ सारद सेष सवै गुन गावत।' में 'ग' और 'स' वर्ण की अनेक बार आवृत्ति होने के कारण वृत्यनुप्रास है।

वृत्यनुप्रास के अन्य उदाहरण ये हैं–

1. साज समाज सबै सिरताज ओ छाज की बात नहीं कहि आवै।'
2. 'सेष सुरेस दिनेस गनेस धनेस महेस मनावौ।'
3. 'है कुच कंचन के कलसा न ये आम की गाँठ मढ़ीक की चाम में।'
4. 'लाड़ली लाल लसैं लखियै अलि पुंजनि कुंजनि मैं छवि गाढ़ी।'
5. 'बालन लाल लिए बिहरैं छहरैं बर मोरपंखी सिर ठाढ़ी।'

मोतिन माल बनी नट के, लटकी लटवा लट घूँघरवाली।
अंग ही अंग जराय लसै अरु सीस लसै पगिया जरतारी।
पूरब पुन्यनि तें रसखानि सु मोहिनी मूरति आनि निहारी।
चारयौ दिसनि को लै छबि आनि के झाँके झरोखे मैं बाँके बिहारी।'

इस सवैये में त, न, ल, वर्ण दन्त्य स्थान के, 'ट, और र,' मूर्धन्य स्थान के 'प ब, म,' औष्ठ्य स्थान के हैं। अतः यहाँ श्रुत्यनुप्रास है।

2. **यमक**—जहाँ एक ही शब्द की दो बार आवृत्ति हो, किन्तु आवृत्त शब्द भिन्नार्थक हो वहाँ यमक अलंकार होता है। यह आवृत्ति तीन प्रकार से हो सकती है—

1. जहाँ दोनों शब्द सार्थक हों।
2. जहाँ दोनों शब्द निरर्थक हों।
3. जहाँ एक शब्द सार्थक और एक निरर्थक हो।

रसखान के काव्य में तीनों प्रकार के यमक पाये जाते हैं।

'बैन वही उनको गुन गाइ और कान वही उन बैन सों बानो।
हाथ वही उन गात सरै अरु पाइ वही जु वही अनुजानी।
जान वही उन आन के संग औ मान वही जु करै मनमानी।
त्यौं रसखानि वही रसखानि जु है रसखानि सों है रसखानी।।'

इस सवैये की अंतिम पंक्ति में 'रसखानि' शब्द की आवृत्ति है। दोनों शब्द सार्थक हैं। अतः यहाँ यमक अलंकार हैं।

'आजु गई हुती भोर ही हौं रसखानि रई वाहि नंद के भौनहि।
वाकौ जियौ जुग लाख करोर जसोमति को सुख जाति कहयौ नहिं।
तेल लगाइ लगाइ के अंजन भौंहें बनाइ डिठौनहिं।
आलि हमेलनि हारि निहारत वारत ज्यौं पुचकारत छौनहिं।।'

इस सवैये की अन्तिम पंक्ति में प्रयुक्त 'वारत' और 'पुचकारत' इन शब्दों में 'आरत' शब्द की आवृत्ति है। दोनों ही शब्द निरर्थक हैं। अतः यमक अलंकार है।

'लाल लसै पगिया सबके पट कोटि सुगन्धनि भीने।
अंगनि अंग सजे सबै ही रसखानि अनेक जराउ नवीने।
मुकता गलमाल लसै सब के सब ग्वार कुमार सिंगार सो कीने।
मैं सिगरे ब्रज केहरि की हरि ही के हरै हियरा हरि लीने।।'

यहाँ अन्तिम पंक्ति में 'केहरि' में 'हरि' और 'हरि' शब्द की आवृति है। 'केहरि' का 'हरि' निरर्थक है, अतः यहाँ पर एक निरर्थक और एक सार्थक पद की आवृत्ति है। यहाँ यमक अलंकार है।

यमक के कुछ अन्य उदाहरण ये हैं—

1. 'जो रसना रस ना बिलसै तेहि देहु सदा निज नाम उचारन।'
2. 'जो पै राखनहार है माखन चाखनहार।'
3. बिमल सकल रसखानि मिलि, भई सकल रसखानि।
   सोई नव रसखानि कों, चित चातक रसखानि।
4. 'तामरस-लोचन खरोचन कौ ठाढ़े हैं।'
5. 'ताते तिन्हैं तजि जनि गिर्‌यौ गुन सौगुन गाँठि परैगौ।'
6. 'सो कवि देखि आनन्दन नन्द जू अंगनि अंग समात न फूलैं।'
7. 'राधिका जी है तो जी हैं सबै न तो पीहैं हलाहल नन्द के द्वारै।'
8. 'यों पछितावो यहै जु सखी कि कलंक लग्यौ पर अंक न लागी।'

3. सिंहावलोकन—जिस प्रकार सिंह पीछे मुड़कर देखता है, उसी प्रकार अलंकार में एक चरण के वर्गों की दूसरे चरण के प्रारम्भ में आवृत्ति होती है। इसे संस्कृत आचार्यों ने मुक्तपदग्राह्य यमक कहा है। रसखान-काव्य में इस अलंकार का केवल एक उदाहरण मिलता है जो यह है—

'भेती जु पै कुबरी ह्यां सखी भरि लातन मूका बकोटती लेती।
लेती निकारि हिये की सबै नक छेदि कै कौड़ी पिराइ कै देती।
देती नचाइ कै नाच वा रांड कों लाल रिझावन को फल सेती।
सेती सदा रसखानि लिए कूबरी के करेजनि सूल सी भेती।।'

इस सवैये में 'भेती', 'लेती', 'देती' और 'सेती' वर्णों की आवृत्ति है।

4. वीप्सा—जहाँ किसी भाव को सबल बनाने के लिए उन्हीं शब्दों की आवृत्ति की जाती है, वहाँ वीप्सा अलंकार होता है। रसखान ने इस अलंकार का भी बड़ी कुशलता से भावपूर्ण प्रयोग किया है। यथा—

'तैं न लख्यौ जब कुंजनि ते बनिके निकक्यौ भटक्यौ मटक्यौ री।
सोहत कैसो हरा टटक्यौ अरु कैसो किरीट लसै लटक्यौ री।
को रसखानि फिरै भटक्यौ हटक्यौ ब्रज-लोग फिरै भटक्यौ री।
रूप सबै हरिवा नट को हियरें भटक्यौ अटक्यौ अटक्यौ-री।।'

इस सवैये में 'अटक्यौ' शब्द की तीन बार आवृत्ति के कारण कृष्ण के प्रति गोपी के प्रेम की अधिक प्रगाढ़ता व्यंजित हुई है। इसी प्रकार—

'कननि दै अँगुरी रहिवो जबहीं मुरली धुनि मंद बजैहै।
मोहनीताननि सों रसखानि अ्टा चढ़ि गोधन गैहै तो गैहै।
टेरि कहौं सिगरे ब्रज लोगनि काल्हि कोउ सु कितौ समुझहै।
माइ री वा मुख की मुसकानि सम्हारी न जैहै न जैहै न जैहै।

इस सवैये की चतुर्थ पंक्ति में 'न जैहे' शब्द की तीन बार आवृत्ति है जो कृष्ण की मुस्कान के आकर्षण को कई गुना बढ़ा देती है।

5. श्लेष—जहाँ कोई शब्द एक से अधिक अर्थों का द्योतन करने के कारण चमत्कार होता है, वहाँ श्लेष अलंकार होता है। इसके दो भेद किए गए हैं—सभंग श्लेष और अभंग श्लेष। सभंग श्लेष में पद को भंग करने का एकाधिक अर्थ की प्राप्ति होती है और अभंग श्लेष में पद को भंग नहीं करना पड़ता। सभंग श्लेष की अपेक्षा अभंग श्लेष में अर्थ की रमणीयता अधिक रहती है। इसीलिए भाव-प्रवण कवियों की रचनाओं में सभंग श्लेष की अपेक्षा अभंग श्लेष के उदाहरण ही मिला करते हैं। रसखान में तो केवल अभंग श्लेष ही मिलता है। यथा—

'ए सजनी लोनो लला, लहयौ नद के गेह।'
चितयौ मृदु मुसकाइ कै, हरि सबै सुधि देह।।

'यहाँ पर 'हरि' शब्द के 'हरण करना' और प्रसन्न होना ये दो अर्थ हैं। इसी प्रकार—

'स्याम सघन घन घेरि कै, रस वरस्यौ रसखानि।
भई दिवानी पानि करि, प्रेम मद्य मन मानि।।'

इस दोहे में 'स्याम' और 'रस' शब्द श्लिष्ट हैं।

इसी प्रकार के अन्य उदाहरण भी रसखान-काव्य से प्रस्तुत किये जा सकते हैं।

6. वक्रोक्ति—जब वक्ता कोई बात कहे और श्रोता उस बात का अन्य अर्थ, जो वक्ता का अभीष्ट नहीं है, काकु या श्लेष के बल से ग्रहण करता है, तो वक्रोक्ति अलंकार होता है। वक्रोक्ति अलंकार के दो भेद हैं—श्लेष वक्रोक्ति और काकु वक्रोक्ति। श्लेष वक्रोक्ति की अपेक्षा काकु वक्रोक्ति में अर्थ को अधिक रमणीयता होती है। इसी कारण अनेक आचार्यों ने काकु वक्रोक्ति को अर्थालंकारों के अन्तर्गत माना है। रसखान-काव्य में काकु-वक्रोक्ति के ही उदाहरण मिलते हैं। यथा—

'कौन ठगौरी भरि हरि आजु बजाई है बाँसुरियाँ रंग-भीनी।
तान सुनी जिनहीं तिनहीं तबहीं तित लाज बिदा कर दीनी।
घूमै घरि घरि नन्द के द्वार नवीनी कहा कहू बाल प्रवीनी।
या ब्रज-मण्डल मैं रसखानि सु कौन भटू जू लूट नहीं सीनी।।'

इस सवैये की अन्तिम पंक्ति में गोपी ने अपनी सखी को काकु के द्वारा बताया है कि इस ब्रज-मण्डल की प्रत्येक गोपी को कृष्ण ने मोहित कर रक्खा है। इसी प्रकार—

'फागुन लाग्यो सखी जब तैं तब तैं ब्रज-मण्डल धूम मच्यौ है।
नारि नवेली बचैं नहिं एक विसेख यहै सबै प्रेम अच्यौ है।
साँझ सकारे वही रसखानि सुरग गुलाल लै खेल रच्यौ है।
को सजनी निलजी न भई अरु कौन भटू जिंहि मान बच्या है।'

इसमें 'को सजनी निलजी न भई अरु कौन भटू जिंहि मान बच्या है' में काकु वक्रोक्ति अलंकार है।

'वा रसखानि सुनौं सुनिकै हियरा सब टूक है, फाटि गयौ है।
जानति हैं न कछू हम ह्याँ उनवां पढ़ि मंत्र कहा धौं दयौ है।
साँची कहैं जिय मैं निज जानि कै जानति हैं जस जैसी लयौ है।
लोग लुगाइ सबै ब्रज माँहि कहैं हरि चेरी को चेरो भयो है।।'

यहाँ पर 'जस जैसो लयौ है' में काकु के द्वारा यह बताया गया है कि वे बहुत बदनाम हो गए हैं। अतः काकुवक्रोक्ति अलंकार है।

अर्थालंकार

रसखान जैसे भावुक कवि की भाषा में अर्थालंकारों का प्रवाह आ जाना स्वाभाविक है। इसके द्वारा प्रयुक्त कुछ अर्थालंकारों के उदाहरण प्रस्तुत किये जा रहे हैं।

1. उपमा—उपमान और उपमेय के सादृश्य वर्णन में उपमा अलंकार होता है। रसखान ने इस अलंकार का बहुत मात्रा में और बहुत कुशलता से प्रयोग किया है। यथा—

'सुनियै सबकी कहिये न कछू रहियै इमि या भव-सागर मैं।
करियै व्रत-नेम सचाई लियें जिनतें तरियै भव सागर मैं।

मिलियै सबसों दुरभाव बिना रहियै सतसंग उजागर मैं।
रसखानि गुबिन्दहि कौ भजियै जिमि नागरि कौ चित्त बागर मैं।।'

भगवान-भजन के लिए नागरी के चित्त की एकाग्रता का सादृश्य दिखलाया गया है। अतः यहाँ उपमा अलंकार है। इसी प्रकार–

'लाड़ली लाल लसैं लखियै अलि पुंजनि कुंजनि मैं छबि गाढ़ी।
ऊजरी ज्यौं बिजुरी सी जुरी चहू गुजरी केलि-कला सम काढ़ी।
त्यौं रसखानि न जानि परै सुखमा तिहुँ लोकन को अति बाढ़ी।
बालन लाल लिए बिहरैं छहरैं वर मोरपखी सिर ठाढ़ी।।'

'ऊजरी ज्यौं बिजुरी सी जुरी चहूँ गुजरी केलि-कला सम काढ़ी' में उपमा अलंकार है। इस अलंकार के अन्य उदाहरण हैं।

1. 'सुन्दर हास सुधानिधि सो मुख मूरयि रंग सुधारस-सानी।'
2. 'ऐंचे आवत धनुष से छूटे सर से जाहिं।'
3. 'जा रसखानि बिलोकत हो सहसा ढरि राँग सो आँग ढर्‌यो है।'
4. 'तिरछी ब़रछी सम मारत है दृग बान कमान सुजान लग्यौ।'
5. 'जाकौ लसै मुख चन्द समान सुकोमल अंगनि रूप लपेटी।'
6. 'चन्द सों आनन मैन मनोहर बैन मनोहर मोहत हौं मन।।'

2. रूपक–उपमेय में उपमान के निषेध-रहित आरोप को रूपक अलंकार कहते हैं। इसके मुख्यतया दो भेद हैं–सांगरूपक और निरंगरूपक। जहाँ उपमेय के अवयवों के सहित उपमान के अवयवों का आरोप किया जाता है, वहाँ सांग अथवा सावयव रूपक होता है और जहाँ अवयवों से रहित उपमान का उपमेय में आरोप किया जाता है, वहाँ निरंग अथवा निरवयव रूपक अलंकार होता है। रसखान ने इस अलंकार का भी प्रचुर मात्रा में प्रयोग किया है। यथा–

'अति सुन्दर री ब्रजराज कुमार महामृदु बोलनि बोलत है।
लखि नैन की कोर कटाक्ष चलाइकै लाज की गाँठन खोलत है।
सुनि री सजनी अलबेलो लला वह कुंजनि कुंजनि डोलत है।
रसखानि लखें मन बूड़ि गयौ मधि रूप के सिन्धु कलोलत है।।'

यहाँ सौन्दर्य पर सागर का आरोप किया गया है, पर अवयवों का उल्लेख नहीं है। अतः यहाँ निरंग रूपक है। और–

'नैन दलालनि चौहटें, मन-मानिक पिय हाथ,
रसखान ढोल बजाइकै, बेच्यौ हिय जिय साथ।।'

यहाँ भी नैनों पर दलालों का मन पर माणिक का आरोप किया गया है। अतः यहाँ पर निरंग रूपक अलंकार है।

'दयकैं रबि कुंडाल दामिनि से धुरवा जिमि गोरछ राजत है।
मुकताहल-बारन गोपन के सु तौ बून्दन की छवि छाजत है।
ब्रजबाल नदी उमही रसखानि मयंक-बधू दुति लाजत है।
यह आवन श्री मनभावन की बरषा जिमि आज विराजत है।।'

इस सवैये में कृष्ण के आगमन पर वर्षा-ऋतु का आरोप किया गया है। सभी अंगों का वर्णन है। अतः यहाँ सांगरूपक अलंकार है।

इस अलंकार के अन्य उदाहरण ये हैं—

1.'मन्त भयौ मन संग फिरे रसखानि सरूप सुधारस घूट्यौ।'

2. 'लटकी लट यौं दृग-मीननि सों बनसी जियवा नट की अटकी।'

3. 'मो मन-मनिक लै गयौ चित्तें चोर नन्दनन्द।'

4. 'रसखानि महावत रूप सलोने को मारग तें मन मोहत है।'

5. 'तिरछी बरछी सम मारत है दृग-बान कमान सुकान लग्यौ।'

6. 'भौंह कमान सों जोहन को सर बेधत आनन नन्द को छोनो।'

3. उत्प्रेक्षा—जहाँ प्रस्तुत की—उपमेय की—अप्रस्तुत रूप में—उपमान रूप में—संभावना की जाये, वहाँ उत्प्रेक्षा अलंकार होता है। इस अलंकार के प्रयोग से भावों में प्रभावशीलता आती है। अतः रसखान ने उपमा और रूपक की भाँति इस अलंकार का प्रयोग भी बहुलता से किया है। यथा—

'साँझ समै जिहि देखति ही तिहि पेखन कौं मन यौं ललकै री।
ऊँची अटान चढ़ी ब्रजबाम सु लाज सनेह दुरै उझकै री।
गोधन धूरि की धूँधरी मैं तिनकी छबि यौं रसखान तकै री।
पावक के गिरि ते बुझि मानौ धुँवा-लपटी लपटै लपकै री।।'

यहाँ गोरज से धूसरित कृष्ण की छवि में आग के पहाड़ से बुझकर उठते हुए धुएँ के बादल की संभावना की गई है, अतः उत्प्रेक्षा अलंकार है। इसी प्रकार—

'मैन-मनोहर बैन बचै सु सजे तन सोहत पीट पटा है।
यौं दमकै चमकै झमकै दुति दामिन की मनौ स्याम घटा है।
ए सजनी ब्रजराजकुमार अटा चढ़ि फरत लाल बट है।
रसखानि मठा मधुरी मुख की मुसकानि करै कुलकानि कटा है।।'

यहाँ पर कृष्ण के पीत-वस्त्र से चमकती हुए कांति बादल में चमकती हुई बिजली की संभावना के कारण उत्प्रेक्षा अलंकार है। इस अलंकार के अन्य उदाहरण ये हैं—

1. 'टोकत ही टटकार लगी रसखानि भई मनौ कारिख-पेटी।'

2. 'नटक तें सिख नील निचोल लपेटे सखी सम भांति कँपै डरपै।'
मनी दामिनि सावन के घन मैं निकसै नहीं भीतर ही तरपै।।'

3. 'कंचुकी सेत में जावक बिन्दु बिलौकि मरैं मघवानि की सूलनि।
पूजे हैं आजु मनौ रसखान सुपूत के भूप बधूक के फूलनि।।'

4. 'जोबन जोति सु यीं दमकै उसकाइ दई मनौ बाती दिया की।'

4. अतिशयोक्ति—लोक-मर्यादा के विरुद्ध वर्णन करने को—प्रस्तुत को बढ़ा-चढ़ाकर कहने को—अतिशयोक्ति अलंकार कहते हैं। रसखान ने इसका भी सफलता से प्रयोग किया है। यथा—

'या छबि पै रसखानि अब, वारौ कोटि सनोज।
जाकी उपमा अभी कबिन नहिं, पाई रहे सुखोज।।'

कृष्ण की छबि की उपमा तक कवियों को नहीं मिली और वे अभी तक पूर्ण परिश्रम के साथ उस उपमा को खोज रहे हैं। यह कथन प्रस्तुत को बढ़ा-चढ़ाकर कहने का द्योतक है। अतः यहाँ अतिशयोक्ति अलंकार है। इस अलंकार के अन्य उदाहरण ये हैं—

1. **'जाको लसै मुख चंद समान कमानी सी भौंह गुमान हरै।**
दीरघ नैन सरोजहुँ तैं मृग खंजन मीन की पाँत दरै।
रसखान उरोज निहारत ही मुनि कौन समाधि न जाहि टरै।
जिहिं नीके नवै कटि हार कै भार सौं तामों कहैं सब काम करै।।'

2. **गोकुल नाथ वियोग प्रलै जिमि गोपिन नंद जसोमतिजू पर।**
बहि गयौ अँसुवान प्रवाह भयौ जल मैं ब्रजलोक तिहहूँ पर।
तीरथराज सी राधिका प्रान सु तो रसखान मनौं ब्रजभू पर।
पूरन ब्रह्म है ध्यान रह्यौ पिय औधि अखैवट पात के ऊपर।।'

5. विरोधाभास—जहाँ कथन में विरोध का आभास हो, पर वास्तव में विरोध न हो, वहाँ विरोधाभास अलंकार होता है। रसखान ने इसका कुशलता से प्रयोग किया है। यथा—

'संकर से सुर जाहि जपै चतुरानन ध्यानन धर्म बढ़ावैं।
नैंक हियें जिहि आवत ही जड़ मूढ़ महा रसखान कहावैं।
जा पर देव अदेव भू अंगना वारत प्रानन प्रानन पावैं।
ताहि अहीर की छोहरिया छछिया भरि छाछ पे नाच नचावैं।।'

इस सवैये की तीसरी पंक्ति प्रयुक्त 'वारत प्रानन प्रानन पावैं' ये विरोधाभास अलंकार है। इसी प्रकार—

'एरी चतुर सुजान, भयौ अजान हि जान कै।
तजि दीनी पहचान, जान अपनी जान को।।'

में पी 'भयो अजान हि जान कै' के कारण विरोधाभास अलंकार है।

6. समाधि—जहाँ अचानक और कारणों के आ पड़ने से काम सुगम हो जाये, वहाँ समाधि अलंकार होता है। इसे समहित अलंकार भी कहते हैं। रसखान ने इस अलंकार का अधिक प्रयोग नहीं किया। फिर जो उदाहरण हैं, वे पूर्णतया प्रभावपूर्ण हैं। यथा—

'कंस कुढ्यौ सुनि बानी अकास की ज्याबनहारसिंह मारन घायो।
भादव साँकरी आठई कों रसखान महाप्रभु देवकी जायौ।
रैनि अँधेरी में लै बसुदेव महाबन मैं अरग धरि आयौ।
काहु न चौजुग जागत पायो सो रति जसोमति सोवत पायौ।।'

जिस कृष्ण को योगी भी अपनी जागृत अवस्था में प्राप्त नहीं कर सकते, वही सोती यशोदा को आसानी से प्राप्त हो गया। अतः यहाँ समाधि अलंकार है।

7. उल्लेख—जहाँ एक ही वर्णनीय विषय का विभिन्न भेद से अनेक प्रकार का वर्णन हो वहाँ उल्लेख अलंकार होता है। निम्नलिखित सवैये में कृष्ण के अनेक रूपों का वर्णन है—

'वेई ब्रह्म ब्रह्मा जाहि सेवत हैं रैन-दिन
सदाशिव सदा ही धरत ध्यात गाढ़े हैं।
वेई विष्नु जाके काज मानी मूढ़ राज रंक,
जोगी जती है कै सीत सह्यौ अंग डाढ़े हैं।
वेई ब्रजचन्द रसखानि प्राने प्राननि के,
जाके अभिलाख लाख लाख भाँति बाढ़े हैं।
जसुधा के आगे बसुधा के मान-मोचन ये,
तामरस-लोचन खरोचन की ठाढ़ैं हैं।।'

इसी प्रकार—

'सोई है रास मैं नैसुक नाचि के नाच नचायौ कितौ सबकों निज।
सोई है की रसखानि किते पउहारिन सूधें चितोत न हो छिन।
तो पै धौं कौन मनोहर भाव विलोकि भयौ बस हा हा करी तिन।
औसर ऐसो मिलै न मिलै फिर लगर मौड़ो कनौड़ो करै किन।।'

में भी उल्लेख अलंकार है।

8. अत्युक्ति—सम्पत्ति, सौन्दर्य, शौर्य, औदार्य, सौकुमार्य आदि गुणों के मिथ्या वर्णन को अत्युक्ति अलंकार कहते हैं। रसखान ने कृष्ण-प्रीति के प्रतिपादन में इस अलंकार का प्रयोग किया है। यथा—

'कंचन मंदिर ऊँचे बनाइ कै मानिक लाइ सदा झलकैयत।
प्रात ही तें सगरी नगरी नग मोतिन की की तुलानि तुलैषत।
यद्यपि दीन प्रजान, प्रजापति की प्रभुता मघवा ललचैयत।
ऐसे भये तौ कहा रसखानि जौ साँवरे ग्वार सों नेह न लैयत।।'

इस सवैये मे कृष्ण की प्रीति बढ़ा-चढ़ाकर वर्णन करने के कारण अत्युक्ति अलंकार है।

9. अपन्हुति—जहाँ प्रकृत का—उपमेय का—निषेध करके अप्रकृत का आरोप किया जाता है, वहाँ अपन्हुति अलंकार होता है। रसखान ने इस अलंकार का प्रयोग निम्नलिखित सवैये में किया है—

'है छल की अप्रतीत की सूरति मोड़ बढ़ावै बिनोद कलाम में।
हाथ न ऐहै कछू रसखान तूँ क्यों बहकै बिष पीवत काम में।
है कुच कंचन के कलसा नये आम की गाँठ मठीक की चाम में।
बैनी नहीं मृगनैननि की ये नसैनी लगी यमराज के धाम में।।'

यहाँ पर कुच और चोटियों का निषेध करके इन पर आम की गाँठ और नसैनी का आरोप किया गया है। अतः अपन्हुति अलंकार है।

10. व्यतिरेक—जहाँ उपमान की अपेक्षा उपमेय के उत्कर्ष का वर्णन किया जाये, वहाँ व्यतिरेक अलंकार होता है। यथा—

'धूरि भरे अति सोभित स्याम जू तैसी बनी सिर सुन्दर चोटी।
खेलत खात फिरैं अंगना पग पैंजनी बाजति पीरी कछौटी।

वा छबि को रसखानि बिलोकत बारत काम कला निज कोटी।
काग के भाग बड़े सजनी हरि-हाथ सौं लै गयौ माखन रोटी।

इस सवैये में कामदेव के सौन्दर्य की अपेक्षा कृष्ण के सौन्दर्य का उत्कर्षपूर्ण वर्णन है। इसी प्रकार—

'जाको लसै मुख चन्द समान कमानी सी भौंह गुमान हरै।
दीरघ नैन सरोजहुँ तैं मृग खंजन मीन की पाँत दरै।
रसखान उरोज निहारत ही मुनि कौन समाधि न जाहि टरै।
जिहिं नीके नवै कटि हार के भार सों तासों कहैं सब काम करैं।'

इस सवैये में मृग खंजन, और मीन की अपेक्षा राधा के नेत्रों की शोभा का उत्कर्षपूर्ण वर्णन है। अतः यहाँ व्यतिरेक अलंकार है।

11. दृष्टान्त—जहाँ उपमेय, उपमान और साधारण धर्म का बिम्ब-प्रतिबिम्ब भाव हो, वहाँ दृष्टान्त अलंकार होता है। यथा—

'जा दिन तैं निरख्यौ नन्द नन्दन कानि तजी घर बंधन छूट्यौ।
चारु बिलोकनि कीनी सुमार सम्हार गई मन यार ने लूट्यौ।
सागर कों सलिला जिमि धावै न रोकी रहै कुल को पुल टूट्यौ।
मत्त भयौ मन सग फिरै रसखान सरूप सुधारस घूट्यौ।।'

12. अर्थान्तरन्यास—जहाँ विशेष से सामान्य का, या सामान्य से विशेष्य का साधर्म्य वा वैधर्म्य के द्वारा समर्थन किया जाये, वहाँ अर्थान्तरन्यास अलंकार होता है। यथा—

'मोहक रूप छकि बल डोलति घूमति री तजि लाज विचारै।
बंक बिलोकनि नैन विसाल सु दम्पत्ति कोर कटाछन मारै।
रंगभरी मुख की मुसकान लखे सखी कौन जू देह सम्हारै।
ज्यौं अरबिन्द हिमन्त-करी झकझोरि कै रोरि मरोरि कै डारै।

यहाँ मुसकान विशेष का हिमनत-करी सामान्य से साधार्म्य के द्वारा समर्थन किया गया है। अतः अर्थान्तरन्यास अलंकार है।

13. प्रतीप—जहाँ उपमेय को उपमान कल्पित कर लिया जाये वहाँ प्रतीप अलंकार होता है। यथा—

'मोहन के मन की सब जानति जोहन के पग मोहि लियो मन।
मोहन सुन्दर आनन चंद तें कुंजन देख्यौ मैं स्याम सिरोमन।
ता दिन तें मेरे नैननि लाज तजी कुलकानि की डोलति हों बन।
कैसी करौं रसखानि लगी जकरी पकरी पिय के हित को मन।।'

यहाँ चन्द्र की अपेक्षा आनन का उत्कर्ष वर्णित है। अतः प्रतीप अलंकार है। इस अलंकार के अन्य उदाहरण ये हैं—

1. 'कल काननि कुण्डल मोरपखा उर पै बनमाल बिराजति है।
मुरली कर मैं अधरा मुसकानि-तरंग महाछवि छाजति है।
रसखानि लखै तन पीत पटा सत दामिनी की दुति लाजति है।
बहि बाँसुरी की धुनि कान परै कुलकानि हियो तजि भाजति है।।'

2. 'सोई हुती पिय की छतियाँ लगि बाल प्रवीन महा मुद मानै।
केस खुले घहरैं बहरैं फहरैं छबि देखत मैन अमानै।
वा रस में रसखानि पगी रति रैन जागी अखियाँ अनुमानै।
चन्द पै बिम्ब औ बिम्ब पै कैरव कैरव पै मुकता न प्रमानै।।'

14. सन्देह—जहाँ किसी वस्तु के सम्बन्ध में सादृश्य मूलक संदेह हो, वहाँ सन्देह अलंकार होता है। यथा—

'वा मुख की मुसकानि भटू अँखियानी तें नेकु टरै नहिं टारी।
जो पलकैं पल लागति हैं पल ही पल माँझ पुकारै पुकारी।
दूसरी ओर ते नेकु चितै इन नैनन नेम गह्यौ बजमारी।
प्रेम की बानि कि जोग कलानि गही-रसखानि विचार विचारी।।'

इस सवैये की अन्तिम पंक्ति में संदेह अलंकार है। इस अलंकार का एक अन्य उदाहरण और देखिये—

'दूध दुह्यौ सीरौ पर्‌यौ तातो न जमायौ कर्‌यौ,
जामन दयौ सो धर्‌यौ धर्‌यौई खटाइगौ।
आन हाथ आन पाइ सब ही तब ही तें,
जब ही तें रसखानि ताननि सुनाइगौ।
ज्यौंहि नर त्यौंहि नारी तैसी ये तरुन बारी,
कहियै कहा री सब सुज बिललाइगौ।।'
जानियै न आली यह छोहरा जसोमति को,
बाँसुरी बजाइगौ कि विष बगराई गौ।।'

15. असंगति—कारण-कार्य की स्वाभाविक संगति के अभाव में असंगति अलंकार होता है यथा—

'श्री वृषभान की छान धुजा अटकी लरकान तें आन लई री।
वा रसखानि के पानि की जानि छुड़ावति राधिका प्रेम मई री।
जीवन-मूरी सी तुम लिये इनहूँ चितयौ उनहूँ चितई री।
लाल लली दृग जोरत ही सुरझानि गुड़ी उरझाय दई री।'

यहाँ सुलझाने वाली गुड़ी उलझा देती है। अतः असंगति अलंकार है।

इस विवेचन के पश्चात् यह कहना कठिन नहीं कि रसखान की अलंकार योजना बहुत ही सफल और प्रभाववर्धक है। इन्होंने अलंकारों का प्रयोग श्रम द्वारा नहीं किया वरन् ये तो स्वतः भावावेग में आ गए हैं। स्वाभाविक रूप से आए हुए अलंकार भाषा में अधिक प्रभाव और गति उत्पन्न कर देते हैं। यह निर्विवाद मत है। जहाँ अलंकार अभिव्यक्ति के साधन और सहायक होते हैं, वहीं इनका प्रयोग सार्थक होता है। रसखान की अलंकार-योजना ऐसी ही है।

10.

रसखान की भाषा

भाषा भावों की अभिव्यक्ति का माध्यम होती है। जो कवि जितना अधिक समर्थ होता है, उतना ही अधिक उसका भाषा पर अधिकार होता है। शब्द, अलंकार, गुण, छन्द, लोकोक्ति और मुहावरे भाषा के प्राणदायक अंग होते हैं। अतः किसी कवि की भाषा की समीक्षा करने के लिए इन अंगों का विश्लेषण करना आवश्यक होता है। रसखान की भाषा का विवेचन भी इसी आधार पर करना उचित है।

शब्द-योजना

यह सच है कि शब्द-समूह से भाषा का निर्माण होता है, पर प्रत्येक शब्द-समूह सफल एवं प्रभावशाली भाषा को जन्म नहीं दे सकता। सफल भाषा के लिए भावानुसारिणी शब्द-योजना की संयोजना भी आवश्यक है। जहाँ तक शब्द-योजना का प्रश्न है, रसखान इस कसौटी पर खरे उतरते हैं। इनका शब्द-चयन अभीप्सित भावों को व्यक्त करने में पूर्णतया समर्थ एवं सफल है। यथा–

'बात सुनी न कहूँ हरि की, न कहूँ हरि सों मुख बोल हँसी है।
काल्हि ही गोरस बेचन कौं निकसी ब्रजवासिनि बीच सखी है।
आजु ही बारक लेहु दही, कहिकै कछु नैनन में बिहँसी है।
बैरिनि बाहि भई मुसकानि जुवा रसखान के प्रान बसी है।।'

यहाँ पर 'बैरनि' शब्द का प्रयोग अत्यन्त सार्थक एवं भावपूर्ण है। इस शब्द में आक्रोश और आत्मीयता दो विरोधी भाव परस्पर अविच्छिन्न रूप से सम्बद्ध हो गए हैं।

'अन्त में न लयौ माही गाँवरे को जायौ,
माई बापरे जिवायौ प्याइ दूध बारे-बारे को।
सोई रसखान पहिचानि कानि छाँड़ि चाहे,
लोचन नचावत नचैया द्वारे-द्वारे को।
मैया की सौं सोच कछू मटकी उतारे को न,
गोरस के ढावे को न चीर भीरि द्वारे को।
सहै दुख भारी गहै डगर हमारी माँझ,
नगर हमारे ग्वाल बगर हमारे का।।'

इस कवित्त में शब्दों की योजना अत्यन्त भावपूर्ण है। 'नचैया' शब्द आत्मीयता का सूचक है।

'कान्ह भरा बस बाँसुरी के अब कौन हमकों चहिहै।
निसद्योस रहे संग-साथ लगी यह सौतनि तापन क्यौं सहिहै।
जिन मोहि लियौ मनमोहन कों रसखानि सदा हमको दहिहै।
मिलि आऔ सबै सखी! भागि चलें अब तो ब्रज बाँसुरी रहिहै।।'

इस सवैये में बाँसुरी के प्रति गोपियों का सपत्नी-भाव व्यंजित है। इसमें 'कौन' शब्द कृष्ण के लिए प्रयुक्त हुआ है तो अत्यन्त आत्मीयता का सूचक है। 'मनमोहन' शब्द का प्रयोग भी साभिप्राय है, इससे बाँसुरी की महत्ता सूचित होती है, क्योंकि जो कृष्ण सबका मन मोहने के कारण मनमोहन बने हुए हैं, वे स्वयं बाँसुरी द्वारा मोहित कर लिए गए हैं। 'मिलि आऔ सकै' से सभी सखियों के दुख की तथा समान दुख होने से उनकी एकता की व्यंजना होती है।

'कल काननि कुण्डल मोरपखा उर पै बनमाल बिराजति है।
मुरली कर मैं अधरा मुसकानि-तरंग महाछबि छाजति है।
रसखानि लखें तन पीट पटा सत दामिनि की दुति लाजति है।
वहि बाँसुरी की धुनि कानि परे कुल-कानि हियो तजि भाजति है।।'

इसमें 'वहि' शब्द का प्रयोग बाँसुरी के उन प्रभावों की ओर संकेत करता है जिनसे प्रभावित होकर गोपियाँ अपने कुल की लाज छोड़कर कृष्ण के आगे पीछे दौड़ने लगती हैं।

शब्द-योजना के द्वारा वर्ण्य वस्तु का चित्र प्रस्तुत करने में भी रसखान सिद्धहस्त दिखाई पड़ते हैं। चित्रात्मकता का यह उदाहरण देखिए–

'जल की न घट परैं पग की न पग धरैं,
घर की न कछु करै बैठी भरैं साँसु री।
एके सुनि लौट गई एकै लोट-पोट भई,
एकनि के दृगनि निकसि आए आँसु री।
कहै रसखानि सा सबै ब्रज-बनिता बधि,
बधिक कहाय हाय भई कुल हाँसु री।
करियै उपाय बाँस डारियै कटाय,
नाहिं उपजैगो बाँस बाजे फेरि बाँसुरी।।'

रसखान की शब्द-योजना भावाभिव्यक्ति में पूर्णतया समर्थ एवं सफल है। सांग रूपक की योजना प्रस्तुत करते समय प्रायः दुरूहता आ जाती है, पर रसखान के काव्य में यह दोष भी दिखाई नहीं देता। वर्षा-विषयक यह सांगरूपक देखिए–

'दमकैं रवि कुंडल दामिनि से धरवा जिमि गोरज राजति है।
मुकताहल-वारन गोपन के सु तौ बूँदन की छवि छाजत है।
ब्रजबाल नदी उमही रसखानि मयंकबधू-दुति लाजत है।
यह आवन श्री मनभावन की बरखा जिमि आज बिराजत है।।'

संगीतात्मकता भी रसखान की शब्द-योजना की एक प्रमुख विशेषता है। प्रत्येक शब्द अपने स्थान पर इस प्रकार बिठाया गया है कि क्या मजाल, कहीं भी संगीतात्मकता को क्षति पहुँचे अथवा जिह्वा तथा स्वर की गति में बाधा पड़े। रसखान का समूचा काव्य इसका उदाहरण है, फिर भी दो सवैये प्रस्तुत हैं—

1. **'नन्द को नन्दन है दुसकन्दन प्रेम के फंदन बाँधि लई हौं।**
   एक दिना ब्रजराज के मंदिर मेरी अली इक बार भई हौं।
   हैरयौ लला ललचाइ कै मोहन जोहन की चकडोर पई हौं।
   दौरी फिरौं दृग डोरनि मैं हिय मैं अनुराग की बेलि बई हौं।
2. **'दृग दूने खिंचे रहैं कानन लौं लट आनन पै लहराइ रही।**
   छकि छैल छबीली छटा लहराइ कै कौतुक कोटि दिखाइ रही।
   झुकि झूमि झमकानि चूम अमी चहि चाँदनी चन्द चुराइ रही।
   मन पाइ रही रसखानि महा छबि मोहन की तरसाइ रही।।'

इस विवेचन के उपरांत यह कहना अन्यथा न होगा कि रसखान की शब्द योजना भावानुसारिणी, भावाभिव्यंजक एवं सफल है।

अलंकार-योजना

काव्य में अलंकारों का प्रयोग भाव-समृद्धि के लिए किया जाता है। जो अलंकार श्रमसाध्य होते हैं, अथवा भाव-सौन्दर्य में किसी प्रकार से सहायक नहीं होते, वे हेय समझे जाते हैं। सफल कवियों की वाणी में भाव के साथ अलंकार भी स्वतः फूटते चलते हैं। अलंकारों का यह स्वतः स्फुटन काव्य और साहित्य की अमर एवं भव्य निधि है।

अलंकारों के मुख्यतया दो भेद किए गए हैं—शब्दालंकार और अर्थालंकार जो अलंकार शब्दाश्रित होते हैं, उन्हें शब्दालंकार और जो अर्थाश्रित होते हैं, उन्हें अर्थालंकार कहते हैं। रसखान ने दोनों प्रकार के अलंकारों का ही प्रयोग किया है। पहले हम शब्दालंकारों को लेते हैं।

शब्दालंकारों में रसखान ने अनुप्रास और यमक का सबसे अधिक प्रयोग किया है। इस प्रयोग को देखकर यदि इन्हें अनुप्रास और यमक-सम्राट कहा जाए तो अनुचित न होगा। अनुप्रास के कुछ उदाहरण प्रस्तुत हैं:

'गावैं गुनी गनिका गन्धरब्ब औ सारद सेस सबै गुन गावत।
नाम अनंत गनंत गनेस ज्यौं ब्रह्म त्रिलोचन पार न पावत।
जोगी जती तपसी अरु सिद्ध निरंतर जाहि समाधि लगावत।
ताहि अहीर की छोहरिया छछिया भरि छाछ पै नाच नचावत।।'

इस सवैये में 'ग', 'स', 'न', 'त', 'प', 'ज', 'द' और 'न' वर्णों की आवृत्ति है। अतः यह वृत्त्यनुप्रास है।

मानुष ही तौ वही रसखानि बसौं ब्रज गोकुल गाँव के ग्वारन।
जो पशु हौं तो कहा बस मेरो चरौं नित नन्द की धेनु मझारन।

पाहन हौं तो वही गिरि की जो धर्यो कर छत्र पुरन्दर धारन।
जो खग हौं तौ बसेरो करौं मिलि कालिन्दी कूल-कदम्ब की डारन।।'

इस सवैये में 'ब', 'ग', 'न', और 'क' वर्ण की आवृत्ति है। यहाँ छेकानुप्रास है।

अनुप्रास की भांति रसखान ने यमक का भी प्रचुरता से प्रयोग किया है। यमक के मुख्यतया तीन भेद होते हैं—

1. जहाँ दोनों आवृत्त वर्ग सार्थक हों।
2. जहाँ दोनों आवृत्त वर्ग निरर्थक हों।
3. जहाँ आवृत्त वर्गों में से एक वर्ग सार्थक और एक वर्ग निरर्थक हो।

रसखान ने इन तीनों प्रकार के यमकों का सफलतापूर्वक प्रयोग किया है। यथा—

'बन वही उनको गुन गाइ औ कान वही उन बैन सों सानी।
हाथ वही उन गात सरै अरु पाइ वही जु वही अनुजानी।
जान वही उन आन के संग औ मान वही जु करै मनमानी।
त्यौं रसखानि वही रसखानि जु है रसखानि सों है रसखानि।।'

इस सवैये की अन्तिम पंक्ति में 'रसखानि' शब्द की आवृत्ति है। दोनों शब्द सार्थक है।

आजु गई हुती भोर ही हौं रसखानि रई वहि नन्द के भौनहिं।
वाकौ जियौ जुग लाख करोर जसोमति को सुख जात कह्यौ नहिं।
तेल लगाइ लगाइ के अंजन भौंहे बनाइ बनाइ ढिठौनहिं।
डालि हमेलनि हार निहारत वारत ज्यौं चुचकारत छौनहिं।।'

इस सवैये की अन्तिम पंक्ति में 'वारत' और 'चुचकारत' में 'रत' वर्णों की आवृत्ति है। दोनों ही आवृत्ति निरर्थक हैं।

'लाल लसै पगिया सबके सबके यह कोटि सुगन्धनि भीने।
अंगनि अंग सजे सब ही रसखानि अनेक जराउ नवीने।
मुकता गुलमाल लसे सबके सब ग्वार कुमार सिंगार सो कीने।
पै सिगरे ब्रज केहरि हों हरि ही के हरें हियरा हरि लीने।।'

इस सवैये की अन्तिम पंक्ति में 'केहरि' और 'हरि' शब्द की आवृत्ति है। 'केहरि' का 'हरि' निरर्थक है।

अनुप्रास और यमक के अतिरिक्त रसखान ने सिंहावलोकन, वीप्सा, श्लेष, वक्रोक्ति शब्दालंकारों का भी प्रयोग किया है। इन अलंकारों के उदाहरण निम्नलिखित हैं—

सिंहावलोकन

'होती जु पै कुबरी ह्याँ सखी भरि लातनि मूका बकोंटती जेती।
लेती निकारि हिये की सबै नक छेदि कै कौड़ी पिराइ कै देती।
देती नचाइ कै नाच वा राँड़ कों लाल रिझावन को फल सेती।
सेती सदा रसखान लियें कुबरी के करेजनि सूल सी भेती।।'

वीप्सा–

'तैं न लख्यौ जब कुंजनि तें बनिके निकस्यौ भटक्यौ मटक्यौ री।
सोहत कैसो हरा टटक्यौ अरु कैसो किरीट कसै लटक्यौ री।
को रसखानि फिरै भटक्यौ हटक्यौ ब्रजलोग भिरै भटक्यौ री।
रूप सबै हरि या नट को हियरै अटक्यो अटक्यौ अटक्यौ री।।'

श्लेष–

'स्याम सधन घन घेरि कै, रस बरस्यौ रसखानि।
भई दिवानी पानि कनि, प्रेम मद्य मन मानि।'

वक्रोक्ति–

'कौन ठगौरी भरी हरि आजु बजाई है बाँसुरिया रंग-भीनी।
तान सुनी जिनहीं तिनहीं तबहीं तित लाज बिदा करि दीनी।
घूमै घरी घरी नन्द के द्वार नवीनी कहा कहूँ बाल प्रवीनी।
या ब्रजमण्डल में रसखानि सु कौन पटू जु लटू नहिं कीनी।।'

रसखान द्वारा प्रयुक्त शब्दालंकार केवल चमत्कारक नहीं, जैसा कि प्रायः शब्दालंकारों के विषय में कहा जाता है, वरन ये भावों का उत्कर्ष करने वाले भी हैं। इनके द्वारा प्रयुक्त अनुप्रास शब्दों की संगीत प्रदान करके भावों को और भी अधिक ग्राह्य बना देते हैं। संगीतात्मकता अनुप्रास का गुण है और रसखान द्वारा प्रयुक्त अनुप्रास में यह गुण प्रचुर मात्रा में पाया जाता है। यमक को क्लिष्टत्व का रूप माना जाता है। इसीलिए सुकर और दुष्कर भेद इसके किये गए हैं। लेकिन रसखान ने यमक का स्वाभाविक और भावपूर्ण प्रयोग करके यह सिद्ध कर दिया है कि यमक भी अन्य अलंकारों की भाँति प्रसादगुण सम्पन्न हो सकता है। इसी प्रकार रसखान ने अन्य शब्दालंकारों का प्रयोग भी भावपूर्ण किया है।

शब्दालंकारों की भाँति अर्थालंकारों का प्रयोग भी रसखान ने भावोत्कर्ष के लिए किया है। ये प्रयोग कवि की वाणी से स्वतः प्रस्फुटित हुए हैं, उसे इनके लिए कोई श्रम नहीं करना पड़ा है। यही कारण है कि जो भी अलंकार जहाँ प्रयुक्त हुआ है, वह अपने स्थान पर ठीक युक्तिसंगत और भावपूर्ण है। रसखान ने अनेक अर्थालंकारों का प्रयोग किया है। उदाहरण के लिए कुछ और अलंकारों के उदाहरण प्रस्तुत किए जाते हैं।

उपमा

उपमान और उपमेय के सादृश्य वर्णन में उपमालंकार होता है। रसखान के इस अलंकार का बहुत मात्रा में और बहुत कुशलता से प्रयोग किया है। यथा–

'सुनिये सबकी कहिये न कछू रहिए इमि या भव-बागर मैं।
करिए व्रत नेम सचाई लिए जिनतें तरिए भव-सागर मैं।

मिलियै सबसों दुरभाव बिना रहिए सत संग उजागर मैं।
रसखानि गुबिन्दहि यौं भजियै जिमि नागरि को चित गागर मैं।।'

भगवद्-भजन के लिए नागरी के चित्र की एकाग्रता का सादृश्य दिखलाया गया है।

रूपक

उपमेय में उपमान के निषेध रहित आरोप को रूपक अलंकार कहते हैं। इसके मुख्यतया दो भेद हैं—सांगरूपक और निरंग रूपक। जहाँ उपमेय अवयवों के सहित उपमान के अवयवों का आरोप किया जाता है, वहाँ सांग अथवा सावयव रूपक होता है और जहाँ अवयवों से रहित उपमान का उपमेय में आरोप किया जाता है वहाँ निरंग अथवा निरवयव रूपक अलंकार होता है। रसखान ने इस अलंकार का भी प्रचुर मात्रा में प्रयोग किया है। यथा—

'अति सुन्दर री ब्रजराजकुमार महामृदु बोलनि बोलत है।
सखि नैन की कोर कटाछ चलाइ कै लाज की गांठन खोलत है।
सुनि री सजनी अलबेलो लला वह वह कुंजनि कुंजनि डोलत है।
रसखानि लखे मन बूड़ि गयौ मधि रूप के सिंधु कलोलत हैं।।'

यहाँ सौन्दर्य पर सागर का आरोप किया गया है, पर अवयवों का उल्लेख नहीं, अतः यहाँ निरंग रूपक है।

उत्प्रेक्षा

जहाँ प्रस्तुत की—उपमेय की—अप्रस्तुत रूप में—उपमान रूप में—संभा बना की जाए, वहाँ उत्प्रेक्षा अलंकार होता है। इस अलंकार के प्रयोग से भावों में प्रभावशीलता आती है। अतः रसखान ने उपमा और रूपक की भाँति इस अलंकार का प्रयोग भी बहुलता से किया है। यथा—

'साँझ समै जिहि देखति ही तिहि पेखन कौं मन भौं ललके री।
ऊँची अटान चढ़ी ब्रजबाम सुलाज सनेह दुरै उझके री।
गोधन धूरि की धूंधरि मैं तिनकी छबि यों रसखान तकै री।
पावक के गिरि ते बुझि मानौं धुँवा लपटी लपटै लपकै री।।'

यहाँ गोरज से धूसरित कृष्ण की दृष्टि में आग के पहाड़ से बुझकर उठते हुए धुएँ के बादल की संभावना की गई है; अतः उत्प्रेक्षा अलंकार है।

अतिशयोक्ति

लोक-मर्यादा के विरुद्ध वर्णन करने को—प्रस्तुत को बढ़ा-चढ़ाकर कहने को—अतिशयोक्ति अलंकार कहते हैं। रसखान ने इसका भी सफल प्रयोग किया है—

'या छबि पै रसखानि अब, बारौं कोटि मनोज।
जाकी उपमा कबिन नहिं, पाई रहे सु खोज।।'

कृष्ण छवि की उपमा अभी तक कवियों को नहीं मिली है। वे अभी तक पूर्ण परिश्रम के साथ उस उपमा को खोज रहे हैं। यह कथन प्रस्तुत को बढ़ा-चढ़ाकर कहने का द्योतक है। अतः यहाँ अतिशयोक्ति अलंकार है।

विरोधाभास

जहाँ कथन में विरोध का आभास हो, पर वास्तव में विरोध न हो वहाँ विरोधाभास अलंकार होता है। रसखान ने इसका कुशलता से प्रयोग किया है। यथा—

'संकर से सुर जाहि जपैं चतुरानन ध्यानन धर्म बढ़ावैं।
नैंक हिये जिहि आनत ही जड़ मूढ़ महा रसखानि कहावैं।
जा पर देव अदेव-भू अंगना बारत प्रानन प्रानन पावैं।
ताहि अहीर की छोहरिया छछिया भरि छाछ पै नाच नचावैं।'

इस सवैये की तीसरी पंक्ति में प्रयुक्त—'बारात प्रानन प्रानन पावैं' में विरोधाभास अलंकार है।

समाधि

जहाँ अचानक और कारणों के आ पड़ने से काम सुगम हो जाये, 'वहाँ समाधि अलंकार होता है। इसे समाहित अलंकार भी कहते हैं। रसखान ने इस अलंकार का अधिक प्रयोग नहीं किया, परन्तु जो उदाहरण हैं वे पूर्णतया प्रभावपूर्ण हैं। यथा—

'कुस कुढ्यौ सुनि बानि अकास की ज्यावनहारहिं मारन धायौ।
भादव साँवरी आठई को रसखानि महा प्रभु देवकी जायौ।
रैनि अँधेरी मैं ले वसुदेव महाबन में अरगै धरि आयौ।
काहु न भौ जुग जागत पायौ सो राति जसोमति सोवत पायौ।'

जिस कृष्ण को योगी भी अपनी जागृत अवस्था में प्राप्त नहीं कर सकते वही यशोदा को आसानी से प्राप्त हो गया। अतः यहाँ समाधि अलंकार है।'

उल्लेख

जहाँ एक ही वर्णनीय विषय का निमित्त भेद से अनेक प्रकार का वर्णन हो, वहाँ उल्लेख अलंकार होता है। निम्नलिखित सवैये में कृष्ण के अनेक रूपों का वर्णन है—

'बेई ब्रह्म ब्रह्मा जाहि सेवत है रैन-दिन,
सदा शिव सदा ही धरत ध्यान गाढ़े हैं।
बेई विष्णु जाके काज मानी मूढ़ राजा रंक,
जोगी जती ह्वै कै सीत सतयौ अंग डाढ़ें हैं।
बेई ब्रजचन्द रसखानि प्रान प्राननि के,
जाके अभिलेख लाख लाख भाँति बाढ़ें हैं।
जसुघा के आगे वसुधा के मान मोचन पै,
तामरस-लोचन खरोचन को ठाढ़े हैं।।'

अत्युक्ति

संपत्ति, सौन्दर्य, शौर्य, औदार्य, सौकुमार्य आदि गुणों के मिथ्या वर्णन को अत्युक्ति अलंकार कहते हैं। रसखान ने कृष्ण प्रीति के प्रतिपादन में इस अलंकार का प्रयोग किया है। यथा–

'कंचन-मंदिर ऊँचे बनाइ कै मानिक लाइ सदा झलकैयत।
प्रात ही ते सदा सगरी नगरी नए मोतिन ही तुलानि तुलैयत।
जदपि दीन प्रजान प्रजापति की प्रभुता मघवा ललचैयत।
ऐसे भए तो कहा रसखानि जौ साँवरे ग्वार सों नेहन लैयत।।'

इस सवैये में कृष्ण की प्रीति का बढ़ा-चढ़ाकर वर्णन करने के कारण अत्युक्ति अलंकार है।

अपन्हुति

जहाँ प्रकृत का–उपमेय का–निषेध करके अप्रकृत का–उपमान का–आरोप किया जाता है वहाँ अपन्हुति अलंकार होता है। रसखान ने इस अलंकार का प्रयोग निम्नलिखित सवैये में किया है–

'है छलकी अप्रतीत की मूरति मोद बढ़ावै विनोद कलाम में।
हाथ न एहै कछु रसखान तू क्यों बहकै विष पीवत धाम में।
है कुच कंचन के कलसा न ये आम की गाँठ मठीक की चाम में।
बैनी नहीं मृगनैननि की ये नसैनी लगी यमराज के धाम में।।'

यहाँ पर कुच और चोटियों का निषेध करके इन पर आम की गाँठ और नसैनी का आरोप किया गया है।

व्यतिरेक

जहाँ उपमान की अपेक्षा उपमेय के उत्कर्ष का वर्णन किया जाये वहाँ व्यतिरेक अलंकार होता है। यथा–

'धूरि भरे अति सोभित स्याम जू तैसी बनी सिर सुन्दर चोटी।
खेलत खात फिरै अंगना पग पैंजनी बाजत पीरी कछौटी।
या छबि को रसखानि बिलोकत बारत काम कला निज कोटी।
काग के बड़े सजनी हरि हाथ सौं ले गयौ माखन रोटी।।'

इस सवैये में कामदेव के रूप की अपेक्षा कृष्ण के सौन्दर्य का उत्कर्षपूर्ण वर्णन है।

दृष्टांत

जहाँ उपमेय, उपमान और साधारण धर्म का बिम्ब-प्रतिबिम्ब भाव हो, वहाँ दृष्टान्त अलंकार होता है। यथा–

'जा दिन तैं निरख्यौ नन्द नन्दन कानि तजी घर बन्धन छूटयौ।
चारु बिलोकनि कीनी सुमार सम्हार गई मन मोर न लूट्यौ।
सागर को सलिला जिमि धावे न रोकी रहै कुल को पुल टूट्यौ।
मत्त भयौ मन संग फिरै रसखान सरूप सुधारस छूट्यौ।।'

अर्थान्तरन्यास

जहाँ विशेष से सामान्य का या सामान्य से विशेष साधर्म्य का वैधर्म्य के द्वारा समर्थन किया जाए, वहाँ अर्थान्तरन्यास अलंकार होता है। यथा–

'मोहन रूप छली बनी डोलति घूमति री तजि लाज बिचारै।
बंक बिलोकनि नैन बिसाल सु दम्पति कोर कटाछन मारै।
रंगभरी मुख की मुसकान लसैं सखी कौन जू देह सम्हारैं।
ज्यों अरबिन्द हिमन्त करी झकझोरि कै तोरि मरोरि कै डारै।।'

यहाँ मुस्कान विशेष का हिमन्त करी सामान्य से साधर्म्य के द्वारा समर्थन किया गया है।

प्रतीप

जहाँ उपमेय को उपमान कल्पित कर लिया जाए, वहाँ प्रतीप अलंकार होता है यथा–

'मोहन के मन की सब जानति जोहन के मग मोहि लिया मन।
मोहन सुन्दर आनन चन्द तें कुंजन देख्यौ मैं स्याम सिरोमन।
ता दिन तें मेरे नैननि लाज तजि कुल कानि की डौलत हौं बन।
कैसी करौं रसखानि लगी जकरी पकरी पिय के हित को पन।।'

यहाँ चन्द्र की अपेक्षा आनन का उत्कर्ष वर्णित है, अतः प्रतीप अलंकार है।

संदेह

जहाँ किसी वस्तु के सम्बन्ध में सादृश्य मूलक संदेह हो, वहाँ संदेह अलंकार होता है। यथा–

''वा मुख की मुसकानि पटू अंखियनि तें नेकु टरै नहिं टारी।
जो पलकैं पल लागति हैं पल ही पल माँझ पुकारैं पुकारी।
दूसरी ओर तें नेकु चितै इन नैंनन नेम गह्यौ बजमारी।
प्रेम की बानि की जोग कलानि गही रसखानि विंचार विचारी।।''

इस सवैये की अंतिम पंक्ति में संदेह अलंकार है।

असंगति

कारण कार्य की स्वाभाविक संगति के अभाव में असंगति अलंकार होता है। यथा–

'श्री वृषभान की छाम छुजा अटकी सरकान तें आन लई री।
वा रसखान के पानि की जानि छुड़ावति राधिका प्रेममई री।
जीवन मूरि सी सेज लिए इनहू चितयौ उनहूँ चितई री।
लाल लली दृग जोरत ही सुरझानि गुड़ी उरझाय दई री।।'

यहाँ सुलझाने वाली गुड़ी उलझा देती है। अतः असंगति अलंकार है।

इस विवेचन के पश्चात् यह कहना कठिन नहीं कि रसखान की अलंकार योजना बहुत सफल और प्रभाववर्धक है। इन्होंने अलंकारों का प्रयोग श्रम द्वारा नहीं किया वरन् ये तो स्वतः भावावेग में आ गये। स्वाभाविक रूप से आए हुए अलंकार भावों में प्रभाव और गति उत्पन्न कर देते हैं, यह निर्विवाद मत है। जहाँ अलंकार अभिव्यक्ति के साधन और सहायक होते हैं। वहीं इनका प्रयोग सार्थक होता है। रसखान की अलंकार-योजना ऐसी ही है।

गुण-योजना

रस के उत्कर्ष को बढ़ाने वाले धर्मों को गुण कहा जाता है। वस्तुतः गुण शब्द-योजना का ही दूसरा नाम है। वही काव्य सर्वोत्तम माना जाता है जो भाव-गरिमा से भी मंडित हो और क्लिष्ट भी न हो; अर्थात् प्रसाद गुण-सम्पन्न हो। रसखान के काव्य में यह विशेषता पाई जाती है। इनका शब्द-चयन अत्यन्त प्रचलित शब्दों का है। संस्कृत, उर्दू तथा फारसी के वे ही शब्द इन्होंने अपनाए हैं जो खूब प्रचलित हैं। इनके पदों की भाव मयता और सरलता में प्रायः होड़ सी लगी हुई है। प्रसादगुण के उदाहरणार्थ इनका समूचा काव्य प्रस्तुत किया जा सकता है। फिर भी कुछ पदों को उद्धृत करना उचित प्रतीत होता है। नायिका की सुकुमारता से सम्बद्ध दो सवैये देखिए—

'कौन की नागरि रूप की आगरि जाति लिये संग कौन की बेटी।
जाको लसै मुख चंद समान सुकोमल अंगनि रूप लपेटी।
लाल रहौ चुप लागिहै डीठि सुजाके कहुँ उर बात न पेटी।
टोकत ही टटकार लगी रसखानि भई मतौ कारिख-पेटी।।'

× × ×

'यह जाकौ लसै मुख चन्द समान कमान सी भौंह गुमान हरै।
अति दीरघ नैन सरोजहू तैं मृग खंजन मीन की पाँति दरै।
रसखानि उरोज निहारत ही मुनि कौन समाधि न जाहि टरै।
कही नीकें नवै कटि हार के भार सों तासों कहैं सब काम करै।।'

छन्द-योजना

छन्द और काव्य का परस्पर घनिष्ठ सम्बन्ध है। आदिकाल से ही काव्य में छंद की महिमा मानी गई है। वेदों में एक कथा आती है जिसमें बताया गया है कि देवताओं ने अपनी रक्षा के लिए छन्द का परिधान ग्रहण किया था। इसका तात्पर्य यह

है कि छन्द काव्य को अमरता प्रदान करता है। प्राचीन साहित्य की जीवन-रक्षा के एकमात्र आधार छन्द ही हैं। छन्द-प्रयोग से ही काव्य में सरलता, सजीवता, एवं प्रभावोत्पादकता आती है।

रसखान ने अपने काव्य में तीन छन्दों का प्रयोग किया है—सवैया, कवित्त और दोहा। सवैया वर्णिक वृत्त है। इसक लय तथा सौष्ठव की आचार्यों द्वारा भारी प्रशंसा की गई है। लय के आरोह और अवरोह के साथ पाठक अथवा श्रोताओं के हृदयों को चमत्कृत कर देना इस छन्द की प्रमुख विशेषता है। इसमें एक निश्चित स्वर-विधान होता है जिसके कारण इसमें एक अनूठे संगीत का जन्म होता है। गुणों तथा अन्त के गुरु-लघु अक्षरों की दृष्टि से सवैया के अनेक भेद हो सकते हैं, पर इसके तीन भेद मुख्य हैं—

1. भगणाश्रित सवैया
2. सगणाश्रित सवैया
3. जगणाश्रित सवैया

भगणाश्रित सवैया के मदिरा, मोह, मत्तगयंद, चकोर, अरसात और किरीट छः भेद माने गये हैं। मदिरा में सात भगण और अन्त का अक्षर गुरु होता है। मोद में पाँच भगण, एक मगण, एक सगण और अन्त का अक्षर गुरु होता है। मत्तगयंद में सात भगण और अन्त का अक्षर गुरु होता है। चकोर में सात भगण और अन्त में अक्षर गुरु-लघु होते हैं। अरसात में सात भगण और अन्त में रगण होता है। किरीट में आठ भगण होते हैं। भगणाश्रित सवैया के इन भेदों को इस प्रकार प्रस्तुत किया जा सकता है—

मदिरा	भगण 7+ऽ
मोद	भगण 5+मगण+सगण+ऽ
मत्तयगंद	भगण 7+ऽ
चकोर	भगण 7+ऽ
अहसात	भगण 7+रगण
किरीट	भगण 8

जगणाश्रित सवैया के तीन भेद होते हैं—सुमुखी, मुक्तहरा और बाम। सुमुखी में सात जगण और अन्त के अक्षर लघु-गुरु होते हैं। मुक्तहरा में आठ जगण होते हैं। बाम में सात जगण और एक यगण होता है। ये भेद इस प्रकार दिखाये जा सकते हैं—

सुमुखी	जगण 7+7। ऽ
मुक्ताहरा	जगण 8
बाम	जगण 7+यगण

सगणाश्रित सवैया के भी तीन भेद होते हैं—दुर्मिल सुन्दरी और अरबिन्द। दुर्मिल में आठ सगण होते हैं। सुन्दरी में आठ सगण और अन्त का अक्षर लघु होता है। अरविन्द में आठ सगण और अंत का अक्षर लघु होता है। इन भेदों को इस प्रकार दिखाया जा सकता है।

दुर्मिल	सगण 8
सुन्दरी	सगण 8+S
अरबिन्द	सगण 8+ ।

रसखान के काव्य में इनमें से अधिकांश भेद मिल जाते हैं। सवैया लिखने में इन्हें जैसी सफलता मिली है, वैसी हिंदी के बिरले कवियों को ही मिल पाई है। इसीलिए रसखान और सवैया दोनों शब्द पर्यायवाची से बन गये हैं।

कवित्त के अनेक भेद हो सकते हैं, पर मुख्य दो ही माने जाते हैं—मनहर और घनाक्षरी। मनहर में 31 तथा घनक्षरी में 32 अक्षर होते हैं। आठ-आठ अक्षरों के बाद यति का विधान है। पर यह विधान लय पर निर्भर होता है, इसीलिए कभी-कभी 16 अक्षर के बाद भी विराम दिया जाता है। कहीं-कहीं आठ के स्थान पर 7 या 9 पर भी यति पड़ जाती है। इनके अतिरिक्त इनके विषय में और भी अनेक सूक्ष्म नियम हैं जो लय माधुरी के आधार पर निर्धारित किये गये हैं। दोहे में विषम चरणों में तेरह-तेरह मात्राएँ और सम चरणों में ग्यारह-ग्यारह मात्राएँ होती हैं। रसखान ने कवित्त और दोहे का भी प्रचुरता से प्रयोग किया है। प्रेम-वाटिका तो दोहों में ही रची गई है।

अतः कहा जा सकता है कि छन्द-योजना की दृष्टि से भी रसखान सफल हैं।

लोकोक्तियाँ

लोकोक्तियों के प्रयोगों से भाषा में सजीवता आती है। रसखान ने अपने कवित्तों में और सवैयों में यथावसर लोकोक्तियों के प्रभावशाली प्रयोग किये हैं। यथा—

1. 'मोल कला के लला न बिकैहों'
2. 'नाहिं उपजैगो बाँस नाहिं बाजै फेर बाँसुरी'
3. 'छोरा जायो कि मेव मँगायो'
4. 'नेम कहा जब प्रेम कियो।'

इस विवेचन के उपरान्त यह कहना अनुचित नहीं कि रसखान की भाषा सभी दृष्टियों से सफल एवं सार्थक है। एक विशिष्ट भाषा में जिन गुणों की अपेक्षा होती है, वे सब रसखान की भाषा में मिलते हैं। आचार्य रामचन्द्र शुक्ल के शब्दों में—

'इनकी (रसखान की) भाषा बहुत चलती, सरल और शब्दाडम्बर मुक्त होती थी। शुद्ध ब्रजभाषा का जो चलतापन और सफाई रसखान और घनानंद की रचनाओं में है, वह अन्यत्र दुर्लभ है।'

11.

स्वच्छन्द काव्यधारा और रसखान

रीतिकाल में दो धाराएँ प्रमुख थीं—रीतिबद्ध धारा और रीति-मुक्तधारा। रीतिबद्ध धारा के कवि और आचार्य परम्परा के निर्वाह में सदैव सतर्क और जागरूक रहते थे। भावों की अपेक्षा वे परम्परा तथा काव्यशास्त्रीय नियमों को प्राथमिकता देते थे। रीतिमुक्त धारा के कवियों के आदर्श, रीतिबद्धधारा के कवियों के आदर्शों के बिल्कुल विपरीत थे। वे काव्यशास्त्रीय नियमों तथा परम्परा की अपेक्षा भावों को अधिक महत्त्व देते थे। इसीलिए इस धारा को स्वच्छन्दधारा भी कहा जाता है। इस धारा की निम्नलिखित विशेषतायें हैं—

1. भावावेश का प्राधान्य
2. कृत्रिम व्यापारों का त्याग
3. भावों की प्रधानता
4. आत्म-निवेदन
5. विरह-वेदना
6. आत्मानुभूति
7. प्रेम का स्वस्थ निरूपण
8. भक्ति का वास्तविक रूप।

1. भावावेश का प्राधान्य—रीतिबद्ध और रीतिमुक्त कवियों के काव्य रचना के प्रयोजनों में आकाश-पाताल का अन्तर था। रीतिबद्ध कवि केवल दो प्रयोजनों से काव्य-रचना किया करते थे—आश्रयदाता का मनोरंजन और पांडित्य-प्रदर्शन। इसीलिए इनके काव्य प्रायः श्रमसाध्य होते थे। इसके विपरीत रीतिमुक्त कवि भावावेश के कारण ही काव्य रचना करते थे। इस विषय की ओर संकेत करते हुए घनानंद ने लिखा है—

'लोग हैं लाग कवित्त बनावत मोहि तो मेरे कवित्त बनावत।'

यही कारण है कि रीतिबद्ध कवियों की अपेक्षा रीतिमुक्त कवियों के काव्यों में अधिक भाव प्रवणता है।

2. कृत्रिम व्यापारों का त्याग—रीतिमुक्त कवियों का काव्य भावपूर्ण था, अतः इसमें अभिव्यक्ति व कृत्रिम व्यापारों का त्याग स्वाभाविक ही था। इन कवियों ने न तो श्रम करके शब्दों की योजना की है और न भाषा के रूप को सँवारा है। इनकी भाषा सहज और स्वाभाविक है। उसमें कहीं भी कृत्रिमता दृष्टिगोचर नहीं होती।

अलंकार और लोकोक्तियाँ आदि प्रयोग भी स्वाभाविक होने के कारण भावाभिव्यक्ति में पूर्णतः सहायक हुए हैं।

इनके अतिरिक्त विषयों की कृत्रिमता भी इन कवियों को ईप्सित नहीं थी। बाह्य कृत्रिमताओं को सोचना और उनका वर्णन करना इन कवियों को न तो रुचता था और न वे इस ओर ध्यान ही देते थे। यही कारण है कि स्वच्छन्द धारा के कवियों में विरह और मिलन दोनों में प्रेमियों के हृदय के आन्तरिक पक्षों को उद्घाटित करने की होड़-सी लगी रही है।

3. भावों की प्रधानता—इन कवियों के काव्यों में भावों की प्रधानता है। भाव-प्रधान होने के कारण इनके काव्यों में चिंतन-पथ दुर्बल है। रीतिबद्ध कवि बुद्धि के बल से ही भावों का अनुमान करते थे और बुद्धि के बल से ही प्रेम के बाह्य रूप का विधान करते थे। रीतिमुक्त कवि हृदय को ही प्रधान मानते थे और अपने समूचे काव्य की रचना हृदय की प्रेरणा के आधार पर ही करते थे।

4. आत्म-निवेदन—अपने भावों की अभिव्यक्ति में ये कवि इतने निर्भीक हैं कि जो कुछ कहना चाहते हैं, स्पष्ट कह देते हैं। किसी अन्य माध्यम का सहारा नहीं लेते। रीतिबद्ध कवि अपनी प्रेमाभिव्यंजना के लिए, सामाजिक भय के कारण जिन आवरण को लपेटते चलते हैं उनका उन कवियों के काव्यों में एकदम अभाव है। साथ ही इन कवियों में भक्ति की सच्ची एवं वास्तविक अनुभूति थी, अतः अपने आराध्य के समक्ष अपना हृदय खोलकर रख देने की इनमें क्षमता है।

5. विरह वेदना—इन कवियों ने प्रेम की हृदयगम्य अभिव्यक्ति की है। और इनका प्रेम लौकिक से अलौकिक बना है, अतः इनमें प्रेम के विरह पक्ष की वास्तविकता मिलती है। ये कवि जिस प्रकार संयोग वर्णन से अन्तर्मुख रहते हैं और उसी प्रकार वियोग वर्णन में भी रहते हैं। बल्कि वियोग वर्णन में इनकी अन्तर्मुखता और भी अधिक बढ़ जाती है। इसीलिए इनके विरह-वर्णन में जो स्वाभाविकता और मार्मिकता है, वह रीतिबद्ध कवियों के काव्यों में नहीं मिलती। विरह के प्रायः सभी पक्षों को लेकर ये कवि चले हैं। इनमें विरह-वेदना की इतनी प्रधानता है कि संयोग में भी ये लोग इस प्रकार का वियोग-सा ही देखते हैं। अतः इन्हें न तो संयोग में शांति है और न वियोग में। इनका विरह-वर्णन अन्तर्मुखी है, रीतिबद्ध कवियों की भाँति बहिर्मुखी और मांसल नहीं।

6. आत्मानुभूति—रीतिमुक्त कवियों ने सदैव हृदय को प्रधानता दी फलतः इनके काव्यों में आत्मानुभूति का अंश पर्याप्त मात्रा में पाया जाता है। रीतिबद्ध कवियों की भांति बुद्धि के बल पर, इन्होंने दूर की कौड़ी लाने का कभी प्रयत्न नहीं किया, जिन भावों से इनका परिचय था और जो भाव इनके हृदय की सीमा में सहज स्वाभाविक रूप से आ सकते थे, उन्हें ही इन कवियों ने अपनाया और उन्हीं की अभिव्यक्ति की। इसीलिए इन कवियों के काव्यों में आत्मानुभूति का पक्ष प्रबल है।

7. प्रेम का स्वस्थ रूप—रीतिकालीन रीतिबद्ध कवियों ने लौकिक शृंगार को महत्ता दी और अथ से इति तक उसी का वर्णन किया। फलतः इनके काव्य में प्रेम

का मांसल रूप ही सुरक्षित रह गया। प्रेम-भाव के जो अन्य सूक्ष्म एवं उदात्त अंग होते हैं, उनकी ओर न तो इन कवियों ने कोई ध्यान ही दिया और न ऐसा करना इनके लिए आवश्यक था। अतः प्रेम इनकी दृष्टि में एक प्रकार का प्रमुखतम काम-भाव ही बनकर रह गया। इसके विपरीत रीतिमुक्त कवियों ने प्रेम को हृदय के एक उदात्त भाव के रूप में ग्रहण किया और इसकी स्वस्थता का आद्योपांत वर्णन किया। इनकी दृष्टि में प्रेम का पंथ ही एक ऐसा पंथ है जो परमात्मा तक आत्मा को ले जाने में समर्थ है। एक बार और रीतिबद्ध कवियों ने प्रेम के सम-रूप पर जोर दिया है और रीति मुक्त कवियों ने विषम-रूप पर। इनकी दृष्टि से, स्वच्छन्द प्रेम का चरम उत्कर्ष विषमता में ही निष्पन्न होता है। ये लोग सम-रूप को पारिवारिक प्रेम के लिए ही उचित समझते हैं।

8. भक्ति का वास्तकविक रूप—भक्तिकाल में कृष्ण-भक्ति का जो आन्दोलन चला वह दिन प्रतिदिन इतना जोर पकड़ता गया कि राधा और कृष्ण मानस मानस में रम गये। उनकी लीलाएँ सभी के मनों को आप्लावित करने लगीं। रीतिकालीन रीतिबद्ध कवियों ने कृष्ण भक्ति की इन प्रसिद्धि का लाभ उठाया और भक्तिकाल में अत्यन्त सुपरिचित राधा और कृष्ण को नायिका तथा नायक के रूप में ग्रहण कर लिया और मन खोलकर इनके श्रृंगार का वर्णन किया। भक्तिकाल में जो श्रृंगार अलौकिक माना जाता था, रीतिकाल में आकर वह लौकिक और मांसल बन गया। रीतिकालीन कवियों ने राधा और कृष्ण को अपनाया इसलिए था कि उनके वाक्य में प्रभावोत्पादकता तथा चमत्कार आ जाये। राधा-कृष्ण की भक्ति से उनका दूर का भी कोई सम्बन्ध नहीं है। एक रीतिकालीन कवि ने तो स्पष्ट ही कहा है—

'आगे के सुकवि रीझै हैं तो कविताईं,
न तु राधिका कन्हाई सुमिरन को बहानो है।'

'सुमिरन के बहाने में' भक्ति की वास्तविकता कितनी होती है, यह बताने की आवश्यकता नहीं है। इसके विपरीत रीतिमुक्त कवियों के हृदयों में भक्ति की सच्ची एवं स्वाभाविक भावना थी। ये लोग पहले भक्त थे और बाद में कवि। कविता इनके लिए साधन थी रीतिबद्ध कवियों की भाँति साध्य नहीं।

स्वच्छन्द धारा की इन प्रमुख विशेषताओं पर दृष्टिपात करने के पश्चात् अब इनके आधार पर रसखान के काव्य की समीक्षा करना आवश्यक है।

रसखान और स्वच्छन्द मार्ग

रसखान का काव्य भावों की मंजूषा है। जिधर भी देखिये, इनके काव्य में भावों का अजस्र स्त्रोत प्रवाहित होता हुआ दृष्टिगोचर होता है। यदि ये भक्ति-परक भावों की अभिव्यंजना करते हैं, तो उसी हृदय से जो एक वास्तविक भक्त का हृदय होता है। अपने आराध्य के प्रति पूर्ण विश्वास भक्त-हृदय की पूर्णतम विशेषता होती है। रसखान भी इसी विश्वास को धारण किए हुए हैं और कहते हैं कि कृष्ण जिसका

रक्षक है उसका कोई कुछ नहीं बिगाड़ सकता, यहाँ तक कि यमराज भी उसे कुछ हानि नहीं पहुँचा सकता।

'द्रौपदी औ गनिका गज गीध अजामिल सों कियो सो न निहारो।
गौतम गेहिनी कैसी तरी, प्रह्लाद कौ कैसे हर्‌यौ दुख भारो।
काहे कौं सोच करै रसखानि कहा करि है रविनन्द विचारो।
ताखन जाखन राखियै माखन-चाखनहारो सो राखनहारो।।'

रसखान ने जिस विषय का भी प्रस्तुतीकरण किया है, उसी को अत्यन्त भावपूर्ण रीति से व्यक्त किया है। यथा—

रूप-माधुरी—

'आवत हैं वन तें मनमोहन गाइन संग लसै ब्रज-ग्वाला।
बेनु बजावत गावत गीत अभीत दूतै करिगौ कुछ ख्याला।
हेरत हेरि थकै चहुँ ओर तैं झाँकि झरोखन तें ब्रज-बाला।
देखि सु आनन कों रसखानि तज्यौ सब द्यौस को ताप-कसाला।।'

वक्र-दृष्टि—

'आली लला धन सों अति सुन्दर तैसो लसे पियरो उपरैना।
गंडनि पै छलकै छवि कुंडल मंडित कुंतल रूप की सैना।
दीरघ बंक बिलोकनि की अवलोकनि चारति चित्त को चैना।
मो रसखानि हर्‌यौ चित्तरी मुसकाइ कहे अधरामृत बैना।।'

मुसकान माधुरी—

'वा मुख की मुसकान भटू अँखियानी तें नेकु टरै नहिं टारी।
जौ पलकैं पल लागति हैं पल ही पल माँझ पुकारैं पुकारी।
दूसरी ओर तें नेकु चितै इन नैनन नेम, गह्यौ बजमारी।
प्रेम की बानि कि जोग कलानि गही रसखानि विचार विचारी।।'

सौन्दर्य-वर्णन—

'मोरपखा सिर कानन कुंडल कुंतल सों छवि गंडनि छाई।
बंक बिसाल रसाल बिलोचन है दुख मोचन मोहन भाई।
आली नवीन महावन सो तन पीत पटा ज्यौं छटा बनि आई।
हौं रसखानि जकी सी रही कछु टोना चलाइ ठगौरी सी लाई।।'

कुंजलीला—

'कुंज गली में अली निकसी तहाँ साँकरे ढोटा कियौ मटभेरो।
माई री वा मुख की मुसकानि गयौ मन बूड़ि फिरै नहिं फेरो।
जोरि लियौ दृग चोरि लियौ चित्त डार्‌यौ है प्रेम को फंद घनेरो।
कैसी करौं अब क्यों निकसौं रसखानि परयौ तन रूप को घेरो।।'

रसखान-काव्य में कृत्रिम व्यापारों का अभाव है। वर्णन और चेष्टा दोनों में ही स्वाभाविकता है। नटखट कृष्ण गोपियों से छेड़छाड़ करते हैं। गोपियाँ कितनी स्वाभाविक भाषा में उसकी भर्त्सना करती हैं—

'अन्त तें न आयौ याही गाँवरे को जायौ,
माई बापरे जिवायौ प्याइ दूध बारे बारे को।
सोई रसखानि पहिचानि कानि छाँड़ि चाहै,
लोचन नचावत नचैया द्वारे द्वारे को।
मैया की सौं सोच कछु मटकी उतारे को न,
गोरस के ढारे को न चीर चीरि डारे को।
यहै दुख भारी गहै डगर हमारी माँझ,
नगर हमारे ग्वाल बगर हमारे को।।'

चेष्टाओं का भी रसखान ने स्वाभाविक वर्णन किया है। कृष्ण किसी गोपी को मार्ग में ही घेर लेते हैं। उनकी आँखें चार होती हैं। तब कृष्ण अपना नटखटपना शुरू करते हैं। तब बेचारी विवश गोपी अपनी लज्जा बचाने के लिए अपने ही वस्त्रों में इस प्रकार लिपट जाती है जैसे सावन के बादल में छिपकर बिजली भीतर ही भीतर तड़प रही हो—

'पहले दधि लै गई गोकुल में चख चारि भए नट नागर पै।
रसखानि करी उनि मैनमई कहैं दान दै दान खरे अरपै।
नख तें सिख नील निलोच लपेटे सखी सम भाँति कँपे डरपै।
मनो दामिनी सावन के घन मैं निकसै नहीं भीतर ही तरपै।।'

वस्तुतः रसखान की दृष्टि में प्रेम एक अत्यन्त उदात्त भाव है। इन उदात्त भावों में सम्बद्ध भावों में कृत्रिमता लाना इसके औदात्य को नष्ट करना है। इसीलिए इन्होंने सर्वत्र स्वाभाविकता का ध्यान रक्खा है।

रसखान का काव्य भाव-प्रधान है। शब्दों का संचयन और संयोजन इतनी कुशलता से किया गया है कि सर्वत्र भावों की प्रबल धारा अपनी अवाश्र और सहज गति से प्रवाहित हो रही है। कोई गोपी अपनी सखी से अपने प्रेम को किस सरलता किंतु भावपूर्ण ढंग से व्यक्त करती है—

'काल्हि भटू मुरली-धुनि मैं रसखानि लिया कहुँ नाम हमारौ।
ता दिन तें भई बैरिन सास कितौ कियौ झाँकन देति न द्वारौ।
होत चबाव बखार सौ आली री जौ भरि आँखिन भेंटियै प्यारौ।
बाट परी अब ही ठिठक्यौ हियरे अटक्यौ पियरे पटवारौ।।'

'पियरे पटवारौ' में अनन्त भावों की गरिमा के साथ-साथ अपार आत्मीयता सन्निहित है। 'दानलीला' में कृष्ण-राधा-संवाद के अन्तर्गत और भी अधिक भावप्रणता दृष्टिगोचर होती है। यथा—

कृष्ण—

'एरी कहा वृषभानुपुरा की तौ दान दिये बिन जान न पैहौ।
जौ दधि-माखन देव जू माखन-झूमत लाखन या मग ऐहौ।
नाहिं तौ जौ रस सो रस लैहौ जु गोरस बेचन फेरि न जैंहौ।
नाहक नारि तू रारि बढ़ावति गारि दियें फिरि आपहिं दैहौ।

राधा—

'मारी के देवैया बनवारी तुम कहौ कौन,
हम तो वृषभान की कुमारी सब जानौ है।
जोर तो करोबे आइ जासों हरि पार पाई,
भुरही तें आजु मो सों कैसो हठ ठानौ है।
बूझि देखौ मन माँहि अरुझत मय जात,
बूझि हौ निदान कान्ह जौन कहौ मानौ है।
मेरे जान कोऊ मीरखान आवै दही छीनै,
तू तौ है अहीर मोहि नाहिं पहिचानौ है।।'

आत्म-निवेदन भक्त की एक प्रमुख विशेषता होती है। इसके धारा भक्त अपने जीवन के सारे कार्यों का—विशेषतः पापों का अनावरण अपने, आराध्य के समक्ष कर देता है। इस अनावरण का कारण होता है अपने आराध्य के प्रति अगाध विश्वास। रसखान में सूर अथवा तुलसी जैसा आत्म-निवेदन तो नहीं मिलता, पर अपने आराध्य के प्रति इन्होंने अगाध विश्वास अवश्य व्यक्त किया है। यथा—

'कहा करै रसखान का कोई चुगल लबार।
जो पै राखनहार है माखन चाखनहार।।'

इस प्रकार के अनेक उदाहरण रसखान-काव्य में मिलते हैं।

आत्म-समर्पण भी अगाध विश्वास का अंग है। रसखान जिस विधि से स्वयं को अपने भगवान के प्रति समर्पित करते हैं, वह विलक्षण है। इस विषय में इनका निम्नलिखित सवैया बहुत प्रचलित है—

'मानुष हौं तौ वही रसखानि बसौं ब्रज गोकुल गाँव के ग्वारन।
जौ पशु हौं तो कहा बस मेरो चरौं नित नन्द की धेनु मँझारन।
पाहन हौं तौ वही गिरि को जो धर्‍यौ कर छत्र पुरंदर धारन।
जौ खग हौं तो बसेरौ करौं मिलि कालिंदी-कूल कदम्ब की डारन।।'

विरह-वेदना की अभिव्यक्ति भक्तों के लिए प्रमुख रही है। फारसी साहित्य में तो यही एकमात्र सोपान है जिससे प्रियतम अथवा आराध्यदेव तक पहुँचा जा सकता है। रसखान के विरह का अत्यन्त सजीव एवं स्वाभाविक वर्णन किया है। यथा—

'बाल गुलाब के नीर उसीर सौं पीर न जाइ हियें जिन ढारौ।
कंज की माल करौ जु बिछावन होत कहा पुनि चंदन गारौ।
एते इलाज बिकाज करौ रसखानि कों कहि कों जारे पै जारौ।
चाहति हौ जु जिवायौ पटू तौ दिखावौ बड़ी-बड़ी आँखिनवारौ।।'

प्रियतम के सान्निध्य के बिना विरहिणी की विरह-वेदना का और उपचार ही क्या हो सकता है।

कहीं-कहीं परम्परा के अवांछित चक्कर में आकर अथवा फारसी-प्रभाव के कारण रसखान ऊहात्मक वर्णन भी कर गये हैं। पर ऐसे स्थल कम ही हैं।

वास्तविक काव्य-आत्मानुभूति की अभिव्यक्ति के अतिरिक्त और कुछ है भी नहीं। रसखान किसी काव्य-शास्त्रीय नियम से न तो अवगत ही हैं और न यह विशेषता इनके लिए आवश्यक ही है। अपने भावावेश में ही उनकी वाणी फूटती है और वाणी का यही प्रस्फुटन सरस एवं सच्चे काव्य को जन्म देता है।

अन्य स्वच्छन्दवादी कवियों की भाँति रसखान ने भी प्रेम के स्वस्थ रूप का चित्रण किया है। प्रेम इनकी दृष्टि में हृदय की सबसे उदात्त भावना है। इनके मत से शुद्ध और वास्तविक प्रेम वही है जिसमें अकारण ही आकर्षण हो। गुण, यौवन, रूप आदि के आकर्षण से जो प्रेम होता है, उसे शुद्ध नहीं कहा जा सकता। पुत्र, कमल आदि के प्रति किया गया प्रेम भी स्वाभाविक और सच्चा नहीं है। वास्तव में प्रेम भगवान का ही दूसरा रूप है। रसखान ने प्रेम का सांगोपांग विवेचन किया है। एतद्विषयक इनके दोहे 'प्रेम-वाटिका' में संग्रहित हैं।

रसखान सच्चे हृदय से भक्त थे। रीतिकालीन कवियों की भाँति भक्ति का बहाना इन्होंने नहीं लिया था। इसलिए इनके काव्य में आद्योपाँत कृष्ण-भक्ति की धारा प्रवाहित होती हुई दिखाई देती है। इनकी भक्ति-साधना में वे सभी विशेषताएँ मिलती हैं जो वैष्णव-भक्ति के लिए अनिवार्य हैं।

अतः कहा जा सकता है कि रसखान-काव्य में वे सभी गुण विद्यमान हैं जो स्वच्छन्द काव्यधारा में पनपे हैं। डॉ. मनोहर लाल गौड़ के शब्दों में—

'......रसखान में अपने समय की काव्य-प्रवृत्तियों तथा अनुभूति-विधानों का परिचय तो दिखाई पड़ता है, पर अनुसरण नहीं। उन्होंने अपना स्वानुकूल मार्ग बनाया। उस मार्ग में विशुद्ध अप्रतिहत प्रेम की अनुभूति का प्राचुर्य था और उसकी अनावृत्त अभिव्यक्ति थी जो स्वच्छन्द मार्ग की ओर संकेत करती है, शास्त्रीय परम्परा की ओर नहीं। इसका तात्पर्य यह तो कदापि नहीं कि रसखान ने जान-बूझकर शास्त्रीय मार्गों का संगठन किया है या वे काव्य के स्वच्छन्द मार्ग सें यथाविधि परिचित थे। उनके जीवन का संयोग मुसलमान प्रेमी भक्त होने के नाते विविध पद्धतियों के सम्मिश्रण का कारण बन गया था। वैसा ही सम्मिश्रण कबीर में हुआ था, पर कबीर ज्ञानमार्गी होकर कठोर भी हो गये और खंडन-परायण भी। हृदय की अनुभूतियों को अपने ढंग से व्यक्त करने की सरस प्रवृत्ति उनमें नहीं आई जो रसखान में आ गई।'

व्याख्या भाग

सुजान-रसखान

भक्ति-भावन

सवैया

मानुष हों तौ वही रसखानि बसौं ब्रज गोकुल गाँवन के ग्वारन।
जो पसु हौं तो कहा बसु मेरो चरौं नित नन्द की धेनु मँझारन।
पाहन हौं तो वही गिरि को जो धर्यौ कर छत्र पुरन्दर धारन।
जो खग हौं बसेरो करौं मिल कालिन्दी-कूल-कदम्ब की डारन।।1।।

शब्दार्थ—मानुष हैं = यदि मुझे आगामी जन्म में मनुष्य-योनि मिले। मँझा रन = मध्य में। पाहन = पत्थर। छत्र = छात्रा। पुरन्दर = इन्द्र। धारन = गर्व नष्ट करने के लिए। कालिन्दी-कूल-कदम्ब = यमुना के तट पर खड़े हुए कदम्ब के वृक्ष जिन पर कृष्ण अनेक प्रकार की क्रीड़ाएँ किया करते थे। डारन = डालियों में।

अर्थ—कृष्ण के प्रति अपनी स्वतन्त्र भाव की भक्ति की अभिव्यक्ति करते हुए रसखान कहते हैं कि यदि मुझे आगामी जन्म में मनुष्य-योनि मिले तो मैं वही मनुष्य बनूँ जिसे ब्रज और गोकुल गाँव के ग्वालों के साथ रहने का अवसर मिले। आगामी जन्म पर कोई बस नहीं है, ईश्वर जैसी योनि चाहेगा, वे देगा, इसलिए यदि मुझे पशु-योनि मिले तो मेरा जन्म ब्रज या गोकुल में ही हो, ताकि मुझे नित्य नन्द की गायों के मध्य में विचरण करने का सौभाग्य प्राप्त हो सके। यदि मुझे पत्थर-योनि मिले तो मैं उसी पर्वत का बनूँ जिसे श्रीकृष्ण ने इन्द्र का गर्व नष्ट करने के लिए अपने हाथ पर छाते की भाँति उठा लिया था। यदि मुझे पक्षी योनि मिले तो मैं ब्रज में ही जन्म पाऊँ ताकि मैं यमुना के तट पर खड़े हुए कदम्ब के वृक्ष की डालियों में निवास कर सकूँ।

विशेष—1. कवि ने अपना सम्बन्ध उन्हीं वस्तुओं से जोड़ने की इच्छा प्रकट की है, जिनसे कृष्ण का सम्बन्ध रहा है। भक्त को चाहे जिस अवस्था में रहना पड़े, उसे उसके आराध्यदेव के दर्शन नित्य मिलते रहें; यही उसके जीवन का लक्ष्य होता है। रसखान ने भी उपर्युक्त सवैये में इस लक्ष्य की भावमयी अभिव्यंजना की है।

2. 'बसौ ब्रज गोकुल गाँव के ग्वारन' में तथा 'कालिन्दी-कूल-कदम्ब की' में छेकानुप्रास अलंकार है।

3. 'पाहन हौं तो वही गिरि को जो धरयौ कर छत्र पुरन्दर-धारन' में निम्नलिखित अन्तर्कथा निहित है—

कृष्ण के आदेश से ब्रजवालों ने इन्द्र की पूजा छोड़कर गौओं की पूजा करनी आरम्भ कर दी। इस बात से इन्द्र अत्यन्त कुपित हुआ। उसने ब्रज को डुबाने के लिए मूसलाधार वर्षा कर दी। कृष्ण ने ब्रज की रक्षा के लिए गोवर्धन पर्वत को उठाकर छाते की भाँति ब्रज के ऊपर लगा दिया। तब इन्द्र ब्रज का कुद भी न बिगाड़ सका। उसका गर्व नष्ट हो गया।

पाठान्तर— 'मानुष हौं तो वही रसखानि बसौं नित गोकुल गांव के ग्वारन।
जो पसु हों तो कहा बसु मेरो चरौं नित नन्द की धेनु मँझारन।
पाहन हौं तो वही गिरि को जो कियो ब्रज छत्र पुरन्दर-धारन।
जौ खग हों तो बसेरों करों वहीं कालिन्दी-कुल कदम्ब की डारन।'

तुलना—'ब्रज के लता पता मोहि कीजे।' —**हरिश्चन्द्र**

सवैया

जो रसना रस ना बिलसै तेहि देहु 'सदा निदा नाम उचारन।
मो कत नीकी करै करनी जु पै कुंज-कुटीरन देहु बुहारन।
सिद्धि समृद्धि सबै रसखानि नहौं ब्रज रेनुका-संग-संवारन।
खास निवास लियौ जु पै तो वही कालिंदी-कूल-कदम्ब की डारन।।2।।

शब्दार्थ—रसना = जीभ। रस = इन्द्रियों का आनन्द देने वाले मधुर अम्ल, लवण, कटु, कषाय और तिक्त रस। नीकी = अच्छी। बुहारन = साफ करना, झाड़ू देना। रेनुका = धूल। कालिंदी-कूल = यमुना का तट।

अर्थ—रसखान अपने आराध्यदेव से प्रार्थना करते हुए कहते हैं कि हे देव, मुझे सदा अपने नाम का स्मरण करने दो, ताकि मेरी जीभ इन्द्रियों के आनन्द में डूब जाये। मुझे कुंजों में बनी हुई अपनी कुटियों में झाड़ू लगाने दो, जिससे मेरे हाथ सत्कार्य करते रहें। मुझे ब्रज की धूल में अपने शरीर को धूसरित करने दो, जिससे मुझे अणिमा आदि आठों सिद्धियों को सुख मिल जाये। यदि आप मुझे निवास करने के लिए कोई स्थान देना चाहते हैं तो यमुना तट पर खड़े हुए उन्हीं कदम्ब की डालियों में दीजिए जहाँ पर आप अनेक प्रकार की क्रीड़ाएँ किया करते थे।

विशेष—'जो रसना रसना विलसे' में यमक तथा 'करे करनी', 'कुंज-कुटीरन', 'सिद्धि समृद्धि' और 'कालिंदी-फूल-कदम्ब की' में छेकानुप्रास अलंकार है।

सवैया

'बैन वही उनको गुन गाइ औ कान वही उन बैन सों सानी।
हाथ वही उन गात सरै अरु पाइ वही जु वही अनुजानी।
जान वही उन आन के संग औ मान वही जु करै मनमानी।
त्यौं रसखान वही रसखानि जु है रसखानि सों है रसखानी।।3।।'

शब्दार्थ—बैन = वाणी। सानी = युक्त। सरै = माला पहनाये। पाइ = पद, चरण। अनुजानी = अनुगामी। जान = प्राण। रसखानी = अन्तिम पंक्ति में यह शब्द

चार बार प्रयुक्त हुआ है, अतः इसके अर्थ क्रमशः ये हैं—(1) कवि का नाम, (2) आनन्द का भण्डार, (3) श्री कृष्ण, (4) प्रेम का खजाना अर्थात् अत्यन्त प्रेम करने वाला।

अर्थ—मनुष्य-जीवन की सफलता एवं सार्थकता तभी है जब वह स्वयं को अपने आराध्य देव के प्रति पूर्णतया समर्पित कर दे, इसी भाव को प्रकट करते हुए रसखान कहते हैं कि वही वाणी सार्थक है जो कृष्ण के गुणों का गान करती है, वे ही कान सार्थक हैं जो कृष्ण की वाणी से युक्त रहते हैं; वे ही हाथ सार्थक हैं जो कृष्ण के शरीर पर माला पहनाते हैं; वे ही चरण सार्थक हैं जो कृष्ण का अनुगमन करते हैं, उनकी पीछे-पीछे चलते हैं: वे ही प्राण सार्थक हैं जो सदैव कृष्ण के साथ रहते हैं; वही मान सार्थक है जो कृष्ण को द्रवित करके उनसे मनमानी बात करा लेता है। इसी प्रकार वही आनन्द के भण्डार श्रीकृष्ण हैं जो अपने भक्तों को अत्यन्त प्यार करते हैं।

विशेष—इस सवैया की अन्तिम पंक्ति में यमक अलंकार का अत्यन्त चमत्कारपूर्ण एवं भावपूर्ण प्रयोग है।

दोहा

कहा करै रसखानि को, को चुगुल लबार।
जो पै राखनहार है, माखन-चाखनहार।।4।।

शब्दार्थ—चुगुल = चुगुलखोर। लबार = झूठा, दुष्ट। राखनहार = रक्षक। माखनचाखनहार = श्रीकृष्ण।

अर्थ—श्रीकृष्ण जिसके रक्षक हैं, उनका कोई कुछ नहीं बिगाड़ सकता। इस भाव को प्रकट करते हुए रसखान कहते हैं कि यदि श्रीकृष्ण मेरे रक्षक हैं तो मेरा कोई भी चुगलखोर तथा दुष्ट व्यक्ति कुछ नहीं बिगाड़ सकता।

विशेष—1. 'जो पै राखनहार है, माखन-चाखनहार' में यमक अलंकार है।

2. कहते हैं कि बादशाह अकबर ने रसखान को दीने-इलाही में दीक्षित होने के लिए कहा, किन्तु ये दीने-इलाही में सम्मिलित न होकर कृष्ण-भक्त बन गये। तब किसी व्यक्ति ने बादशाह से आकर इनकी चुगली की और इन्हें कठोर दण्ड देने का परामर्श दिया। इस घटना की प्रतिक्रिया-स्वरूप रसखान ने उपर्युक्त दोहे की रचना की।

पाठान्तर—कहा करै रसखान को, लंपट लोग लबार।
जो पत राखनहार है, माखन-चाखनहार।।

तुलना—1. 'जो पै राखि है राम तो मारि है कोरे।' —तुलसीदास

2. रहिमन कौ कोउ का करै, ज्वारी चोर लबार।
जो पत राखनहार है, माखन-चाखनहार।। —रहीम

दोहा

विमल सरल रसखानि, भई सकल रसखानि।
सोई नब रसखानि कों, चित चातक रसखानि।।5।।

शब्दार्थ—बिमल = शुद्ध। रसखानि मिल = कृष्ण से मिलकर। रसखानि = कृष्ण।

अर्थ—रसखान कवि कहते हैं कि शुद्ध एवं सरल स्वभाव वाली गोपियाँ जिस कृष्ण से मिलकर उसी का रूप बन गईं मेरा मन उसी दयालु रसखान (आनन्द-सागर कृष्ण) का घातक बना हुआ है।

विशेष—1. यमक अलंकार।

2. चातक का प्रेम आदर्श प्रेम माना गया है, अतः अपने प्रेम की अभिव्यक्ति सभी भक्त-कवियों ने चातक के माध्यम से ही की है। गोस्वामी तुलसीदास न तो चातक प्रेम का सांगोपांग ही वर्णन किया है।

दोहा

सरस नेह लवलीन नव, द्वै सुजानि रसखानि।
ताके आस बिसास सों पगे प्रान रसखानि।।6।।

शब्दार्थ—नेह = प्रेम। लवलीन = तन्मय। नव = नूतन। द्वै = दोनों, कृष्ण और राधा।

अर्थ—कवि कृष्ण और राधा के मिलन की स्तुति करता हुआ कहता है कि जो राधा और कृष्ण के सरस तथा नूतन प्रेम में तन्मय हैं, उन्हीं की दया की आशा और विश्वास से मेरे प्राण सदैव सम्पृक्त हैं।

कृष्ण का अलौकिकत्व

सवैया

संकर से सुर जाहि जप चतुरानन ध्यानन धर्म बढ़ावैं।
नैंक हियें जिहि आनत ही जड़ मूढ़ महा रसचानि कहावैं।
जा पर देव अदेव भू-अंगना वारत प्रानन प्रानन पावैं।
ताहि अहीर की छोहरियाँ छछिया भंरि छाछ पै नाच नचावैं।।7।।

शब्दार्थ—संकर से सुर = शिव जैसे देव। चतुरानन = ब्रह्मा। नैक = थोड़ा-सा। आनत ही = लाते ही। जड़ मूढ़ = अत्यन्त मूर्ख। महा रसखानि = विपुल ज्ञान के भंडार। अदेव = किन्नर। भू-अंगना = पृथ्वी पर रहने वाली स्त्रियाँ। वारत प्रानन = प्राणों को न्यौछावर करके।

अर्थ—कृष्ण की भक्त-वत्सलता एवं लौकिक लीला का वर्णन करते हुए रसखान कहते हैं कि जिस कृष्ण का जप शंकर जैसे देव करते हैं, जिनका ध्यान करके ब्रह्मा अपने धर्म में वृद्धि करते हैं, जिसका तनिक-सा ध्यान भी हृदय में लाते ही अत्यन्त मूर्ख ही विपुल ज्ञान के भंडार बन जाते हैं, जिस पर देव, किन्नर और पृथ्वी पर रहने वाली स्त्रियाँ अपने प्राणों को न्यौछावर करके सजीवता प्राप्त करती हैं, उसी कृष्ण को अहीर की लड़कियाँ छछिया-भर छाछ के लिए नाच नचाती हैं।

विशेष—'संकर से सुर', 'ध्यानन धर्म', 'छोहरिया छछिया भरि छाछ' में छेकानुप्रास तथा वृत्यानुप्रास; 'नैंक हियें जिहिं आनत ही जड़ मूढ़ महा रसखानि कहावै' में द्वितीय विभावना; 'बारत प्रानन-प्रानन पावैं' में विरोधाभास और 'जा पर देव अदेव भू-अंगना में यमक अलंकार है।

पाठान्तर—इस सवैये की तृतीय पंक्ति के निम्नलिखित पाठान्तर मिलते हैं—

1. जापर सुन्दर देवबधू नहिं वारत प्रान अबार लबावैं।
2. जापर देव भुवंग वरंगना वारति प्रान सु प्रान से पावैं।
3. जापर देव अदैव भुवंगम आरत प्रानन पार न पावैं।

सवैया

सेष, गनेस, महेस, दिनेस, सुरेसहु जाहि निरन्तर गावैं।
जाहि अनादि अनंत अखण्ड अछेद अभेद सु बेद बतावैं।
नारद से सुक ब्यास रहैं पचि हारे तऊ पुनि पार न पावैं।
ताहि अहीर की छोहरियाँ छछिया भरि छाछ पै नाच नचावैं।।8।।

शब्दार्थ—सेष = शेषनाग। महेस = शिव। दिनेस = सूर्य। सुरेस = इन्द्र। अछेद = अछेद्य, अमर। अभेद = अभेद्य, जिसका रहस्य न जाना जा सके। पचि = कोशिश करके।

अर्थ—कृष्ण की भक्त-वत्सलता एवं लौकिक लीला का वर्णन करते हुए रसखान कहते हैं कि जिस कृष्ण के गुणों का शेषनाग, शिव, सूर्य, इन्द्र निरन्तर स्मरण करते हैं। वेद जिसके स्वरूप का निश्चित ज्ञान प्राप्त न करके उसे अनादि, अनन्त, अखण्ड, अछेद्य आदि विशेषणों से युक्त करते हैं। नारद, शुकदेव और व्यास जैसे प्रकांड पण्डित भी अपनी पूरी कोशिश करके जिसके स्वरूप का पता न लगा सके और हार मानकर बैठ गए, उन्हीं कृष्ण को अहीर लड़कियाँ छछिया-भर के लिए नाच नचाती हैं।

विशेष—श्रुत्यनुप्रास, छेकानुप्रास और वृत्यानुप्रास का सुन्दर प्रयोग हुआ है।

सवैया

गावैं सुनि गनिका गंधरब्ब और सारद सेष सबै गुन गावत।
नाम अनंत गनंत गनेस ज्यौं ब्रह्मा त्रिलोचन पार न पावत।
जोगी जती तपसी अरु सिद्ध निरन्तर जाहि समायि लगावत।
ताहि अहीर की छोहरियाँ छछिया भरि छाछ पै नाच नचावत।।9।।

शब्दार्थ—गनिका = अप्सरा। गंधरब्ब = गंधर्व, संगीत-प्रिय देवयोनि। सारद = शारदा। सेष = शेषनाग। त्रिलोचन = शिव। छोहरियाँ = लड़की। छछिया = मिट्टी का छोटा-सा पात्र।

अर्थ—कृष्ण की भक्त-वत्सलता एवं लोक-लीला का वर्णन करते हुए रसखान कहते हैं कि जिस कृष्ण के गुणों का गान अप्सरा, गंधर्व, शारदा और शेषनाग सभी करते हैं, गणेश जिसके अनन्त नामों का स्मरण करते हैं, ब्रह्मा और शिव जिसके रहस्य

को नहीं जान पाये, जिसे प्राप्त करने के लिए योगी, यति, तपस्वी और सिद्ध निरन्तर समाधि लगाये रहते हैं, फिर भी उसका भेद नहीं जान पाते, उन्हीं कृष्ण को अहीर की लड़कियाँ छछिया-भर छाछ के लिए नाच नचाती हैं।

विशेष—इस सवैया में छेकानुप्रास और वृत्यानुप्रास का सुन्दर प्रयोग है।

पाठान्तर—'गावत', 'पावत', 'लगावत' और 'नचावत' के स्थान पर क्रमशः 'गावैं', 'पावैं', 'खगावैं' और 'नचावैं' पाठ भी मिलते हैं।

सवैया

लाय समाधि रहे ब्रह्मादिक योगी भये पर अन्त न पावैं।
सांझ ते भोरहिं भोर ते साँझति सेस सदा नित नाम जपावैं।
ढूँढ फिरै तिरलोक में साख सुनारद लै कर बीन बजावैं।
ताहि अहीर की छोहरियाँ छछिया भरि छाछ पै नाच नचावैं।। 10।।

शब्दार्थ—भोर = प्रातःकाल। साँझ ते भोरहि भोरि ते साँझहि = संध्या-काल से प्रातःकाल तक और प्रातःकाल से संध्याकाल तक; अर्थात् हर समय, निरन्तर। सेष = शेषनाग। तिरलोक में = तीनों लोकों में। सुनारद = महर्षि नारद। साख = साक्षी।

अर्थ—कृष्ण के अलौकिकत्व का प्रतिपादन करते हुए रसखान कहते हैं कि ब्रह्मा आदि अनेक योगी उस कृष्ण को जानने के लिए समाधि लगाये हुए हैं, पर वे उसका अन्त नहीं पाते; अर्थात् कृष्ण दुर्बोध्य और अनन्त हैं। शेषनाग अपनी सहस्त्रों जिह्वाओं से निरन्तर उसका नाम जपते रहते हैं। महर्षि नारद अपने हाथ में वीणा लेकर उसे बजाते हुए तीनों लोकों में ढूँढ फिरे हैं, पर कोई भी साक्षी नहीं मिली, जिसके आधार पर वे यह दावा कर सकें कि उन्होंने कृष्ण के रूप को जान लिया है। ऐसे दुर्बोध्य, अनन्त कृष्ण को अहीर की लड़कियाँ एक मटकी छाछ के लिए नाच नचाती हैं।

विशेष—यह सवैया श्री विश्वनाथ प्रसाद मिश्र द्वारा सम्पादित रसखान-ग्रंथावली में नहीं है।

सवैया

गुञ्ज गरें सिर मोरपखा अरु चाल गयंद की मो मन भावै।
साँवरो नन्दकुमार सबै ब्रजमंडली में ब्रजराज कहावै।
साज समाज सबै सिरताज औ लाज की बात नहीं कहि आवै।
ताहि अहीर की छोहरियाँ छछिया भरि छाछ पै नाच नचावै।। 11।।

शब्दार्थ—गुञ्ज = गले में पहनने का आभूषण। गयंद = हाथी। छाछ = शोभा।

अर्थ—कोई गोपी अपनी सखी से कृष्ण की शोभा का तथा उनकी लौकिक लीला का वर्णन करते हुए कहती है कि उनके गले में गुंज नामक आभूषण है, सिर पर मोर-पंखों का बना हुआ मुकुट है। हाथी जैसी मस्तानी चाल है जो मुझे बहुत ही अच्छी लगती है। यह सांवरा कृष्ण सारे ब्रज का शिरोमणि है, इसीलिए ब्रजराज कहलाता है।

यह सारी शोभा का और सारे समाज का सिरराज है। इसकी शोभा का वर्णन नहीं किया जा सकता। ऐसे कृष्ण को अहीर की लड़कियाँ छछियाभा के लिए नचाती हैं।

विशेष—'साज समाज सबै सिरताज' में वृत्त्यनुप्रास है।

सवैया

ब्रह्म मैं ढूँढ्यौ पुरानन गानन बेद-रिचा सुनि चौगुन चायन।
देख्यौ सुन्यौ कबहूं न कितूँ वह सरूप औ कैसे सुभायन।
टेरत हेरत हारि पर्‌यौ रसखानि बतायौ न लोग लुगायन।
देखौ दुरौ वह कुंज-कुटीर में बैठी पलोटत राधिका-पायन।। 12।।

शब्दार्थ—पुरानन गानन = पुराण के गीतों में। चायन = चाव से। कितूँ = कहीं भी। सुभायन = स्वभाव। टेरत = पुकारता हुआ। हेरत = खोजता हुआ। लुगायन = स्त्रियों ने। दुरौ = छिपा हुआ। पलोटत राधिका पायन = राधा के पैर दबा रहा है।

अर्थ—कृष्ण की प्रेमाधीनता का वर्णन करते हुए रसखान कहते हैं कि मैंने ब्रह्म को पुराणों के गीतों में ढूँढ़ा, वेद-ऋचाओं को चौगुने चाव से इसीलिए सुना कि शायद उन्हीं से ब्रह्म समाज का पता चल जाये। मेरे सारे प्रयत्न निष्फल हुए। मैंने उसे न तो कहीं सुना और न कहीं देखा। मैं यह भी नहीं जान पाया कि उसका स्वरूप और स्वभाव कैसा है। उसे पुकारते हुए, उसकी खोज करते हुए मैं थक गया और किसी भी नर या स्त्री ने उनका पता नहीं बताया। अन्त में वह कुंज-कुटीर में छिपकर बैठे हुए राधा के पैरों को दबाता हुआ दिखाई दिया।

सवैया

कंस कुढ्यौ सुन बानी आकास की ज्यावनहारहिं मारन धायौ।
भादव साँवरी आठई कों रसखान महाप्रभु देवकी जायौ।
रैनि अँधेरी में लै बसुदेव महायन में अरगै धरि आयौ।
काहु न चौजुग जागत पायौ सो राति जसोमति सोवत पायौ।। 13।।

शब्दार्थ—बानी अकास = आकाशवाणी। ज्यावनहारहिं = जन्म लेने वाला ही, देवकी के गर्भ से उत्पन्न होने वाला ही। भादव साँवरी अठाई को = भादों की कृष्ण अष्टमी को। अरगै = धीरे-धीरे, चुपचाप। चौजुग = चारों युगों में सतयुग, द्वापर, त्रेता और कलियुग। जगत = जागृतअवस्था।

अर्थ—कृष्ण-जन्म का वर्णन करते हुए रसखान कहते हैं कि जब कंस ने यह आकाशवाणी सुनी कि देवकी ने गर्भ से उत्पन्न होने वाला पुत्र ही तुझे मारने के लिए अवतार ले रहा है तो वह बहुत अप्रसन्न हुआ। आकाशवाणी के अनुसार ही भादों की कृष्णाष्टमी को आनन्द सागर महाप्रभु कृष्ण ने देवकी के गर्भ से जन्म लिया। कंस के भय से भयभीत होकर वोसुदेव उस नवजात शिशु को अँधेरी रात में चुपचाप लेकर महावन (मथुरा) की ओर चल दिए। जिस कृष्ण चारों कालों का कोई भी योगी अपनी

समाधि की जागृतावस्था में भी प्राप्त नहीं हो सका है, उसी कृष्ण को यशोदा ने रात को अपने पास सोते हुए पाया।

विशेष—1. समाधि अलंकार।

2. यह सवैया श्री विश्वनाथ मिश्र द्वारा सम्पादित 'रसखान ग्रंथावली' में नहीं है।

तुलना—1. 'गावत बेद बिरंच न पायो सो गोधन गावत गोपन पायौ।' —**केशव**

2. 'जग जाकी गोद में सो जमुदा की गोद में।' —**ब्रजेश**

कवित्त

संभु धरै ध्यान जाको जपत जहान सब,
तातें न महान् और दूसर अवरेख्यौ मैं।
कहै दसखान वही बालक सरूप धरै,
जाको कछु रूप रंग अद्भुत अवलेख्यौ मैं।
कहा कहूँ आली कछु कहती बनै न दसा,
नन्द जी के अंगना में कौतुक एक देख्यौ मैं।
जगत को ठाटी महापुरुष विराटी जो,
निरंजन निराटी ताहि माटी खात देख्यौ मैं।। 14।।

शब्दार्थ—अवरेख्यौ में = मैंने देखा। अवलेख्यौ मैं = मैंने देखा। कौतुक = तमाशा। जगत को ठाटी = संसार की रचना करने वाला, सृष्टि-सृष्टा। विराटी = विराट रूप धारण करने वाला। निरंजन = विमल, प्रभावातीत। निराटी = अकेला, एकमेव।

अर्थ—कोई गोपी अपनी सखी से कृष्ण की अलौकिकता और उनकी बाल-लीला का वर्णन करती हुई कहती है कि हे सखि! शिव जिसको आराध्य मान कर ध्यान करते हैं, सारा संसार जिसकी पूजा करता है, जिससे महान् और दूसरा देव मैंने कोई नहीं देखा। वही कृष्ण साकार बनकर अवतरित हुआ है जिसका रूप-रंग मुझे कुछ-कुछ अद्भुत-सा लगा है। हे सखि! क्या कहूँ मुझसे तो उसकी उस अवस्था का वर्णन ही नहीं हो पा रहा है। बस यह जान लो कि नंद जी के आँगन में मैंने एक तमाशा देखा है। जो कृष्ण संसार की रचना करने वाला है, महापुरुष है, विराट रूप धारण करने वाला है। किसी भी प्रकार के प्रभावों से परे हैं—प्रभावातीत हैं केवल एक हैं; अर्थात् वही एक केवल सत्ताव्रत है और सारा संसार तो उसी की सत्ता की माया है, उसे मैंने मिट्टी खाते हुए देखा है।

विशेष—1. इस कविता का भावपक्ष निर्बल और दार्शनिक सबल है।

2. श्री विश्वनाथ प्रसाद मिश्र द्वारा सम्पादित 'रसखान-ग्रंथावली में यह कवित्त नहीं है।

तुलना—'शृंणु सखि कौतुमेकं नंद निकेतांगणे मया दृष्टम।
गौधूलि धूसरांगो नृत्यति वेदान्त सिद्धान्त।।'

कवित्त

वेई ब्रह्म ब्रह्मा जाहि सेवत हैं रैन-दिन,
सदासिव सदा ही धरत ध्यान गाढ़े हैं।
वेई विष्नु जाके काज मानी मूढ़ राजा रंक,
जोगी जती ह्वै कै सीत सह्यौ अंग डाढ़े हैं।
वेई ब्रजचंद रसखानि प्रान प्रानन के,
जाके अभिलाख लाख-लाख भाँति बाढ़े हैं।
जसुधा के आगे बसुधा के मान-मोचन से,
तामरस-लोचन खरोचन कौ ठाढ़े हैं।। 15।।

शब्दार्थ—वेई = वही कृष्ण। सदासिव = सदा भक्त-वत्सल शिव। गाढ़ै = गम्भीर। जाके काज = जिसके लिए। मानी = अहंकारी। मूढ़ = मूर्ख। रंक = निर्धन। ब्रजचन्द = कृष्ण। रसखानि = आनन्द के भण्डार। जसुधा = यशोदा। वसुध ा = पृथ्वी, पृथ्वी पर रहने वाले लोग। मन-मोचन = अहंकार को नष्ट करने वाले। तामरस-लोचन = कमलनयन। खरोचन = खुरचनी।

अर्थ—प्रस्तुत कवित्त में रसखान कृष्ण के अलौकिकत्व एवं बाल-लीला की ओर संकेत करते हैं कि वही कृष्ण ब्रह्म जिनकी पूजा ब्रह्मा जी रात-दिन किया करते हैं; भक्त-वत्सल शिव जिनका सदा गम्भीर ध्यान करते हैं; वही कृष्ण-विष्णु जिनके लिए अहंकारी, मूर्ख, राजा, निर्धन सभी प्रकार के लोग भोगी बनकर शीतादि के द्वारा अपने अंगों को शिथिल बनाते हैं, वही आनन्द के भण्डार कृष्ण जो प्राणों के प्राण हैं और जिन्हें देखने के लिए लाखों अभिलाषाएँ लाखों प्रकार से बढ़ती हैं, जो पृथ्वी पर रहने वाले लोगों का अहंकार मिटाने वाले हैं, कमल के समान सुन्दर नेत्रों वाले हैं यशोदा के सामने खुरचनी लेने के लिए खड़े हुए हैं।

विशेष—1. इस कवित्त में कृष्ण के ब्रह्म-रूप की ओर संकेत है।

2. जसुधा के आगे वसुधा मान-मोचन में और 'तामरस-लोचन खरोचन कौ ठाढे हैं' में यमक अलंकार है।

3. कृष्ण का अनेक रूपों में वर्णन होने से उल्लेख अलङ्कार है।

तुलना—आगे नंदरानी के तनक मम पीबे काज,
तीन लोक ठाकुर सो सुनकत टाढ़ो है। —पद्माकर

अनन्य भाव

सवैया

सेष सुरस दिनेस गनेस अजेस धनेस महेस मनावौ।
कोऊ भवानी भजौ मन की सब आस सबै विधि जोई पुरावौ।
कोऊ रमा भजि लेहु महाधन कोऊ कहूं मन वाँछित पावौ।
पै रसखानि वही मेरो साधन और त्रिलौक रहौ कि बसावौ।। 16।।

शब्दार्थ—सेष = शेषनाग। सुरेस = इन्द्र। दिनेस = सूर्य। अजेस = ब्रह्मा। धनेस = कुबेर। महेस = शिव। भवानी = पार्वती। पुराधौ = पूर्ण करें। रमा = लक्ष्मी। नवासौ = नष्ट हो जाये।

अर्थ—अनन्य भाव की भक्ति की अभिव्यक्ति करते हुए रसखान कहते हैं कि चाहे कोई शेषनाग, इन्द्र, सूर्य, गणेश, ब्रह्मा, कुबेर और शिव की भक्ति करें। चाहे कोई पार्वती की भक्ति करके अपने मन की सभी अभिलाषाओं को सभी प्रकार पूर्ण कर लें। चाहे कोई लक्ष्मी की पूजा करके भारी धन प्राप्त कर लें। चाहे कोई किसी भी प्रकार अपना मनोवांछित फल पा लें, किन्तु मेरा तो एकमात्र साधन कृष्ण ही है। कृष्ण के अतिरिक्त तीनों लोक चाहे रहें, या नष्ट हो जायें, मुझे इसकी चिन्ता नहीं है।

विशेष—'सेष सुरेस दिनेस गनेस अजेस धनेस महेस' में छेकानुप्रास और श्रुत्यनुप्रास अलंकार है।

तुलना—'मेरे तो राधिका नायक ही गति लोक दुऊ रहौ कै नसि जाऔ।'

—हरिश्चन्द्र

सवैया

द्रौपदी अरु गनिका गज गीध अजामिल सों कियो सो न निहारो।
गौतम-गेहिनी कैसी तरी, प्रहलाद कों कैसें हर्‌यो दुख भारो।
काहे कौं सोच करै रसखानि कहा करि है रबिनन्द विचारो।
ताखन जाखन राखियै माखन-चाखनहारो सो राखनहारो।।17।।

शब्दार्थ—द्रौपदी = पाण्डवों की स्त्री। गज = हाथी, जिसकी कृष्ण ने ग्राह की रक्षा की थी। गीध = जटायु जो सीता की रक्षा करते समय रावण के बाणों से घायल हुआ था और अन्त में राम ने जिसका उद्धार किया था। अजामिल = एक पापी का नाम। गौतम-गेहिनी = गौतम की स्त्री अहिल्या। रवि-नन्द = यमराज। ताखन = उस समय। जाखन = जिस समय। माखन चाखनहारो = श्रीकृष्ण। राखनहारो = रक्षक।

अर्थ—जब कृष्ण रक्षक हैं तो मनुष्य को किसी भी प्रकार की चिन्ता नहीं करनी चाहिए, इस भाव को व्यक्त करते हुए रसखान कहते हैं कि कृष्ण इतने दयालु हैं कि अपने भक्तों की टेर सुनते ही तुरन्त उनकी रक्षा के लिए कटिबद्ध हो जाते हैं। द्रौपदी, गणिका, गज, गीध और अजामिल ने अपने जीवन में क्या कार्य किये थे, क्या उनके कार्य उनका उद्धार करने में असमर्थ थे? इन बातों पर कृष्ण ने कोई ध्यान नहीं दिया और तुरन्त उनका उद्धार कर दिया। इसी प्रकार गौतम-स्त्री अहिल्या को भी मुक्ति प्रदान की तथा हिरण्यकशिपु को मारकर प्रह्लाद के भारी दुःख का हरण किया। अतः हे मनुष्य! जिस समय श्रीकृष्ण तुम्हारे रक्षक हैं, उस समय तुम्हें कोई चिन्ता नहीं करनी चाहिए, क्योंकि उस समय तो यमराज भी तुम्हारा कुछ नहीं बिगाड़ सकता।

विशेष—1. 'चाखनहारो सो राखनहारो' में यमक अलङ्कार है।

2. 'विचारो' शब्द यमराज की दुर्बलता को साकार कर रहा है, अतः यह शब्द नितांत औचित्यपूर्ण है।

3. अन्तिम पंक्ति में यति दोष है।

सवैया

देस बदेस के देखे नरेसन रीझ की कोऊ न बूझ करैगी।
तातें तिन्हैं तजि जानि गिर्‍यौ गुन सौगुन गाँठि परैगौ।
बाँसुरीबारो बड़ो रिझवार है स्याम जु नैसुक ढार ढरैगौ।
लाड़लौ छैल वही तौ अहीर को पीर हमारे हिये की हरैगौ।। 18।।

शब्दार्थ—रीझ की = प्रेम की। गिर्‍यौ गुन = अवगुण। रिझवार = रीझने वाला, प्रेम करने वाला। नैसुक = तनिक भी। ढार ढरैगौ = प्रीति करेगा। पीर = दुःख।

अर्थ—कृष्ण भक्त-वत्सल हैं, इसी भाव को अभिव्यक्त करते हुए रसखान कहते हैं कि हे मन! तू देश-विदेश के राजाओं को परख ले, तेरे प्रेम का कोई भी सम्मान नहीं करेगा। उनके प्रति प्रेम करना अवगुण ही है, क्योंकि चाहे तुम में कितने ही गुण सही, पर उनके साथ रहने से वे अवगुण बन जायेंगे। वह वंशीधर कृष्ण बहुत ही रीझने वाला है, भक्त-वत्सल है, यदि तू उससे तनिक भी प्रेम करेगा तो वह अहीर का लाड़ला पुत्र हमारे हृदय के सारे दुःख को दूर कर देगा।

विशेष—1. 'देश-विदेश' में छेकानुप्रास; 'तातें तिन्है तजि' में वृत्त्यनुप्रास और 'सौगुन औगुन गाँठि परैगौ' में यमक अलङ्कार है।

2. 'रिझवार' शब्द का प्रयोग अत्यन्त भावपूर्ण है।

सवैया

संपति सौं सकुचाइ कुबेरहिं रूप सौ दीनी चिनौती अनंगहिं।
भोग कै कै ललचाइ पुरन्दर जोग कै गंगलई धर मंगहिं।
ऐसे भए तौ कहा रसखानि रसै रसना जौ जु मुक्ति-तरंगहिं।
दै चित ताके न रंग रच्यौ जु रह्यौ रचि राधिका रानी के रंगहिं।। 19।।

शब्दार्थ—चिनौती = चुनौती। अनंगहिं = कामदेव को। भोग = ऐश्वर्य। पुरन्दर = इन्द्र। मंगहिं = सिर पर। मुक्ति तरंगहिं = मुक्ति की तरंगों में, ज्ञान की चरम कोटि पर। रंग = प्रेम। रंगहिं = प्रेम में।

अर्थ—रसखान मनुष्य को कृष्ण-प्रेम के लिए प्रेरित हुए कहते हैं कि हे मनुष्य! चाहे तुमने इतनी सम्पत्ति प्राप्त कर ली है कि उसकी विपुलता देखकर कुबेर को भी संकोच होता है; चाहे तुम इतने रूपवान हो कि अपने सौन्दर्य से कामदेव को चुनौती दे सकते हो; चाहे तुम्हारे पास इतनी सम्पत्ति हो गई है कि जिसे देखकर इन्द्र का मन भी ललचा जाए; चाहे तुमने योग साधना के द्वारा गंगाधर शिव-रूप को प्राप्त कर लिया; चाहे तुम्हारी जीभ मुक्ति की लहरों में डूब गई है, अर्थात् तुम ज्ञान की चरम कोटि पर पहुँच गये हो; किन्तु यदि तुमने मन लगाकर उस कृष्ण से प्रेम नहीं किया जो राधा-रानी से प्रेम करते हैं तो तुम्हारी ये उपलब्धियाँ व्यर्थ और निस्सार हैं।

सवैया

कंचन-मन्दिर ऊँचे बनाइ कै मानिक लाइ सदा झलकयत।
प्रात ही तें सगरी नगरी नग मोतिन ही की तुलानि तुलैयत।
जद्यपि दीन प्रजान प्रजापति की प्रभुता मधवा ललचैयत।
ऐसे भए तौ कहा रसखानि जौ साँवरे ग्वार सों नेह न लैयत।। 20।।

शब्दार्थ—कंचन-मंदिर = सोने के महल। मानिक = मोती। नग = हीरा। मधवा = इन्द्र। साँवरे ग्वार सों = कृष्ण से। नेह = स्नेह, प्रेम।

अर्थ—कृष्ण के प्रति प्रेम ही मनुष्य की सर्वाधिक मूल्यवान सम्पत्ति है जिसे कृष्ण से प्रेम नहीं, उसके सभी प्रकार के वैभव निरर्थक हैं। इसी भाव को प्रस्तुत सवैया में प्रकट करते हुए रसखान कहते हैं कि मानो तुमने सोने के ऊँचे-ऊँचे महल बनाकर उन्हें मोतियों से सदैव झलका रक्खा है। तुम्हारे पास इतने हीरे और मोती हैं कि प्रातःकाल से ही सारी नगरी उन्हें तराजुओं में तोलने लगती है और फिर भी वे तुल नहीं पाते। तुम इतने वैभवपूर्ण राजा बन गए हो कि तुम्हारा वैभव देखकर इन्द्र का मन भी ललचाता है; अर्थात् तुम्हारे वैभव की तुलना में वह अपने वैभव को अत्यन्त तुच्छ मानकर स्वयं को दीन-हीन अनुभव करता है और चाहता है कि तुम्हारे जैसा वैभव उसके पास भी हो। यदि तुमने कृष्ण से प्रीति नहीं की है तो तुम्हारा यह सब अपार वैभव व्यर्थ है।

कहने का भाव यह है कि कृष्ण की प्रीति ही सबसे विशाल वैभव है। सारे सांसारिक वैभव उसके सामने तुच्छ और नगण्य हैं।

विशेष—कृष्ण की प्रीति का अत्युक्तिपूर्ण वर्णन होने से इस सवैया में अत्युक्ति अलंकार है।

पाठान्तर—तीसरी पंक्ति का यह रूप भी मिलता है—
'पालै प्रजानि प्रजापति सों अरु सम्पत्ति सी मधवाहि लजैयत।'

तुलना—'ऐसे भये तो कहा तुलसी जु पै जानकीनाथ के रंग न राते।' —तुलसी

कवित्त

कहा रसखानि सुख सम्पत्ति समार कहा,
कहा तन जोगी ह्वै लगाए अंग छार को।
कहा साधे पंचानल, कहा सोए बीच नल,
कहा जीति लाए राज सिंधु आर-पार को।
जप बार-बार तप संजम वयार-व्रत,
तीरथ हजार अरे बूझत लबार को।
कीन्हौं नहीं प्यार नहीं सैयौ दरबार, चित्त,
चाह्यौ न निहार्‌यौ जौ पै नंद के कुमार को।। 21।।

शब्दार्थ—रसखानि = आनन्द देने वाले भंडार। सुमार = गणना। छार = धूल, भस्म। पंचानल = पाँच प्रकार की अग्नियों से तप करना; चारों ओर से चलने वाली

चार अग्नियाँ तथा ऊपर से सूर्य की प्रखर गर्मी। नल = जल। बयार-व्रत = बिल्कुल भूखा रहकर तप करना। लबार = मूर्ख। नन्द के कुमार को = कृष्ण को।

अर्थ—कृष्ण की भक्ति में बिना और सभी तप तथा योग साधनाएँ व्यर्थ हैं, इस भाव को प्रकट करते हुए रसखान कहते हैं कि हे मनुष्य! यदि तुमने कृष्ण से प्रेम नहीं किया, उसकी शरण में नहीं गए, भावपूर्ण मन से उसे नहीं चाहा और प्रेममयी दृष्टि से उसे नहीं देखा तो तुम्हारे आनन्द देने वाले सारे भंडार व्यर्थ हैं, तुम्हारी सुख देने वाली सम्पत्ति की कोई गणना नहीं है, अर्थात् वे भी नगण्य हैं। शरीर पर भस्म लगाकर योगी बनने से कोई लाभ नहीं है, पाँच अग्नियों के मध्य बैठकर तप करना अथवा जल में समाधि लगाना भी निरर्थक है। समुद्र के आर-पार तक का राज्य जीत लेने से भी कोई लाभ नहीं है। हे मूर्ख! कृष्ण के प्रेम के बिना बार-बार जप करने को, निराहार रहकर तप और संयम करने को तथा हजारों, तीर्थों की यात्रा करने को कौन बूझता है? अर्थात् ये सब बेकार हैं।

विशेष—1. 'कान्हों नहीं प्यार; नहीं सेयौ दरबार, चित्त चाह्यौ, न निहारयौ जो पै नन्द के कुमार को' में कोमल वर्णों से युक्त वृत्त्यनुप्रास है।

2. कृष्ण भक्तों की यह प्रमुख विशेषता है कि वे कृष्ण को छोड़कर अन्य प्रकार की साधनाओं को निरर्थक और आडम्बरपूर्ण मानते हैं। रसखान के प्रस्तुत कवित्त में यही विशेषता परिलक्षित होती है।

पाठान्तर—'कहा तन जोगी ह्वै' और 'कहा सोए बीच नल' के स्थान पर 'कहा पर जोगी ह्वै' और 'कहा सोए बीच जल' पाठ भी मिलते हैं।

कवित्त

कंचन के मन्दिरनि दीठि ठहराति नाहिं,
सदा दीपमाल लाल-मनिक-उजारे सों।
और प्रभुताई अब कहाँ लौं बखानौं प्रति-
हारन की भीर भूप, टरत न द्वारे सों।
गंगाजी में न्हाइ मुक्ताहलहू लुटाइ, वेद,
बीस बार गाइ, ध्यान कीजत, सबारे सों।
ऐरे ही भए तो नर कहा रसखानि जो पै,
चित्त दै न कीनी प्रीति पीतपटवारे सों।। 22।।

शब्दार्थ—कंचन के मन्दिरनि = सोन के महलों पर। दीठि = दृष्टि। लाल मानिक = लाल मोती। प्रतिहारन की भीर = द्वारपालों की भीड़। मुक्ता-हलहू = मोतियों को। सबारे सों = शीघ्रता से, प्रातःकाल में। पीतपटवारे सों = कृष्ण से।

अर्थ—कृष्ण की प्रीति के अभाव में दुनिया के सारे वैभव और सारी साधनाएँ निरर्थक हैं, इस भाव को व्यक्त करते हुए रसखान कहते हैं कि हे मनुष्य! यदि तुमने चित्त लगाकर कृष्ण से प्रीति नहीं की है तो तुम्हारे सोने के वे महल बेकार हैं जो सदा गल मोतियों की दीपमालाओं से प्रकाशित रहते हैं और जिन्हें देखते ही दृष्टि चौंधिया

जाती है। तुम्हारी अधिक प्रभुता का तो क्या वर्णन करूँ, यदि तुम इतने प्रभुत्व सम्पन्न हो गए हो कि अनेक राजा तुम्हारे प्रतिहार बने हुए हैं और उनकी भीड़ कभी भी तुम्हारे द्वार से नहीं हटती तो कृष्ण के प्रेम के अभाव में यह प्रभुता व्यर्थ है। चाहे तुम–गंगाजी में स्नान करके युक्तहस्त से मोतियों का दान करो, अनेक बार वेदों का पाठ करो और प्रातःकाल ध्यानावस्थित हो, किन्तु जब तक तुम कृष्ण से प्रीति नहीं करोगे, तब तक तुम्हारी ये साधनाएँ निष्फल ही रहेंगी।

कहने का भाव यह है कि कृष्ण की भक्ति ही सर्वोपरि और सर्वोच्च भक्ति है।

विशेष–1. 'दीठि ठहराति नाहिं' मुहावरे का भावपूर्ण प्रयोग है।

2. इस कवित्त में 'प्रतिहारन' शब्द खंडित है, अतः यहाँ पद-भंग दोष है।

सवैया

एक सु तीरथ डोलत है इक बार हजार पुरान बके हैं।
एक लगे जप में तप में इक सिद्ध समाधिन में अटके हैं।
चेत जु देखत हौ रसखान सु मूढ़ महा सिगरे भटके हैं।
साँचहि वे जिन आपुनपौ यह स्याम गुपाल पै वारि दके हैं।।23।।

शब्दार्थ–बके हैं = कहे हैं, कथाएँ सुनाई हैं। चेत = सावधान। सिगरे = सारे। आपुनपौ = अपनापन, स्वयं को। छके हैं = मस्त हैं।

अर्थ–तीर्थादि ब्राह्याडम्बरों का खंडन और कृष्ण-प्रेम का मंडन करते हुए रसखान कहते हैं कि कोई मनुष्य तो तीर्थों की यात्रा करता हुआ घूमता है, कोई हजारों बार पुराणों की कथाओं को सुनता है; अर्थात् पुराणों का पाठ करता है। कोई जप-तप में लगा हुआ है; कोई सिद्ध बनकर समाधि में अटका हुआ है। रसखान कहते हैं कि यदि सावधान होकर इन्हें देखा जाता है तो यही निष्कर्ष निकलता है कि ये सब महामूर्ख बनकर भटक रहे हैं। सही तो वे मनुष्य हैं जो स्वयं को कृष्ण के लिए अर्पित करके उसे समर्पण की मस्ती से मस्त बने हुए हैं।

विशेष–1. अनन्यभाव का प्रेम अभिव्यंजित है।

2. 'बक' शब्द का प्रयोग कवि के मन की अतिशय घृणा का सूचक है।

3. श्री विश्वनाथ प्रसाद मिश्र द्वारा सम्पादित 'रसखान-ग्रंथावली' में यह सवैया नहीं है।

सवैया

सुनियै सब की कहिये न कछू रहियै इमि भव-बागर मैं।
करियै ब्रत नेम सचाई लिये जिन तें तरियै मन-सागर मैं।
मिलियै सब सों दुरभाव बिना रहिये सतसंग उजागर मैं।
रसखानि गुबिन्दहिं यौ भजियै जिमि नागरि को चित गागर मैं।।24।।

शब्दार्थ–इमि = इस प्रकार। भव-बागर मैं = असत्य संसार में। उजागर = प्रकाश। नागरि = स्त्री। गागर = पानी का बर्तन।

अर्थ—रसखान सांसारिक मनुष्य को उपदेश देते हुए कहते हैं कि हे मनुष्य! तुम इस असत्य संसार में इस प्रकार रहो कि सबकी सुनो, पर अपनी बात किसी से भी मत कहो। जो भी व्रत और नियम ग्रहण करो वे सत्य हों। सत्य व्रत और नियमों से ही मन का सागर पार किया जा सकता है; अर्थात् मन को अपने वश में किया जा सकता है। सबसे अच्छी भावना लेकर मिलो और सदैव सत्संग के प्रकाश में रहो। अर्थात् अच्छी संगति में ही उठो-बैठो और एकाग्रमन से कृष्ण की भक्ति करो। तुम्हारा मन कृष्ण की भक्ति में उसी प्रकार एकाग्रता से लगना चाहिए जिस प्रकार स्त्री का मन अपने पानी के बर्तन में लगा होता है। (स्त्रियाँ अपने सिर पर जब पानी का बर्तन लेकर चलती हैं तो उसको हाथ नहीं लगातीं। वह गिर न जाये, इसीलिए उसका सन्तुलन बनाए रखने के लिए वह उसकी ओर एकाग्र मन लगाये रहती हैं)।

विशेष—1. 'भव-बागर' और 'मन-सागर' में रूपक अलंकार; 'मिलियै सब सौं दूरभाव बिना' में बिनोक्ति अलंकार, 'रसखानि गुबिन्दहिं यौ भजियै जिमि नागरि को चिक गागर मैं' में उपमा अलंकार है।

2. 'जिमि नागरि को चित गागर में' इस पद्यांश का एक अर्थ यह भी हो सकता है—

जिस प्रकार पनिहारी का ध्यान सिर पर रखे हुए पानी भरे घड़े की ओर होता है। पनिहारी सिर पर जल का घड़ा लिए चलती-फिरती, हाथ हिलाती तथा बातें करती रहती हैं, पर उसका ध्यान अपने घड़े की ओर से विचलित नहीं होता। (इसी प्रकार मनुष्य को संसार में रहते हुए भी, उसके नैमित्तिक कार्यों को करते हुए भी, अपना एकाग्र ध्यान कृष्ण-भक्ति की ओर लगाये रखना चाहिए)।

तुलना—'श्री हरिदास के स्वामी स्यामा कुंजबिहारी सों चित्त ज्यों सिर पर दोहनी।'

—**हरिदास**

सवैया

है छल की अप्रतीत की मूरति मोद बढ़ावै विनोद कलाम में।
हाथ न ऐहे कछू रसखान तू क्यों बहकै विष पीवत काम में।
है कुच कंचन के कलसा न ये आम की गाँठ मठीक की चाम में।
बैनी नहीं मृगनैनिन की ये नसैनी लगी यमराज के धाम में।। 25।।

शब्दार्थ—अप्रतीत = विश्वासघात। कलाम = वाक्य, वचन। काम = काम-वासना। बैनी = चोटी। नसैनी = सीढ़ी।

अर्थ—नारियों के सौन्दर्य पर मुग्ध होकर कृष्ण-भक्ति को भूल जाने वाले मनुष्यों को चेतावनी देते हुए रसखान कहते हैं कि हे मनुष्यों! ये सुन्दर नारियाँ छल और विश्वासघात की मूर्ति हैं। विनोद के वाक्य कह-कहकर ये जो आनन्द प्रदान करती हैं, वह आनन्द झूठा है। अतः तुम काम-भावना के वशीभूत होकर तथा पथ-भ्रष्ट होकर क्यों विष-पान कर रहे हो; इससे कुछ भी हाथ नहीं लगेगा। इनके उन्नत कुच

स्वर्ण-कलश नहीं हैं, वरन् चाम में मढ़ी हुई आम की गाँठ हैं। ये सुन्दर नारियों की चोटियाँ नहीं हैं, वरन् नरक को ले जाने वाली सीढ़ियाँ हैं।

विशेष—1. शुद्धापन्हुति अलंकार।

2. श्री विश्वनाथ प्रसाद मिश्र द्वारा सम्पादित 'रसखान-ग्रंथावली' में यह सवैया नहीं है।

मिलन

सवैया

मोर के चन्दन मौर बन्यौ दिन दूलह है अली नंद को नंदन।
श्री वृषभानुसुता दुलही दिन जोरि बनी बिधना सुखकंदन।
आवै कह्यौ न कछू रसखानि हो दोऊ बंधे छबि प्रेम के फंदन।
जाहि बिलोकें सबै सुख पावत ये ब्रजजीवन है दुखदंदन।। 26।।

शब्दार्थ—मोर के चंदन = मोर पंखों के चन्दवे। अली = सखी। श्री वृषभानुसुता = राधा। सुखकंदन = सुख देने वाली। ब्रजजीवन = कृष्ण। दुखदंदन = दुःख दूर करने वाले।

अर्थ—कोई गोपी अपनी सखी से राधा-कृष्ण के मिलन का वर्णन करती हुए कहती है कि हे सखि! मोर पंखों के चन्दवों का मुकुट पहने हुए कृष्ण दूल्हा बने हुए हैं और अत्यन्त सुख देने वाली राधा दुलहिन बनी हुई है। रसखान कहते हैं कि उन दोनों की अवस्था का वर्णन नहीं किया जा सकता। दोनों प्रेम के बन्धन में बँधे हुए हैं। जिनको देखकर सभी लोगों को सुख प्राप्त होता है, वे दुःख दूर करने वाले श्री कृष्ण हैं।

सवैया

मोहिनी मोहन सों रसखानि अचानक भेंट भई बन माहीं।
जेठ की घाम भई सुखघाम अनंद हौ अंग ही अंग समाहीं।।
जीवन को फल पायौ भटू रस-बातन केलि सों तोरत नाहीं।
कान्ह को हाथ कंधा पर है मुख ऊपर मोर किरीट की छाहीं।। 27।।

शब्दार्थ—मोहिनी = राधा। घाम = धूप। सुखधाम = सुख का भण्डार।

अर्थ—कोई गोपी अपनी सखी से राधा-कृष्ण के मिलन का वर्णन करती हुई कहती है कि हे सखि! आज अचानक राधा और कृष्ण की भेंट बन के अन्दर हो गई। उस मिलन में उन्हें जेठ की तपती धूप भी सुख का भण्डार बन गई। वे आनन्द के कारणों अंगों में अंग को छिपाने का प्रयास करने लगे। हे सखि! उन्होंने प्रेम-पूर्ण बातों के द्वारा ही जीवन का फल पा लिया; अर्थात् उनका जन्म सफल हो गया। वे अपनी क्रीड़ा को अबाध गति से चलाते रहे। कृष्ण का हाथ राधा के कंधे पर था उसके मुख पर मोर-मुकुट की छाया थी।

पाठान्तर—कुछ थोड़े से परिवर्तनों के साथ इस सवैया का यह रूप भी मिलता है—

'मोहनी मोहन सों रसखान अचानक भेंट भई बन माहीं।
जेठ को घाम भयौ सुखधाम अनंग प्रभजन अंग समाहीं।
जीवन को फल पायौ भटू रस बातन की लरु तोरत नाहीं।
कान्ह के हाथ कंधा पै लसै मुख ऊपर मोर किरीट की छाहीं।।'

सवैया

लाड़ली लाल लसैं लखि वै अलि कुंजनि पुंजनि मैं छबि गाढ़ी।
उजरी ज्यों बिजुरी सी जुरी चहुं गुजरी केलि-कला सम बाढ़ी।
त्यौ रसखानि न जानि परै सुखिया तिहुं लोकन की अति बाढ़ी।
बालक लाल लिए बिहर छहरैं बर मोरमुखी सिर ठाड़ी।।28।।

शब्दार्थ—लाल = कृष्ण। अलि = सखी। पुंजनि = समूह। ऊजरी = उज्ज्वल। सुखमा = शोभा।

अर्थ—कोई गोपी अपनी सखी से मिलन-लीला का वर्णन करती हुई कहती है कि हे सखी! राधा और कृष्ण को कुंजों के समूहों में देखकर उन कुंजों को शोभा बहुत अधिक बढ़ गई। राधा के शरीर की उज्ज्वल कांति बिजली की कांति के समान मालूम होती थी जिसके चारों ओर घिरी हुई गुर्जरियाँ केलि-कला के समान चमक रही थीं। रसखान कहते हैं कि इस प्रकार उस सौन्दर्य का वर्णन अगम्य था क्योंकि उसके कारण तीनों लोकों का सौन्दर्य बहुत अधिक बढ़ गया था। वह कृष्ण गोपियों को लिए हुए उन कुंजों में विहार कर रहे थे और उनके सिर के ऊपर सुन्दर मोर पंखों का मुकुट सुशोभित था।

बाल-लीला

सवैया

लाल की आज छटी ब्रज लोग अनन्दित नन्द बढ़्यौ अन्हवावत।
चाइन चारु बधाइन लै चहुं ओर कुटुम्ब अघात न यावत।
नाचत बाल बड़े रसखान छके हित काहू के लाज न आवत।
तैसोइ मात पिताउ लह्यौ उलह्यो कुलही कुल ही पहिरावत।।29।।

शब्दार्थ—लाल = कृष्ण। छठी = जन्म के छठे दिन का उत्सव। अन्हवावत = स्नान कराते हैं। चाइन = चाव से। चारु = आनन्दपुर। छके हित = प्रेम में मस्त। उलह्यौ = आनन्द। कुल ही = सारा परिवार ही। कुलही = एक प्रकार की टोपी।

अर्थ—कोई गोपी अपनी सखो से कृष्ण की छठी-उत्सव का वर्णन करती हुई कहती है कि हे सखि! आज कृष्ण के जन्म के छठे दिन का उत्सव है। सारे ब्रज के लोग आनन्द से भरे हुए हैं। नन्द अत्यन्त आनन्दित होकर कृष्ण को स्नान करा रहे

हैं। लोग चाव से तथा चारों ओर से आनन्दप्रद बधाइयाँ लेकर आ रहे हैं। कुटुम्ब मंगलगीत गाता हुआ तृप्त नहीं हो रहा है। बच्चे और बड़े सभी आनन्द-सागर कृष्ण के प्रेम से इतने मस्त होकर नाच रहे हैं कि उन्हें किसी प्रकार की लज्जा का अनुभव नहीं हो रहा है। इसी प्रकार का आनन्द माता यशोदा और पिता नन्द की भी प्राप्त हो रहा है। सारा परिवार कुलही पहना रहा है।

विशेष—1. अन्तिम पंक्ति में यमक अलंकार है।

2. यह सवैया श्री विश्वनाथप्रसाद मिश्र द्वारा सम्पादित 'रसखान-ग्रंथावली' में नहीं है।

तुलना—'आजु भोर तमचुर के रोल।

गोकुल में आनन्द होत है, मंगल-धुनि महराने टोल।
फूले फिरत नन्द अति सुख भयौ, हरषि मंगावत फूल-तमोल।
फूली फिरति जसोदा तन-मन, उबटि कान्ह अन्हवाइ अमोल।'

—सूरदास

सवैया

'ता' जसुदा कह्यो धेनु की ओठ ढिंढोरत ताहि फिरैं हरि भूलैं।
ढूँवनि कूँ पग चारि चलै मचलैं रज मांहि विथूरि दुकूलैं।
हेरि हँसे रसखान तबै उर भाल तैं टारि कै बार लटूलैं।
सो छबि देखि अनन्दन नन्दजू अंगन अंग समात न कूलैं।। 30।।

शब्दार्थ—'ता' जसुदा कह्यौ धेनु की ओट = यशोदा ने कृष्ण को खिलाते समय गाय की ओट में होकर 'ता' शब्द कहा। ढिंढोरत ताहि = यशोदा को ढूँढते हैं। रज माँहि विथूर दुकूलैं = अपने वस्त्रों को धूल से लथपथ कर लेते हैं। उर भाल तें = मस्तक के बीच से। बार लूटलैं = लम्बे-लम्बे बाल।

अर्थ—कृष्ण की बाल-लीला का वर्णन करती हुई कोई गोपी अपनी सखी से कहती है कि हे सखी! कृष्ण को खिलाने के लिए यशोदा ने गाय की ओट में होकर 'ता' शब्द कहा जिसे सुनकर कृष्ण अपनी और बातों को भूलकर उन्हें ढूँढ़ते हैं। वे उन्हें ढूँढने के लिए कुछ ही पग चलते हैं, किन्तु यशोदा को न पाकर वे मचल जाते हैं और पृथ्वी पर लोट-लोटकर अपने वस्त्रों को धूल से लथपथ कर लेते हैं। तब यशोदा उनके पास आती हैं। उन्हें देखकर कृष्ण हँसने लगते और यशोदा उनके मस्तक पर पड़े हुए लम्बे-लम्बे बालों को हटाकर उनका मुँह चूम लेती हैं। इस शोभा को देखकर नन्द इतने प्रसन्न होते हैं कि उनकी प्रसन्नता उनके अंगों में नहीं समा पाती।

विशेष—1. बाल-लीला का अत्यन्त स्वाभाविक वर्णन है।

2. अन्तिम पंक्ति में यमक अलंकार है।

3. श्री विश्वनाथ मिश्र द्वारा सम्पादित 'रसखान-ग्रन्थावली' में यह सवैया नहीं है।

तुलना— 'गैया की सुओट है ललैया बिलुकैया दे दै,
जसुमति मैया जबै कन्हैया सों 'तो' कहै।' —अज्ञात

सवैया

आजु गई हुती भोर ही हौं रसखान रई वटि नन्द के भौनहिं।
वाकौ जियौ जुग लाख करोर जसोमति को सुख जात कह्यौ नहिं।
तेल लगाइ लगाइ कै अँजन भौंहें बनाइ बनाइ डिठौनहिं।
डालि हमेलनि हार निहारत वारत ज्यौं चुचकारत छौनहिं।। 31।।

शब्दार्थ—रई = अनुरक्त हो गई। भौनहि = भवन में। जुग = युग। अंजन = काजल। डिठौनहि = डिठौने को; अपने पुत्र को नजर से बचाने के लिए माताएँ उनके मुख पर काजल का काला दाग लगा देती हैं, जिससे डिठौना कहते हैं;। छौनहिं = पुत्र को, कृष्ण को।

अर्थ—कोई गोपी अपनी सखी से कृष्ण के सौन्दर्य का वर्णन करती हुई कहती है कि हे सखि! मैं आज ही प्रातःकाल नन्द के उस भवन में गई थी जहाँ रस के सागर कृष्ण थे। मैं उन्हें देखते ही उनमें अनुरक्त हो गयी। उन जैसा पुत्र पाकर यशोदा जी को जो सुख मिला है, उसका वर्णन नहीं किया जा सकता। मैं तो भगवान से प्रार्थना करती हूँ कि उनका पुत्र लाख; करोड़ युगों तक जीवित रहे। यशोदा जी ने उसके सिर पर तेल लगाकर और आँखों में काजल लगाकर तथा उसकी भौंहों को सँवार कर उसके मुख पर डिठौना लगा दिया। उसके गले में हमेल और हार डालकर यशोदा उनके सौन्दर्य को निहारती रहीं, उस पर स्वयं को न्यौछावर करती रही और उसे चूमती रही।

विशेष—'डालि हमेलनि हार निहारत वारत ज्यौं चुचकारत छौनहि' के दोनों पदों में यमक अलंकार है।

सवैया

धूरि भरे अति शोभित श्यामजू तैसी बनी शिर सुन्दर चोटी।
खेलत खात फिरै अँगना पर पैंजनी बाजति पीरी कछोटी।
वा छबि को रसखानि बिलोकत वारत काम कला निज-कोटी।
काग के भाग बड़े सजनी हरि-हाथ सों ले गयौ माखन रोटी।। 32।।

शब्दार्थ—धूरि भरे = धूल से सने हुए। पीरी = पीली। वारत = न्यौछावर करती है। काम = कामदेव। कला = सुन्दरता। कोटि = कोटि, करोड़ों।

अर्थ—कोई गोपी अपनी सखी से कृष्ण की सुन्दरता का वर्णन करती हुई कहती है कि धूल से सने हुए शरीर वाले श्रीकृष्ण अत्यन्त शोभायमान थे। ऐसी ही शोभा से युक्त उनके सिर की सुन्दर चोटी बनी हुई थी। वे खेलते हुए और माखन रोटी खाते हुए अपने आँगन में घूम रहे थे। उनके पैरों की पैंजनी बज रही थी। वे पीली लंगोटी

पहने हुए थे। उनकी उस समय को शोभा को देखकर कामदेव भी अपनी करोड़ों सुन्दरता को उस पर न्यौछावर कर रहा था। हे सखि! उस कौवे का बहुत बड़ा सौभाग्य है जो कृष्ण के हाथ से माखन-रोटी झपटकर उड़ गया।

विशेष—1. कृष्ण की बाल-लीला का सुन्दर एवं स्वाभाविक वर्णन है।

2. 'वा छबि को रसखानि बिलोकत वारत काम कला निज कोटी' में व्यतिरेक अलंकार है।

पाठान्तर—चतुर्थ पंक्ति का यह पाठ भी मिलता है।

काग के भाग कहा कहिए हरि हाथ सों ले गयौ माखन-रोटी।

तुलना—'सोभित कर नवनीत लिए।

घुटुरुनि चल रेनु तन मण्डित, मुख दधि लेप किए।
चारु कपोल, लोल लोचन, गोरोचन-तिलक दिए।
लट-लटकनि मनु मत्त मधुप-गन मादक मधुहिं पिए।
कठुला-कंठ ब्रज केहरि-नख राजत रुचिर हिए।
धन्य सूर एको पल इहिं सुख, का सत कल्प जिए।। —सूरदास

रूप-माधुरी

सवैया

मोतिन लाल बनी नट के, लटकी लटवा लट घूँघरवारी।
अंग ही अंग जराव लसै अरु सीस लसै पगिया जरतारी।
पूरब पुन्यनि तें रसखानि सु मोहिनी मूरति आनि निहारी।
चार्‌यौ दिसानि की लै छबि आनि कै झाँकै झरोखे मैं बाँके बिहारी।।33।।

शब्दार्थ—लट = केश-राशि। जराव = जड़ाऊ आभूषण। जरतारी = जरीवाली।

अर्थ—कोई गोपी अपनी सखी से कृष्ण की शोभा का वर्णन करती हुई कहती है कि उस नटवर कृष्ण के गले में मोतियों की माला पड़ी हुई है। घूँघरदार केश-राशि लटक रही है। अंग के प्रत्येक भाग में जड़ाऊ आभूषण और सिर पर जरी वाली पगड़ी सुशोभित है। रसखान कहते हैं कि पूर्वजन्म के पुण्यों के कारण ही इस मोहिनी मूर्ति के दर्शन हुए हैं। चारों दिशाओं की शोभा लेकर बाँके कृष्ण आकर तभी झरोखे में झाँकने लगे।

विशेष—कृष्ण की रूप-माधुरी का परम्परागत वर्णन है।

पाठान्तर—इस सवैया का यह रूप भी मिलता है—

'मोतिन लाल हिय लटकै लटकै लट चौलट घूँघरवारी।
अंगनि अंग जराव कसे अह सीस लसै पगिया जरतारी।
पूरब पूरे ही पुन्यनि तें रसखान ये मूरति नैन निहारी।
चारौं दिसा के महा अघ हाँके जो झाँके झरोकनि बाँके बिहारी।।

सवैया

आवत हैं बन तें मनमोहन गाइन संग लसै ब्रज-ग्वाला।
बेनु बजावत गावत गीत अभीत इतै करिगौ कछु ख्याला।
हेरत टेरि थकै जहुं ओर तैं झाँकि झरोखन तें ब्रज-बाला।
देखि सुर आनन कों रसखानि तज्यौ सब द्यौस को ताप-कसाला।। 34।।

शब्दार्थ—गायन = गायों के। लसैं = सुशोभित हो रहे हैं। अभीत = निडर होकर। ख्याला = खेल। द्योस = दिन। ताप-कसाला = थकान।

अर्थ—श्रीकृष्ण गायें चराकर शाम को बन से ब्रज में लौट रहे हैं। गायों के साथ ब्रज के ग्वाले सुशोभित हो रहे हैं। बंशी बजाते हुए गोचारण के गीत गाते हुए निडर होकर कृष्ण इधर कुछ खेल-सा कर गये हैं। उन्हें देखने के लिए चारों ओर से ब्रजबालायें आकर झरोखों से झाँकने लगी हैं। रसखान कवि कहते हैं कि उनके मुख की शोभा को देखकर सारी ब्रज-बनिताएँ अपनी दिन-भर की थकान को भूल गईं; अर्थात् उनके जीवन में नवीन चेतना और स्फूर्ति आ गई।

पाठान्तर— 'आवत हैं बन तें मनमोहन गाइन संग लसैं ब्रज-ग्वाला।
बेनु बजावत गावत गीत अभीत इतै करिगौ कछु ख्याला।
हेरत टेरि थकी चहुं ओर तैं झाँकि झरोखन सों-ब्रजबाला।
देखत आनन कों रसखानि तज्यौं सब द्यौस को ताप-कसाला।।'

कवित्त

गोरज विराजै भाल लहलही बनमाल,
आगे गैयाँ पाछें ग्वाल मृदु तानि री।
तैसी धुनि बाँसुरी को मधुर मधुर जैसी,
बंक चितवनि मन्द मन्द मुसकानि री।
कदम विपट के निकट तटनी के तट,
अटा चढि चाटि पीत पट फहरानि री।
रस बरसावै तन तपनि बुझावै नैन,
प्राननि रिझावै वह आवै रसखानि री।। 35।।

शब्दार्थ—लहलही = सुन्दर। विपट = वृक्ष। तटनी = नदी, यमुना नदी। रस = आनन्द। तन-तपनि = शरीर के दुःख।

अर्थ—कोई गोपी अपनी सखी से कृष्ण के सौन्दर्य का वर्णन करती हुई कहती है कि उसके मस्तक पर गोरज तथा हृदय पर सुन्दर बनमाला सुशोभित है। उसके आगे-आगे गायें हैं, पीछे-पीछे ग्वाले हैं। गायों और ग्वालों के मध्य में वह मनोहर बाँसुरी बजा रहा है। जितनी सुन्दर बाँसुरी की ध्वनि है उतनी ही सुन्दर उसकी वक्र चितवन और मन्द हँसी है। वह यमुना नदी के तट पर कदम्ब वृक्ष के पास है। हे सखि! यदि तू उसके पील वस्त्रों के फहराने को देखना चाहती है तो अटारी पर चढ़कर

देख ले। आनन्द की वर्षा करता हुआ, शरीर के दुःखों को नष्ट करता हुआ नेत्र और प्राणों को मोहित करता हुआ वह आनन्द-सागर कृष्ण आ रहा है।

सवैया

अति सुन्दर री ब्रजराजकुमार महा मृदु बोलनि बोलत है।
लखि नैन की कोर कटाक्ष चलाइ कै लाज की गाँठन खोलत हैं।
सुनि री सजनी अलबेलो लला वह कुंजनि कुंजनि डोलत है।
रसखानि लखें मन बूड़ि गयौ मधि रूप के सिंधु कलोकत है।। 36।।

शब्दार्थ—महामृदु = अत्यन्त मधुर। बूड़ि गयौ = डूब गया। मधि = मध्य में, अन्दर। कलोलत है = किल्लोलें करता है।

अर्थ—कोई गोपी अपनी सखी से कृष्ण की शोभा का वर्णन करती हुई कहती है कि हे सखि! कृष्ण अत्यन्त सुन्दर हैं और वे अत्यन्त मधुर वाणी बोलते हैं। वे मुझे देखकर अपने नेत्रों की कोरों से कटाक्ष चलाकर लाज को दूर कर देते हैं; अर्थात् उनसे इतना प्रेम हो जाता है कि लोक-लाज की कोई चिन्ता नहीं रहती। हे सजनी! सुनो, वह विलक्षण कृष्ण प्रत्येक कुंज में घूमता रहता है। उस आनन्द-सागर कृष्ण को देखकर मेरा मन उसके रूप सागर में डूबकर किल्लोलें करता है।

विशेष—रूपक अलंकार।

पाठान्तर—इस सवैये की दूसरी पंक्ति का यह रूप भी मिलता है—

'वह नैन की कोरि कटाछन लाय कै लाज की ग्रंथनि खोलत है।'

तुलना— 'चित चष जाय परे शोभा के समुद्र माँझ,
रही न संभार कछु और भई पल में।
मन मेरो गरुवो गयौ री बूड़ि मैं न पायो,
नैन मेरे हरूवे तिरत रूप जल में।' —**गंग कवि**

सवैया

तैं न लख्यौ जब कुंजनि तें बनिकै निकस्यौ भटक्यौ मटक्यौ री।
सोहत कैसो हरा टटक्यौ अठ कैसो किरीट लसै लटक्यौ री।
को रसखानि फिरै भटक्यौ हटक्यौ ब्रज लोग फिरै भटक्यौ री।
रूप सबै हरि वा नट को हियरे अटक्यौ अटक्यौ अटक्यो री।। 37।।

शब्दार्थ—बनिकै = सुन्दर रूप धारण करके। हरा = हार। किरीट = मुकुट। भटक्यौ = रूप से झकझोरा हुआ। हटक्यौ = मना करने पर भी।

अर्थ—कोई गोपी अपनी सखी से कृष्ण के सौन्दर्य का वर्णन करती हुई कहती है कि हे सखि! तब कृष्ण भटकता हुआ और मटकता हुआ सुन्दर रूप धारण करके कुंज में से निकलता था, तब तूने उसे नहीं देखा। उसके हृदय पर पड़ा हुआ हार कितना शोभायमान था और सिर पर लटकता हुआ मुकुट कितना सुन्दर दिखाई पड़ रहा था। रसखान कहते हैं कि ब्रजवासियों के मना करने पर भी वह रूप से झकझोरा

हुआ कृष्ण भटकता हुआ फिर रहा था। उस नटवर कृष्ण का सारा सौन्दर्य मेरे हृदय में अटक गया है; अर्थात् उसके सौन्दर्य का गम्भीर प्रभाव मेरे हृदय पर पड़ा है।

विशेष—अन्तिम पंक्ति में 'अटक्यौ' शब्द की तीन बार आवृत्ति प्रभावशीलता में सहायक है। वीप्सा अलंकार।

पाठान्तर—इस सवैये की अन्तिम पंक्ति का यह रूप भी मिलता है—

'रूप सबै हरि वा नट को हियरे फटक्यौ भटक्यौ अटक्यौ री।'

सवैया

नैननि बंक बिसाल के बाननि झेलि सकै अस कौन नवेली।
बेचत है हिय तीछन कोर सुमार गिरी तिय कोटिक हेली।।
छौड़ै नही छिनहूं रसखानि सु लागी फिरै द्रुम सों जनु बेली।
रौरि परी छबि की ब्रजमंडल कुंडल गंडनि कुंतल केली।। 38।।

शब्दार्थ—नवेली = नई युवती। सुमार = भयंकर मार से। कोटिक = करोड़ों। हेली = सखी। द्रुम = वृक्ष। रौरि = कोलाहल। कुंडल गंडनि कुन्तल केली = कुंडल से सुशोभित गंडस्थल पर केशों की क्रीड़ा।

अर्थ—कोई गोपी अपनी सखी से कहती है कि हे सखि! ऐसी कोई भी युक्ति नहीं है जो कृष्ण के वक्र एवं विशाल नेत्र रूपी बाणों की चोट को सह सके। ये बाण अपनी तीक्ष्ण नोकों से हृदय को बेधते हैं और करोड़ों नारियाँ इनकी भयंकर मार से गिर गई हैं। आनन्द-सागर कृष्ण फिर उन नारियों से क्षणभर के लिए भी नहीं छोड़े जाते और वे उनसे इसी प्रकार चिपट जाती हैं जिस प्रकार वृक्ष से बेल लिपट जाती है। सारे ब्रज में कृष्ण की शोभा तथा उनके कुंडल से सुशोभित गंडस्थल पर केशों की क्रीड़ा का कोलाहल मचा हुआ है।

विशेष—रूपक और उत्प्रेक्षा अलंकार।

सवैया

अलबेली बिलोकनि बोलनि औ अलबेलियै लोल निहारन की।
अलबेली सी डोलनि गंडनि पै छबि सों मिली कुंडल बारन की।
भटू ठाढ़ौ लख्यौ छबि कैसे कहौं रसखानि गहें द्रुम डारन की।
हिय मैं जिय मैं मुसकानि रसी गति को सिखवै निरवारन की।। 39।।

शब्दार्थ—अलबेली = विलक्षण। बिलोकनि = दृष्टि। लोल = चंचल। गंडनि पै = गंडस्थलों पर। बारन = हाथी। द्रुम = वृक्ष। निरवारन की = छूटने की।

अर्थ—कोई गोपी अपनी सखी से कृष्ण की शोभा का वर्णन करती हुई कहती है कि हे सखि! उसकी दृष्टि और वाणी विलक्षण है; उसकी चंचल दृष्टि भी विलक्षण-सी है। उसके कपोलों पर कुंडलों की छवि हाथी के गंडस्थल पर पड़ी हुई छवि की भाँति विलक्षण है। हे सखि! मैंने उसको (कृष्ण को) पेड़ की डालियाँ पकड़कर खड़े हुए देखा था। उस समय उसकी जो शोभा थी, उसका वर्णन नहीं किया जा सकता। उसकी रस

से भरी हुई मुसकान मेरे हृदय में और मन में भर गई है। उसको छूटने की मुझे कौन शिक्षा दे सकती है? अर्थात् किसी के कहने से ही वह नहीं छूट सकती।

पाठान्तर— 'अलबेली बिलाकनि बोलनि है अलबेली सु लोलनि हारन की।
अलबेली सी डोलनि गंडनि पै छबि कुंडल सों मिलि बारन की।
भटू ठाढ़ो लख्यौ छबि कैसे कही रसखान गहै द्रुम डारन की।
हिय में जिय में मुसकान रमी गति को सिखवै निरवारन की।।'

सवैया

बाँको बड़ी अँखियाँ बड़रारे कपोलनि बोलनि कौं कल बानी।
सुन्दर रासि सुधानिधि सो मुख मूरति रंग सुधारस-सानी।
ऐसी नवेली ने देखे कहूं ब्रजराज लला अति ही सुखदानी।
डालनि है बन बीथिन मैं रसखानि मनोहर रूप-लुभानी।। 40।।

शब्दार्थ—बड़रारे = बड़े, विशाल। कल = सुन्दर। सुधानिधि = चन्द्रमा। सुधारस-सानी = अमृत से युक्त।

अर्थ—कोई गोपी अपनी सखी से किसी अन्य नवीन गोपी का, जो कृष्ण से प्रेम करती है, वर्णन करती हुई कहती है कि हे सखि! जब से उस नवीन गोपी ने अत्यन्त सुख देने वाले, वक्र तथा विशाल नेत्र वाले, पुष्ट कपोल वाले मधुर भाषण करने वाले, सुन्दर हँसी वाले, चन्द्रमा के समान मुख वाले और अमृत जैसे प्रेम से युक्त शरीर वाले कृष्ण को देखा है, तब से वह उनकी खोज में वनों में और गलियों में घूमती फिर रही है तथा उनके मनोहर रूप पर लुब्ध हो गई है।

विशेष—द्वितीय पंक्ति में उपमा अलंकार।

सवैया

दृग इतने खिंचे रहैं कानन लौं लट आनन पै लहराइ रही।
छकि छेंल छबील छटा छहराह कै कौतुक कोटि दिखाइ रही।।
झुकि झूमि झमाकनि चूमि अमी चरि चाँदनी चन्द चुराइ रहा।
मन भाइ रही रसखानि महा छबि मोहन की तरसाइ रही।। 41।।

शब्दार्थ—कानन लौं = कानों तक। आनन = मुख। कौतुक = खेल।

अर्थ—कोई गोपी अपनी सखी से कृष्ण की शोभा का वर्णन करती हुई कहती है कि उनके दोनों नेत्र कानों तक खिंचे रहते हैं; अर्थात् उनके नेत्र विशाल हैं; उनके केश मुख पर लहराते रहते हैं उनकी सुन्दर शोभा की कांति बिखर कर करोड़ों प्रकार के खेल दिखा रही है। उनकी शोभा झुककर घूमकर और अमृत को चूमकर चन्द्रमा की चाँदनी को चुरा रही है। रसखान कहते हैं कि कृष्ण की महा छवि मनमोहक है, इसीलिए वह मन को तरसा रही है।

विशेष—द्वितीय और तृतीय पंक्ति में छेकानुप्रास तथा वृत्त्यनुप्रास।

सवैया

लाल लसै सब के सबके पट कोटि सुगन्धनि भीने।
अंगनि अंग सजे सब ही रसखानि अनेक जराउ नवीने।
मुकता गलमाल लसै सब ग्वार कुवार सिंगार सो कीने।
पै सिगरे ब्रज के हरि ही हरि ही कै हरैं हियरा हरि लीने।। 42।।

शब्दार्थ—कोटि = करोड़ों। जराउ = आभूषण।

अर्थ—कोई गोपी अपनी सखी से कृष्ण की छवि का वर्णन करती हुई कहती है कि हे सखि! सारे ग्वालों के सिर पर लाल पगड़ी सुशोभित हैं, सभी के वस्त्र करोड़ों प्रकार की सुगन्धियों से सुगन्धित हो रहे हैं। रसखान कहते हैं कि सभी के अंग अनेक प्रकार के आभूषणों से सुशोभित हैं। सभी के गलों में मोतियों की मालाएँ सुशोभित हैं, सारे युवक ग्वाल शृङ्गार किए हुए हैं, किन्तु श्रीकृष्ण सारे ब्रज के सिंह हैं अर्थात् सभी में श्रेष्ठ हैं। उन्होंने अपने हृदय पर पड़ी हुई लहलहाती वनमाला से ही सबके हृदय अपने वश में कर लिए।

विशेष—अन्तिम पंक्ति में यमक अलङ्कार।

सवैया

वह घेरनि धेनु अबेर सबेरनि फेरनि लाल लकुट्टनि की।
वह तीछन चच्छु कटाछन. की छबि मोरनि भौंह भृकुट्टनि की।।
वह लाल की चाल चुभी चित मैं रसखानि संगीत उघुट्टनि की।
वह पीत पटक्कनि की चटकानि लटक्कनि मोर मुकुट्टनि की।। 43।।

शब्दार्थ—घेरनि = घेरना। अबेर = देर से। सबेरनि = जल्दी से। घैरनि = घुमाना। लटक्कनि की = लाठी का। चच्छु = चक्षु, आँख। पटक्कनि की = वस्त्रों की।

अर्थ—कोई गोपी अपनी सखी से कृष्ण की शोभा का वर्णन करती हुई कहती है कि कृष्ण का देर से या जल्दी से गायों को घेरना, अपनी लाठी को घुमाना, आँखों के द्वारा तीक्ष्ण कटाक्ष करना, भौंह और भृकुटियों की मोड़ने की शोभा, संगीत की तानें बजाना, पीले वस्त्रों की फड़फड़ाहट और मुकुट का लटकना, ने कृष्ण की सभी चालें मेरे मन में घर कर गई हैं।

विशेष—अनुभावों की सुन्दर योजना है।

सवैया

साँझ समै जिहि देखति ही तिहि पेखन कौं मन मौं ललकै री।
ऊँची अटान चढ़ी ब्रजबाम सुलाज सनेह दुरै उझकै री।।
गोधन धूरि की धूंधरि मैं तिनकी छबि यौं रसखानि तकै री।
पावक के गिरि तें बुधि मानौ चुँवा-लपटी लपकै ललटै री।। 44।।

शब्दार्थ—साँझ समै = संध्या के समय में। पेखन कौं = देखने के लिए। ललकैं = इच्छा करना। धूँधरि मैं = धुँधलेपन में।

अर्थ—कोई गोपी अपनी सखी से कृष्ण के रूप का वर्णन करती हुई कहती है कि हे सखि! कृष्ण के रूप की शोभा इतनी आकर्षक है कि सन्ध्या के समय उसे ब्रज को लौटते समय देखकर मन उसे देखने के लिए इस प्रकार प्रबल इच्छा करने लगता है कि बज्र की युवतियाँ लज्जा और प्रेम के कारण ऊँची अटारियों पर चढ़कर उझक-उझक कर इसे देखने लगती हैं। रसखान कहते हैं कि गोओं के खुरों से उठी हुई धूलि से धुँधलेपन में कृष्ण की छबि इस प्रकार दिखाई देती है, मानो आग के पहाड़ से बुझकर धुएँ के बादल चढ़े आ रहे हों।

विशेष—उत्प्रेक्षा अलंकार।

सवैया

देखिक रास महाबन को इक गोपवधू कह्यौ एक बनू पर।
देखति हौ सखि मार से गोप कुमार बने जितने ब्रज-भू पर।
तीछें निटारि लखौ रसखानि सिंगार करौ किन कोऊ कछू पर।
फेरि फिरैं अँखियाँ ठहराति हैं कारे पितम्बर वारे के ऊपर।। 45।।

शब्दार्थ—मार = स्मर, कामदेव। तीछें = तिरछी दृष्टि।

अर्थ—कोई गोपी अपनी सखी से कृष्ण के द्वारा रचाई गई रासलीला का वर्णन करती हुई कहती है हे सखि! कृष्ण ने महाबन में रासलीला रची थी। जितने भी ब्रज के गोप हैं वे सब इस प्रकार से सजे हुए थे कि वे कामदेव की भाँति दिखाई पड़ते थे। मैंने तिरछी दृष्टि से उनको देखा, वे कुछ न कुछ शृंगार किए हुए थे। अथवा विविध प्रकार के शृंगारों से सुसज्जित थे। उन्हें देखने के बाद फिर दृष्टि पीताम्बरधारी कृष्ण पर जाती थी। वे भी इतने सुशोभित हो रहे थे कि आँखें बार-बार उन्हीं पर जाकर ठहरती थीं।

सवैया

दमकैं रवि कुण्डल दामिनी से धुरवा जिमि गोरज राजत है।
मुकताहल वारन गोपन के सु तौ बूँदन की छबि छाजत है।
ब्रजबाल नदी उमही रसखानि मयंकबधू दुति लाजत है।
यह आवन श्री मनभावन की बरषा जिमि आज बिराजत है।। 46।।

शब्दार्थ—रवि-कुंडल = सूर्य जैसी तेज चमक वाले कुंडल। दामिनी = बिजली। धुरवा = बादलों के स्तम्भ। गोरज = गउओं के पैरों से उठी हुई धूलि। मुकताहल = मोती। मयंकबधू = बीर बहूटी।

अर्थ—कोई गोपी अपनी सखी से कृष्ण की शोभा का वर्णन कर रही है। वह कहती है कि कृष्ण का ब्रज को लौटना वर्षा ऋतु के समान है। इसी वर्णन का सांगरूपक द्वारा यह प्रस्तुत किया है। कृष्ण के कानों में पड़े हुए सूर्य जैसी चमक वाले

कुंडल बिजली के समान चमकते हैं। गौओं के पैरों से उठी हुई धूलि बादलों के उमड़ने के समान प्रतीत होती है। गोपों पर वे मोतियों को बिखेर रहे हैं, जो वर्षाकाल में पड़ती हुई बूँदों के समान मालूम होती हैं। कृष्ण के दर्शन के लिए उमड़ी हुई ब्रजमालाओं के समूह मानो वर्षाकाल में उमड़ी हुई नहीं हैं। जिस प्रकार बादलों में आगमन से चन्द्रमा की ज्योति धूमिल पड़ जाती है, उसी प्रकार कृष्ण के सौन्दर्य के आगे बीरबहूटियों की शोभा मंद पड़ गई है। अतः मन को सुन्दर लगने वाले कृष्ण का ब्रज में आना ऐसा लग रहा है, मानो वर्षाऋतु आ गई है।

विशेष—सांगरूपक अलंकार।

सवैया

मोर किरीट नवीन लसै मकराकृत कुण्डल लोल की डोरनि।
ज्यों रसखान घने घन में दमकै बिबि दामिनि चाप के छोरनि।
मारि है जीव तो जीव बलाय बिलोक बजाय लौंनन की कोरनि।
कौन सुभाय सों आवत स्याम बजावत बैनु नचावत मौरनि।। 47।।

शब्दार्थ—किरीट = मुकुट। लसै = सुशोभित। मकराकृत कुंडल = मकर की आकृति के समान कुण्डल। लोल = चंचल। दमकै बिबि दामनि चाप के छोरनि = इन्द्र धनुष के दोनों सिरों पर बिजलियाँ दमक रही हैं। मारि है जीव तो जीव बलामा = यदि प्राण मार भी दिये जाएँ तो भी जीवन मुश्किल है; अर्थात् मरकर भी इस शोभा से छुटकारा नहीं मिल सकता। सुभाय = शोभा, सजधज।

अर्थ—कोई गोपी अपनी सखी से कृष्ण की शोभा का वर्णन करती हुई कहती है कि हे सखि! कृष्ण के सिर पर मोर-पंखों का मुकुट सुशोभित है। कानों के कुण्डल, जो मकर की आकृति के समान हैं, अपनी डोरियों पर झूलते हुए चंचल बन रहे हैं। वे ऐसे प्रतीत होते हैं जैसे इन्द्रधनुष के दोनों सिरों पर दो बिजलियाँ चमक रही हैं। कृष्ण के कटाक्षों की जो शोभा है, वह इतनी घनीभूत है कि उससे मरकर भी पीछा नहीं छूट सकता। वह देखो, वह कृष्ण बाँसुरी बजाता हुआ और अपने मोर-मुकुट को नचाता हुआ कितनी सजधज के साथ आ रहा है।

विशेष—यह छवि-वर्णन परम्परागत है।

तुलना—'चन्दन खौरि ललाट बिराजत मोरपंख सिर ऊपर सोहै।
कुण्डल लोल कपोल लसै मुरली के बजावत मो मन मोहै।
मोहि विलोकि विलोकि हँसै चितचोर बड़े-बड़े नैनन जोहै।
पूछति गोपवधू भगवंत या साँवरो सो जमुना-तट कोहै। —भगवन्त

सवैया

दोउ कानन कुण्डल मोरपखा सिर सोहै दुकूल नयो चटको।
मनिहार गरे सुकुमार धरे नट-भेस अरे पिय को टटको।
सुभ काछनी बैजनी पावन आवन मैन लगै झटको।
वह सुन्दर को रसखानि अली जु गलीन मैं आइ अबैं अटको।। 48।।

शब्दार्थ—कानन = कानों में। मोरपखा = मोर मुकुट। दुकुल = वस्त्र। चटको = चटकीला। मनिहार = मणियों का हार। टटको = नवीन वेश। सुभ = सुन्दर। पायन = पैरों में। आमन मैं = आने में।

अर्थ—कोई गोपी अपनी सखी से कृष्ण के सौन्दर्य का वर्णन करती हुई कहती है कि हे सखि! वह दोनों कानों में कुण्डल पहने हुए हैं। सिर पर मोर-पंखों का मुकुट सुशोभित है। नवीन चटकीला वस्त्र धारण किए हुए है। उनके गले में मणियों का हार है। वह प्रियतम नवीन तथा सुन्दर नटवेश धारण किए हुए है। उसकी कमर में सुन्दर काछनी है, पैरों में बजने वाली पैंजनी हैं जिसके कारण उसे चलने में कोई बाधा नहीं होती। हे सखि! वह सुन्दरता और आनन्द का सागर कृष्ण अब इन गलियों में आकर ठहर गया है।

विशेष—सौन्दर्य-वर्णन परम्परागत है।

पाठान्तर—इस सवैया की तृतीय पंक्ति का यह रूप भी मिलता है।

'सुभ काछनी बैंजनी पै अनी पाँवन आवत मैन लगै झटको।'

सवैया

काटे लटे की लटी लकुटी दुपटी सुफटी सोउ आधे कँधाहीं।
भावते भेष सबै रसखान न जानिए क्यों अँखियाँ ललचायीं।
तू कछू जानत या छबि कों यह कौन है साँबरिया बनमाहीं।
जोरत नैंन मरोरत भौंह निहोरत सैन अमेठत बाँही।। 49।।

शब्दार्थ—काटे लटे की = किसी वृक्ष की डाल से काटी हुई। लटी = छोटी सी। भावते भेष = मनोहर वेश-भूषा। जोरत नैन = आँखें मिलाता। मरोरत भों = भौंहों की मटकाता है। निहोरत सैन = नेत्रों के संकेतों से अनुनय-विनय करता है। अमेठत बाँही = बाँहे हिला-हिलाकर चलता है।

अर्थ—कृष्ण की छवि को देखकर कोई गोपी अपनी सखी से कहती है कि हे सखि! वह किसी वृक्ष की डाल से काटी हुई छोटी-सी छड़ी अपने हाथ में लिए हुए है। उसका दुपट्टा सुन्दर है जो उसक आधे ही कंधे पर पड़ा हुआ है। वह मनोहर वेश-भूषा धारण किए हुए है। न जाने क्यों मेरी आँखें उसकी ओर ललचाकर आकृष्ट हो गई हैं। हे सखि! क्या तुम जानती हो कि ऐसी शोभा से युक्त, वह सांवरा युवक जो बन में रहता है, वह कौन है? वह हर किसी युवती से आँखें मिलाता है, भौंहों को मटकाता है, नेत्रों के संकेतों से अनुनय-युवती से आँखें मिलाता है, भौंहों को मटकाता है, नेत्रों के संकेतों से अनुनयविनय करता है और अपने हाथों को हिला-हिलाकर इतराता हुआ चलता है।

विशेष—1. अंतिम पंक्ति में विविध भावों की सुन्दर योजना है।

2. यह सवैया श्री विश्वनाथप्रसाद मिश्र द्वारा सम्पादित रसखान-ग्रंथावली में नहीं है।

सवैया

कैसो मनोहर बानक मोहन सोहन सुन्दर काम ते आली।
जाहि बिलोकत लाज तजी कुल छूटो है नैननि की चल चाली।
अधरा मुसकान तरंग लसै रसखानि सुहाइ महाछबि छाली।
कुंज गली मधि मोहन सोहन देख्यौ सखी वह रूप-रसीली।।50।।

अर्थ—कोई गोपी अपनी सखी से कृष्ण के सौन्दर्य का वर्णन करती हुई कहती है कि हे सखि! कृष्ण का वेश अत्यन्त सुन्दर है। अपनी सुन्दरता में वह कामदेव की सुन्दरता से भी बढ़-चढ़कर है। उसको देखकर मैंने लाज त्याग दी है और नेत्रों की चंचल गति के साथ ही कुल छूट गया है। उनके होठों पर मुस्कान की लहरें सुशोभित हैं। वह आनन्द-सागर कृष्ण अत्यधिक शोभा से सुशोभित हो रहे हैं। हे सखि! मैंने उस सुन्दर कृष्ण को कुंज गली के अन्दर देखा था।

दोहा

मोहन छबि रसखानि लखि, अब दृग अपने नाहिं।
ऐंचे आवत धनुष से, छूटे सर से जाहिं।।51।।

शब्दार्थ—दृग = नेत्र। अपने नाहि = अपने वश में नहीं रहे। ऐंचे = सींचने पर। सर = बाण।

अर्थ—रसखान कहते हैं कि जब से कृष्ण की शोभा को देखा है, तब से ये मेरे नेत्र वश में नहीं रहे हैं। ये कृष्ण-छवि पर से बड़ी कठिनता से धनुष की भाँति खिंचते हैं, पर बाण की तरह तेजी से फिर वहीं पहुँच जाते हैं।

विशेष—उपमा अलङ्कार।

तुलना—'हरि रहीम ऐसी करी, ज्यों कमान सर पूर।
खैंचि आपनी ओर को, डारि दिया पुनि दूर।।' —रहीम

दोहा

या छबि पै रसखानि अब वारौं कोटि मनोज।
जाकी उपमा कविन नहिं रहे सु खोज।।52।।

शब्दार्थ—वारौं = न्यौछावर करता हूँ। कोटि = करोड़ों। मनोज = कामदेव। सु = भली प्रकार से, तन्मय होकर।

अर्थ—रसखान कृष्ण की छवि का वर्णन करते हुए कहते हैं कि मैं कृष्ण की इस शोभा पर करोड़ों कामदेव न्यौछावर करता हूँ। कृष्ण की छवि की उपमा अभी तक कवियों को नही मिली है। और वे अब भी पूर्ण तन्मय होकर उसके लिए उचित उपमा की खोज कर रहे हैं।

विशेष—अतिशयोक्ति अलंकार।

प्रेम लीला

कवित्त

कदम करीर तरि पूछनि अधीर गोपी।
आनन रुखोर गरों खरोई भरोहों स्रो।
चोर हो हमारो प्रेम-चौंतरा मैं हार्‌यौ
गराविन तें निकसि भाज्यौ है करि लजैरौं सो।
ऐसे रूप ऐसो भेष हमैहूं दिखैयौ, देखि।
देखत ही रसखानि नेननि चुभेरौं सो।
मुकुट झुकोहों हास हियरा हरौहों कटि,
फेटा पिपरोहों अंगरंग साँवरौहौं सौ।।53।।

शब्दार्थ—तीर = किनारा। गरावनि = बंधन। पिपरोहों = पीला।

अर्थ—कोई व्याकुल गोपी यमुना के किनारे से, कदम्ब तथा करील से पूछती है कि तुम्हारे साथ रहने वाला वह कृष्ण कहाँ चला गया जिसका मुख मलीन है। ग्रीवा अत्यन्त भरी हुई है, अर्थात् पुष्ट है। वह प्रेम रूपी खेल में हारा हुआ हमारा चोर है जो लज्जित-सा होकर हमारे बंधन (फंदे) से निकल कर भाग गया है। अत्यन्त सुन्दर रूप और केश को हमें दिखाने वाला, जिसे देखते उसका सौन्दर्य आँखों में गड़ गया, वह कृष्ण कहाँ है? उसका मुकुट झुका हुआ है, उसके हृदय पर सुन्दर हार पड़ा हुआ है, वह अपनी कमर में पीला वस्त्र बाँधे हुए है और श्याम रंग का है।

विशेष—परोक्ष रीति से कृष्ण के सौन्दर्य का भावपूर्ण वर्णन है।

सवैया

भौंह भरी सुथरी बरुनी अति ही अधरानि रच्यौ रंग रातो।
कुण्डल लोल कपोल महाछबि कुंजन तैं निकस्यौ मुसकातो।।
छूटि गयौ रसखानि लखै उर भूलि गई तन की सुधि सातो।
फूटि गयौ सिर तैं दधि भाजन टूटिगौ नैनन लाज को नातो।।54।।

शब्दार्थ—सुथरी = सुन्दर। बरुनी = पलकें। रंग रातो = लाल रंग। लोल = चंचल। सातो = सातें इन्द्रियों (पाँचों ज्ञानेन्द्रियाँ मन और बुद्धि)।

अर्थ—कृष्ण से भेंट हो जाने पर गोपी की क्या दशा हुई, उसी का वह वर्णन अपनी सखी से करती हुई कहती है कि हे कृष्ण के भौंहें भरी हुई थीं, पलकें सुन्दर थीं और अधर लाल रंग से रंगे हुए से जान पड़ते थे; अर्थात् वे लालिमा से भरे हुए थे। उनके कानों में कुण्डल थे जिनकी चञ्चलता (हिलने-डुलने) के कारण कपोलों पर भारी शोभा व्याप्त थी। ऐसा सौन्दर्य धारी कृष्ण कुंजों में से मुसकराता हुआ निकला। उस आनन्द-सागर कृष्ण को देखते ही मेरा हृदय जोर-जोर से धड़कने लगा, मेरी सातों इन्द्रियाँ (पाँच ज्ञानेन्द्रियों, मन और बुद्धि) अपनी सुधि-बुधि भूल गईं। मैं इतनी बेसुध-सी हो गई कि मुझे अपने सिर पर रक्खे हुए दही के मटके का भी ध्यान नहीं

रहा और वह सिर से पृथ्वी पर गिर कर फूट गया तथा आँखों से लाज का सम्बन्ध समाप्त हो गया; अर्थात् मैं नारी-सुलभ लज्जा को त्याग कर बहुत देर तक उसे निर्निमेष दृष्टि से देखती रही।

सवैया

जात हुती जमुना जल कौं मनमोहन घेरि लयौ मग आइ कै।
मोद भर्‌यौ लपटाइ लयौ पट घूँघट ढारि दयौ चित चाइ कै।
और कहा रसखानि कहौं मुख चूमत घातन बात बनाइ कै।
कैसे निभै कुल-कानि रही हिये साँवरी मूरति की छबि छाइ कै।।55।।

अर्थ—कोई गोपी अपनी सखी से पनघट-लीला का वर्णन करती हुई कह रही हे कि हे सखि! मैं यमुना में पानी भरने के लिए जा रही थी कि कृष्ण ने आकर मेरा रास्ता रोक लिया। प्रसन्न होकर उसने मुझे अपने शरीर से लिपटा लिया और जान-बूझकर उसने मेरे मुख पर पड़ा हुआ घूँघट हटा दिया। हे सखि! मैं और तो क्या कहूँ, बातें बनाकर और अवसर निकाल कर मेरा मुख चूमने लगा। अब वंश की मर्यादा का पालन किस प्रकार हो सकता है, क्योंकि मेरे हृदय में कृष्ण की साँवरी मूर्ति की शोभा बस गई है।

सवैया

जा दिन ते निरख्यौ नंदनंदन कानि तजी कर बंधन टूट्यौ।
चारु बिलोकिन कीनी सुमार सम्हार गई मन मोर ने लूट्यौ।
सागर कों सलिला जिमि धावे न रोकी रुकै कुलको पुल टूट्यौ।
मत्त भयौ मन संग फिरे रसखानि सरूप सुधारस घूट्यौ।।56।।

शब्दार्थ—निरख्यौ = देखा। कानि = मर्यादा। चारु = सुन्दर। बिलोकिनि = दृष्टि। सुमार = गहरी चोट। सम्हार = सुधि। मार = स्मर, कामदेव। सलिल = नदी। सरूप = सौन्दर्य।

अर्थ—कोई गोपी अपनी सखी से कृष्ण के सौन्दर्य का वर्णन करती हुई कहती है कि सखि! जिस दिन से मैंने कृष्ण को देखता है, उसी दिन से मर्यादा त्याग दी है, घर का बंधन छूट गया है। उसकी सुन्दर दृष्टि ने मेरे हृदय पर गहरी चोट की है जिसके कारण मैं अपनी सुधि खो बैठी हूँ और कामदेव ने मेरे मन को लूट लिया है। जिस प्रकार नदी अपना पुल तोड़कर सागर की ओर दौड़ती है और रोके से नहीं रुकती, उसी प्रकार मेरे कुल की मर्यादा का पुल टूट गया है और मेरा मन अबाध गति से कृष्ण की ओर दौड़ रहा है। मेरा मन पागल हो गया है और यह आनन्द-सागर कृष्ण के साथ-साथ फिरता है क्योंकि इसने उनके सौन्दर्य के अमृत के आनन्द को पी लिया है।

विशेष—दृष्टांत और रूपक अलंकार।

सवैया

सुधि होत बिदा नर नारिन की दुति दीहि परे बहियाँ पर की।
रसखान बिलोकत गुञ्ज छरानि तजैं कुल कानि दुहूं घर की।
सहरात हियौ फहरात हवाँ चितबैं कहरानि पितंबर की।
यह कौन खरौ इतरात गहै बलि की बहियाँ छहियाँ बर की।।57।।

शब्दार्थ—बहियाँ पर की = भुजा की। गुंज छरानि = गुंज की माला को। दुहूँ घर की = दोनों घरों की। पिता तथा श्वसुर के घर की = सहराता। सहराता हियो = हृदय शीतल होता है, अपार आनन्द मिलता है। फहरात हवाँ = शरीर रोमांचित होता है। बलि की = बलराम की। छहियाँ बट की = बट वृक्ष की छाया।

अर्थ—कोई गोपी अपनी सखी से कृष्ण के रूप का वर्णन करती हुई कहती है कि जिसकी भुजाओं की शोभा पर दृष्टि पड़ते ही नर-नारियों की सुधि नष्ट हो जाती है। जिनके गले में पड़ी हुई गुंजों की माला को देखते ही नारियाँ अपने पिता और श्वसुर के घरों की मर्यादा को भूलकर उन्हें प्रेम करने लगती हैं। उनके पीले वस्त्र की फहरान को देखकर हृदय को अपार आनन्द मिलता है और सारा शरीर रोमांचित हो जाता है। हे सखि! यह बताओ तो, वट-वृक्ष की छाया में बलराम की बाँह पकड़कर इतराता हुआ वह कौन खड़ा है?

विशेष—1. इस सवैया में अनुभावों की योजना है।

2. श्री विश्वनाथ प्रसाद मिश्र द्वारा सम्पादित 'रसखान-ग्रंथावली' में यह सवैया नहीं है।

सवैया

ए सजनी मनमोहन नागर आगर दौर करी मन माहीं।
सास के त्रास उसास न आवत कैसे सखी ब्रजवास बसाहीं।
माखी भई मधु की तरुनी बरनीन के बान बिंधीं कित जाहीं।
बीथिन डोलति हैं रसखानि रहैं निज मन्दिर में पल नाहीं।।58।।

शब्दार्थ—आगर = निधि। त्रास = भय। तरुनी = युवती। बरुनीन = पलकें यहाँ वक्र-दृष्टि से तात्पर्य है। बीथिन = गलियों। मन्दिर = घर।

अर्थ—कोई गोपी अपनी सखी से कृष्ण की प्रेम-लीला का वर्णन करती हुई कहती है कि हे सजनी! कृष्ण अत्यन्त चतुर हैं। उन्होंने मेरे मन में दौड़कर ली है, अर्थात् मेरे मन में समा गये हैं। सासु के डर से मुझे तो साँस भी नहीं आते। इस विषम स्थिति में, तुम्हीं बताओ, मैं ब्रज में किस प्रकार रह सकती हूँ? अर्थात् ब्रज में रहना मेरे लिए एक विकट समस्या बन गया है। ब्रज की सारी युवतियाँ शहद की मक्खियाँ बनी हुई हैं, क्योंकि जिस प्रकार शहद की मक्खी अपने ही बनाये हुए शहद में फँस जाती है, उसी प्रकार सारी ब्रज-युवतियाँ अपने ही किए हुए प्रेम में फँसी हैं। वे सब कृष्ण की वक्र-दृष्टि के बाण में बिंधी हुई हैं। उन्हें पता नहीं कि वे किधर जायें;

अर्थात् कृष्ण के प्रेम में पड़कर वे किंकर्त्तव्यविमूढ़ बन गई हैं। वह आनन्द-सागर कृष्ण पलभर के लिए भी अपने घर नहीं ठहरता, बल्कि सदैव ब्रज की गलियां में घूमता रहता है।

सवैया

सखि गोधन गावत हो इक ग्वार लख्यौ वहि डार गहें बट की।
अलकावलि राजति भाल बिसाल लसै बनमाल हिये टटकी।
जब तें वह तानि लगी रसखानि निवारै को या मग हौं भटकी।
लटकी लट मों दृग-मीननि सों बनसी जियवा नट की अटकी।।59।।

शब्दार्थ—इक ग्वार = एक ग्वाला, कृष्ण। वट = वृक्ष। अलकावलि = केशराशि। निवारै = रोकना। बनसी = बंसी, मछली को पकड़ने का काँटा।

अर्थ—कोई गोपी अपनी सखि से कृष्ण के सौन्दर्य को तथा तज्जन्य प्रभाव का वर्णन करती हुई कहती है कि हे सखि! गोचारण का गीत गाते हुए मैंने कृष्ण को उसकी वृक्ष की डाल पकड़कर खड़े हुए देखा था, जिस वृक्ष की डाल को वे प्रायः पकड़ा करते हैं। उनके विशाल मस्तक पर केश तथा हृदय पर बनमाल सुशोभित थी। जब से उस आनन्द-सागर कृष्ण की बंशी की तान मैंने सुनी है, तब से कोई भी मुझे उसके प्रभाव से नहीं रोक सका है और मैं प्रत्येक मार्ग पर उसकी खोज के लिए भटकती फिर रही हूँ। उस नटनागर कृष्ण की लटकती हुई लटें मेरी आँखरूपी मछलियों के लिए मछलियाँ पकड़ने वाला काँटा बन गई हैं।

विशेष—अन्तिम पंक्ति में रूपक अलंकार।

सवैया

गाइ सुहाइ न या पैं कहूं न कहूं, यह मेरी गरी निकर्‌यौ है।
धीरसमीर कलिन्दी के तीर खर्‌यौ रटै आजु री डीठि पर्‌यौ है।
जा रसखानि बिलोकत ही सहसा ढरि राँग सो आँग ढर्‌यौ है।
गाइन घेरत हेरत सो पट फेरत टेरत आनि पर्‌यौ है।।60।।

शब्दार्थ—धीरसमीर = वृन्दावन के एक कुंज का नाम। कलिन्दी = यमुना। तीर = तट। डीठि पर्‌यौ है = दिखाई दिया है। ढारि राँग सो आँग ढर्‌यौ है = ढले हुए राँग की भाँति शरीर ढल गया है, अर्थात् शरीर बहुत ही शिथिल हो गया है। आनि = पर्‌यौ है। हृदय में बस गया है।

अर्थ—कृष्ण की सुन्दरता और उसके प्रति अपना आकर्षण व्यक्त करती हुई कोई-कोई गोपी अपनी सखी से कहती है कि हे सखि! मैंने कभी कृष्ण से अपनी गाय का दूध भी नहीं निकलवाया, न कभी वह मेरी गली से होकर ही निकला है जिसके कारण इससे मेरा पहला परिचय हो। मुझे तो वहाँ आज ही यमुना तट पर धीरसमीर कुंज में खड़ा हुआ दिखाई दिया है। आनन्द के सागर उस कृष्ण को देखते ही प्रेमाकर्षण के कारण मेरा सारा शरीर अत्यन्त शिथिल हो गया है। गायों को घेरता

हुआ, मेरी ओर देखता हुआ, अपने वस्त्रों को सँभालता हुआ और पुकारता हुआ, अपनी इन रमणीय मुद्राओं के कारण वह मेरे हृदय में बस गया है।

विशेष—1. प्रेमाकर्षण का वर्णन स्त्री-सुलभ रीति में हुआ है।

2. अन्तिम पंक्तियों में अनेक मुद्राओं के संकेत से घटना साकार हो गई है।

3. 'ढरि राँग सोर आँग ढर्‌यौ है' में उपमा अलंकार है।

सवैया

खंजन मीन सरोजन को मृग को मद गंजन दीरघ नैना।
कंजन ते निकस्यौ मुसकात सु पान पर्‌यौ मुख अमृत बैना।।
जाइ रटे मन प्रान बिलोचन कानन में रचि मानत चैना।
रसखानि कर्‌यौ घर मो हिय में निसिवासर एक पलौ निकसे ना।।61।।

शब्दार्थ—सरोजन को = कमल को। मद = घमण्ड। गंजन = चूर-चूर करना। कानन में = बन में। निसिबासर = रात-दिन।

अर्थ—एक गोपी की कृष्ण से भेंट हो गई है। उसी का वर्णन करती हुई वह अपनी सखी से कह रही है कि कृष्ण के विशाल नेत्र खंजन, मीन, कमल और मृग के घमण्ड को भी चूर-चूर करने वाले हैं। ऐसे सुन्दर नेत्रों वाला कृष्ण कुंजों से मुसकराता हुआ बाहर आया। उसके अधरों पर मुख में लगे हुए पान की लाली थी और उसकी वाणी अमृत के समान सुख देने वाली थी। उसे देखते ही मेरा मन और मेरा प्राण मेरे वश में नहीं रहे। ये उसी बन में बसने में ही अपना आनन्द मानते हैं जहाँ कृष्ण से भेंट हुई थी। रसखान कवि कहते हैं कि वह गोपी अपनी सखी से कहने लगी कि कृष्ण ने तो मेरे हृदय में अपना घर ही कर लिया है और रात-दिन एक पल के लिए भी वह बाहर नहीं निकलता।

विशेष—तृतीय पंक्ति में विरोधाभास अलंकार है।

दोहा

मन लीनो प्यारे चितै, पै छटाँक नहिं देत।
यहै कहा पाटी पढ़ी, दल को पीछो लेत।।62।।

शब्दार्थ—मन = हृदय, चालीस सेर। छटाँक = कटाक्ष, सेर का सोलहवाँ भाग। पाटी चढ़ि = सीखा। दल को पीछो = ले लेना।

अर्थ—कृष्ण की चतुराई का वर्णन करते हुए रसखान कहते हैं कि हे कृष्ण! तुम अपनी छबि दिखाकर मन को तो ले लेते हो, पर उसके बदले कटाक्ष नहीं देते; अर्थात् तुम दूसरों को ही अपने ऊपर रिझाते हो, स्वयं नहीं रीझते। तुमने यह कहाँ से सीखा है कि केवल लेना ही जानते हो, देना नहीं।

द्वितीय अर्थ—प्रथम पंक्ति का द्वितीय अर्थ यह होता—

हे प्यारे! तुम बहकाकर चालीस सेर तो ले लेते हो, पर उसके बदले में सेर का सोलहवाँ भाग भी नहीं देते।

विशेष—श्लेष अलंकार।

तुलना—1. 'यह कौन धौं पाटी पढ़े हो लला मन लेहु पै देत छटाँक नहीं।'

—**घनानन्द**

2. 'साहु कहावत फिरत है, चित सरसाये चाव।
तेरे नैन दिवालिया, मन ले देत न पाव।।' —**रसनिधि**

दोहा

मो मन मानिक ले गयौ, चिते चोर नंदनंद।
अब बेमन मैं क्या करूँ, परी फेर के फन्द।।63।।

शब्दार्थ—बेमन = मन रहित, उदास। फेर = दुख। फंद = बंधन।

अर्थ—कोई गोपी कृष्ण के प्रति अपने प्रेम का वर्णन अपनी सखी से करती हुई कहती है कि हे सखि! मेरे मनरूपी मोती को चित्तचोर कृष्ण चुराकर ले गया है। अब मैं उदास हूँ। मैं तो वियोग दुःख के बन्धन में बँध गई हूँ।

विशेष—अनुप्रास और रूपक अलंकार।

दोहा

नैन दलालनि चौहटें, मन मानिक पिय हाथ।
रसखाँ ढोल बजाइके, बेच्यौ हिय जिय साथ।।64।।

शब्दार्थ—दलालनि = दलालों ने। चौहटें = चौक में, बाजार में।

अर्थ—कोई गोपी अपनी सखी से कृष्ण के प्रति अपने प्रेम का वर्णन करती हुई कहती है कि इन नेत्र-रूपी दलालों ने मेरे हृदय को बीच बाजार में बेच दिया, कृष्ण ने मेरे प्राणों को अपने वश में कर लिया। इस प्रकार मैंने ढोल बजाकर (प्रकट रूप से) अपने मन और प्राणों को बेच दिया है।

विशेष—1. रूपक अलंकार।

2. द्वितीय पंक्ति में मुहावरे का भावपूर्ण प्रयोग।

सोरठा

प्रीतम नन्दकिशोर, जा दिन तें नेननि लग्यौ।
मन पावन चित्त चोर, पलक ओट नहिं सहि सकौं।।65।।

शब्दार्थ—जादिन ते नेननि लग्यौ = जिस दिन से देखा है। पलक ओट = निमिष भर के लिए भी।

अर्थ—कोई गोपी अपने प्रेम को अपनी सखी से प्रकट करती हुई कह रही है कि जिस दिन से मुझे प्रियतम कृष्ण दिखाई दिये हैं, उसी दिन से उस मनभावन और चितचोर के वियोग को मैं एक पल के लिए भी सहन नहीं कर पाती।

बंक बिलोचन

सवैया

मैन मनोहर नैन बड़े सखि सैननि ही मनु मेरो हर्‌यौ है।
गेह को काज तज्यौ रसखानि हिये ब्रजराजकुमार अर्‌यौ है।।
आसन-बासन सास के आसन पाने न सासन रंग पर्‌यौ है।
नैननि बंक बिसाल की जोहनि मत्त महा मन मत्त कर्‌यौ है।।66।।

शब्दार्थ—मैन मनोहर = कामदेव के समान सुन्दर। आसन-बासन = आशाओं की वासना से। त्रासन = डर। सासन = साँसों में। रंग = प्रेम। मत्त = उन्मत्त, पागल।

अर्थ—कोई गोपी अपनी सखी से कृष्ण के प्रति अपने प्रेम का वर्णन करती हुई कहती है कि हे सखि! कृष्ण के नेत्र कामदेव के नेत्रों के समान सुन्दर और विशाल हैं। उन नेत्रों के संकेत से ही उसने मेरे मन को हर लिया है। रसखान कहते हैं कि तभी से कृष्ण हमारे हृदय में बस गया है और उसके प्रेम के कारण मैंने घर का काम करना भी छोड़ दिया है। आशाओं की वासनाएँ सासु के भय को भी नहीं मानतीं, क्योंकि मेरी साँसों में कृष्ण का प्रेम भरा हुआ है। कृष्ण ने अपने विशाल नेत्रों की तिरछी दृष्टि से मेरे मन को अत्यन्त पागल बना दिया है।

विशेष—तृतीय पंक्ति में अनुप्रास अलंकार।

सवैया

भटू सुन्दर स्याम सिरोमनि मोहन जोहन मैं चित्त चोरत है।
अबलोकन बंक बिलोचन मैं ब्रजबालन के दृग जोरत है।।
रसखानि महावत रूप सलोने को मारग तें मन मोरत है।
ग्रह काज समाज सबै कुल लाज लला ब्रजराज को तोरत है।।67।।

शब्दार्थ—भटू = सखी। सिरोमनि = शिरोमणि। दृग जोरत है = आँखें मिलाता है, प्रेम करता है। सलोने को = सौन्दर्य को।

अर्थ—कोई गोपी अपनी सखी से कृष्ण के प्रति अपने प्रेम का वर्णन करती हुई कहती है कि हे सखि! सुन्दर और शिरोमणि कृष्ण मन को मोहने वाला है और देखते ही मन को चुरा लेता है। वह अपने वक्र नेत्रों से देखते ही ब्रजवालाओं के नेत्रों को अपने नेत्रों से जोड़ लेता है। रसखान कहते हैं कि उसका सौन्दर्यरूपी महावत हमारे मन रूप हाथी को अपने मार्ग में मोड़ देता है। वह ब्रजराज सभी गृह-कार्यों को, समाज को और कुल की लाज को तोड़ देता है।

विशेष—रूपक अलंकार।

पाठान्तर—इस सवैया की तृतीय पंक्ति का यह रूप भी मिलता है—
'रसखान महावत रूप सलौने को मारग ते मन मोरत है।'

सवैया

आली लला घन सों अति सुन्दर तैसो लसे पियरो उपरैना।
गंडनि पै छलकै छवि कुंडल मंडित कुंतल रूप की सैना।
दीरघ बंक बिलोकनि की अबलोकनि चोरति चित्त को चैना।
मो रसखानि रट्यौ चित्त री मुसकाइ कहे अधरामृत बैना।।68।।

शब्दार्थ—पियरो = पीला। उपरैना = वस्त्र। कुन्तल = केश, माला। सैना = सेना।

अर्थ—कोई गोपी अपनी सखी से कृष्ण की शोभा का वर्णन करती हुई कहती है कि सखि! वे श्याम कृष्ण बादल से सुन्दर हैं। उसी प्रकार उनके शरीर पर पीला वस्त्र सुशोभित है। उनके कपोलों पर कुंडलों की शोभा झलक रही है। सुन्दर केश रूप का समूह हैं; अथवा रूप की सेना सुन्दर भाले लिए हुए हैं। वे अपने दीर्घ नेत्रों की वक्र-दृष्टि से देखते ही मन के चैन को चुरा लेते हैं। हे सखि! उस आनन्द-सागर कृष्ण ने मुस्कारकर तथा अपने होठों से अमृत जैसे शब्दों को बोलकर मेरे मन को हर लिया है।

सवैया

वह नंद को साँवरो छैल अली अब तौ अति ही इतरान लग्यौ।
नित घाटन बाटन कुंजन मैं मोहिं देखत ही नियरान लग्यौ।
रसखानि बखान कहा करियै तकि सैननि सों मुसकान लग्यौ।
तिरछी बरखी सम मारत है दृग-बान कमान मुकान लग्यौ।।69।।

शब्दार्थ—छैला = छैला। अली = सखी। नियरान = समीप। मुकान लग्यौ = कानों तक खींचकर।

अर्थ—कोई गोपी अपनी सखी से कृष्ण की आदतों का वर्णन करती हुई कहती है कि हे सखि! वह नन्द-पुत्र छैला कृष्ण अब तो बहुत अधिक इतराने लगा है। वह प्रतिदिन घाटों पर, मार्गों पर और कुंजों में मुझे देखकर मेरे समीप आने लगा है; अर्थात् जहाँ भी मुझे देखता है, मेरे पास चला आता है। रसखान कहते हैं कि मैं कहाँ तक उसकी आदतों का वर्णन करूँ। वह मेरी ओर देखकर मुस्कराने लगता है। वह टेढ़ी दृष्टि को मुझ पर बरछी की भाँति मारता है और नेत्र-बाणों को कमान पर कानों तक खींचकर चलाता है।

विशेष—उपमा, रूपक अलंकार।

सवैया

मोहन रूप छकी बन डोलति घूमति री तजि लाज बिचारें।
बंक बिलोकनि नैन बिसाल सु दम्पति कोर कटाछन मारैं।।

रंगभरी मुख की मुसकान लखे सखी कौन जु देह सम्हारे।
ज्यौं अरबिन्द हिमन्त-करी झकझोरि कैं तोरि मरोरि कैं डारैं।। 70।।

शब्दार्थ—बंक बिलोकनि = तिरछी दृष्टि। रंगभरी = प्रेम भरी। अरबिन्द = कमल। हिमन्त-करी = हेमन्त रूपी हाथी।

अर्थ—कोई गोपी अपनी सखी के कृष्ण के रूप का तथा तज्जन्य प्रभाव का वर्णन करती हुई कहती है कि हे सखि! मैं कृष्ण के सौन्दर्य से उन्मत्त होकर तथा लोक-लाज को छोड़कर बन-बन घूमती फिर रही हूँ। कृष्ण की तिरछी दृष्टि, विशाल नेत्रों की कोर सभी को अपने कटाक्षों से मार देती है। हे सखि! कृष्ण के मुख की प्रेमभरी मुस्कान को देखकर कौन ऐसी युवती है जो अपने आप को सँभाल सकती है। अर्थात् सभी उस मुस्कान के वशीभूत हो जाती हैं और इस प्रकार व्यथित हो जाती हैं जैसे हेमन्त रूपी हाथी ने संकल को झटके से तोड़कर तथा मरोड़कर डाल दिया हो।

विशेष—रूपक और अर्थान्तरन्यास अलङ्कार है

पाठान्तर—इस सवैया का यह रूप भी मिलता है—

'मोहन रूप छकी बन डोलति घूमि गिरी तजि लाज बिचारैं।
बंक बिलोकनि नैन बिसाल सु दीपति कोर कटाछन मार।
रंग भरे मुख की मुसकानि लखै सखि को निज देह संभारैं।
ज्यौं अरविन्दहि मत्त करी झकझोरि कैं मोरि कैं तोहि कैं डारे।।'

सवैया

आज गई ब्रजराज के मन्दिर स्याम बिलोक्यौ री माई।
सोइ उठ्यौ पलिका कल कंचन बैठ्यौ महा मनहार कन्हाई।।
ए सजनी मुसकान लख्यौ रसखानि बिलोकनि बंक सुहाई।
मैं तब ते कुलकानि तजौ सुबजी ब्रजमण्डल मांह दुहाई।। 71।।

शब्दार्थ—मन्दिर = घर। पलिका = पलंग। कंचन = सोना। मनहार = मन को हरने वाला। बिलोकनि बंक = वक्र दृष्टि।

अर्थ—कोई गोपी अपनी सखी से कृष्ण की सुन्दरता का वर्णन करती हुई कहती है कि हे सखि! आज मैं कृष्ण के घर गई थी, वहाँ पर मैंने सुन्दर कृष्ण को देखा। वह मन को हरने वाला कृष्ण अपने सुन्दर सोने के पलंग पर सोकर बैठा था। हे सजनी! उस आनन्द-सागर कृष्ण को मुस्कराता हुआ तथा उनकी सुन्दर वक्रदृष्टि को देखकर मैंने तभी से कुल की मर्यादा को छोड़ दिया है; अर्थात् कृष्ण के प्रति अनुरक्त हो गई हूँ। इसी कारण ब्रजमण्डल में दुहाई मच रही है; अर्थात् कृष्ण सभी के मन को हनन करने वाले हैं, उससे बचने के लिए सारी ब्रज-युवतियाँ रक्षा के लिए उन्हें पुकार रही हैं।

पाठान्तर—इस सवैया की चौथी पंक्ति इस प्रकार भी मिलती है—
'मैं तृन लौं कुल कानि तजी सुबजी ब्रजमण्डल माँहि दुहाई।'

सवैया

मोहन के मन की सब जानति जोहन के मोहि मग लियौ मन।
मोहन सुन्दर आनन चन्द तें कुंजनि देख्यौ में स्याम सिरोमन।
ता दिन तें मेरे नैननि लाज तजी कुलकानि की डोलत हौं बन।
कैसी करौं रसखानि लगी जक री पकरी पिय के हित को पन।।72।।

शब्दार्थ—जोहन के मन = दृष्टि के द्वारा। सिरोमन = शिरोमणि। जक = धुन। हित को = प्रेम का। पन = प्राण।

अर्थ—कोई गोपी अपनी सखी से कह रही है कि हे सखि! कृष्ण के मन की सारी बातें मैं जानती हूँ। उसने दृष्टि के द्वारा मेरा मन अपने वश में कर लिया है। मैंने उस मोहने वाले और चन्द्रमा से सुन्दर मुख वाले श्याम शिरोमणि को जब से कुंज में देखा है, तभी से मेरे नेत्रों ने लोक-लज्जा और कुल की मर्यादा छोड़ दी है और मैं उसकी खोज में बन-बन घूम रही हूँ। रसखान कहते हैं कि हे सखि! अब मैं क्या करूँ! मुझे उनसे मिलने की धुन लगी हुई है और मैं उस प्रियतम के प्रेम के प्रण में बँधी हुई हूँ।

विशेष—द्वितीय पंक्ति में प्रतीप अलङ्कार है।

सवैया

लोक की लाज तज्यौ तबहिं जब देख्यो सखी ब्रजचन्द सलौनो।
खंजन मीन सरोजन की छबि गंजन नैन लला दिन होनो।
हेर सम्हारि सकै रसखानि सो कौन तिया वह रूप सुठोनो।
भौंह कमान सौं जोहन को सर बेधत प्राननि नन्द को छोनो।।73।।

शब्दार्थ—सलौनो = सुन्दर। सरोज = कमलों। गंजन = खंडित। हेरैं = देखकर। सुठोनो = सुन्दर। जोहन = देखना। छोनौ = पुत्र।

अर्थ—कोई गोपी अपनी सखी से कृष्ण के रूप का तथा उसके प्रति अपने आकर्षण का वर्णन करती है कि हे सखि! जब से मैंने सुन्दर कृष्ण को देखा है, तभी से मैंने लोकलाज त्याग दी है अर्थात् निर्भय होकर उसके प्रेम में डूब गई हूँ। कृष्ण के दिन-दिन शोभा धारण करने वाले नेत्र ऐसे सुन्दर हैं कि वे अपनी सुन्दरता के कारण खंजन, मछली और कमलों की शोभा को खंडित कर देते हैं। ब्रज में ऐसी कौन-सी स्त्री है जो उसकी शोभा देखकर स्वयं को सम्भाल सके; अर्थात् उससे प्रेम न करने लगे? उसकी भौंह कमान के समान हैं, चितवन वाण के समान हैं। भौंह-रूपी कमान पर चितवन-रूपी बाण चलाकर वह नन्द-पुत्र कृष्ण सभी के प्राणों को बींध देते हैं।

विशेष—अंतिम पंक्ति में रूपक अलङ्कार है।

मुस्कान माधुरी

सवैया

वा मुख की मुसकान भटू अँखियानि तें नेकु टरै नहिं टारी।
जौ पलकैं पल लागति हैं पल ही पल माँझ पुकारैं पुकारी।

दूसरी ओर तें नेकु चितै इन नैनन नेम गह्यौ बजमारी।
प्रेम की बानि कि जोग कलानि गही रसखानि बिचार बिचारी।। 74।।

शब्दार्थ—भटू = सखी। बजमारी = कठोर।

अर्थ—कोई गोपी अपनी सखी से कृष्ण के प्रति अपने प्रेम का वर्णन करती हुई कहती है कि हे सखि! कृष्ण के मुख की मुस्कान मेरी आँखों से हटाने पर भी नहीं हटती; अर्थात् हर समय मुझे वह मुस्कान याद आती है। यदि मेरी पलकें क्षण भर के लिए लग जाती हैं तो वह पल ही पल के पुकारों को पुकारने लगती है। दूसरी मुसीबत यह है कि इन आँखों ने कठोर नियम धारण कर लिया है। रसखान कहते हैं कि सोचने-समझने पर भी यह पता नहीं लगता कि प्रेम की आदत है अथवा भोग-विद्या।

विशेष—संदेह अलङ्कार।

सवैया

कातिग क्वार के प्रात सरोज किते बिकसात निहारे।
डीठि परे रतनागर के दरके बहु दामिड़ बिम्ब बिचारे।।
लाल सु जीव जिते रसखानि दरके, गति तोलनि मोलनि भारे।
राधिका श्रीमुरलीधर की मधुरी मुसकानि के ऊपर बारे।। 75।।

शब्दार्थ—कातिग = कार्तिक। सरोज = कमल। बिकसात = खिलते हुए। रतनागर = रत्नों के भण्डार। दरके = फटे हुए।

अर्थ—कोई गोपी अपनी सखी से श्रीकृष्ण और राधा की मुस्कान का वर्णन करती हुई कहती है कि हे सखि! मैंने कार्तिक और क्वार मास के प्रातः काल में कितने खिलते हुए कमलों को देखा है अनेक रत्नों के भण्डार देखे हैं तथा फटे हुए अनेक अनारों के बिम्बों पर भी विचार किया है, पर राधा, और कृष्ण की मुस्कान की शोभा के आगे ये नगण्य ही सिद्ध हुए हैं। रसखान कहते हैं कि इस भूमण्डल पर जितने भी प्राणी हैं उनसे कृष्ण के प्रेम की तोल और मृत्यु भारी ही है। ये सब राधा और कृष्ण की मधुर मुस्कान के ऊपर मैं न्यौछावर करती हूँ।

विशेष—तृतीय पंक्ति में जीव का अर्थ बंधूक भी किया जा सकता है।

सवैया

बंक बिलोचन हैं दुख-मोचन दीरघ रोचन रंग भरे हैं।
घमत बारुनी पान कियें जिमि झूमत आनन रूप ढरे हैं।
गंडनि पै झलकै छबि कुण्डल नागरि-नैन बिलोकि भरे हैं।
बालनि के रसखानि हरे मन ईषद हास के पानि परे हैं।। 76।।

शब्दार्थ—रोचन = लाल। दारुनी = शराब। नागरि-नैन = युवतियों के नेत्र। बिलोकि = देखकर। ईषद = थोड़ी-सी। पानि परे हैं = हाथों में पड़ गए हैं, वशीभूत हो गए हैं।

अर्थ—कोई गोपी अपनी सखी से अपने प्रेम का वर्णन करती हुई कहती है कि कृष्ण के बाँके नेत्र दुःख को दूर करने वाले हैं, विशाल हैं और लाल रंग प्रेम से भरे हुए हैं। वे ऐसे प्रतीत होते हैं, मानो वे मुख के सौन्दर्य की शराब पीकर झूम रहे हों। उनके कपोलों पर कुण्डलों की शोभा छलकती है जिसे देखकर ब्रज युवतियों के नेत्र उस शोभा में उलझ जाते हैं। रसखान कहते हैं कि कृष्ण की थोड़ी-सी मुस्कराहट में ही ब्रज-बालाओं के मन उस मुस्कराहट के वशीभूत हो गए हैं, अर्थात् उस मुस्कान के कारण ब्रज-बालाएँ कृष्ण के प्रेम में बँध गई हैं।

कवित्त

अब ही खरिक गई, गाइ के दुहाइबे कौं,
बावरी ह्वै आई डारि दोहनी यौ पानि की।
कोऊ कहै छरी कोऊ मौन परी कोऊ,
कोऊ कहै भरी गति हरी अँखियानि की।।
सास व्रत टानै नन्द बोलत सयाने धाइ,
दौरि-दौरि मानै-जानै खोरि देवतानि की।
सखी सब हँसैं मुरझानि पहिचानि कहूं,
देखी मुसकानि वा अहीर रसखानि की।। 77।।

शब्दार्थ—पानि = हाथ। सयाने = जादू-टोना करने वाले। खोरि = मनौती।

अर्थ—कृष्ण को देखकर कोई गोपी अपनी सुधि-बुधि खो बैठी है। इसी का वर्णन करती हुई एक गोपी अपनी राखी से कहती है कि हे सखि! अभी-अभी वह गौशाला में गाय का दूध निकालने के लिए गई थी, लेकिन वह अपने हाथ के दूध-पात्र को फेंककर पागल होकर वापस आ गई है। उसकी अवस्था को देखकर कोई तो यह कहती है कि किसी ने इसको छल लिया है, कोई कहती है कि यह स्तब्ध हो गई है, कोई कहती है कि यह डर गई है, कोई कहती है कि यह मर गई है और कोई कहती है कि इसकी आँखों की ज्योति ही नष्ट हो गई है। उसको अच्छा करने के लिए सासु अनेंक प्रकार के व्रतों को करने का संकल्प करती है, ननद दौड़-दौड़कर सयानों को बुला कर लाती है और जाने-अनजाने देवताओं की मनौती करती है। सारी सखियाँ उसकी मूर्च्छा को पहचान कर हँसती हैं और कहती हैं कि इसने आनन्द-सागर कृष्ण की कहीं मुस्कराहट को देख लिया है और यह उसी का प्रभाव है।

सवैया

मैन-मनोहर बैन बजै सु सजे तन सोहत पीत पटा है।
यौं दमकै चमकै झमकैं दुति दामिनि की मनौ स्याम घटा है।
ए सजनी ब्रजराजकुमार अटा चढ़ि फेरत लाल बटा है।
रसखानि महा मधुरी मुख की मुसकानि करै कुलकानि कटा है।। 78।।

शब्दार्थ—मैन = कामदेव। पटा = वस्त्र। दामिनि = बिजली। बटा = गेंद। कटा = नष्ट।

अर्थ—कोई गोपी अपनी सखी से कृष्ण के रूप का तथा तज्जन्य प्रभाव का वर्णन करती हुई कहती है कि हे सखि! वह कामदेव के समान मधुरवाणी बोलता है। उसके शरीर पर सुन्दर पीला वस्त्र सुशोभित है। उसके शरीर की कांति इस प्रकार चमकती और झमकती है, मानो काले बादल में बिजली चमक रही है। हे सजनी! कृष्ण अटारी पर चढ़कर अपनी लाल गेंद को फेंकते हैं। रसखान कहते हैं कि उसके मुख का भारी सौन्दर्य और उसकी मुस्कान कुल लज्जा को नष्ट कर देती है अर्थात् उसकी मुस्कराहट को देखकर ब्रज ललनायें उसके प्रेम में इतनी आबद्ध हो जाती हैं कि वे अपने कुल का मान मर्यादा का भी ध्यान नहीं रखतीं।

विशेष—उत्पेक्षा अलंकार।

सवैया

जा दिन तें मुसकानि चुभी चित ता दिन तें निकसी न निकारी।
कुण्डल लोल कपोल महा छबि कुंजन तें निकस्यो सुखकारी।।
हौ सखि आवत ही दगरें पग पैंड़ तजी रिझई बनवारी।
रसखानि परी मुसकानि के पाननि कौन गनै कुलकानि विचारी।।79।।

शब्दार्थ—लोल = चंचल। दगरें = मार्ग में। पैंड़ = मार्ग। पाननि = हाथो में।

अर्थ—कोई गोपी अपनी सखी से कृष्ण के प्रति अपने प्रेम का वर्णन करती हुई कहती कि हे सखि! जिस दिन से कृष्ण की मुस्कराहट मेरे मन में चुभी है उस दिन वह निकाले से नहीं निकलती। वह सुख देने वाला कृष्ण चंचल कुण्डलों को अपने कपोलों पर हिलाते हुए तथा अत्यन्त सौंदर्य धारण किये हुए कुंजों से निकला था। हे सखि! उसके मार्ग पर आते ही अर्थात् उसे देखते ही मैंने अपना मार्ग छोड़ दिया और मैं उस पर पूर्ण रूप से रीझ गई। अब तो मैं आनन्द-सागर कृष्ण की मुस्कान के हाथों में पड़ गई हूँ। ऐसी स्थिति में बेचारी कुल मर्यादा की गणना ही क्या है? अर्थात् ऐसी स्थिति में कुल-मर्यादा नहीं रह सकती।

विशेष—अन्तिम पंक्ति में मुहावरे का भावपूर्ण प्रयोग है।

पाठान्तर—इस सवैया की प्रथम पंक्ति इस प्रकार भी मिलती है—

'जा दिन तें मुसकान चुभी उर ता दिन तें जु भई बिजनारी।'

सवैया

काननि दै अँगुरी रहिबो जबहीं मुरली धुनि मन्द बजैहै।
मोहनी ताननि सों रसखानि अटा चढ़ि गोधन गैहै तौ गैहै।।
टेरि कहौं सिगरे ब्रज लोगनि काल्हि कोऊ सु कितौ समुझैहै।
माइ री वा मुख की मुसकानि सम्हारी न जैहे न जैहे न जैहे।।80।।

शब्दार्थ—काननि = कानों में।

अर्थ—कृष्ण के प्रति अपने अनुराग का वर्णन करती हुई एक गोपी अपनी सखी से कहती है कि जब कृष्ण की मन्द-मन्द मुरली बजती है, तब चाहे कोई मेरे कानों में अँगुरी दे दे, अर्थात् मुझे वह तान न सुनने दे, चाहे कृष्ण अटारी पर चढ़कर मोहने वाली तानों के साथ गोचारण के गीत गायें। मैं सारे ब्रज के लोगों से पुकार-पुकार कर इस बात को कहती हूँ कि कल चाहे कोई कितना ही समझाये परन्तु हे सखि! मुझसे कृष्ण के मुख की मुस्कान सम्भाली नहीं जाती। अर्थात् मैं कृष्ण के प्रेम में बहुत ही व्याकुल और उन्मत्त हो गई हूँ।

विशेष—1. अन्तिम पंक्ति में 'न जैहे' का वीप्सा-युक्त प्रयोग गोपी की मनोव्यथा को द्विगुणित कर रहा है।

2. 'काननि दै अँगुरी रहिबो मुहावरे का भावपूर्ण प्रयोग है।

तुलना— 'अब ही सुधि भूली हौं मेरी भटू,
भमरो जनि मीठी सी तानन में।
कुल-कानि जो आपनी राखी चहौ,
दैं रहौ अँगुरी दोउ कानन में।' —निवाज

सवैया

आजु सखी नन्द-नन्दन की तकि ठाढ़ौ हों कुंजन की परछाहीं।
नैन बिसाल की जोहन को सब भेदि गयौ हियरा जिन माहीं।
घाइल धूमि सुमार गिरी रसखानि सम्हारति अँगनि जाहीं।
एते पै वा मुसकानि की डौंड़ी बजी ब्रज मैं अबला कित जाहीं।।81।।

शब्दार्थ—हियरा जिय माहीं = हृदय के भी हृदय में। घूमि = चक्कर खाकर। सुमार = भयंकर मार। डौंडी = ढोल।

अर्थ—कोई गोपी अपनी सखी से कहती है कि हे सखि! आज मैंने कृष्ण को कुंजों की छाया में खड़े हुए देखा था। उसके विशाल नेत्रों का दृष्टि रूपी बाण मेरे हृदय को भी छेद गया। उस बाण की भयंकर मार से मैं घायल होकर तथा चक्कर खाकर पृथ्वी पर गिर पड़ी और मुझे अपने अंगों को भी संभालने का होश नहीं रहा। इतनी सी घटना घटित होने पर ही उसकी मुस्कान का, हम दोनों के प्रेम का ढाल समूचे ब्रज में बज गया। अब तुम्ही बताओ कि हम जैसी अबलाएँ इस ब्रज को छोड़कर और कहाँ जायें।

दोहा

ए सजनी लोनो लला, लखौ नन्द के देह।
चितयौ मृदु मुस्काइ कै, हरी सबै सुधि देह।।82।।

शब्दार्थ—लोनो = सुन्दर। लखौ = देखा। गेह = घर। हर = हरण कर लो, प्रसन्न हो गई।

अर्थ—कोई गोपी अपनी सखी से कृष्ण की छबि का वर्णन करती हुई कहती है कि हे सजनी! मैंने नन्द के घर में सुन्दर कृष्ण को देखा। उसने जब मधुर मुस्कान के साथ मेरी ओर देखा तो उसने मेरे शरीर की सारी सुधि का हरण कर लिया; अथवा मेरा रोम-रोम प्रसन्नता से खिल उठा।

विशेष—अन्तिम चरण में श्लेष अलंकार है।

कृष्ण सौन्दर्य

दोहा

जोहन नन्दकुमार कों, गई नन्द के गेह।
मोहिं देखि मुसकाइ कै, बरस्यौ मेह सनेह।। 83।।

शब्दार्थ—जोहन = देखने के लिए। गेह = घर। सनेह = प्रेम।

अर्थ—कोई गोपी अपनी सखी से कृष्ण के प्रति अपने प्रेम को प्रकट करती हुई कहती है कि हे सखि! कृष्ण को देखने के लिए मैं नन्द के घर गई थी। मुझे देखकर कृष्ण मुस्करा दिया। उसकी मुस्कराहट से प्रेम का मेंह बरसा। अर्थात् मैं उसके प्रेम में आबद्ध हो गई।

विशेष—रूपक अलंकार।

सवैया

मोरपखा सिर कानन कुण्डल कुंतल सों छबि गंडनि छाई।
बंक बिसाल रसाल बिलोचन हैं दुखमौचन मोहन माई।
आली नवीन यह घन सो तन पीट घट ज्यौं पठा बनि आई।
हौं रसखानि जकी सी रही कछु टोना चलाइ ठगौरी सी लाई।। 84।।

शब्दार्थ—रसाल = आनन्द देने वाली। पटा = वस्त्र। टोना = जादू। ठगौरी = ठग विद्या।

अर्थ—कोई गोपी अपनी सखी से कृष्ण के सौन्दर्य का वर्णन करती हुई कहती है कि हे सखि! कृष्ण के सिर पर मोरपंखा का मुकुट और कानों में कुण्डल सुशोभित हैं। उनके केशों की शोभा उनके कपोलों पर बिखरी हुई है। उनकी वक्र-दृष्टि आनन्द देने वाली और विशाल है। वह दुःख को दूर करने वाली तथा मन को मोहने वाली है। हे सखि! उनका श्याम शरीर नवीन विशाल बादल के समान है जिस पर पीले वस्त्र की शोभा बहुत ही प्रभावशाली है। रसखान कहते हैं कि मैं उनकी शोभा को देखकर स्तब्ध-सी रह गई और उसने मेरे ऊपर कुछ जादू-सा करके मुझे ठग लिया।

विशेष—तृतीय पंक्ति में उपमा अलंकार।

सवैया

जा दिन तें वह नंद को छोहरा या बन धेनु चराइ गयौ है।
मोहनी ताननि गोधन गावत बेन बजाइ रिझाइ गयौ है।

बा दिन सों कछु टोना सो कै रसखानि हियै मैं समाइ गयौ है।
कोऊ न काहू की कानि करै सिगरौ ब्रज वीर! बिकाइ गयौ है।।85।।

शब्दार्थ—छोहरा = पुत्र। गोधन = गोचारण के गीत। टोना = जादू। कानि करै = लज्जा करती है। बीर = सखी।

अर्थ—एक गोपी अपनी सखी से कहती है कि हे सखि! जिस दिन से वह नन्द-पुत्र कृष्ण इस बन में गायें चराकर गया है, मधुर तानों के साथ बंशी बजाकर तथा गोचारण के गीत गाकर रिझा गया है, उस दिन से कुछ जादू करके वह आनन्द-सागर कृष्ण हृदय में समा गया है। इसलिए यहाँ पर कोई भी स्त्री किसी प्रकार की लज्जा नहीं करती। वास्तविकता तो यह है कि सारा ब्रज ही उसके हाथों बिक गया है; अर्थात् ब्रज के सब नर-नारी पूर्ण रूप से ब्रज ही उसका हो गया हैं, उसे प्रेम करने लगे हैं।

पाठान्तर—इस सवैया की प्रथम पंक्ति का यह रूप भी मिलता है—

'ऐ सजनी वह नन्द को साँवरो या ब्रन धेनु चराइ गयौ है।'

सवैया

आयौ हुतौ नियरैं रसखानि कहा कहौं तू न गई वहि ठैया।
या ब्रज में सिगरी बनिता सब बारति प्राननि लेति बलैया।
कोऊ न काहु की कानि करैं कछु चेटक सो जु कियौ जदुरैंया।
गाइ गौ तान जमाइ गौ नेह रिझाइ गौ प्रान चराइ गौ गैया।।86।।

शब्दार्थ—आयौ हुतौ = आया था। रसखान = आनन्द-सागर कृष्ण। ठैया = स्थान। सिगरी = सब। बनिता = स्त्रियाँ। कानि करैं = लज्जा करती हैं। चेटक = जादू। जदुरैया = कृष्ण। नेह = स्नेह, प्रेम।

अर्थ—एक गोपी अपनी सखी से कहती है कि हे सखि! आज आनन्द-सागर कृष्ण पास आया था। क्या कहती हो कि तुम उस स्थान पर नहीं गई। इस ब्रज में सारी स्त्रियाँ कृष्ण के ऊपर अपने प्राणों को न्यौछावर करती हैं और उसकी बलैया लेती हैं। यहाँ पर सभी कृष्ण के प्रेम में इतनी उन्मत्त हैं कि कोई किसी की लज्जा नहीं करती। इस प्रकार का कुछ जादू-सा कृष्ण ने सबके ऊपर कर दिया है। वह कृष्ण तान बजाकर, हृदय में प्रेम उत्पन्न करके प्राणों को रिझाकर और गायों को चराकर चला गया।

विशेष—अन्तिम पंक्ति में विविध भावों की सुन्दर योजना है।

सवैया

कौन ठगौरी भरी हरि आजु बजाई है बाँसुरिया रंग-भीनी।
तान सुनीं जिनहीं तिनहीं तबहीं तित साज बिदा कर दीनी।
घूमैं घरी नन्द के द्वार नवीनी कहा कहूँ बाल प्रवीनी।
या ब्रज-मण्डल में रसखानि सु कौन भटू जू लटू नहिं कीनी।।87।।

शब्दार्थ—ठगौरी भरी = जादू से भरी हुई। रंगभीनी = प्रेम से पूर्ण।

अर्थ—कोई गोपी अपनी सखी से कृष्ण की बाँसुरी के प्रभाव का वर्णन करती हुई कहती है कि हे सखि! न जाने कृष्ण ने किस जादू से भरी हुई तथा प्रेम से परिपूर्ण बाँसुरी बजाई कि जिस भी गोपी ने उसे सुना, उसने भी उसी समय अपनी लाज को त्याग दिया, अर्थात् वह लाज त्यागकर अपने घर से बाहर निकल पड़ी। हे सुन्दर तथा प्रवीण सखि! तब से सभी गोपियाँ प्रत्येक समय नन्द के दरवाजे का चक्कर काटने लगीं। हे सखि! इस ब्रज में कोई भी ऐसी युवती नहीं है जिसे आनन्द-सागर कृष्ण ने अपने प्रेम के वश में नहीं कर लिया है।

विशेष—अन्तिम पंक्ति में 'लटू नहीं' कीनी मुहावरे का भावमय प्रयोग है।

तुलना—1. 'किती न गौकुल कुल-बधु, किहिं न काहि सिख दीन।
कीनैं तजी न कुली गली, है मुरली सुर-लीन।।' —**बिहारी**

2. 'सखि मोही न मोहन को मुख देखि,
सु ऐसी धौं गोकुल को कुल की।' —**ब्रह्म कवि**

सवैया

बाँकी धरै कलगी सिर 'ऊपर बाँसुरी-तान कटै रस बीर के।
कुण्डल कान लसैं रसखानि विलोकन तीर अनंग तुनीर के।
डारि ठगौरी गयौ चित चोरि लिए है सबैं सुख सोखि सरीर के।
जात चलावन मो अबला यह कौन कला है भला वे अहीर के।।88।।

शब्दार्थ—कलगी = मुकुट। अनंग = कामदेव। सोखि = सुजान।

अर्थ—कृष्ण के सौन्दर्य का वर्णन करती हुई कोई गोपी अपनी सखी से कहती है कि वह अपने सिर पर सुन्दर मोर मुकुट धारण किये हुए हैं, बाँसुरी में वह आनन्द से भरी हुई तान बजाता है। उसके कानों में कुण्डल शोभायमान है जिन्हें देखकर कामदेव के तूणीर के बाणों-जैसा प्रभाव पड़ता है अर्थात् मन काम-वासना के वशीभूत हो जाता है। ऐसा कृष्ण मेरे ऊपर जादू डालकर मेरा मन चुरा ले गया है और उसने मेरे शरीर के सारे सुखों को नष्ट कर दिया है। फिर वह कृष्ण को सम्बोधित करते हुए कहती है कि हे अहीर के पुत्र! इसमें तुम्हारी कौन सी वीरता है, जो तुम अबला पर काम-वाण चलाते हो।

विशेष—1. 'वे' शब्द का प्रयोग अत्यधिक आत्मीयता का सूचक है।
2. 'अबला' शब्द का सार्थक प्रयोग है अतः परिकर अलंकार है।

सवैया

कौन की नागरि रूप की आगरि जाति लिए संग कौन की बेटी।
जाको लसै मुख चंद-समान सु कोमल अँगनि रूप-लपेटी।।
लाल रही चुप लागि है डीठि सु जाके कहूं उर बात न मेरी।
टोकत ही टटकार लगी रसखानि भई मनौ कारिख-पेटी।।89।।

शब्दार्थ—आगरि = भंडार। लागि है डीठि = दृष्टि का लग जाना। बात = प्रणय करना। टटकार = तुरन्त, तत्काल। कारिख-पेटी = कालिख का सन्दूक।

अर्थ—जाती हुई राधा को देखकर कृष्ण एक गोपी से पूछते हैं कि यह युवती जो सौन्दर्य का भंडार है, जिनका मुख चन्द्रमा के समान सुशोभित है, सम्पूर्ण कोमल अंगों में छवि लिपटी हुई है, किसकी स्त्री है? किसके साथ जा रही है? इसके हृदय को अभी तक प्रणय की हवा नहीं लगी है, अतः मुझे डर है कि तुम्हारी दृष्टि इसे न लग जाये। रसखान कवि कहते हैं कि उसे टोकते ही वह तत्काल रुक गई और भय से इतनी स्याह पड़ गई मानो वह कालिख की सन्दूक बन गई हो।

विशेष—उपमा, उत्प्रेक्षा अलङ्कार।

सवैया

मकराकृत कुंडल गुंज की माल के लाल लसै पग पांवरिया।
बछरानि चरावन के मिस भावतो दै गयौ भावती भाँवरिया।
रसखानि बिलोकत ही सिगरी भईं बावरिया ब्रज-डाँवरिया।
सजती ईहिं गोकुल मैं विष सो बगरायौ हे नन्द के साँवरिया।।90।।

शब्दार्थ—मकराकृत = मकर की आकृति वाले। पाँवरिया = जूती। मिस = बहाने से। भावतो = प्रिय। भावती = सुहावनी। ब्रज डाँकरिया = ब्रज-बालाएँ। बगरायौ है = बिखेर दिया है।

अर्थ—कोई गोपी अपनी सखी से कहती है कि हे सखि! कृष्ण के कानों में मकर की आकृति वाले कुंडल गले में गुंजों की माला और पैरो में जूतियाँ सुशोभित थीं। वह प्रिय बछड़ों को चराने के बहाने से सुहावनी भाँवर दे गया। रसखान कहते हैं कि उसे देखते ही सारी ब्रज-बालाएँ पागल हो गईं। हे सजनी! ऐसा प्रतीत होता है कि नन्द कुमार कृष्ण इस गोकुल में विष बिखेर गया है, जिसके कारण सभी ब्रज-बालाएँ व्याकुल हैं।

विशेष—हेतूत्प्रेक्षा अलङ्कार।

रूप प्रभाव

सवैया

नवरंग अनंग भरी छवि सौं वह मूरति आँखि गड़ी ही रहैं।
बतिया मन की मन ही मैं रहै घतिया उर बीच अड़ी ही रहैं।
तबहूं रसखानि सुजान अली नलिनी दल बूँद पड़ी ही रहै।
जिय की नहिं जानत हौं सजनी रजनी अँसुवान लड़ी ही रहै।।91।।

शब्दार्थ—नवरंग = यौवन। अनंग = कामदेव। घतिया = प्रेम की घातें। रजनी = रात।

अर्थ—कोई गोपी अपनी सखी से कृष्ण के प्रति अपने प्रेम को प्रकट करती हुई कहती है कि हे सखि! कृष्ण का यौवन कामदेव की शोभा से भरा हुआ है; अर्थात्

उनका रूप अत्यन्त मनमोहक है। उनकी यह मनमोहक मूर्ति सदैव आँखों में समाई रहती है। उन्होंने जो मुझसे प्रेम भरी बातें की थीं, वे मन ही मन रह गई है; अर्थात् मैं किसी से उन्हें कह नहीं पाती। प्रेम की घातें हृदय के बीच अड़ी हुई हैं। रसखान कहते हैं कि हे सखि! फिर भी नलिनी के समूह पर बूँदें पड़ी रहती हैं। रसखान कहते हैं कि हे सजनी! मेरे मन पर क्या बीत रही है, इसे कोई नहीं जानता। मेरी आँखों में सारी रात आँसुओं की झड़ी रहती है, अर्थात् मैं रात भर कृष्ण को स्मरण करके रोती रहती हूँ।

विशेष—1. रूप-प्रभाव का सजीव वर्णन है।

2. वियोग-वर्णन परम्परामुक्त है।

सवैया

मैन मनोहर ही दुख दंदन है सुख कंदन नंद को नंदा।
बंक बिलोचन की अवलोकनि है दुख योजन प्रेम को फंदा।
जा को लखैं मुख रूप अनुपम होत पराजय कोटिक चंदा।
हौं रसखानि बिकाइ गई उन मोल लई सजनी सुख चंदा।।92।।

शब्दार्थ—मैन = कामदेव। दुख दंदन = दुखों को दूर करने वाले। सुख कंदन = सुख देने वाले। नंद को नंदा = नन्द का पुत्र कृष्ण।

अर्थ—कोई गोपी अपनी सखी से कृष्ण की शोभा और तज्जन्य प्रभाव का वर्णन करती हुई कहती है कि हे सखि! वह नन्दपुत्र कृष्ण कामदेव से भी अधिक मनोहर है, दुःखों को दूर करने वाला है, सुख देने वाला है। उसका वक्र दृष्टि से देखना दुःखों को दूर करके प्रेम के फंदे में बाँध लेता है। कृष्ण का मुख इतना सुन्दर है कि उसे देखकर करोड़ों चन्द्रमा पराजित हो जाते हैं; अर्थात् उसके मुख की शोभा करोड़ों चन्द्रमाओं की शोभा से भी बढ़कर है। हे सजनी! मैं तो सुख देने वाले कृष्ण ने मोल ले ली हूँ और मैं उनके हाथों में बिक भी गई हूँ। अर्थात् कृष्ण के प्रति अनुरक्त हो गई हूँ।

सवैया

सोहत है चँदवा सिर मोर के तैसिय सुन्दर पाग कसी है।
तैसिय गोरज भाल बिराजति जैसी हियें बनमाल लसी है।
रसखानि बिलोकत बौरी भई दृगमूंदि कै ग्वालि पुकारि हँसी है।
खोलि री नैननि, खोलौं कहा वह मूरति नैनन माँझ बसी है।।93।।

शब्दार्थ—गोरज = गौओं के द्वारा उड़ाई गई धूल। लसी है = सुशोभित है। बौरी = पागल।

अर्थ—कोई गोपी कृष्ण के सौन्दर्य का वर्णन अपनी सखी से करती हुई कहती है कि हे सखि! जिस प्रकार कृष्ण के सिर पर मोर मुकुट सुशोभित है, वैसे ही उनके सिर पर सुन्दर पगड़ी भी सुशोभित है। वैसे ही उनके माथे पर गोरज तथा हृदय पर

बनमाल शोभा प्राप्त कर रही है। हे सखि! मैं तो उस आनन्द-सागर कृष्ण को देखकर पागल ही हो गई। यह कहकर वह गोपी अपने नेत्रों को बन्द कर तथा करुण भाव को प्रकट करने वाले शब्दों का उच्चारण करके हँस पड़ी। इस घटना को देखकर उसकी सखी ने कहा—अरी! आँख तो खोल! उसने उत्तर दिया—मैं आँखें नहीं खोल सकती, क्योंकि उस कृष्ण की सुन्दर मूर्ति मेरी आँखों में ही बसी हुई है। यदि आँखें खोल दी तो डर लगता है कि कहीं वे उनमें से निकल न जायें।

विशेष—अन्तिम पंक्ति में गोपी नैन नहीं खोलती। इसका एक कारण यह भी हो सकता है कि स्त्री यह नहीं चाहती कि जिससे वह प्रेम करती है, उसे अन्य स्त्री भी प्रेम करे। उसे विश्वास है कि यदि उसकी आँखों में बसी हुई कृष्ण की छबि को उससे सखी ने देख लिया तो वह अवश्य उनसे प्रेम करने लगेगी। इसीलिए वह अपनी आँखों को नहीं खोलती।

सवैया

सुनि री! पिय मोहन की बतियाँ अति दीठ भयौ नहिं कानि करै।
निसि बासरु औसर देत नहीं छिनहीं छिन द्वार ही आनि अरै।।
निकसी मति नागरि डौंड़ी बजी ब्रज मंडल मैं यह कौन भरै।
अब रूप की रौर परी रसखानि रहै तिय कौऊ न माँझ धरै।।94।।

शब्दार्थ—पिय = प्रिय। दीठ = धृष्ट। कानि = लज्जा। निसि बासर = रात-दिन। रौर = शोर।

अर्थ—कोई गोपी अपनी सखी से कृष्ण के सौन्दर्य का वर्णन करती हुई कहती है हे सखि सुनो, कृष्ण की बातें अत्यन्त प्रिय होती हैं, पर वह बहुत धृष्ट है और किसी भी प्रकार की लज्जा नहीं करता। वह मुझे कभी भी अवसर नहीं देता, बल्कि रात-दिन प्रत्येक क्षण मेरे द्वार पर आकर अड़ जाता है। हे नारियों! घर से बाहर मत निकलो, क्योंकि समूचे ब्रज में कृष्ण की धृष्टता का ढोल बज रहा है, अतः ब्रज में नारियों को अपने दिन काटने कठिन हो रहे हैं रसखान कहते हैं कि अब तो सारे ब्रज में कृष्ण के रूप का शोर मचा हुआ है, इसीलिए सारी स्त्रियाँ उसे देखने को इतनी उत्सुक रहती हैं कि कोई भी अपने घर में नहीं ठहरती।

सवैया

रंग भर्‌यौ मुसकान लला निकस्यौ कल कुंजन ते सुखदाई।
मैं तबही निकसी घर ते तऩि नैन बिसाल की चोट चलाई।।
घूमि गिरी रसखानि तब हरिनी जिमि बान लगैं गिर जाई।
टूटि गयौ घर को सब बंधन छूटिगौ आरज लाज बड़ाई।।95।।

शब्दार्थ—रंग = प्रेम। कल = सुन्दर। आरज-लाज = आर्य धर्म की लज्जा।

अर्थ—कृष्ण से भेंट होने पर गोपी की क्या दशा हुई, इसी का वर्णन करती हुई वह अपनी सखी से कह रही है कि हे सखि! जब प्रेम से मुसकराता हुआ कृष्ण सुख

देने वाले सुन्दर कुंजन से बाहर निकला तो संयोग से मैं भी तभी अपने घर से निकली। मुझे देखकर-उसने मुझ पर अपने विशाल नेत्रों से चोट चलाई। मैं उस चोट को सहन न कर सकी और जिस प्रकार बाण लगने पर हिरणी चक्कर खाकर पृथ्वी पर गिर पड़ती है, उसी प्रकार मैं भी अपनी सुधि-बुधि भूलकर पृथ्वी पर गिर पड़ी। घर की मर्यादा के सारे बंधन टूट गये और आर्य धर्म की लज्जा का बड़प्पन भी छूट गया; अर्थात् मैं अपने वंश की मर्यादा और नारी-सुलभ लज्जा को त्याग कर कृष्ण की ओर देखती रही।

सवैया

खंजन नैन फँदे पिंजरा छबि नाहिं रहैं थिर कैसे हुं भाई।
छूटि गई कुलकानि सखी रसखानि लखी मुसकानि सुहाई।।
चित्र कढ़े से रहे मेरे नैन न बैन कढ़े मुख दीनी दुहाई।
कैसी करौं कित जाऊँ अली सब बोलि उठैं यह बावरी आई।। 96।।

शब्दार्थ—खंजन नैन = खंजन रूपी नेत्र। थिर = स्थिर। कुलकानि = कुल की मर्यादा। कढ़े से = अंकित से।

अर्थ—कोई गोपी अपनी प्रेमावस्था का वर्णन अपनी सखी से करती हुई कहती है कि मेरे खंजन रूपी नेत्र कृष्ण के शोभा रूपी पिंजड़े में बन्दी हो गये हैं। हे सखि! ये किसी भी प्रकार स्थिर नहीं रहते। बार-बार बरबस कृष्ण की छवि को देखने की लालसा में उसी की ओर दौड़ते रहते हैं। हे सखि! जब से मैंने आनन्द-सागर कृष्ण की मनोहर मुसकराहट देखी है, तब से मैंने अपने कुल की मर्यादा को छोड़ दिया है। मेरे ये नेत्र, सदैव अपलक रहने के कारण, चित्र में अंकित रहने से बने रहते हैं। प्रयत्न करने पर भी मुख से कोई शब्द नहीं निकलता। हे सखि! तुम्ही बताओ कि मैं क्या करूँ, किधर जाऊँ, क्योंकि मैं जिधर जाती हूँ उसी ओर लोग कहते हैं कि वह पगली आ गई है।

विशेष—प्रेमावस्था का सजीव एवं मार्मिक चित्रण है।

कुंज लीला

सवैया

कुंजगली मैं अली निकसी तहाँ साँकरे ढोटा कियौ भटभेरो।
माई री वा मुख की मुसकान गयौ मन बूढ़ि फिरै नहिं फेरो।।
डोरि लियौ दृग चोरि लियौ चित डार्‌यौ है प्रेम को फंद घनेरो।
कैसा करौं अब क्यों निकसों रसखानि पर्‌यौ तन रूप को घेरो।। 97।।

शब्दार्थ—अली = सखी। ढोटा = कृष्ण से तात्पर्य है। भटभेरी = मुठभेड़। बूड़ि = डूबना। डौरि लियौ = बाँध लिया।

अर्थ—कोई गोपी कृष्ण से मिलकर गई है। उसी का वर्णन करती हुई वह अपनी सखी से कह रही है कि हे सखि! मैं आज प्रातः जब कुंज गली से निकली तो अचानक

कृष्ण से भेंट हो गई। हे सखि! कृष्ण के मुख की मुसकान में मेरा मन इतना अधिक डूब गया कि वह उस मुसकान की छबि पर से हटाने पर भी नहीं हटा। उस मुसकान ने मेरे नयनों को वाँध लिया, चित्त को चुरा लिया और प्रेम का गहरा फन्दा डाल लिया। तुम्ही बताओ, अब मैं क्या करूँ? मेरे चित्त में बसा हुआ कृष्ण कैसे बाहर निकल सकता है? उस आनन्द-सागर कृष्ण के सौन्दर्य ने मेरे सारे शरीर को घेर लिया है।

कहने का भाव यह है कि कृष्ण के साथ हुआ मिलन तज्जन्य सुख भुलाने से भी नहीं भुलाया जा रहा है।

सोरठा

देख्यौ रूप अपार, मोहन सुन्दर स्याम को।
वह ब्रजराज कुमार, हिय जिय नैननि में बस्यौ।। 98।।

शब्दार्थ—मोहन = मोहने वाला। हिय = हृदय। जिय = मन।

अर्थ—कोई गोपी अपनी सखी से कृष्ण की छबि का वर्णन करती हुई कहती है कि मैंने मोहने वाले सुन्दर कृष्ण का जब से अपार रूप देखा है, तब से वह ब्रजराज कुमार हृदय में, मन में और आँखों में बसा हुआ है।

नटखट कृष्ण

कवित्त

अन्त ते न आयौ याही गाँवरे को जायौ,
माई बाप रे जिवायौ प्याइ दूध बारे बारे कौ।
सोई रसखानि पहिचानि कानि छांड़ि चाहे,
लोचन नचावत नचया द्वारे द्वारे को।
मैया की सौं सोच कछू मटकी उतारे को न,
गोरस के ढारे को न चीर चीर डारे को।
यहै दुख भारी गहै डगर हमारी माँझ,
नगर हमारे ग्वाल बगर हमारे को।। 99।।

शब्दार्थ—अन्त में = और किसी जगह से। गाँवरे को = गाँव का ही। लोचन = आँख। सौं = सौगन्ध। चीर = फाड़ना। बगर = घर।

अर्थ—कोई गोपी कृष्ण की भर्त्सना करती हुई कहती है कि हे कृष्ण! तुम और किसी जगह से नहीं आये हो। तुम्हारा जन्म हमारे इसी गाँव में हुआ है। बचपन में हमने तुम्हें दूध पिला-पिला कर माँ-बाप की तरह पाला है। उसी पहिचान और मर्यादा को तुम छोड़ना चाहते हो, तुम बचपन में द्वार-द्वार पर नाचा करते थे और अब हमारे सामने अपनी आँखें नचा रह हो। तुम्हें तुम्हारी माँ की सौगन्ध है, यदि तुमने हमारी मटकी उतारी तो! हमें न तो अपनी इस मटकी के उतर जाने का सोच है, न गोरस

के निकल जाने का और न अपने वस्त्रों के फट जाने का। हमें केवल यही दुःख है कि तुम हमारे ही गाँव के और हमारे ही घर के होकर हमारा रास्ता रोक लेते हो और हमें तंग करते हो।

पाठान्तर—इस कवित्त की तीसरी पंक्ति का यह रूप भी मिलता है—

'सो तो रसखान पहिचान हू न मानत है।'

सवैया

एक ते एक लौं कानन में रहें ढीठ सखा सब लीने कन्हाई।
आवत ही हौं कहाँ लौं कहौं कोउ कैसे सहै अति की अधिकाई।।
खायौ दही मेरो भाजन फोर्‌यौ न छाड़त चीर दिवाएँ दुहाई।
सोंह जसोमति की रसखानि ते भागें मरु करि छूटन पाई।। 100।।

शब्दार्थ—एक तें एक लौं = एक से एक बढ़कर। ढीठ = शरारती। सौंह = सौगन्ध। मरु करि = कठिनता से।

अर्थ—कोई गोपी अपनी सखी से कृष्ण की दधिलीला का वर्णन करती हुई कहती है कि कृष्ण एक से एक बढ़कर शरारती साथियों को लेकर वन में रहता है। उनकी शरारत की बातें कहाँ तक कहूँ और कोई किस प्रकार उनकी शरारत की अति को सहन कर सकती है कि किसी भी गोपी के आते ही वे उसे तंग करने लगते हैं। उन्होंने मेरी दही खा ली, मेरा मटका फोड़ दिया और अनेक प्रकार की दुहाई देने पर भी मेरे वस्त्रों को पकड़े रहा। रसखान कहते हैं कि जब मैंने उसे यशोदा जी की सौगन्ध खिलाई तो वे भागे और मैं बड़ी कठिनता से उनसे छूट पाई।

सवैया

आज महूं दधि बेचन जात ही मोहन रोकि लियौ मग आयौ।
मांगत दान में आन लियौ सु कियो निलजी रस जोवन खायौ।।
काह कहूं सिगरी री बिथा रसखानि लियौ हँसि के मुसकायौ।
पाले परी मैं अकेली लली, लला लाज लियो सु कियौ मनभायौ।। 101।।

शब्दार्थ—निलजी = लज्जा-रहित। सिगरी = सारी। बिथा = व्यथा।

अर्थ—कोई गोपी अपनी सखी से कह रही है कि हे सखि! आज जब मैं दही बेचने के लिए जा रही थी तो कृष्ण ने आकर मेरा रास्ता रोक लिया। उसने दही का दान माँगा, किन्तु उस दान के बदले में उसने मुझे लज्जा-रहित करके यौवन रस का आनन्द लिया। हे सखि! मैं अपनी समस्त व्यथा का क्या वर्णन करूँ, आनन्द-सागर कृष्ण ने हँस-हँस कर मेरा यौवन दान लिया। मैं अकेली ही उसे मिल गई थी, अतः मैं कुछ कर भी नहीं सकती थी। उसने मेरी लज्जा ले ली और जो चाहा वही किया।

विशेष—1. भावों की सम्मानित अभिव्यक्ति प्रशंसनीय है।

2. अंतिम पंक्ति में अनुप्रास अलंकार है।

सवैया

पहलें दधि लैं गई गोकुल में चख चारि भए नटनागर पै।
रसखानि करी उनि मैनमई कहैं दान दे दान खरे अर पै।।
नख तें सिख नील निचोल लपेटे सखी सम भाँति कँपे डर पै।।
मनौ दामिनि सावन के घन में निकसे नहीं भीतर ही तरपै।। 102।।

शब्दार्थ—चख = आँख। मैनमई = प्रेम से परिपूर्ण। दामिनी = बिजली।

अर्थ—दानलीला का वर्णन करती, हुई एक गोपी अपनी सखी से कह रही है कि पहले मैं गोकुल में दही ले गई। वहाँ मुझे कृष्ण मिल गये जिनसे आँखें चार हुईं। उन्होंने मुझे प्रेम परिपूर्ण कर दिया और दही के दान के लिए अड़कर खड़े हो गये। मेरी सारी सखियाँ सिर से पैर तक अपने नीले वस्त्र को लपेटे हुए डर से काँप रहीं थीं। वस्त्रों में लिपटा हुआ उनका सौन्दर्य ऐसा प्रतीत होता था, मानो सावन में उमड़े हुए बादल में से बिजली की द्युति न निकलने के कारण अन्दर ही अन्दर तड़प रही हो।

विशेष—उत्प्रेक्षा अलंकार।

पाठान्तर—पहिले दधि लै गई गोकुल में चख चार भए नटनागर पै।
रसखान करी उन चातुरता कहै दान दे दान खरे अर पै।
नख ते सिख लौं पट नील लपेटि लली सब भाँति कपै डरपै।
मनु दामिनी साँवन के घन में निकसे नहिं भीतर ही तरपै।

सवैया

दानी नए भए माँगत दान सुने जु है कंस तौ बाँधे न जैहौ।
रोकत हौं बन में रसखानि पसारत हाथ महा दुख पैहो।
टूटें छरा बछरादिक गोधन जो धन है सु सबै पुनि रेहौ।
जै है जो भूषन काहू तिया को तौ मौल छलाके लला न बिकैहौ।। 103।।

शब्दार्थ—दानी = कर वसूल करने वाले। सुने जपे कंस तौ बाँधे न जैहौ = यदि कंस सुन लेगा तो क्या बन्दी नहीं बना लिए जाओगे? अर्थात् यह जानकर कि तुम उसकी प्रजा को तंग करते हो, कंस तुम्हें बन्दी बना लेगा। छरा = गुँजा की माला। छला = छल्ला, अँगूठी।

अर्थ—दही के लिए जबरदस्ती करते हुए कृष्ण को भय दिखाती हुई कोई गोपी कहती है कि हे कृष्ण! यह सुनकर कि तुम नये कर वसूल करने वाले अपने आप ही बन गए हो, कंस तुम्हें पकड़वा कर बन्दी बना लेगा। तुम बन में हमारा मार्ग रोककर हमारे सामने दही के लिए हाथ फैलाते हो, इस प्रकार की याचक वृत्ति से तुम्हें बहुत अधिक दुःख भोगना पड़ेगा। इस छीना-झपटी में यदि किसी गोपी की गुंज की माला टूट गई तो उसकी क्षति की पूर्ति के लिए तुम्हारे पास जो बछड़ा आदि धन है, वह

सबका सब देना पड़ जायेगा। और यदि संयोगवंश किसी गोपी का कोई आभूषण टूट गया तो उसके एक छल्ले के मूल्य में ही तुम्हें बिक जाना पड़ेगा।

तुलना—'चेरी न तेरी न तेरे बबा की मैं घेरी में का पैर लड़ैहसौ।
जो तुम चाहत चाखन माखन सौ तुम माखन नेकु न पैहो।
कंस के राज में धूम नहीं बरि आई बबा सौं बूंद न देहौ।
टूटैगौ हार हजार को तौ तुम नन्द जसोदा समेत बिकैहौ।।' **—अज्ञात**

सवैया

छीर जौ चाहत चीर गहैं एजू लेउ न केतिक छीर अचैहौ।
चाखन के मिस माखन मांगत खाउ न माखन केतिक खैहौ।
जानति हौं जिय की रसखानि सु काहे कौ एतिक बात बढैहौ।
गोरस के मिस जो रस चाहत सो रस कान्हजू नेकु न पैहौ।। 104।।

शब्दार्थ—छीर = क्षीर, दूध। अचैहौ = पीओगे। एतिक = उतनी। गोरस = दही। रस = आनन्द, इन्द्रिय, सुख। नेकुन = तनिक भी।

अर्थ—कोई गोपी कृष्ण से कह रही है कि हे कृष्ण! तुम मेरा चीर पकड़कर जो दूध माँग रह हो, तो लो। देखती हूँ तुम कितना दूध पी जाओगे। चाखने के बहाने से जो मक्खन तुम माँग रहे हो तो लौ और जितना चाहो उतना खा लो। लेकिन मैं तुम्हारे मन की बात जानती हूँ, इसलिए क्यों तुम इतनी बढ़ा रहे हो। तुम दही के बहाने से जो इन्द्रिय-सुख चाहते हो, वह तुम्हें तनिक भी नहीं मिलेगा।

तुलना—1. 'जो रस चाहो सो रस नाहीं गोरस पियहुँ अघाय।' **—सूरदास**
2. 'गोरस रस के मिस डोलती, सो रस नेकु न देइ।' **—रहीम**
3. 'गौरस चाहत फिरत हौ गोरस चाहत नाहिं।' **—बिहारी**

सवैया

लंगर छैलहि गोकुल मैं मग रोकत संग सखा ढिंग तै हैं।
जाहि न ताहि दिखावत आँखि सु कौन गई अब तोसों करे हैं।
हाँसीं में हार हट्यौ रसखानि जु जौं कहूं नेकु तगा टुटि जै हैं।
एकहि मोती के मोल लला सिगरे ब्रज हाटहि हाट बिकै हैं।। 105।।

शब्दार्थ—लंगर = प्रेमी। ढिंग = पास। गई = परवाह, चिन्ता।

अर्थ—गोपी कृष्ण की भर्त्सना करती हुई कहती है कि यह सच है कि तुम प्रेमी और छैला बनकर गोकुल में हमारा रास्ता रोक लेते हो, क्योंकि तुम्हारे पास तुम्हारे बहुत से साथी हैं, लेकिन हमें अपनी चालें दिखाने की कोई जरूरत नहीं है, क्योंकि अब तुम्हारी परवाह कोई नहीं करता। हे आनन्द-सागर कृष्ण, तुमने हँसी-हँसी में मेरा हार ले लिया है, लेकिन ध्यान रखो, यदि इसका जरा सा भी धागा टूट गया तो सिर्फ इसके एक मोती के लिए तुम सारे ब्रज के बाजार में बिकते फिरोगे।

सवैया

काहु को माखन चाखि गयौ अरु काहू को दूध दही ढरकायौ।
काहू को चीर लै रूप चढ़्यो अरु काहू को गुंजछरा छहरायौ।
मानै नही बरजें रसखानि सु जानियै राज इन्हैं घर आयौ।
आवरी बूझैं जसोमति सों यह छोहरा जायौ कि मेव मंगायौ।। 106।।

शब्दार्थ—ढरकायौ = बिखेर दिया। गुंज छरा = गुंजों की माला। छहरायौ = तोड़ दी। बरजें = रोकने पर। मेव = लूट मार करने वाले।

अर्थ—कृष्ण की शरारतों से तंग आकर गोपियाँ परस्पर उपालम्भ देती हुई कहते हैं कि यह कृष्ण हमें बहुत तंग कर रहा है। किसी का मक्खन छीनकर उसे खा लिया, किसी की दही बिखरे दी और दूध बिखेर दिया किसी का वस्त्र लेकर पेड़ पर चढ़ गये। किसी की गुंजों की माला तोड़ दी। रसखान कहते हैं कि रोकने पर भी यह अपनी आदतों से बाज नहीं आता। ऐसा जान पड़ता है कि इन्हीं के घर का राज्य आ गया हो। हे सखियो! आओ और यशोदा जी से यह चलकर मालूम करें कि तुमने यह पुत्र उत्पन्न किया है या लूटमार करने वाला मेव।

विशेष—कृष्ण जी विविध लीलाओं का भावपूर्ण वर्णन है।

मुरली प्रभाव

कवित्त

दूध दुह्यौ सीरो पर्‌यौ तातो न जमायौ कर्‌यौ,
जामन दयौ सो धर्‌यो, धर्‌यौई खटाइगौ।
आन हाथ आन पाइ सबही के तब ही तें,
जब ही तें रसखानि ताननि सुनाइगौ।
ज्यौं ही नर त्यौंहों नारी तैसीयै तरुन बारी,
कहिये कहा री सब ब्रिज बिललाइगौ।
जानियै न माली यह छोहरा जसोमति को,
बाँसुरी बजाइ गौ कि विष बगराइगौ।। 107।।

शब्दार्थ—तातो = गर्म। जामन = दूध को जमाने के लिए दही का जो हिस्सा दूध में डाल जाता है, उसे जामन कहते हैं। पाइ = पाँव, चरण। रसखानि = आनन्द-सागर कृष्ण। बारी = युवती। छोहरा = पुत्र। बगराइ = बिखेरना।

अर्थ—कृष्ण की बाँसुरी के प्रभाव का वर्णन कोई गोपी अपनी सखी से करती हुई कहती है कि हे सखि! जब कृष्ण ने बाँसुरी बजाई तो ब्रज की सारी अवस्था ही छिन्न-भिन्न हो गई। जो निकाला हुआ दूध गर्म था, वह ठंडा पड़ गया, इसीलिए वह जमाया न जा सका, क्योंकि बाँसुरी की धुनि को सुनकर दूध जमाने वाली गोपी दूध जमाना ही भूल गई। जिस गोपी ने दूध को जमाने के लिए उसमें जामन लगा दिया था, वह उसे उचित स्थान पर रखना भूल गई अतः वह रक्खा-रक्खा ही खट्टा हो

गया। जब से आनन्द-सागर कृष्ण ने बाँसुरी की मधुर तानें सुनाई हैं, तब ब्रजवासियों के हाथ-पैर और ही हो गये हैं अर्थात् उनके हाथ-पैर चलते ही नहीं जो दशा आदमियों की है, वही दशा स्त्रियों की है, वही युवकों और युवतियों की है। हे सखि! मैं ब्रज की दुर्दशा का कहाँ तक वर्णन करूँ, बस इतना समझ लो कि सारा ब्रज ही व्याकुल हो गया। हे सखि! पता नहीं, यशोदा-पुत्र ने बाँसुरी बजाई थी या ब्रज में विष बिखेरा था, जिसके कारण सारे ब्रजवासियों की कर्मण्य शक्ति ही नष्ट हो गई।

विशेष—संदेह अलंकार।

तुलना—'आन कहै आन करै आन हाथ पाइ भई,
अनंग के अनख दसी न सुधि तिय में।
सीरो तान तातो करै तातो जान सीरो करै,
दूध न जमायो जाइ नेह जम्यौ हिय में।' —केशव

कवित्त

जल की न घट भरैं मग की न पग धरैं,
घर की न कछु करैं बैठी भरैं साँसुरी।
एकै सुनि लोट गईं एकै लोट-पोट भईं,
एकनि के दृगनि निकसि आग आँसु री।
कहै रसखानि सो सबै ब्रज बनिता वधि,
बधिक कहाय हाय भई कुल हाँसु री।।
करियै उपायै बाँस डारियै कटाय,
नाहिं उपजैगौ बाँस नाहिं बाजे फेरि बाँसुरी।। 108।।

शब्दार्थ—घट = घड़ा। वधि = वध करके, मार करके।

अर्थ—कृष्ण की बाँसुरी के अपूर्व अभाव को वर्णन करती हुई एक गोपी अपनी सखी से कहती है कि हे सखि! कृष्ण ने जब बाँसुरी बजाई तो सारे ब्रज के काम बन्द हो गए। जो गोपियाँ यमुना नदी में घुसकर पानी भरने वाली थीं वे पानी में खड़ी की खड़ी रह गईं और अपना घड़ा न भर सकीं। जो घर में थीं, वे अपना सारा कार्य छोड़कर केवल लम्बे-लम्बे साँस भरने लगीं। एक गोपी बाँसुरी की धुनि को सुनकर तथा मूर्च्छित होकर पृथ्वी पर गिर गई, एक लोट-पोट हो गई, एक की आँखों से आँसू निकल आये। गोपी अपनी सखी से कहती ही गई कि कृष्ण तो रसखान कहते हैं कि वह सारी ब्रज-नारियों का वध करके बधिक बन गये और हम उसके प्रेम में पड़कर अपनी कुल की हँसी का कारण बन गईं। अब तो ही उपाय करना चाहिए कि दुनिया के सारे बाँसों को कटवा डालो। इससे न तो बाँस रहेगा और न फिर बाँसुरी बनकर हमें व्यथित करेगी।

विशेष—1. कृष्ण की बाँसुरी का प्रभाव-वर्णन अत्यन्त भावपूर्ण है।

2. अन्तिम पंक्ति में लोकोक्ति का सुन्दर प्रयोग है।

3. डॉ. भवानीशंकर आशिक इस कवित्त को रसखानकृत नहीं मानते। अतः हमने इस संदिग्ध छन्दों के अन्तर्गत भी रखा है।

सवैया

चंद सों आनन मैन-मनोहर बैन मनोहर मोहत हौं मन।
बंक बिलोकनि लोट भई रसखानि हियो हित दाहत हौं तन।
मैं तब तैं कुलकानि की मैंड़ नखी जु सखी अब डोलत हों बन।
बेनु बजावत आवत है नित मेरी गली ब्रजराज को मोहन।।109।।

शब्दार्थ—आनन = मुख। मैन = कामदेव। हित = प्रेम। कुल-कानि की मैंड़ = कुल की मर्यादा की सीमा।

अर्थ—बाँसुरी के प्रभाव से कृष्ण के प्रति उत्पन्न प्रेम की बात एक गोपी अपनी सखी को बताती हुई कह रही है कि हे सखि! चन्द्रमा के समान सुन्दर मुख वाले, कामदेव के समान सुन्दर कृष्ण के मधुर वचनों ने मेरा मन मोह लिया है। उसकी बाँकी चितवन को देखकर मैं संज्ञा शून्य हो गई। आनन्द-सागर कृष्ण का मेरे हृदय में बसा हुआ प्रेम मेरे शरीर को जलाता है। मैंने तभी से कुल की मर्यादा की सीमा छोड़ दी है और जब कृष्ण को प्राप्त करने के लिए बन-बन डोल रही हूँ, क्योंकि ब्रज के मन को मोहने वाला ब्रजराज कृष्ण बाँसुरी बजाता हुआ प्रतिदिन मेरी गली में आता है।

विशेष—'चन्द सों आनन' में उपमा और 'मैन मनोहर' में रूपक-अलंकार हैं।

सवैया

बाँकी बिलोकनि रंगभरी रसखानि खरी मुसकानि सुहाई।
बोलत बोल अमीनिधि चैन महारस-ऐन सुनै सुखदाई।।
सजनी पुर-बीथिन मैं पिय-गोहन लागी फिरैं जित ही तित धाई।
बाँसुरी टेरि सुनाइ अली अपनाइ लई ब्रजराज कन्हाई।।110।।

शब्दार्थ—बिलोकति = दृष्टि। रंगभरी = प्रेमपूर्ण। रसखान = आनन्द-सागर कृष्ण की। खरी = सुन्दर। बोल = वचन। अमीनिधि = अमृत का भण्डार। चैन = आनन्द। महारस-ऐन = अत्यन्त आनन्द का भण्डार। पुर-बीथिन मैं = नगर की गलियों में। पिय-गोहन = कृष्ण के साथ।

अर्थ—एक गोपी अपनी सखी से कृष्ण की बाँसुरी के प्रभाव का वर्णन करती हुई कहती है कि हे सखि! उस कृष्ण की दृष्टि प्रेमपूर्ण है, वह आनन्द का सागर है, उसकी सुन्दर मुस्कान मन को मोहने वाली है। वह अमृत-भंडार से युक्त वचनों को कहता है; अर्थात् उसकी वाणी का माधुर्य अमृत के समान परमानन्द प्राप्त करने वाला है। उसकी मधुर वाणी अत्यन्त आनन्द का भंडार है, जिसे सुनने से सुख प्राप्त होता है। हे सजनी! नगर की गलियों में समस्त ब्रज बालाएँ कृष्ण के साथ-साथ लगी हुई हैं। वह जिधर भी जाता है, सभी गोपियाँ उधर ही दौड़ने लगती हैं। हे सखी! उस ब्रजराज कृष्ण ने बाँसुरी की ध्वनि सुनाकर समस्त ब्रज-बालाओं को अपने प्रेम के वशीभूत कर लिया है।

विशेष—अनुप्रास, यमक अलंकार।

सवैया

डोरि लियौ मन मोरि लियो चित जोह लियौ हित तोरि कै कानन।
कुंजनि तें निकस्यौ सजनी मुसकाइ कह्यौ वह सुन्दर आनन।।
हों रसखानि भई रसमत्त सखी सुनि के कल बाँसुरी कानन।
मत्त भई बन बीथिन डोलति मानति काहू की नेकु न आनन।। 111।।

शब्दार्थ—डोरि लियौ = बाँध लिया। हित = प्रेम। कान = मर्यादा। आनन = मुख। कानन = वन। आनन = बाधाएँ।

अर्थ—कोई गोपी अपनी सखी से कृष्ण की शोभा का वर्णन करती हुई कहती है कि हे सखि! कृष्ण ने मेरे मन को बाँध लिया है, चित्त को चुरा लिया है, मर्यादा तोड़कर मुझसे प्रेम जोड़ लिया है। हे सजनी! वह अपने सुन्दर मुख पर मुस्कराहट लिए कुंजों में से निकला। रसखान कहते हैं कि हे सखि बन में उसकी माधुरी बाँसुरी को सुनकर मैं रसमत्त हो गई। तभी से मैं उन्मत्त होकर वन-वन और गली-गली घूमती फिर रही हूँ और किसी भी प्रकार की बाधाओं को नहीं मानती! अर्थात् अब मुझे किसी भी प्रकार की बाधा का डर नहीं रहा है।

सवैया

मेरो सुभाव चितैबे को माइ री लाल निहारि कै बंसी बजाई।
वा दिन तें मोहि लागी ठगौरी सी लोग कहैं कोई बाबरी आई।।
यौं रसखानि घिर्‌यो सिगरो ब्रज जानत वे कि मेरो जियराई।
जौं कोउ चाहै भलौ अपने तौ सनेह न काहू सों कीजियौ माई।। 112।।

शब्दार्थ—चितैबे को = देखने के लिए। निहारि के = देखकर। ठगौरी = जादू। जियराई = हृदय।

अर्थ—कोई गोपी अपनी सखी से कहती है हे सखि! मेरा स्वभाव देखने के लिए, मुझे देखकर, कृष्ण ने अपनी बंसी बजाई। उसी दिन से मुझ पर जादू-सा चल गया है। लोग मुझे देखकर कहते हैं कि कोई पगली आ गयी है, अर्थात् लोग मुझे पगली समझते हैं। रसखान कहते हैं कि इस प्रकार सारे ब्रज के निवासी मुझे घेर लेते हैं। मेरे मन की या तो कृष्ण जानते हैं या मैं स्वयं जानती हूँ। यदि इस जगत में कोई अपना भला चाहता है तो उसे कभी भी किसी से प्रेम नहीं करना चाहिए।

सवैया

मोहन की मुरली सुनिकै वह बौरि ह्वै आनि अटा चढ़ि झाँकी।
गोप बड़ेन की डीठि बचाई कै डीठि सों डीठिं मिली दुहुं झांकी।
देखत मोल भयौ अंखियान को को करै लाज कुटुम्ब पिता की।
कैसे छुटाई छुटै अंटकी रसखानि दुहुं की बिलौकनि बाँकी।। 113।।

शब्दार्थ—बौरी ह्वै = पागल होकर। बिलोकनि बाँकी = वक्र चितव।

अर्थ—गोपी प्रेम का वर्णन करती हुई कोई गोपी अपनी सखी से कह रही है कि कृष्ण की मुरली की तान को सुनकर वह पागल होकर अटारी पर चढ़ कर नीचे की ओर झाँकी। अन्य लोगों की निगाह बचाकर उसने कृष्ण से निगाह मिलाई। दोनों की आँखें मिलीं। आँखें मिलते ही दोनों का प्रेम हो गया और उन्होंने कुल की तथा पिता की लाज को तिलाँजलि दे दी। रसखान कवि कहते हैं कि उन दोनों की परम्परा मिली हुई बाँकी चितवन किस प्रकार हटाने से हट सकती है अर्थात् उन दोनों का प्रेम नहीं टूट सकता।

सवैया

बंसी बजावत आनि कढ़ौ सो गली मैं अली! कछु टोना सौ डारे।
हेरि चिते, तिरछी करि दृष्टि चलौ गयौ मोहन मूठि सी मारे।।
ताही घरी सों परी धरी सेज पै प्यारी न बोलति प्रानहूं वारे।
राधिका जी है तो जी हैं सबै न तो पीहैं हलाहल नन्द के द्वारे।। 114।।

शब्दार्थ—टोना = जादू। हेरि = देखकर। मूठि सी मारे = मूठ सी मार कर। हलाहल = विष।

अर्थ—प्रेम व्यथिता राधिका जी का वर्णन करती हुई कोई गोपी अपनी सखी से कहती है कि हे सखि! बाँसुरी को बजाता हुआ वह कृष्ण अचानक गली में आ निकला और राधा पर कुछ जादू-सा डाल गया। वह उसकी ओर देखकर ध्यान देकर और तिरछी निगाह करके मन को मोहने वाली मूठ-सी मारकर चला गया; अर्थात् राधा पर अपना प्रेम जता कर और राधा के हृदय में प्रेम की भावना जगाकर चला गया। वह प्यारी राधा उसी समय से सेज पर निश्चेष्ट होकर पड़ी हुई है। वह कुछ बोलती भी नहीं है तथा अपने प्राणों को न्यौछावर करने पर उतारू है। हे सखि! यदि राधा जो जीवित बच गई तो हम सबका जीवन है; यदि वह मर गई तो हम सभी नन्द के द्वारे पर जाकर विष पी लेंगी; अर्थात् द्वारे पर जाकर आत्म-हत्या कर लेंगी।

विशेष—1. जी है तौ जी हैं, में यमक अलंकार है।

2. 'न तो पी हैं हलाहल नन्द के द्वारे' में मन का सारल्य एवं दृढ़ता निहित है।

तुलना—'चेतै न जो वृषमानु सुता दुःख है है बड़ों इहि की सजनीन को।
जाय के खाय परेगी सबे या अहीर के द्वार पे हीर-कनीन को।।

—अज्ञात

सवैया

काल काननि कुण्डल मोरपखा उर पै बनमाल बिराजति है।
मुरली कर मैं अधरा मुसकानि-तरंग महा छबि छाजति है।।
रसखानि लखें तन पीत पटा सत दामिनि सी दुति लाजति है।
वहि बाँसुरी की धुनि कान परे कुलकानि हियो तजि भाजति है।। 115।।

शब्दार्थ—कल = सुन्दर। काननि = कानों में। अधरा = होठों पर। मुसकानि-तरंग = हँसी की लहरें। छाजति है = शोभायमान है। सत दामिनि की = सैकड़ों बिजलियों की। दुति = द्युति, शोभा। लाजति है = लज्जित होती है। कुलकानि = वंश की मर्यादा। भाजति है = भागती हैं।

अर्थ—कोई गोपी अपनी सखी से कृष्ण की शोभा तथा उनकी बाँसुरी के प्रभाव का वर्णन करती हुई कहती है कि हे सखि! कृष्ण के कानों में सुन्दर कुण्डल, सिर पर मोर-पंखों का मुकुट और हृदय पर वैजयन्तीमाला सुशोभित है। उनके हाथों में वंशी और होठों पर मुस्कराहट की लहरें अत्यन्त शोभा प्राप्त करती हैं। रसखान कवि कहते हैं कि उनके तन पर सुशोभित पीले वस्त्र को देखकर सैकड़ों बिजलियों की शोभा लज्जित होती है। उसी बाँसुरी की ध्वनि कानों में पड़ने पर ब्रज बनिताएँ अपने हृदय से वंश की मर्यादा छोड़कर उसी ओर भागती हैं।

विशेष—अनुप्रास, रूपक और प्रतीप अलंकार।

सवैया

कािल्ह भटू मुरली-धुनि में रसखानि लियौ कहुं नाम हमारौ।
ता छिन ते भई बैरिनि सास कितौ कियौ झाँकन देति न द्वारौ।।
होत चवाव बलाई सों आलो जो भरि शाँखिन भेटिये प्यारौ।
बाट परी अब री ठिठक्यो हियरे अटक्यौ पियरे पटवारौ।। 116।।

शब्दार्थ—भटू = सखी। चबाब = बदनामी की चर्चा। जौ भरि आँखिन = आँखें खोलकर। बाट परी = रास्ता रुक गया। ठिठक्यौ = रुक गया।

अर्थ—कोई गोपी कृष्ण के प्रति अपने प्रेम का वर्णन करती हुई कहती है कि हे सखि! आनन्द-सागर कृष्ण ने अपनी मुरली में मेरा नाम बजा दिया था। तभी से मेरी सासु मेरी बैरिन हो गई है, तथा प्रयत्न करने पर भी द्वार झाँकने नहीं देती; अर्थात् मैं अपने घर से बाहर निकलने का बहुत प्रयत्न करती हूँ, किन्तु मेरी सासु मुझे तनिक भी बाहर नहीं आने देती है। हे सखि! यदि मैं कृष्ण को तनिक भी आँखें भरकर देख लेती हूँ तो इससे मेरी भारी बदनामी होती है, जब से कृष्ण मेरे मन में बसा है, अर्थात् कृष्ण से मुझे प्रेम हुआ है, तब से मेरा रास्ता और हृदय दोनों रुक गए हैं, अर्थात् न तो मैं कहीं बाहर जा सकती हूँ और न अपने हृदय से कृष्ण को ही निकाल सकती हूँ।

विशेष—अन्तिम पंक्ति में यमक अलंकार है।

पाठान्तर—इस सवैये की प्रथम पंक्ति इस प्रकार भी मिलती है—

'एक समै मुरली धुनि में रसखान लियौ उन नाम हमारौ।'

सवैया

आज भटू इक गोपबधू भई बावरी नेकु न अंग सम्हारै।
माई सु धाइ कै टौना सो ढूढ़ति सास सयानी-सवानी पुकारै।

यौं रसखानि घिरौ सिगरौ ब्रज आन को आन उपाय बिचारै।
कोउ न कान्हर के कर ते वहि बैरिनि बाँसरिया गाहि जारै।। 117।।

शब्दार्थ—भटू = सखी। टोना = जादू। सयानी = टोना करने वाली। आन को आन = अन्य-अन्य प्रकार के। कान्हर के = कृष्ण के। गहि जारै = लेकर जलाता है।

अर्थ—कोई गोपी अपनी सखी से कृष्ण की बाँसुरी के प्रभाव का वर्णन करती हुई कहती है हे सखि! आज कृष्ण की बाँसुरी की ध्वनि सुन कर एक गोपी-वधू पागल हो गई, उसे अपने अंगों की सम्हालने का तनिक भी ध्यान नहीं रहा। उसकी सखियाँ दौड़-दौड़ कर जादू करने वाली को ढूँढ़ने लगीं, उसकी सासु टोना करने वालों को पुकारने लगी। रसखान कहते हैं कि इस प्रकार, सारा ब्रज वहाँ आ गया और गोपवधू को चारों ओर से घेर लिया। सब नर-नारी अन्य-अन्य प्रकार के उपाय बताने लगे, लेकिन किसी की भी समझ में नहीं आया कि कृष्ण के हाथ से उस बैरिन बाँसुरी को छीन कर जला दे, क्योंकि वह उसी का तो प्रभाव था, जिसके कारण वह गोप-वधू पागल हो गई थी।

विशेष—बाँसुरी के प्रभाव का प्रभावोत्पादक वर्णन है।

पाठान्तर—इस सवैया की द्वितीय पंक्ति इस प्रकार भी मिलती है—

'मात अघात न देवन पूजत सास सयाने सयानो पुकारै।'

सवैया

कान्ह भए बस बाँसुरी के अब कौन सखि! हमको चहिहै।
निसद्यौस रहे संग साथ लगी यह सौतिन तापन क्यौं सहिहै।।
जिन मोहि लियौ मन मोहन को रसखानि सदा हमको दहिहै।
मिलि आऔ सबै सखि! भागि चलै अब तौ ब्रज में बसुरी रहिहै।। 118।।

शब्दार्थ—कान्ह = कृष्ण। चहिहै = चाहेगा, प्रेम करेगा। निसद्यौस = रात-दिन। तापन = दुःखों को। दहिहै = जलती है, दुःख लेती है।

अर्थ—कोई गोपी अपनी सखी से कृष्ण की बाँसुरी के प्रति सौतिया-डाह प्रकट करती है कि हे सखि! कृष्ण तो अब बाँसुरी के वंश में हो गये हैं, अतः अब हमें कौन प्यार करेगा? अर्थात् कृष्ण तो केवल अपनी बाँसुरी को ही प्रेम करते हैं वे हमसे प्रेम नहीं करेंगे। यह बाँसुरी रात-दिन उनके साथ लगी रहती है, अतः यह सौतिया-दुःख हमसे नहीं सहे जाते। इस बाँसुरी ने दूसरों का मन-मोहन वाले कृष्ण का भी मन मोह लिया है, इसीलिए यह हमें सदैव दुःख देती रहती है। इस दुःख से छूटने का तो केवल यही उपाय है कि सारी सखियाँ इकट्ठी होकर ब्रज से भाग चलें, क्योंकि अब तो ब्रज में यह बाँसुरी ही रहेगी।

विशेष—1. नारी के सपत्नी-भाव की सुन्दर अभिव्यक्ति है।

2. 'मोहि लियौ मन मोहन को' वाक्यांश विशेष महत्त्वपूर्ण है।

तुलना—1. हम ब्रज बसिहैं तो बाँसुरी बसै न यह,
बाँसुरी बसाइ कान्ह हमें बिदा दीजिए। —शेख आलम
2. 'धुनि सुनाय चेटक भरी, सुधि नसाय चित चैन।
सी गिरधर घर बसी, हम घर बसी रहै न।।' —अज्ञात

सवैया

ब्रज की बनिता सब घेरि कहैं, तेरो ढारो बिगारो कहा कस री।
अरी तू हमको जम काल भई नैक कान्ह इही तौ कहा रस री।।
रसखानि भली विधि आनि बनी बसिबो नहीं देत दिसा दस री।
हम तो ब्रज को बसिबोई तजौ बस री ब्रज बेरिन तू बस री।। 119।।

शब्दार्थ—ढारौ = ढंग। जमकाल = मृत्यु।

अर्थ—कृष्ण अपनी बाँसुरी को बहुत प्रेम करते हैं। उसके प्रेम को देखकर गोपियों के मन में उसके प्रति ईर्ष्या और जलन की भावनाएँ उत्पन्न हो गई हैं। अतः ब्रज की सारी नारियाँ बाँसुरी को घेर कर उससे पूछती हैं कि हे बाँसुरी! हममें से किसने तेरा क्या बिगाड़ा है जो तू हमारे लिए मृत्युकाल के समान बन गई है? अगर कृष्ण ने तुझे जरा सा छू लिया तो तुझे कौन-सा भारी आनन्द प्राप्त हो गया। रसखान कवि कहते हैं कि गोपियाँ बाँसुरी से कहने लगीं कि अब तो हम इस परिणाम पर पहुँच गई हैं कि तू हमें यहाँ पर थोड़े दिन भी नहीं बसने देगी। हमने तो ब्रज में रहना ही छोड़ दिया है, इसलिए हे बैरिन बाँसुरी, तू ही अब ब्रज में आनन्द से रह।

विशेष—1. इस कवित्त में सौत-भाव की सुन्दर अभिव्यक्ति है।
2. अन्तिम पंक्ति में अनुप्रास की भावपूर्ण प्रयोग है।

तुलना—'मैंने छाड़्यो ब्रज की री बसिबौ, तू ही या ब्रज में बंसी री। —सूरदास

सवैया

बजी है बजी रसखानि बजी सुनिकै अब गोपकुमारी न जीहै।
न जीहै कोऊ जो कदाचित कामिनी कान मैं बाकी जु तान कु पी है।।
कुपी है विदेस संदेस न पावति मेरी डब देह को मौन सजी है।
सजी है तै मेरो कहा बस है सुतौ बैरिनि बाँसुरी फेरि बजी है।। 120।।

शब्दार्थ—मैन = कामदेव।

अर्थ—कृष्ण की बाँसुरी का प्रभाव-वर्णन करते हुए कवि रसखान कहते हैं कि कृष्ण की बाँसुरी बजने पर गोप-कुमारियों का जीवित रहना मुश्किल हो जाता है। जिस भी कामिनी के कानों में उस वंशी की धुनि पड़ती है वह कदाचित् जीवित ही नहीं रह जाती; अर्थात् वंशी के माधुर्य में इतनी तन्मय हो जाती है कि वह स्वयं को ही भूल जाती है। किसी-किसी गोपी के मन में विरह की इतनी प्रबल वेदना जागृत हो जाती है कि वह अपने मन में कुपित होकर कहने लगती है कि प्रियतम कितना बुरा है जो विदेश में रह रहा है, पर उसने कभी तक अपना कोई भी संदेश नहीं भेजा, मेरे सारे

शरीर में तो अब कामदेव का संचार हो गया है, अर्थात् मन में मिलन की उत्कंठा बहुत अधिक बढ़ गई है। इस पर यह बैरिन बाँसुरी बजकर उस विरह वेदना को और भी अधिक उत्तेजित कर देती है। इसमें मेरा कोई वश नहीं है।

विशेष—1. सिंहावलोकन अलंकार का भावपूर्ण प्रयोग है।

2. 'तान कुँपी हैं' में भावोत्कर्षक शक्ति है।

तुलना—'कीजै कहा राम अब जैए केहि ठाम ऐ री,
फेरि वह बैरिन बजी है बन बासुरी।' —द्विजदेव

सवैया

मोर-पखा सिर ऊपर राखिहौं गुंज की माला गरें पहिरौंगी।
ओढ़ि पितम्बर लै लकुटी बन गोधन ग्वारनि संग फिरौंगी।।
भाव तो वोहि मेरो रसखानि सो तेरे कहें सब स्वाँग करौंगी।
या मुरली मुरलीधर की अधरान धरीं अधरा न धरौंगी।। 121 ।।

शब्दार्थ—मोर पखा = मोर-मुकुट। पितम्बर = पीला वस्त्र। भावतो = प्रिय। अधरान = ओंठ। अधरा = नीचे।

अर्थ—कोई गोपी अपनी सखी से कहती है कि हे सखि! मैं मोर-मुकुट को अपने सिर के ऊपर पहनूँगी, गुंजों की माला मैं पहनूँगी। पीला वस्त्र ओढ़ कर और हाथ में लाठी लेकर तथा ग्वालिन बनकर बन-बन में गायों के पीछे फिरूँगी। कृष्ण मेरा प्रिय है और उसे प्राप्त करने के लिए तेरे कहने से सारा स्वाँग भर लूँगी, किन्तु कृष्ण की मुरली को, जो वे ओठों पर रक्खे रहते हैं, नीचे नहीं धरूँगी।

विशेष—अंतिम पंक्ति में यमक अलंकार है।

कालिय दमन

कवित्त

आपनो सो ढोटा हम सब ही को जानत हैं,
दोऊ प्रानी सब ही के काज नित धावहीं।
ते तौ रसखानि अब दूर तें तमासो देखैं,
तरनितनूजा के निकट नहिं आवहीं।
आन दिन बात अनहितुन सों कहौं कहा,
हितू जेऊ आए ते ये लोचन रावहीं।
कहा कहौं आली खाली देत सग ठाली पर,
मेरे बनमाली कों न काली तें छुरावहीं।। 122 ।।

शब्दार्थ—ढोटा = पुत्र। तरनितनूजा = यमुना। अनहितुन = बुरी। हितू = मित्र। बनमाली = कृष्ण।

अर्थ—यशोदा अपनी सखी से कालिय-दमन का वर्णन करती हुई कहती है कि हे सखि! हम (नंद और यशोदा) दोनों सभी गोपों को अपना-सा ही पुत्र समझते हैं और

दोनों प्रतिदिन दूसरों के काम को दौड़ आते हैं; अर्थात् सदैव दूसरों की सहायता में तत्पर रहते हैं। रसखान कहते हैं कि वे ही लोग जिनकी हमने सदा सहायता की, अब दूर से ही तमाशा देख रहे हैं। कोई भी यमुना के निकट नहीं आता। न जाने किसी दिन हमने किससे क्या बुरी बात कह दी कि जो मित्र थे, वे भी अब आँखें चुरा रहे हैं; अर्थात् कोई भी कृष्ण की सहायता के लिए आगे नहीं बढ़ रहा है। हे सखि! मैं तुमसे क्या कहूँ। वैसे तो सब लोग कार्य-निवृत्त हैं, पर मेरे कृष्ण को कोई भी कालिय नाग से नहीं छुड़ा रहा है।

विशेष—यशोदा की भययुक्त आतुरता का स्वाभाविक वर्णन है।

पाठान्तर—इस कवित्त की पाँचवीं और छठी पंक्ति इस प्रकार भी मिलती हैं—

'अदिन परे ते अनहितू सब भये लोग,
यहै जो अजोग देखि लोचन दुरावहीं।'

सवैया

लोग कहैं ब्रज के सिगरे रसखानि अनंदित नंद जसोमति जू पर।
छोहरा आजु नयो जनम्यौ तुम सो कोऊ भाग भरयौ नहिं भू पर।
वारि कै दाम सँवार करौ अपने अपचाल कुचाल ललू पर।
नाचत रावरो लाल गुजाल सो काल सों व्याल-कपाल के ऊपर।। 123।।

शब्दार्थ—छोहरा = पुत्र, कृष्ण। दाम = धन। अपचाल कुचाल = दुर्दिन। ललू पर = कृष्ण पर। ब्याल-कपाल = नाग का सिर।

अर्थ—कृष्ण को कालिय नाग के सिर पर नृत्य करते हुए देखकर ब्रज के लोग आनंदित नन्द और यशोदा से कहते हैं कि तुम्हारे पुत्र ने आज नया जन्म लिया है, अतः इस भूमण्डल पर तुम जैसा कोई भाग्यशाली नहीं है। तुम धन का दाम देकर तथा उसे कृष्ण पर न्यौछावर करके अपने दुर्दिनों को नष्ट कर लो। अब चिन्ता की कोई बात नहीं है, क्योंकि तुम्हारा पुत्र कालिय नाग के सिर के ऊपर नाच रहा है; अर्थात् इसने नाग को पूर्णतया अपने वश में कर लिया है।

विशेष—तत्कालीन सामाजिक परम्पराओं की ओर संकेत इस सवैया में दृष्टिगोचर होते हैं।

तुलना—'जनम कों चाली ऐरी अद्भुत है ख्याली आजु,
चाली की कपाली पै नचत बनमाली है।'

—पद्माकर

चीर हरण

सवैया

एक समै जमुना-जल मैं सब मज्जन हेत धसीं ब्रज-गोरी।
त्यौं रसखानि गयौ मनमोहन लै कर चीर कदम्ब की छोरी।।

न्हाइ जबै निकसी बनिता चहुं ओर चितै चित रोष करो री।
हार हियें भरि भावन सों पट दीने लला बचनामृत धोरी।। 124।।

शब्दार्थ—मज्जन हेत = न्हाने के लिए। छोरी = चोटी। रोष = क्रोध। बचनामृत = अमृत जैसे सुखद वचन। बोरी = डूब गईं।

अर्थ—चीरहरण लीला का वर्णन करते हुए रसखानि कवि कहते हैं कि एक समय की बात है कि सब ब्रज की स्त्रियाँ नहाने के लिए यमुना के जल में उतरीं। तभी उनके वस्त्रों को लेकर कृष्ण कदम्ब वृक्ष की चोटी पर चढ़ गये। स्नान करके जब वे स्त्रियाँ बाहर निकलीं और चारों ओर देखने पर भी अपने वस्त्रों को न पा सकीं तो क्रुद्ध हो गईं। जब उन्होंने अपनी हार स्वीकार कर ली तो अनेक प्रकार के प्रेमपूर्ण भावों से भरकर कृष्ण ने उनके वस्त्र लौटा दिये और उनसे जो प्रेमपूर्ण बातें कीं, उनके अमृत जैसे सुखद वचनों को सुनकर सारी स्त्रियाँ आनन्द में डूब गईं।

प्रेमासक्ति

सवैया

प्रान वही जू रहैं रिझि वा पर रूप वही जिहि वाहि रिझायौ।
सीस वही जिन वे परसे पद अंक वही जिन वा परसायौ।।
दूध वही जु दुहायौ री वाही दही सु सही जु वही ढरकायौ।
और कहाँ लौं कहौं रसखानि री भाव वही जु वही मन भायौ।। 125।।

शब्दार्थ—सरल है।

अर्थ—कोई गोपी अपनी सखी से कहती है कि वे ही प्राण हैं जो कृष्ण पर रीझ जायें, वही रूप है जो कृष्ण को रिझा ले। वही सिर है जो कृष्ण के चरणों का स्पर्श करे, हृदय वही है जिससे कृष्ण का स्पर्श किया गया हो। वही दूध है जो कृष्ण ने दुहा है, वही दही है जो उसने बिखेरी है। रसखान कवि कहते हैं कि और कहाँ तक कहूँ, भाव भी वही है जो कृष्ण को अच्छा लगता है।

कहने का अभिप्राय यह है कि इन्द्रियों की और भावों की सार्थकता तभी है जब वे कृष्ण को या तो अपनी ओर आकृष्ट कर सकें अथवा उसकी ओर आकृष्ट हो जायें।

सवैया

देखन कौं सखी नैन भए न सबै तन आवत गाइन पाछैं।
कान भए प्रति रोम नहीं सुनिबे कौं अमीनिधि बोलनि आछैं।।
ए सजनी न सम्हारि भरै वह बाँकी बिलोकनि कोर कटाछै।
भूमि भयौ न हियो मेरी आली जहाँ हरि खेलत काछनी काछै।। 126।।

शब्दार्थ—अमीनिधि = अमृत-सागर। कटाछै = कटाक्ष। आली = सखी।

अर्थ—कोई गोपी अपनी सखी से अपनी अभिलाषा प्रकट करती हुई कहती है कि कृष्ण गायों के पीछे आ रहे हैं। अच्छा होता है कि मेरे सारे शरीर में नैन होते,

ताकि मैं उसकी शोभा को पूरी तरह देख पाती। अमृत-सागर से भरे हुए वह जो मीठे वचन बोलता है, उन्हें सुनने के लिए मेरे रोम-रोम में कान क्यों नहीं हो गये। हे सखि! उनकी कटाक्ष-भरी हुई सुन्दर चितवन संभालने से संभाली नहीं जाती; अर्थात् उसका प्रभाव बिना पड़े नहीं रह पाता। मेरा हृदय वह पृथ्वी क्यों नहीं बन जाता, जहाँ काछनी पहनकर कृष्ण खेलते हैं।

तुलना—1. 'देखिबे को स्याम सोम देतो दृग रोम-रोम,
कींनो सो न बिधि औ अबिधि कीनी पलके।' —**सोमनाथ**

2. 'चाहित जुगल किसोर लखि, लोचन जुगल अनेक।' —**बिहारी**

3. 'कीजै कहा राम, स्याम आनन बिलोकिबे कों,
विरचि विरंचि न अनन्त अंखियाँ दई।' —**पद्माकर**

सवैया

मोरपखा मुरली बनमाल लखें हिय कों हियरा उमह्यौ री,
ता दिन ते इन बैरिनि को कहि कौन न बोल कुबोल सह्यौ री।।
तौ रसखानि सनेह लग्यौ कोउ एक कह्यौ कोउ लाख कह्यौ री।।
और तौ रंग रह्यौ न रह्यौ इक रंग रंगी सोह रंग रह्यौरी।। 127।।

शब्दार्थ—मोरपखा = मोर-पंखों का मुकुट। उमह्यौ = उमड़ रहा है। बोल-कुबोल = अच्छी-बुरी। रसखानि = आनन्द-सागर कृष्ण। रंग = आदत। रंग = प्रेम।

अर्थ—कोई गोपी कृष्ण के प्रति अपने प्रेम का वर्णन अपनी सखी से करती हुई कहती है कि जिस दिन से मैंने मोर-पंखों का मुकुट, मुरली और बनमाल को धारण करने वाले कृष्ण को देखा है और मेरे हृदय का भी हृदय उमड़ रहा है, उस दिन से इन बैरिन बदनामी करने वाली स्त्रियों की कौन-सी ऐसी अच्छी और बुरी बात है, जो मैंने नहीं सही। जब आनन्द-सागर कृष्ण से प्रेम हो ही गया है तो चाहे एक कहे या लाख कहे, यह प्रेम नहीं छूट सकता। मुझे और तो आदत रही चाहे न रही, पर कृष्ण के प्रेम में इस प्रकार रंग गई हूँ कि अब यही रंग शेष रह गया है।

विशेष—1. यमक, छेकानुप्रास अलंकारों का भावपूर्ण प्रयोग है।
2. प्रेम की मान्यता वर्णित है।

पाठान्तर—इस सवैये की अंतिम दो पंक्तियाँ इस प्रकार भी मिलती हैं—
'अब तो रसखान सो नेह लग्यो कोउ एक कह्यो किन लाख कह्यौ री।
और सो रंग रहौ न रहौ इक रंग रंगीले सों रंग रह्यौ री।'

तुलना—1. 'तुम गाँवरे नाँवरे कोऊ धरो हम साँवरे रंग रंगी सो रंगी।'

2. 'अब कोऊ कितैंऊ कहै किनरी जु हौं स्याम के रंग रंगी सो रंगी।' —**द्विजदेव**

3. 'रंग दूसरो और चढैगो नहीं अलि सांवरों रंग रंग्यौ सो रंग्यौ।' —**हरिश्चन्द्र**

सवैया

बन बाग तड़ागनि कुंजगली अंखियाँ मुख पाइहैं देखि दई।
अब गोकुल माँझ बिलोकियैगी बह गोप सभाग-सुभाय रई।।
मिलिहै हँसि गाइ कबै रसखानि कबै ब्रजबालनि प्रेम भई।
वह नील निचोल के घूँघट की छबि देखबी देखन लाज लई।। 128।।

शब्दार्थ—सभाग = भाग्यशाली। रई = युक्त। निचोल = वस्त्र। लाजलई = लज्जा युक्त।

अर्थ—कोई गोपी अपनी अभिलाषा प्रकट करती हुई कहती है कि हे सखि! कृष्ण को वन में, बाग में, तड़ागों में और कुंज-गलियों में देखकर तो मेरी आँखों ने सुख प्राप्त कर लिया है, अब मेरी इच्छा यह है कि उस भाग्यशाली सुन्दरता से युक्त कृष्ण को गोकुल के बीच कब देखूँगी। वह कृष्ण प्रेममयी, ब्रज-बालाओं के मध्य में कब हँसकर तथा मिलकर रासलीला करेगा? और मैं कब अपने पीले वस्त्र के घूँघट के बीच से लज्जायुक्त होकर उसकी शोभा देखूँगी।

पाठान्तर—बन बाग तड़ागन कुंज गली अंखियाँ सुख पाइ हैं देखि दई।
कब गौकुल माँझ बिलोकहिंगी छबि सों वह सभा गरई।
मिलि हैं हँसि गारी दै कै रसखानु कबै ब्रज बालनि प्रेम मई।
वह नील निचोल के घूँघट की कब देखबी देखन लाज लई।।

सवैया

काल्हि पर्‌यौ मुरली-धन मैं रसखानि जू कानन नाम हमारो।
ता दिन तें नहिं धीर रखौ जग जानि लयौ अति कीनौ पँवारो।।
गाँवन गाँवन मैं अब तौ बदनाम भई सब सों कै किनारो।
तौ सजनी फिरि फेरि कहौं पिय मेरो वही जग ठोंकि नगारो।। 129।।

शब्दार्थ—काल्हि = कल। कानन = कानों में। पँवारों = झंझट। सब सों कै किनारो = सबसे ही किनारा कर लिया, सबसे अलग हो गई। ठोंकि नगारों = नगारा बजाकर।

अर्थ—मुरली के प्रभाव का वर्णन करती हुई एक गोपी अपनी सखी से कह रही है कि हे सखि! कल आनन्द-सागर कृष्ण के द्वारा मुरली में लिया हुआ मेरा नाम जब मेरे कानों में पड़ा तो उसी दिन से (उसी समय से) मेरे मन का धैर्य जाता रहा। सारे संसार को यह मालूम हो गया है कि मैंने अपनी जान को झंझट में पाल लिया है। कृष्ण से प्रेम करने के कारण अब तो मैं प्रत्येक गाँव में बदनाम हो गई हूँ, इसीलिए सबसे अलग भी हो गई हूँ। इसीलिए हे सजनी! मैं तुझसे फिर उसी बात को दोहराती हूँ कि कृष्ण ही मेरा प्रियतम है। इस बात को मैं संसार में नगारा पीटकर कह रही हूँ।

विशेष—इस सवैये में 'सब सों कै किनारो', और 'ठोंकि नगारों' मुहावरों का भावपूर्ण प्रयोग है।

देखि हौं आँखिन सों पिय कों अरु कानन सों उन बैन कों प्यारी।
बाँके अनंगनि रंगनि की सुरभीनी सुगन्धनि नाक मैं डारी।
त्यौं रसखानि हिये मैं धरौं वहि साँवरी मूरति मैन उजारी।
गाँव भरौ कोउ नाँव धरौं पुनि साँवरी हों बनिहों सुकुमारी।। 130।।

शब्दार्थ—कानन सों = कानों से। सुरभीनि सुगन्धनि = नाना प्रकार की सुगन्धियों की गन्ध। मैन-उजारी = कामदेव से सुन्दर। नाँव धरौं = नाम धरो, निन्दा करो।

अर्थ—कोई गोपी अपनी सखी से कृष्ण के प्रति अपने प्रेम का वर्णन करती हुई कहती है कि मैं अब अपनी आँखों से केवल प्रियतम कृष्ण का ही दर्शन करूँगी और इन कानों से केवल उनकी प्रिय बाँसुरी को ही सुनूँगी। उसके बाँके कामदेव जैसी छवि की नाना प्रकार की सुगन्धियों की गन्ध को अपनी नाक में डालूँगी। इस प्रकार मैं उस आनन्द-सागर की कामदेव से भी सुन्दर मूर्ति को अपने हृदय में धारण करूँगी। अब चाहे गाँव के सारे निवासी मेरी कितनी ही निन्दा करें। मैं कृष्ण के प्रति अपने अचल अनुराग को नहीं छोड़ूँगी।

सवैया

तुम चाहो सो कहौ हम तौ नन्दवारै के संग ठईं सो ठईं।
तुम ही कुलबीने प्रवीने सबै हम ही कुछ छाँडि गईं सो गईं।
रसखान यों प्रीत की रीत नई सुकलंक की मोटैं लईं सो लईं।
यह गाँव के बासी हँसे सो हँसे हम स्याम की दासी भईं सो भईं।। 131।।

शब्दार्थ—नन्दवारे के संग = कृष्ण के साथ। ठईं सो ठईं = दृढ़ संकल्प करके मिल चुकी हैं। कुलबीने = कुलवान। मोटैं = गठरियाँ।

अर्थ—गोपियाँ किसी अन्य गोपी से जो उन्हें कृष्ण प्रेम से विरत करना चाहती हैं, कहती है कि तुम जो चाहो हमको कह लो, लेकिन हम तो दृढ़ संकल्प करके कृष्ण के साथ मिल चुकी हैं, अर्थात् उससे प्रेम-सम्बन्ध स्थापित कर चुकी हैं, तुम ही सब प्रकार से कुलवती और प्रवीण सही, पर हमने तो कुल की मर्यादा को तिलाँजलि दे दी है। हमारे प्रेम की यह रीति नहीं है, हमें जो भी बदनाम की गठरियाँ मिली हैं, उन्हें हमने सहर्ष स्वीकार कर लिया है। अब चाहे हमारे ग्राम के निवासी हम पर कितना ही हँसें, पर हम तो कृष्ण की दासी बन चुकी हैं।

विशेष—1. गोपियों के अनन्य प्रेम की सुन्दर व्यंजना है।

2. वीप्सा अलंकार का प्रयोग प्रभावोत्पादक है।

3. यह सवैया श्री विश्वनाथ प्रसाद मिश्र द्वारा सम्पादित 'रसखान-ग्रंथावली' में नहीं है।

सवैया

मोर पखा धरे चारिक चारु बिराजत कोटि अमेठनि फैंटो।
गुंज छरा रसखान बिसाल अनंग लजावत अंग करैटो।

ऊँचे अटा चढ़ि एड़ी ऊँचाइ हितौ हुलसाय कै हौंस लपेटो।
हौं कब के लखि हौं भरि आँखिन आवत गोधन धूरि धूरैटो।। 132।।

शब्दार्थ—चारिक = चार-एक अर्थात् थोड़े-से। कोटि अमेठनि फैंटो = करोड़ों पेचों से युक्त पगड़ी। गुँजछरा = गुंज की माल, एक आभूषण विशेष। अनंग = कामदेव। अंग करैटो = स्याम शरीर। हौंस = अभिलाषा। भरि आँखिन = आँखों में भरकर। गोधन धूर धरैटो = गौओं की धूल से धूसरित।

अर्थ—शाम को घर लौटते हुए कृष्ण की शोभा का वर्णन कोई गोपी अपनी सखी से करती हुई कह रही है कि हे सखि! वह सिर पर थोड़े से मोरपंखों का मुकुट धारण किए हुए है। उनकी करोड़ों पेचों से युक्त पगड़ी अत्यन्त शोभायमान हो रही है। उनके हृदय पर पड़ी हुई विशाल गुंजमाला तथा श्याम शरीर कामदेव को भी लज्जित करता है। मैंने उन्हें ऊँची अटारी पर चढ़कर तथा उचक कर हृदय में हुलसकर अनेक अभिलाषाओं से युक्त होकर देखा है। मैं गौओं की धूल से धूसरित होकर आते हुए कृष्ण को बहुत देर से आँखें भरकर देख रही हूँ।

विशेष—1. तृतीय पंक्ति में औत्सुक्य भावों की सुन्दर योजना है।

2. यह सवैया श्री विश्वनाथप्रसाद मिश्र द्वारा सम्पादित 'रसखान ग्रंथावली' में नहीं है।

सवैया

कुंजनि कुंजनि गुंज के पुंजनि मंजु लतानि सौं माल बनैबो।
मालती मल्लिका कुंद सौं गूंदि हरा हरि के हियरा पहिरैबो।
आली कबै इन भावने भाइन आपुन रीझि कै प्यारे रिझैबो।
माइ झकै हरि हाँकरिबो रसखानि तकै फिरि के मुसकैबो।। 133।।

शब्दार्थ—पुंजनि = समूह। हरा = हार। आली = सखी। भावते भाइन = प्रिय भाव। हाँकरिबौ = पुकारना।

अर्थ—कोई गोपी अपनी सखी से अपनी अभिलाषा प्रकट करती हुई कहती है कि कुंज-कुंज के गुंजों के समूहों को इकट्ठा करके उनकी सुन्दर लताओं से माला बनाऊँगी। मालती, मल्लिका और कुंदों से हार गूँथकर कृष्ण के हृदय पर पहनाऊँगी, हे सखि! न जाने कब इन प्रिय भावों से स्वयं ही रीझकर अपने प्रिय कृष्ण को स्थिर पाऊँगी। मैं यथाशक्ति उन्हें पुकारूँगी, वे पीछे की ओर देखेंगे और तब मैं उनकी ओर मुड़कर पुरस्कार दूँगी।

पाठान्तर—इस सवैया की चौथी पंक्ति इस प्रकार भी मिलती है—
'पाइ लुकैं दुरि हो करिबौ रसखान तक फिरि कै मुसकैबो।'

सवैया

सब धीरज क्यों न धरौं सजनी पिय तो तुम सों अनुरागइगौ।
जब जोग संजोग को आन बनै तब जोग विजोग को मानेइगौ।

निसचै निरधार धरौ जिय में रसखान सबै रस पावेइगौ।
जिनके मन सो मन लागि रहै तिनके तन सौं तन लागेइगो।। 134।।

शब्दार्थ—अनुरागेइगै = अवश्य प्रेम करेगा। निसचै = निश्चय। रस = आनन्द।

अर्थ—कोई गोपी अपनी सखी को समझाती हुई कहती है। हे सखि! तू सब प्रकार से अपने मन में धैर्य धारण कर, क्योंकि एक न एक दिन प्रियतम कृष्ण तुझसे अवश्य प्रेम करेगा। जब मिलने का समय आयेगा तो वियोग की घड़ियाँ नष्ट हो जाएँगी। तुम निश्चय ही अपने हृदय में धैर्य धारण करो, क्योंकि तुम आनन्द-सागर कृष्ण से अवश्य आनन्द प्राप्त करोगी। जिसके मन से तेरा मन लगा हुआ है, उसके शरीर से भी तेरे शरीर का मिलन होगा।

विशेष—यह सवैया श्री विश्वनाथप्रसाद मिश्र द्वारा सम्पादित 'रसखान ग्रंथावली' में नहीं है।

सवैया

उनहीं के सनेहन सानी रहैं उनहीं के जु नेह दिवानी रहैं।
उनहीं की सुनै न औ बैन त्यौं सैंन सों चैन अनेकन ठानी रहैं।
उनहीं संग डोलन मैं रसखान सबै सुखसिन्ध अघानी रहैं।
उनहीं बिन ज्यों जलहीन ह्वै मीन सी आँखि अंसुधानी रहैं।। 135।।

शब्दार्थ—सनेहन = प्रेम। सानी रहैं = परिपूर्ण रहती है। अघानी = तृप्त।

अर्थ—अपनी प्रेमावस्था का वर्णन करती हुई कोई गोपी अपनी सखी से कह रही है कि हे सखि! मेरा मन उसी कृष्ण के प्रेम से परिपूर्ण रहता है, मैं उन्हीं के प्रेम में पागल बनी हुई हूँ। मेरे कान केवल उन्हीं की बातों को सुनते हैं, और किसी प्रकार की वाणी को नहीं सुनते। उनकी चितवन ही मुझे अनेक प्रकार से आनन्द प्रदान करती है। मैं उन्हीं के साथ रहने में इतना सुख-सागर प्राप्त कर लेती हूँ कि पूर्णतया तृप्त हो जाती हूँ। उनके बिना मेरी आँखें आँसुओं में डूबकर इस प्रकार तड़पती रहती हैं जिस प्रकार पानी के बिना मछली।

विशेष—1. आनन्द-भाव के प्रेम का वर्णन है।

2. उपमा अलंकार।

प्रेम बन्धन

सवैया

चन्दन खोर पै चित्त लगाय कै कुंजन तें निकस्यौ मुसकातो।
राजत है बनमाल गले अरु मोरपखा सिर पै फहरातो।
मैं जब तें रसखान बिलोकति हो कजु और न मोहि सुहातो।
प्रीति की रीति में लाज कहा सखि है सब सों बड़ नेह को नातो।। 136।।

शब्दार्थ—खोर = तिलक। नेह = प्रेम। बड़ = बड़ा महत्त्वपूर्ण।

अर्थ—कोई गोपी कृष्ण के प्रति अपने प्रेम का वर्णन करती हुई अपनी सखी से कह रही है कि हे सखि! चन्दन के तिलक पर बिन्दी लगाकर कृष्ण मुस्कराता हुआ कुंजों से निकला। उनके गले में बनमाला सुशोभित थी और सिर पर मोर पंखों का मुकुट फहरा रहा था। मैंने जब से आनन्द-सागर कृष्ण की इस शोभा को देखा है तब से मुझे कुछ भी अच्छा नहीं लगता है। हे सखि! प्रेम की रीति में लज्जा त्याज्य है, क्योंकि प्रेम का सम्बन्ध सबसे बड़ा सम्बन्ध है।

विशेष—यह सवैया श्री विश्वनाथप्रसाद मिश्र द्वारा सम्पादित 'रसखान ग्रंथावली' में नहीं है।

सवैया

कौन को लाल सलोनो सखी वह जाकी बड़ी अँखियाँ अनियारी।
जोहन बंक बिसाल के बाननि बेधत हैं घट तीछन भारी।
रसखानि सम्हारि परै नहिं चोट सु कोटि उपाय करें सुखकारी।
भाल लिख्यौ विधि हेत को बंधन खोलि सकै ऐसो को हितकारी।। 137।।

शब्दार्थ—लाल = पुत्र। सलोनो = सुन्दर। अनियारी = विलक्षण। जोहन = दृष्टि। विधि = ब्रह्मा। हेत = प्रेम।

अर्थ—कोई गोपी अपनी सखी से कृष्ण के विषय में पूछती है कि हे सखि, यह सुन्दर पुत्र किसका है जिसकी बड़ी-बड़ी विलक्षण आँखें हैं। यह विशाल वंक दृष्टि रूपी भारी तीक्ष्ण बाणों से हृदय को बेधता है। रसखान कहते हैं कि चाहे कोई करोड़ो सुखकारी उपाय करे, पर इन बाणों की चोट को नहीं संभाल सकता। यदि भाग्य में ब्रह्मा ने प्रेम का बंधन लिख दिया हो तो ऐसा कोई भी हितकारी नहीं है जो इस बंधन को खोल सके।

विशेष—प्रथिम पंक्ति में विवशता के माध्यम से प्रेम की दृढ़ता का वर्णन है।

नेत्रोपालम्भ

सवैया

आली पग रंगे जे रंग साँवरे मो पै न आवत लालची नैना।
धावत हैं उतहीं जित मोहन रोके रुके नहिं घूँघट रोना।
काननि कौं कल नाहिं परै सखी प्रेम सों भीजे सुनैं बिन नैना।
रसखानि भई मधु की मछियाँ अब नेह को बँधन क्यों हूँ छुटे ना।। 139।।

शब्दार्थ—आली = सखी। रंग = प्रेम। ऐना = घर। काननि कों = कानों को। कल = चैन।

अर्थ—कोई गोपी अपनी सखी से अपने प्रेम का वर्णन करती हुई कहती है कि हे सखि! मेरे ये लालची नेत्र कृष्ण के प्रेम में इस प्रकार बन्दी हो गए कि अब ये मेरे वश में नहीं रहे। ये जिस ओर भी कृष्ण को देखते हैं, उसी ओर दौड़ने लगते हैं और

घूँघट के घर में भी नहीं रुकते, अर्थात् चाहे जितना आवरण इनके ऊपर डाला जाये, ये उस आवरण को भेद कर भी कृष्ण की ओर दौड़ते हैं। हे सखि! प्रेम से भीगे हुए वचनों को सुने बिना ही इन कानों को चैन नहीं मिलता, अर्थात् ये कान प्रेम की मधुर बातों को सुनने के लिए सदैव आकुल रहते हैं। रसखान कहते हैं कि मेरी ये आँखें शहद की मक्खियाँ बन गई हैं, अतः अब प्रेम का बन्धन किस प्रकार छूट सकता है? कहने का भाव यह है कि जिस प्रकार शहद की मक्खियाँ अपने ही बनाये हुए शहद में बन्दी हो जाती हैं, उसी प्रकार मेरे नेत्र अपने द्वारा ही उत्पन्न किए गए प्रेम में बन्दी बन गए हैं।

विशेष—1. अन्तिम पंक्ति में रूपक अलंकार है।

2. आँखों को मधु मक्खी बताना बहुत भावपूर्ण है।

सवैया

श्री वृसभान की छान धुजा अटकी लरकान तें आन लई री।
वा रसखान के पानि की जानि छुड़ावति राधिका प्रेममई री।
जीवन मुरि सी नेज लिए इनहूँ चितयौ ऊनहूँ चितई री।
लाल लली दृग जोरत ही सुरझानि गुड़ी उरझाय दई री।।139।।

शब्दार्थ—छान = छत। धुजा = ध्वजा। पानि = हाथ। जीवन-मुरि = संजीवनी बूटी के समान।

अर्थ—राधा और कृष्ण के प्रेम का वर्णन करती हुई कोई गोपी अपनी सखी से कहती है कि हे सखि! वृषभान की छत पर जो ध्वज (पतंग) आकर अटकी थी, वह अन्य लड़कों ने आकर ले ली। उस पतंग को आनन्द-सागर कृष्ण के हाथों की जानकर प्रेममयी राधा उसे उनसे छुड़ाने लगी। इस समय राधा के संजीवनी बूटी के समान जीवनदायक तथा बरछी के समान चोट करने वाली दृष्टि से कृष्ण की ओर देखा, तथा कृष्ण ने राधा की ओर देखा। राधा और कृष्ण की आँखें मिलते ही वह सुलझने वाली पतंग की डोर और भी अधिक उलझ गई।

विशेष—1. 'जीवन-मूरि सी नेज लिए' में विरोधाभास अलंकार है।

2. गुड़ी के माध्यम से प्रेमाभिव्यंजना परिपाटी रीतिकाल में प्रचलित थी। उदाहरण के लिए बिहारी का यह दोहा प्रस्तुत है—

'उड़ति गुड़ी लखि ललन की अँगना.अँगना माँह।
बारी लौं दौरी फिरति छुबति छबीली छाँह।।'

3. यह सवैया श्री विश्वनाथ प्रसाद मिश्र द्वारा सम्पादित 'रसखान ग्रंथावली' में नहीं है।

तुलना— 1. हौं झुकि के जु लखी सुरझावन, पूँछत ठोढ़ी गहै है तू कोरी।
ब्रह्म कहै उरझे सुरझे नहिं, छूटत गाँठ न टूटत डोरी
—ब्रह्म कवि

2. 'बिसरी सिगरी सुधि ता छन तैं,
कछु ऐसिऐ डीठि की फाँस घली।
कढ़ि केसन के सुरझाइवें को,
मनमोहन सों उरझाय चली।।'

—द्विजदेव

सवैया

आब सबै ब्रज गोप लली ठिठकौं ह्वै गली जमुना-जल न्हाने।
औचक आइ मिले रसखानि बजावत बेनु सुनावत ताने।
हा हा करी सिसकीं सिगरी मति मैन हरी हियरा हुलसाने।
चूमें दिवानी अमानी चकोर सों ओर सों दोऊ चलैं दृग बाने।। 140।।

शब्दार्थ—ब्रज-गोपलली = ब्रज की वनिताएँ। औचक = अचानक। मैन = कामदेव। अयानी = परिणाम पर विचार न करने वाली। बाने = बाण।

अर्थ—एक गोपी अपनी सखी से कह रही है कि जब सारी ब्रज-वनिताएँ यमुना में स्नान करने के लिए आईं तो गली में आकर ठिठक गईं, क्यों कि उन्हें अचानक ही आनन्द-सागर कृष्ण मिल गया जो वंशी बजाकर मधुर तानें सुनाने लगा। उसे देखकर सब हा-हा करने लगीं और सिसकने लगीं। उनकी बुद्धि कामदेव ने हरण कर ली और वे अपने मन में प्रसन्न होने लगीं। वे कृष्ण-प्रेम में चकोर की भाँति ऐसी पागल होकर झूमने लगीं कि उसके परिणाम पर भी उन्होंने विचार नहीं किया। दोनों ओर से नयन-बाण चलने लगे।

विशेष—उपमा अलंकार।

कवित्त

छूट्यौ गृह काज लोक लाज मन मोहिनी को,
भूल्यौ मन मोहन को मुरली बजाइबौ।
देखो रसखान दिन द्वै में बात फैलि जै है,
सजनी कहाँ लौं चन्द हाथन दुराइबौ।
कालि ही कालिन्दी कूल चितयौ अचानक ही,
दोउन की दोऊ ओर मुरि मुसकाइबौ।
दोऊ परै पैंया दोऊ लेत हैं बलैया, इन्हें
भूल गई गैया उन्हें गागर उठाइबौ।। 141।।

शब्दार्थ—कहाँ लौं चन्द हाथन दुराइबौ = चन्द्रमा को कहाँ तक हाथों से छिपाया जा सकता है। कालिन्दी-कूल = यमुना का किनारा। पैंया = पैर।

अर्थ—कोई गोपी अपनी सखी से राधा-कृष्ण का मिलन का वर्णन करती हुई कहती है कि हे सखि! जब राधा और कृष्ण का मिलन हुआ तो राधा गृहकार्यों को तथा लोक-लज्जा को भूल गई। कृष्ण अपनी बाँसुरी बजाना भूल गए। उनके इस

मिलन की बात कुछ ही समय में सब जगह फैल जायेगी क्योंकि चन्द्रमा को कहाँ तक और कब तक हाथों में छिपाया जा सकता है। कल ही यमुना के तट पर अकस्मात् दोनों ने एक दूसरे को देखा, दोनों एक दूसरे की ओर मुड़कर मुस्कराए। दोनों एक दूसरे के पैर पड़ और दोनों ही आपस में बलैया लेने लगे। इस प्रेम-व्यापार में दोनों ही इतने तन्मय हुए कि कृष्ण अपनी गायों को चुराना भूल गए और राधा अपनी जल से भरी हुई गागर को उठाना भूल गई।

विशेष—लोकोक्ति अलंकार।

सम्पादित—'रसखान-ग्रंथावली' में नहीं है।

तुलना—'बंसी को बजैवौ नट नागर को भूल गयौ,
नागरि को भूल गयो गागर को भरिबौ।'

—काशिराम

पाठान्तर— **'ए रही आजु काल्हि सब लोक लाज त्याग दोऊ,**
सीखे हैं सबै विधि सनेह सरसाइबो।
यह रसखान दिना द्वै मैं बात फैलि जैंहे,
कहाँ लौं सयानी चन्दा हाथन छिपाइबो।
आजु हौं निहार्‌यौ बीर निपट कलिन्दी-तीर,
दोउन को दोउन सों मुरि मुस्काइबो।
दोउ परैं पैयाँ दोऊ लेत हैं, बलैया, उन्हें
भूलि गईं गैया इन्हें गागर उचाइबो।'

सवैया

मंजु मनोहर मूरि लखैं तबहीं सबहीं पतहीं तज दीनी।
प्राण पखेरू परे तलफें वह रूप के जाल मैं आस-अधीनी।
आँख सों आँख लड़ी जबहीं तब सों ये रहैं अँसुधा रंग भीनी।
या रसखानि अधीन भई सब गोप-लली तजि लाज नवीनी।। 142।।

शब्दार्थ—मंजु = सुन्दर। मूरि = मूल। पतही = प्रतिष्ठा को, पत्तों को।

अर्थ—कोई गोपी अपनी सखी से कृष्ण के रूप-प्रभाव का वर्णन करती हुई कहती है कि हे सखि! उस कृष्ण-रूपी सुन्दर और मनोहर मूल को देख कर सभी गोपियों ने अपनी प्रतिष्ठा-रूपी पत्तों को छोड़ दिया है। इसी कारण उनके प्राण-रूपी पक्षी रूप-रूपी जाल में पड़े हुए तड़प रहे हैं और जीवन की आशा उसके अधीन हो गई हैं; अर्थात् गोपियों को जिलाना और मारना कृष्ण के हाथ में आ गया है। जब से कृष्ण की आँखों से गोपियों की आँखें मिली हैं, तब से ये आँखें निरन्तर आँसुओं से भरी रहती हैं। सारी युवती गोप-कन्याएँ सब लज्जा को छोड़कर आनन्द-सागर कृष्ण के अधीन हो गई हैं।

सवैया

नन्द को नन्दन है दुखकन्दन प्रेम के फन्दन बाँधि लई हों।
एक दिन ब्रजराज के मन्दिर मेरी अली इक बार गई हौं।
हेर्यौ लला लचकाइ कै मोतन जोहन की चकडोर भई हौं।
दौरी फिरौं दृग डोरन मैं हिय मैं अनुराग की बेलि बई हौं।। 143।।

शब्दार्थ—दुखकन्दन = दुःख देने वाला। जोहन की = देखने की। चकडोर = चकई नाम के खिलौने की डोर।

अर्थ—कोई गोपी अपनी सखी से कृष्ण के प्रेम के प्रभाव का वर्णन करती हुई कहती है कि हे सखि! कृष्ण बहुत दुःख देने वाले हैं। उन्होंने मुझे भी अपने प्रेम के बन्धन में बाँध लिया है। एक दिन मैं कृष्ण के मन्दिर में गई थी, और उस दिन प्रथम बार ही मैं वहाँ गई थी कि कृष्ण ने लचकाकर मेरी ओर देखा, मैं तो उनकी दृष्टि के लिए चकई की डोर ही बन गई; अर्थात् जिस प्रकार चकई पर डोर बार-बार लिपट जाती है, उसी प्रकार वे मुझे बार-बार देखते रहे। तभी से मैं आँख की चकडोर से चकई की भाँति दौड़ी फिर रही हूँ और मेरे हृदय में कृष्ण के प्रति प्रेम की बेल फूट निकली है।

विशेष—1. 'दुःखकन्दन' का लाक्षणिक प्रयोग है।
2. 'हेरयो लला लचकाइ कै मोतन' में शारीरिक प्रेम की ओर संकेत है।
3. रूपक अलंकार।

सवैया

तीरथ भीर में भूलि परी अली छूट गइ नेकु धाय की बाँही।
हौं भटकी भटकी निकसी सु कुटुम्ब जसोमति की जिहिं धाँही।
देखत ही रसखान मनौ सु लग्यौ ही रह्यौ कब कों हियराँही।
भाँति अनेकन भूली हुती उहि द्यौस कौ भूलनि भूलत नांहि।। 144।।

शब्दार्थ—अली = सखी। धाय = धात्री, पालन-पोषण करने वाली। घाँही = स्थान, घर। हियराँही = हृदय में। द्यौस = दिन।

अर्थ—कोई गोपी अपनी सखी से कृष्ण-मिलन का वर्णन करती हुई कहती है कि हे सखि! मैं अकस्मात् भूलकर तीर्थ-यात्रियों की भीड़ में जा घुसी और धात्री की बाँह मेरे हाथ से छूट गई। मैं भटकती हुई उस ओर जा निकली, जहाँ यशोदा जी का घर (डेरा) था। मुझे देखते ही आनन्द-सागर कृष्ण मेरे हृदय से इस प्रकार लग गया जैसे वह न जाने कब का इस हृदय में लगा हुआ था। मैं अनेक प्रकार की भूल कर चुकी थी, जिन्हें मैं भूल गयी, पर उस दिन जो भूल कृष्ण-मिलन के कारण हुई थी, वह भुलाए नहीं भूली जाती।

विशेष—यह सवैया श्री विश्वनाथ प्रसाद मिश्र द्वारा सम्पादित 'रसखान-ग्रंथावली' में नहीं है।

सवैया

समुझे न कछू अजहूँ हरि सो अज नैन नचाइ नचाइ हँसै।
नित सास की सीखै उन्मात बनै दिन ही दिन माइ की कांति नसै।
चहूँ ओर बबा की सौ, सोर सुनैं मन मेतेऊ आवति री सकसै।
पै कहा करौं या रसखानि बिलोकि हियो हुलसै हुलसै हुलसै।। 145।।

शब्दार्थ—सोर = बदनामी। सकसै = उलझ। हुलसै = प्रसन्न होना।

अर्थ—कोई गोपी अपनी सखी से कृष्ण के प्रति अन्य गोपी के आकर्षण को व्यक्त करती हुई कहती है कि हे सखि! वह आज भी कुछ नहीं समझती वरन् कृष्ण को देखकर ब्रज में आँखें नचा-नचाकर हँसने लगती है। नित्य सासु की ठंडी साँसों से उस गोपी की कांति दिन-दिन क्षीण होती जा रही है। मैं बाबा की सौगन्ध खाकर कहती हूँ कि चारों ओर उसकी बदनामी को सुनकर मेरे मन में उलझन पैदा हो गई है। लेकिन क्या करूँ उस आनन्द-सागर कृष्ण को देखकर उसका हृदय बार-बार हुलसने लगता है, अर्थात् वह अपनी बदनामी की चिन्ता न करके बराबर कृष्ण में अनुरक्त है।

विशेष—अन्तिम पंक्ति में 'हुलसै' शब्द की आवृत्ति भावों में तथा प्रभाव में अभिवृद्धि का कारण है।

सवैया

मारग रोकि रह्यौ रसखानि के कान परी झनकार नई है।
लोग चितै चित दै चितए नख तैं मनन माहिं निहाल भई है।
ठोढी उठाई चितै मुसकाई मिलाइ कै नैन लगाई लई है।
जो बिछिया बजनी सजनी हम मोल लई पुनि बेचि दई है।। 146।।

शब्दार्थ—नख तें = नख से शिख तक, पूर्ण रूप से। निहाल = प्रसन्न। बिछिया = पैर का एक आभूषण।

अर्थ—कोई गोपी अपनी सखी से कहती है कि हे सखि! आनन्द-सागर कृष्ण ने राधा का मार्ग रोका और उसके कानों में एक नवीन झंकार पड़ी। उस झंकार को लोगों ने चित्तपूर्वक सुना और राधा भी उसकी झंकार सुनकर पूर्ण रूप से प्रसन्न हो गई। कृष्ण ने उसकी ठोढ़ी उठाकर देखा और उसकी ओर मुस्कराये तथा उन दोनों के नेत्रों से मिले। हे सजनी! जो बजने वाली बिछिया हमने खरीदी थी, अर्थात्, हमारी क्रीतदासी थी, उसी ने हमें कृष्ण के हाथ बेच डाला। अर्थात् उसी की ध्वनि सुनकर कृष्ण हमारे पास आते रहे और हमारा प्रेम प्रगाढ़ होता रहा।

सवैया

जमुना-तट बीर गई जब तें तब तें जग के मन माँझ तहौं।
ब्रज मोहन गोहन लागि भटू हौं लूट भई लूट सी लाख लहौं।

रसखान लला ललचाइ रहे गति आपनी हौं कहि कासों कहौं।
जिय आवत यों अबतों सब भाँति निसंक ह्वै अंक लगाय रहौं।। 147।।

शब्दार्थ—बीर = सखी। तहौं = जलती हूँ, ईर्ष्या का कारण बन गई हूँ। गोहान = साथ। भटू = सखी। लूट भई = मुग्ध हो गई। लूट सी लाख लहौं = लाखों की सम्पत्ति (प्रेम सम्पदा) लूट में प्राप्त कर ली। अंक = हृदय।

अर्थ—कोई गोपी अपनी सखी से कृष्ण के प्रति अपने प्रेम का वर्णन करती हुई कहती है कि हे सखि! जब से मैं यमुना-तट पर गई हूँ और वह कृष्ण से मिलन हुआ है, तब से सारा संसार मुझसे ईर्ष्या करने लगा है। हे सखि! मैं कृष्ण के साथ रहकर इतनी मुग्ध हो गई कि लाखों की प्रेम-सम्पत्ति मुझे लूट में ही मिल गई। तब से आनन्द-सागर कृष्ण मुझे अपनी ओर इतना अधिक आकृष्ट कर रहे हैं कि मैं अपनी इस अवस्था का वर्णन किसी से भी नहीं कर सकती। अब तो मेरे मन में यही आता है कि मैं संसार के और समाज के सारे बन्धनों को छोड़कर तथा निर्भय होकर कृष्ण के हृदय से लगी रहूँ।

विशेष—यह सवैया की विश्वनाथप्रसाद मिश्र द्वारा सम्पादित 'रसखान-ग्रंथावली' में नहीं है।

सवैया

औचक दृष्टि परे कहु कान्ह जू तासो कहै ननदी अनुरागी।
सो सुनि सास रही मुख मोहिं जिठानी फिरै जिय मैं रिस पागी।
नीके निहारि कै देखे न आँखिन हौं कबहूँ भरि नैन न जागी।
मो पछितावो यहै जु सखी कि कलंक लग्यौ पर अंक न लागी।। 148।।

शब्दार्थ—औचक = अचानक। अनुरागी = प्रेमिका। रिस = क्रोध। भरि नैन न जागी = आँखों में छवि भरकर जागने का अवसर भी नहीं मिला। अंक = हृदय।

अर्थ—कोई गोपी अपनी सखी से कह रही है कि हे सखि! अचानक ही कृष्ण मुझे दिखाई पड़ गये और मैं उन्हें देखने लगी। इसी पर ननद ने मेरी यह बदनामी फैला दी कि मैं कृष्ण में अनुरक्त हूँ और उनकी प्रेमिका हूँ। इस बदनामी को सुनकर सासु ने मुझसे मुँह मोड़ लिया है और जिठानी क्रोध में भरकर फिर रही है। हे सखि! तू अच्छी प्रकार से मेरी आँखों में झाँककर देख, तब तुझे पता चलेगा कि मैं कभी भी इन आँखों में कृष्ण के रूप की छवि भरकर नहीं जागी हूँ। हे सखि! मुझे केवल यही पछतावा है कि कृष्ण-प्रेम का मुझे कलंक तो लग गया है, पर मैं कभी भी उसके हृदय से नहीं लग पाई हूँ।

विशेष—अन्तिम पंक्ति में यमक अलंकार।

तुलना—'लागे कलंकहुँ अंक लगे नहिं तो सखि भूल हमारी महा है।'

—हरिश्चन्द्र

सवैया

सास की सासनहीं चलिबो चलियै निसिद्यौस चलावे जिही ढंग।
आली चबाव लुगाइन के डर जाति नहीं न नदी ननदी-संग।
भावती औ अनभावती भीर मैं छवै न गयौ कबहूँ अंग सों अंग।
घैरु करैं घरुहाई सबै रसखानि सौं मो सौं कहा कहा न भयो रंग।। 149।।

शब्दार्थ—सासनहीं = आदेश के अनुसार। निसिद्यौस = रात-दिन। चबाव = बदनामी की चर्चा। भावती = प्रिय। अनभावती = अप्रिय। घैरु = बदनामी। घरुहाई = बदनाम करने वाली स्त्रियाँ। रंग = प्रेम।

अर्थ—कोई गोपी अपनी सखी से कृष्ण के प्रति अपने प्रेम का उल्लेख करते हुए कहती है कि यद्यपि मैं सासु के आदेश के अनुसार ही चलती हूँ। वह रात-दिन जिस प्रकार चलाती है, उसी प्रकार चलती हूँ। अर्थात् हर प्रकार से प्रत्येक समय उसकी आज्ञा का पालन करती हूँ। अन्य नारियों के द्वारा बदनामी की चर्चा के डर से मैं अपनी ननदी के साथ नदी के किनारे भी नहीं जाती। प्रिय तथा अप्रिय भीड़ में भी मेरा शरीर कभी भी उसके शरीर से छुआ नहीं है। फिर भी बदनाम करने वाली सभी स्त्रियाँ मेरी बदनामी करती हैं। आनन्द-सागर कृष्ण के साथ मेरा प्रेम क्या हुआ, मानो एक आफत ही मैंने मोल ले ली।

विशेष—इन पंक्तियों में प्रेमिका गोपी का भोलापन अंकित है।

सवैया

घर ही घर घैरु घनौ घरिहि घरिहाइनि आगें न सांस भरौं।
लखि मेरियै ओर रिसाहिं सबैं सतराहिं जौं सौं हैं अनेक करौं।
रसखानि तो काज सबैं ब्रज तौ मेरो बेरी भयौ कहि कासों लरौं।
बिनु देखे न क्यों हूँ निमेषै लगैं तेरे लेखें न हू या परेखें मरौं।। 150।।

शब्दार्थ—घरहीं घर = प्रत्येक घर में। घैरु = बदनामी की चर्चा। घरिही = घड़ी भर में ही। घरिहाइनि = बदनामी करने वाली। सौंहे = सौगन्ध। तो काज = तेरे कारण। निमेषै = पालक। परेखें = पछतावे।

अर्थ—कोई गोपी कृष्ण से अपनी विवश स्थिति का वर्णन करती हुई कहती है कि तुम्हारे प्रेम के कारण प्रत्येक घर में घड़ी भर में ही मेरी बहुत अधिक बदनामी फैल गई है जिसके कारण मैं बदनाम करने वाली स्त्रियों के सामने साँस भी नहीं भर सकती। यदि मैं अपने को निर्दोष सिद्ध करने के लिए अनेक सौगन्ध खाती हूँ तो वे भृकुटी चढ़ाकर तथा मेरी ओर देखकर क्रोध करती हैं। हे आनन्द-सागर कृष्ण! तेरे कारण सारा ब्रज मेरा शत्रु बन गया है। तुम्हीं बताओ अब मैं किस-किस से लड़ती फिरूँ। तुम्हारे देखे बिना और तुम्हें देखते समय मेरी पलक नहीं लगती, अर्थात् न तो मुझे तुम्हारे वियोग में चैन है और न तुम्हारे मिलन में। इसी पछतावे में मैं मर रही हूँ।

विशेष—1. प्रेमजन्य विवश स्थिति का मार्मिक वर्णन है।

2. प्रथम पंक्ति में अनुप्रास और यमक का सुन्दर प्रयोग है।

3. अन्तिम पंक्ति में विरोधाभास अलंकार ने भावों के प्रभाव को द्विगुणित कर दिया है।

तुलना— 1. 'देखे निरमोही के विसे में 'सेख' तोहि पिय,
लेखे नाहि तेरे सु परेखे माहि मरिये।'

—शेख आलम

2. 'सबही सहौं नाहिं कही कछु पै,
तुव लेखे नहीं या परेखो मरौं।'

—हरिश्चन्द्र

दोहा

स्याम सघन घन घेरि कै, रस बरस्यौ रसखानि।
भई दिवानी पानि करि, प्रेम-मद्य मन मानि।। 151।।

शब्दार्थ—स्याम = काला, कृष्ण। सघन = गहन, परिपूर्ण। रस = जल, आनन्द। दिमानी = दिवानी। पानि करि = पीकर। प्रेम-मद्य = प्रेम रूपी शराब। मन मानि = छिपकर, पूर्ण तृप्त होकर।

अर्थ—कोई गोपी अपनी सखी से कहती है कि हे सखि! गहन बादल रूपी प्रेमपूर्ण श्याम कृष्ण ने मेरे ऊपर जलरूपी आनन्द की वर्षा की और मैंने छिपकर प्रेम रूपी शराब पी। उस शराब को पीकर मैं कृष्ण की दिवानी हो गई।

भाव यह है कि मैं कृष्ण के प्रेम में मदोन्मत्त बन गई हूँ।

विशेष—श्लेष और रूपक अलंकार।

सवैया

कोउ रिझावन कौ रसखानि कहै मुकतानि सौं माँग भरौंगी।
कोऊ कहै गहनो अंग-अंग दुकूल सुगन्ध पर्‌यौ पहिरौंगी।
तूँ न कहै न कहैं तौं कहौं हौं कहूँ न कहाँ तेरे पाँय परौंगी।
देखहि तूँ यह फूल की माल जसोमति-लाल-निहाल करौंगी।। 152।।

शब्दार्थ—मुकतानि सो = मोतियों से। दुकूल = वस्त्र। निहाल = प्रसन्न।

अर्थ—कोई गोपी अपनी सखी से कह रही है कि हे सखि! आनन्दसागर कृष्ण को रिझाने के लिए कोई गोपी तो यह कहती है कि मैं अपनी भौंहों में मोतियों को पिरोऊँगी, कोई कहती है कि मैं अपने अंग-अंग पर आभूषण पहनूँगी और कोई कहती है कि मैं अपने वस्त्रों को सुन्दर एवं मादक गन्ध से परिपूर्ण कर लूँगी। यदि तू किसी से मेरी बात न बताये और इस बात का वचन दे तो मैं तुझे बताये देती हूँ कि मैं तो इस फूल-माला से ही यशोदा-पुत्र कृष्ण को प्रसन्न कर लूँगी।

कहने का भाव यह है कि कृष्ण को फूल-माला ही सर्वोत्तम प्रिय है, किन्तु इस बात को अन्य गोपियाँ नहीं जानतीं।

विशेष—तृतीय पंक्ति में शब्द-योजना अनुपम है।

सवैया

प्यारी पै जाइ कितौ परि पाइ पची समझाइ सखी की सौं बेना।
बारक नन्दकिशोर की ओर कह्यौ दृग छोर की कोर करै नां।
ह्वै निकस्यौ रसखान कहू उत डीठ पर्यौ पियरौ उपरै ना।
जीव सो पाय गई पचिवाय कियौ रुचि नेह गए लचि नैंना।। 153।।

शब्दार्थ—कितौ = कितना ही। परि पाउ = पैरों में पड़कर। पची समझाई = समझाकर थक गई। सौं = सौगन्ध। बारक = एक बार। डीठि पर्यौ = दिखाई दिया। पियरो = पीला। उपरैना = वस्त्र। पचिबाय = बात रोग शान्त हुआ। गये लचि नैना = नेत्र लज्जा के कारण झुक गये।

अर्थ—कोई गोपी अपनी सखी से कृष्ण के प्रति आकृष्ट किसी अन्य गोपी की प्रेम-दशा का वर्णन करती हुई कहती है कि हे सखि! मैं तुम्हारी सौगन्ध खाकर कहती हूँ कि मैंने अपनी उस प्रिय सखी के पास जाकर और उसके पैरों में पड़कर यह बात इतनी बार कही कि मैं समझाते-समझाते थक गई। मैंने उससे कहा कि एक बार भी तुम कृष्ण की ओर अपनी आँखों की पलकें न उठाना। परन्तु उसकी विवशता यह है कि जब भी कृष्ण बाहर निकलते हैं और उनके पीले वस्त्र पर उसकी दृष्टि पड़ती है, तभी उसमें नवीन जीवन का-सा संचार होता हो, उसका बात रोग शान्त हो जाता है। वह कृष्ण के प्रति मनोहर प्रेम का प्रदर्शन करने लगती है और इसी कारण लज्जा से उसके नेत्र झुक जाते हैं।

विशेष—यह सवैया श्री विश्वनाथप्रसाद मिश्र द्वारा सम्पादित 'रसखान-ग्रंथावली' में नहीं है।

सवैया

सखियाँ मनुहारि कै हारि रही भृकुटी को न छोर लली नचयौ।
चहुवा घनघोर नयौ उनयौ नभ नायक ओर चित्ते चितयौ।
बिकि आप गई हिय मोल लियौ रसखान हितू न हियों रिझयौ।
सिगरो दुःख तीछन कोटि कटाछन काटि कै सौतिन बाँटि दियौ।। 154।।

शब्दार्थ—मनुहारि कै = अनुनय-विनय करके। नचयौ = नीचा किया। उनयौ = घिर आया। नायक = श्रीकृष्ण से तात्पर्य है।

अर्थ—कोई गोपी अपनी सखी से किसी अन्य मानवती गोपी का वर्णन करती हुई कहती है कि हे सखि! सारी सखियाँ उस मानवती गोपी की अनुनय-विनय करती हुई थक गईं पर उसके क्रोध में, तनिक भी अन्तर नहीं आया। अचानक चारों से आकाश में नवीन घन गिर आया। इस उद्दीपक वातावरण के कारण उस गोपी का ध्यान कृष्ण की ओर गया। वह स्वयं ही बिक गई और उसके प्रियतम कृष्ण ने उसे मोल ले लिया; अर्थात् वह पूर्णतया उसके वश में हो गई। इस प्रकार कृष्ण ने अन्य प्रेमिकाओं के हृदय को रिझा लिया। तब उस मानवती गोपी ने सारा दुःख अपने तीक्ष्ण कटाक्षों के द्वारा दूर करके अपनी सौतों में बाँट दिया; अर्थात् उसे कृष्ण के साथ देखकर अन्य सपत्नी गोपियों को दुःख हुआ।

विशेष—1. प्रहर्षण अलंकार।

2. यह सवैया श्री विश्वनाथप्रसाद मिश्र द्वारा सम्पादित 'रसखान-ग्रंथावली' में नहीं।

सवैया

खेलै अलीजन के गन मैं उत प्रीतम प्यारे सों नेह नवीनो।
बैननि बोध करै इत कौं उत सैननि मोहन को मन लीनो।
नैनति की चलिबी कछु जानि सखी रसखानि चितैवे कौं कीनो।
जा लखि पाइ जंभाइ गई चुटकी चटकाइ विदा करि दीनो।। 155।।

शब्दार्थ—अलीजन = सखियों का समूह। बैननि = वचनों से। चलिबी = चलना।

अर्थ—कोई गोपी अपनी सखी से किसी क्रियाविदग्धा गोपी का वर्णन करती हुई कहती है कि वह सखियों के समूह में खेल रही है, पर उस ओर प्रियतम कृष्ण के साथ उसका नवीन अनुराग हुआ था। वह वचनों से तो इस ओर का बोध करा रही थी, परन्तु सैनों से उस ओर चलने का संकेत करके कृष्ण के मन को अपनी ओर आकर्षित कर रही थी। हे सखि! उसकी आँखों को चलता हुआ देखकर आनन्द-सागर कृष्ण ने उसकी ओर ध्यान दिया। कृष्ण को अपनी ओर आकर्षित देखकर उसने जँभाई ली और चुटकी बजाकर उसे विदा किया; अब तूने संकेत से ही अभिसार-स्थल को बता दिया।

विशेष—जो नायिका चातुर्य से कार्य करके अपनी इच्छा को पूर्ण करने में—नायक को संकेत स्थल पर ले जाने में—सफल होती है, उसे क्रियाविदग्धा कहते हैं।

तुलना— 1. 'कहत नटत रीझत खिझत मिलत खिलत लजियत।
भरे भौन में कहत है नयन ही सों बात।।'

2. 'ललन-चलनु सुनि पलनु मैं अँसुवा झलके आइ।
भई लखाई न सखिनु हूँ झूठैं ही जमुहाइ।।'

—**बिहारी**

सवैया

मोहन के मन भाइ गयौ इक भाइ सों ग्वालिनै गोधन बायो।
ताकों लग्यौ चट, चौहट सों दुरि औचक गात सों गात छबायौ।
रसखानि लही इनि चातुरता चुपचाप रही जब लों घर आयो।
नैन नचाई चित्तै मुसकाइ सू ओठ ह्वै जाइ अँगूठा दिखायौ।। 156।।

शब्दार्थ—गोधन = गोचारण का गीत। चट = मन। औचक = अचानक।

अर्थ—कोई गोपी अपनी सखी से प्रेमलीला का वर्णन करती हुई कहती है कि जब ग्वालिन ने मधुर स्वर से गोचारण का गीत गाया तो वह कृष्ण को बहुत अच्छा लगा और साथ ही गाने वाली गोपी के प्रति आकृष्ट हो गये। ग्वालिन ने अचानक

लज्जा के कारण अपना शरीर, अपने शरीर में छिपा लिया; अर्थात् वह लज्जा के कारण सिमट गई। रसखान कहते हैं कि उसने इतनी चतुरता से कार्य किया कि जब तक उसका घर नहीं आया तब तक तो वह चुपचाप रही और जब उसका घर आ गया तो वह आँखें नचाकर मुस्कराकर और ओट में होकर कृष्ण को अंगूठा दिखाकर अपने घर में घुस गई।

विशेष—अनुभावों की सुन्दर योजना है।

सवैया

कान परे मृदु बैन मरु करि मौन रहौ पल आधिक साधे।
नंद बबा घर कों अकुलाय गई दधि लैं बिरहानल दाधे।
पाय दुहूननि प्राननि प्रान सों लाज दबै चितये दृग आने।
नैननि ही रसखान सनेह सही कियो लेउ दही कहि राधे।। 157।।

शब्दार्थ—मरु करि = कठिनाई से। आधिक = आधा। बिरहानल दाधे = विरह की आग से दग्ध होकर। दबै = भयभीत होकर। चितवै = देखना।

अर्थ—कोई गोपी अपनी सखी से राधा के प्रेम की आकुलता का वर्णन करती हुई कहती है कि जब राधा के कान में कृष्ण के सुन्दर शब्द पड़े तो वह कठिनता से आधे पल तक तो चुपचाप रही फिर अकुलाकर और विरह की आग से दग्ध होकर नंद बाबा के घर गई। वहाँ पर उसे कृष्ण मिले। वे दोनों एक-दूसरे की अपने प्राणों के समान प्यार करते थे। दोनों ने एक-दूसरे को आधी दृष्टि से देखा और फिर वे लज्जा के कारण भयभीत हो गए। इस प्रकार उन दोनों ने अपना प्रेम आँखों के द्वारा ही पक्का कर लिया। तब 'दही लो' राधा ने यह आवाज लगानी शुरू कर दी।

विशेष—यह सवैया श्री विश्वनाथप्रसाद मिश्र द्वारा सम्पादित 'रसखान-ग्रंथावली' में नहीं है।

सवैया

केसरिया पट, केसरि खौर, बनौ गर गुंज को हार ढरारो।
को हौ जू आपनी या छवि सों जुखरे अँगना प्रति डीठि न डारो।
आनि बिकाऊ से होई रहे रसखानि कहै तुम्ह रौकि दुवारो।
'है तौ बिकाऊँ जौ लेत बनैं हँसबोल निहारो है मोल हमारो।। 158।।

शब्दार्थ—पट = वस्त्र। खीर = तिलक। ढरारो = सुन्दर। अँगना = नारी। हँसबोल = हँस कर बातें करना।

अर्थ—कोई गोपी अपनी सखी से कृष्ण के सौन्दर्य का वर्णन करती हुई कहती है कि हे सखि! वह केसरिया रंग के वस्त्र धारण किये हुए हैं, मस्तक पर केसरी रंग का तिलक लगा हुआ है, गले में गुँजों को सुन्दर हार पहने हुए है। इस ब्रज में कौन ऐसी नारी है जो इस शोभा को देखकर इस पर अपनी दृष्टि नहीं डालेगी; अर्थात् सभी नारियाँ बस शोभा को देखे बिना नहीं रह सकेंगी। यदि तुम्हारा द्वार रोककर वह तुमसे

यह कहे कि मैं बिकने के लिए हूँ और मेरा मूल्य तुम्हारा हँसकर बात करना है तो तुम भी अन्य जैसी हो जाओगी; अर्थात् अपनी सुधि-बुधि भूलकर उनके सामने पूर्ण आत्मसमर्पण कर दोगी।

सवैया

एक समय इक ग्वालिनि कों ब्रजजीवन खेलत दृष्टि पर्यौ है।
बाल प्रबीन सकै करि कै सरकाइ के मौरन चीर धर्यौ है।
यौं रस ही रस ही रसखानि सखी अपनी मन भायो कर्यौ है।
नन्द के लाड़िले ढ़ाँकि दै सीस इहा हमरो बरु हाथ भर्यौ है।। 159।।

शब्दार्थ—ब्रजजीवन = कृष्ण। सकै करि कै = बलपूर्वक।

अर्थ—कोई गोपी अपनी सखी से मिलन-लीला का वर्णन करती हुई कहती है कि हे सखि! एक समय एक गोपी ने कृष्ण को खेलते हुए देखा। वह बाला थी और कृष्ण चतुर थे, अतः कृष्ण ने बलपूर्वक अपने सिर से मोर-मुकुट उतार कर उसके सिर पर रख दिया। हे सखि! इस प्रकार कृष्ण ने आनन्दपूर्वक अपनी मनोकामना पूर्ण की। तब उस गोपी ने कहा—हे नन्द के प्रिय पुत्र, हमारा सिर ढँक दो, क्योंकि हमारा हाथ तो खाली नहीं है, अतः हम स्वयं अपना सिर ढँकने में असमर्थ हैं।

पाठान्तर—इस सवैया की दूसरी पंक्ति इस प्रकार भी मिलती है—

'बाल प्रबीन प्रबीनता कै सरकाय काँधे लैं चीर धर्यौ है।'

सवैया

मैं रसखान की खेलनि जीति के मालती माल उतार लई री।
मैरीये जानि कै सूधि सबै चुप है रही काहु न खई री।
भावते स्वेद की, बास सखी ननदी पहिचानि प्रचंड भई री।
मैं लखिबो के अंखियाँ मुसकाय लचाय नचाइ दई री।। 160।।

शब्दार्थ—खेलनि जीति कै = खेल में जीतकर। मेरीये = मेरी ही है। सूधि = भोली। खई = झगड़ा। भावते = प्रेम के। स्वेद = पसीना। प्रचंड = अत्यन्त क्रुद्ध।

अर्थ—कोई गोपी अपनी सखी से कहती है कि हे सखि! मैंने खेल में आनन्द-सागर कृष्ण को जीतकर उसकी मालती की माला लेकर स्वयं पहन ली। मेरी भोली सखियों ने यह समझकर कि यह माला मेरी ही है, मुझसे कोई झगड़ा नहीं किया; अर्थात् किसी प्रकार के व्यंग्य नहीं कसे। उस माला में से प्रेम-पसीने की सुगंधि की पहचानकर मेरी ननद मुझ पर अत्यन्त क्रुद्ध हुई। तब मैंने हँसकर, आँखों को नीचा करके और नचाकर; अर्थात् अपनी आँखों से अपने प्रेम-भाव को सूचित करके वह माला मैंने उन्हें ही वापस कर दी।

विशेष—यह सवैया श्री विश्वनाथप्रसाद मिश्र द्वारा सम्पादित 'रसखान-ग्रंथावली' में नहीं है।

सवैया

ब्रषभान के गेह दिवारी के द्यौस अहीर अहीरनि भीर भई।
जितही तितही धुनि गोधन की सब ही ब्रज ह्वै रह्यौ राग मई।।
रसखान तबै हरि राधिका यों कछु सैननि ही रस बेल बई।
उहि अँजन आँखिन आँज्यौ भटू इत कुंकुम आड़ लिलार दई।। 161।।

शब्दार्थ—द्यौस = दिन। राग मई = राग पूर्ण, प्रेमानन्द से परिपूर्ण। बई = उत्पन्न हुई। उहि = कृष्ण ने। भटू = सखी। आड़ = तिलक। लिलार = मस्तक।

अर्थ—कोई गोपी अपनी सखी से राधा-कृष्ण के मिलन का वर्णन करती हुई कहती है कि हे सखि! वृषभानु के घर दिवाली के दिन अहीर और अहीरनियों की भारी भीड़ हुई। सब ओर से गोचारण के गीत गाये जा रहे थे जिनके कारण समूचा ब्रज प्रेमानन्द से परिपूर्ण हो रहा था। उसी समय कृष्ण और राधा के मध्य नेत्रों के कुछ ऐसे संकेत हुए जिनके कारण उनके हृदयों में आनन्द देने वाली प्रेम-बेलि उत्पन्न हुई। अपने प्रेम की सांकेतिक रूप से प्रकट करने के लिए कृष्ण ने अपनी आँखों में अंजन लगाया और राधा ने अपने मस्तक पर कुंकुम का तिलक लगाया। अंजन लगाकर कृष्ण ने संकेत से राधा को यह बताया कि मैं तुम्हें अंजन की भाँति सदैव अपनी आँखों में रखूँगा और तिलक लगाकर राधा ने यह प्रकट किया कि तुम्हारे कारण ही मेरा सौभाग्य बना रहेगा।

विशेष—यह सवैया श्री विश्वनाथप्रसाद मिश्र द्वारा सम्पादित 'रसखान-ग्रंथावली' में नहीं है।

सवैया

बात सुनी न कहूँ हरि की न कहूँ हरि सों मुख बोल हँसी है।
काल्हि ही गोरस बेचन कौं निकसी ब्रजवासिनि बीच लसी है।।
आजु ही बारक 'लेहु दही' कहि कै कछु नैनन मे बिहसी है।
बैरिनि वाहि भई मुसकानि जु वा रसखानि के प्रान बसी है।। 162।।

शब्दार्थ—काल्हि ही = कल ही। गोरस = दही। लसी = सुशोभित होना। बारक = एक बार।

अर्थ—कृष्ण-प्रेम में व्याकुल किसी गोपी का वर्णन एक गोपी अपनी सखी से करती हुई कहती है कि हे सखि! उसने तो कभी कृष्ण की बात भी नहीं सुनी, न कभी हँसकर कृष्ण से बातें की हैं। यह तो कल ही दही बेचने के लिए निकली थी और ब्रजवासियों के मध्य सुशोभित हो रही थी। आज ही वह एक बार यह कहकर कि 'दही लेओ' वह आँखों ही आँखों में कुछ मुस्करा दी थी। उसकी वही मुसकराहट उसके लिए वैरिन बन गई और वह आनन्द-सागर कृष्ण के प्राणों में बस गई अर्थात् कृष्ण उस पर मुग्ध हो गये।

सवैया

ग्वालिन द्वैक भुजान गहैं रसखानि कौं लाईं जसोमति पाहैं।
लूटत हैं कहैं ये बन मैं मन मैं कहैं ये सुख लूट कहाँ हैं।।
अंग ही अंग ज्यौं ज्यौं ही लगैं त्यौं त्यौं ही न अंग ही अंग समाहैं।
वे पछलैं उलटै पग एक तौ वे पछलैं उलटै पग जाहैं।।163।।

शब्दार्थ—पाहैं = पास। न अंग ही अंग समाहै = अपने अंगों में न ही समाती हैं; अर्थात् अत्यन्त प्रसन्न होती हैं।

अर्थ—दो-एक ग्वालिनें कृष्ण को बाँहों से पकड़कर यशोदा के पास ले गईं और उससे कृष्ण की शिकायत करने लगीं कि इनसे पूछो कि ये बन में और मन में हमें लूटते हैं। भला इनसे इनको क्या सुख मिलता है? हमारे अंग से ज्यों-ज्यों इनका शरीर छूता है तो ऐसे आनन्द का अनुभव होता है कि हम अपने अंगों में नहीं हम अपने अंगों में नहीं समातीं; अर्थात् अत्यन्त प्रसन्न होती हैं। गोपियाँ यदि एक पग लौटती हैं तो ये लौटकर उनके मार्ग को घेर लेते हैं।

विशेष—उपालम्भ के माध्यम से कृष्ण के प्रति गोपियों के अमित प्रेम का वर्णन है।

सवैया

दूर तें आई दुरे हीं दिखाइ अटा चढ़ि जाइ गह्यौ तहां आरौ।
चित कहूँ चितवै कितहूँ, चित्त और सौं चाहि करै चखवारौ।
रसखानि कहै यहि बीच अचानक जाइ सिढ़ी चढ़ि खास पुकारो।
रूखि गई सुकुवार हियो हनि सैन पटू कह्यौ स्याम सिधारौ।।164।।

शब्दार्थ—चितवै = देखना। सिढ़ी = सीढ़ी। भटू = सखी।

अर्थ—दूर से आते हुए कृष्ण को दिखाकर किसी गोपी ने अपनी सखी से कहा कि अटारी पर चढ़कर देखो कि कृष्ण कहाँ आ गया है। यह सुनकर वह सखी ऊपर गई, पर उसका मन कहीं था और वह देख किसी और की ओर रही थी (क्योंकि उसके मन में डर कि घर के लोग उसे देख न लें।) रसखान कहते हैं कि जब वह कृष्ण को देख रही थी तो इसी बीच में अचानक सीढ़ी पर चढ़कर उसकी सासु ने उसे आकर पुकारा। इस भय से कि कहीं सासु ने उन्हें देखे तो नहीं लिया है, वह कोमलांगी भय के मारे सूख गई, उसका हृदय धड़कने लगा। उसकी भयग्रस्त दशा को देखकर उसकी सखी ने आँखों के इशारे से ही बता दिया कि कृष्ण चला गया है, अतः डरने की कोई बात नहीं है।

पाठान्तर—इस सवैया की द्वितीय पंक्ति इस प्रकार भी मिलती है—
'चित कहूँ चितवै कितहूँ चित चोर सों चाहि करै चख चारौ।'

तुलना— 'ताही समै औचक ही चढ़ि परकारी 'सेख'
सासु आनि अनुजानि नीचे ते पुकारिये।

मूरछि मुगाछी गिरी हियो हनि हाथन सों।
नैनन सों कह्यौ हा हा स्याम जू सिधारिये।'

—शेख आलम

दोहा

बंक बिलोकनि हंसनि मुरि, मधुर बैन रसखानि।
मिले रसिक रसराज दोउ, हरखि हिये रसखानि।। 165।।

शब्दार्थ—बंक बिलोकनि = वक्रदृष्टि। हरखि = हर्षित होकर।

अर्थ—मिलन का वर्णन करते हुए रसखान कहते हैं कि वक्र दृष्टि से मुड़कर हँसते हुए और मधुर वचन बोलते हुए आनन्द-सागर कृष्ण के हृदय में हर्षित होकर राधा से इस प्रकार मिले मानो रसिक और रसराज दोनों मिल गये हों।

विशेष—उत्प्रेक्षा अलंकार।

प्रेम-वेदना

सवैया

वह गोधन गावत गोधन मैं जब तें इहि मारग ह्वै निकस्यौ।
तब ते कुलकानि कितीय करौ यह पापी हियो हुलस्यौ हुलस्यौ।
अब तौ जू भईसु भई नहिं होत है लोग अजान हँस्यौ सुहँस्यौ।
कोउ पीर न जानत सो तिनके हिय मैं रसखानि बस्यौ।। 166।।

शब्दार्थ—गोधन = गोचारण का गीत। गोधन में = गऊओं के समूह में। कितीय करौ = कितना ही करे, कितना ही रोके।

अर्थ—कोई गोपी अपनी सखी से कृष्ण के प्रति अपने आकर्षण को व्यक्त करती हुई कहती है कि जब से कृष्ण गोचारण के गीत गाता हुआ गौओं के समूह के साथ इस मार्ग से निकला है, तब से कुल मर्यादा चाहे जितना रोकती है, पर यह पापी हृदय बार-बार हुलस रहा है। अब तो जो हो गया है, सो हो गया है, वह टल नहीं सकता, चाहे अज्ञानी लोग कितना ही मुझ पर हँसें, मेरे हृदय की वेदना को कोई नहीं जानता, केवल वही जान सकता है जिसके हृदय में आनन्द-सागर कृष्ण बसा हुआ है; अर्थात् जिसे कृष्ण से प्रेम है।

विशेष—प्रथम पंक्ति में यमक अलंकार है।

सवैया

वा मुसकान पै प्रान दियौ जिय जान दियौ वहि तान पै प्यारी।
मान दियौ मन मानिक के संग वा मुख मंजु पै जोबनवारी।।
वा तन कौं रसखानि पै री ताहि दियौ नहि ध्यान बिचारी।
सो मुंह मौरि करी अब का हुए लाल लै आज समाज में ख्वारी।। 167।।

शब्दार्थ—मंजु = सुन्दर। आन = मर्यादा। ख्वारी = बदनामी।

अर्थ—कोई गोपी अपनी सखी से कहती है कि हे सखि! मैंने कृष्ण की मुस्कराहट पर अपने प्राणों को न्यौछावर कर दिया था। उसकी मधुर बाँसुरी की तान पर अपने जी को न्यौछावर कर दिया था। अपने मन रूपी मोती को साथ ही मैंने अपना सम्मान भी उन्हें सौंप दिया था; अर्थात् प्रेम के कारण जो बदनामी होगी उसकी भी मैंने तनिक भी चिन्ता नहीं की थी। उसके सुन्दर मुख पर मैंने अपने यौवन को न्यौछावर कर दिया था। उसके शरीर पर मैंने अपना शरीर वार दिया था। इस आत्म-समर्पण में मैंने अपनी कुल-मर्यादा का भी विचार नहीं किया था जिस कृष्ण के लिए समाज में मेरी बदनामी हुई है, वह कृष्ण अब मुझसे मुँह मोड़कर चला गया है। यह बड़े ही दुःख की बात है।

विशेष—रूपक अलंकार।

सवैया

मोहन सों अटक्यौ मनु री कल जाते परै सोई क्यौं न बतावै।
व्याकुलता निरखे बिन मूरति भागति भूख न भूषन भावै।।
देखे तें नैकु सम्हार रहै न तबै झुकि के लखि लोग लजावै।
चैन नहीं रसखानि दुहुं विधि भूली सबैं न कछू बनि आवें।। 168।।

शब्दार्थ—कल जातें परैं = जिससे सुख हो। नेकु = तनिक।

अर्थ—कोई गोपी अपनी सखी से कृष्ण के प्रति अपने प्रेम का वर्णन करती हुई कहती है कि हे सखि! मेरा मन कृष्ण से लग गया है जिसके कारण मैं सदैव व्याकुल रहती हूँ। मेरी यह व्याकुलता नष्ट हो और मुझे सुख मिले, ऐसी विधि मुझे कोई नहीं बताता। कृष्ण की मूर्ति को देखे बिना मुझे व्याकुलता रहती है। भूख भाग जाती है, अर्थात् कुछ भी खाने को मन नहीं करता और न आभूषण ही मुझे अच्छे लगते हैं। किन्तु जब मैं उन्हें देख लेती हूँ तो अपने को तनिक भी नहीं संभाल पाती, तब उसके सामने मुझे झुकी देखकर लोग मुझे लज्जित करते हैं। रसखान कहते हैं कि मुझे दोनों प्रकार से चैन नहीं है। उनके देखने पर और न देखने पर मैं सब कुछ भूल जाती हूँ और उस समय मुझे कोई उपाय नहीं सूझता।

सवैया

भई बाबरी ढूँढ़ति वाहि तिया अरी लाल ही लाल भयौ कहा तेरो।
ग्रीवा तें छूटि गयौ अबहीं रसखानि तज्यौ घर मारग हेरो।
डरियैं कहै माय हमारौ बुरी हिय नेकु न सुनो सहै छिन मेरो।
काहे को खाइबो जाइबो है सजनी अनखाइबो सीस सहेरो।। 169।।

शब्दार्थ—लाल = रत्न। लाल = कृष्ण। ग्रीवा = गर्दन, हृदय। माय = सासु। अनखाइबो = डाँट-फटकार। सहेरो = सहना ही पड़ेगी।

अर्थ—कोई गोपी कृष्ण के विरह में पागल-सी हो गई है। उसकी सखी उससे उस स्थिति का कारण पूछती है तो वह कुशलता से और बातें उसे बताती है। दूसरी सखी पूछती है कि हे सखि! तुम पागल-सी बनकर किसको ढूँढ़ रही हो? वह उत्तर देती है—मेरे हार का रत्न टूट कर गिर गया है। वह अभी-अभी मेरी गर्दन से छूट कर गिर गया है। मैंने घर तक का मार्ग ढूँढ़ लिया है, लेकिन वह मिला ही नहीं। यह सुनकर उसकी सखी कहती है—तब इसमें डरने की क्या बात है? वह उत्तर देती है—मेरी सासु बहुत बुरी है, वह मेरे हृदय को क्षणभर के लिए भी सूना नहीं देख सकती। अब तो उसका पाना-पाना क्या है। अब तो मुझे सासु की डाँट-फटकार सहनी ही पड़ेगी।

विशेष— 1. वाग्वैदग्ध्य की सुन्दर योजना है।
2. लाल शब्द के प्रयोग में यमक अलंकार है।

सवैया

मो मन मोहन कों मिलि कै सबहीं मुसकानि दिखाइ दई।
वह मोहनी मूरति रूपमई सबहीं जितई तब हौं चितई।।
उन तौ अपने घर की रसखानि चलौ बिधि राह लई।
कछु मोहिं को पाप पर्‌यौ पल मैं पग पावत पौरि पहार भई।। 170।।

शब्दार्थ—रूपमई = सौन्दर्य। युक्त = चितई। देखना = पग पावत पौरि। पहार भई = पैदल अपने घर तक पहुँचना पहाड़ बन गया।

अर्थ—कोई गोपी अपनी सखी से कृष्ण के प्रति अपने अनुराग को व्यक्त करती हुई कहती है कि हे सखि! मेरा मन जब मोहन के मन से मिला; अर्थात् जब मुझे कृष्ण के प्रति प्रेम हुआ तो सारी सखियाँ मुस्करा दीं। वास्तविकता तो यह है कि कृष्ण की सौन्दर्यमयी मूर्ति को जब सब अन्य सखियों ने देखा था तो मैंने भी देखा था। रसखान कहते हैं कि वे सब तो अपने-अपने घर अच्छी तरह से पहुँच गईं, पर मुझे ही पलभर में यह पाप लगा है कि पैदल अपने घर तक पहुँचना मेरे लिए पहाड़ बन गया; अर्थात् बहुत कठिन हो गया।

सवैया

डोलिबो कुंजनि कुंजनि को अरु बेनु बजाइबौ धेनु चरैबो।
मोहिनी ताननि सों रसखानि सखानि के संग को गोधन गैबो।
ये सब डारि दिए मन मारि विसारि दयौ सगरौ सुख पैबौ।
भूलत क्यों करि नेहन ही को 'दही' करिबो मुसकाई चितैबो।। 171।।

शब्दार्थ—बेनु = वेणु वंशी। मोहनी = मोहित करने वाली। रसखानि = आनन्द-सागर कृष्ण। गोधन = गोचारण के गीत।

अर्थ—एक गोपी अपने हृदय में उमड़े हुए कृष्ण-प्रेम का वर्णन अपनी सखी से करती है कि आनन्द-सागर कृष्ण का कुंज-कुंज में घूमना, बंशी बजाना गौएँ चराना, मोहित करने वाली तानें सुनाना, अपने साथियों के साथ गोचारण के गीत गाना, प्रेम

से दही माँगना और मुस्कराकर देखना कैसे भूला जा सकता है! अर्थात् कृष्ण की ये सब क्रीड़ाएँ मेरे मन में गड़ गई हैं। इन्होंने मेरे मन को अपने वश में कर लिया है और इन्हीं के कारण मेरा सारा प्राप्त किया हुआ सुख छू-मन्तर हो गया है।

सवैया

प्रेम मरोरि उठै तब ही मन पाग मरोरनि में उरझावै।
रूसे से है दृग मोसों रहैं लखि मोहन मूरति मो पै न आवै।।
बोले बिना नहिं चैन परै रसखानि सुने कल श्रीनन पावै।
भौंह मरोरिबो री रूसिबो झुकिबो पिय सों सजनी निखरावै।। 171।।

शब्दार्थ—पाग मरोरनि में = पगड़ी के घुमावों में। रूसे से = रूठे हुए से। श्रीनन = कान।

अर्थ—कोई गोपी अपनी सखी से कृष्ण के प्रति अपने प्रेम का वर्णन करती हुई कहती है कि हे सखि! जब भी वह अपनी पगड़ी के घुमावों में मेरे मन को उलझाता है, तभी मेरा प्रेम सजग हो उठता है। मेरे नेत्र मुझसे रूठे हुए-से रहते हैं और वे कृष्ण को देखकर मेरे वेश में नहीं रहते। कृष्ण की बातें सुने बिना मुझे चैन नहीं पड़ता तथा उसकी बातें सुनने पर कानों को आनन्द प्राप्त होता है। यह सुनकर उसकी सखी ने प्रियतम से भौंह मोड़ने की, वक्रदृष्टि से देखने की, रूठने की तथा फिर मान जाने की शिक्षा दी।

विशेष—अनुभावों की सुन्दर योजना है।

सवैया

बागन में मुरली रसखान सुनी सुनिकै जिय रीझ पचैगो।
धीर समीर को नीर भरौं नहिं माइ झकै और बबा सकुचैगो।।
आली दुरेधे को चोटनि नैम कहो अब कौन उपाय बचैगौ।
जायबौ भाँति कहाँ घर सों परसों वह रास परोस रचैगौ।। 173।।

शब्दार्थ—रीझ पचैगौ = प्रेम के वशीभूत हो जाएगा। धीर समीर = वृन्दावन का एक कुंज। झकै = झकझक करना। दुरेधे = निर्लज्ज। नैम = नियम।

अर्थ—कोई गोपी कृष्ण के प्रति अपनी आसक्ति का संकेत देती हुई अपनी सखी से कहती है कि हे सखि! बागों में कृष्ण की मुरली की ध्वनि को सुनकर यह मन प्रेम के वशीभूत हो जाएगा और समीर से पानी भरकर न लाने के कारण सासु झक-झक करेगी और बाबा शर्म से सकुचा जायेंगे। हे सखि! उस निर्लज्ज कृष्ण की चोटों से कुल की मर्यादा का नियम किस प्रकार बच सकता है? अब घर से भी किस प्रकार कहाँ चली जाऊँ, क्योंकि परसों ही वह हमारे पड़ौस में अपनी रासलीला करेगा।

विशेष—यह सवैया श्रीविश्वनाथप्रसाद मिश्र द्वारा सम्पादित 'रसखान ग्रंथावली' में नहीं है।

सवैया

बेनु बजावत गोधन गावत ग्वालन संग गली मधि आयौ।
बाँसुरी मैं उनि मेरोई नाँव सुग्वालिनि के मिस टेरि सुनायौ।।
ए सजनी सुनि सास के त्रासनि नन्द के पास उसास न आयौ।
कैसी करौ रसखानि नहिं हित चैनन ही चितचोर चुरायौ।।174।।

शब्दार्थ—मेरोई नाँव = मेरा ही नाम। मिस = बहाने से। त्रासनि = डर से। नन्द = ननद।

अर्थ—एक गोपी अपनी सखी से कृष्ण की बाँसुरी के प्रभाव का वर्णन करती हुई कह रही है कि हे सखि! बंशी बजाता हुआ, गोचारण के गीत गाता हुआ अन्य ग्वालों के साथ जब कृष्ण मेरी गली में आया तो उसने सुग्वालिन के बहाने से बाँसुरी में मेरा नाम बजाकर सुनाया। हे सजनी! अपने नाम को सुनकर मैं तो सासु के डर से इतनी डर गई कि मुझे अपनी ननद के पास भी ठीक तरह से साँस नहीं आए। आनन्द-सागर कृष्ण ने यह कैसी बात कर दी इसमें मेरा भला नहीं है, क्योंकि उस चितचोर ने मेरे सुख को भी चुरा लिया है, अर्थात् जब से बाँसुरी में उसने मेरा नाम बजाया है, तब से मैं उसके प्रेम में इतनी डूब गई हूँ कि मुझे पल-भर के लिए भी चैन नहीं मिलता। मेरा मन हर समय कृष्ण के लिए ही तड़पता रहता है।

सोरठा

एरी चतुर सुजान भयौ अजान हि जान कै।
तजि दीनी पहचान, जान अपनी जान कौं।।175।।

शब्दार्थ—सुजान = प्रिय। जान = जानकर। जान कौं = प्रिया को।

अर्थ—कोई गोपी अपनी सखी से कहती है कि हे सखि! वह चतुर प्रिय मुझे जानकर भी अनजान बना हुआ है; अर्थात् उसने मेरी पूर्णतया उपेक्षा कर दी है। अपनी प्रिया मुझसे गहरा सम्बन्ध बनाकर भी वह आज मुझे पहचानता भी नहीं है।

विशेष—यमक, विरोधाभास अलंकार।

सवैया

पूरब पुन्यनि तें चितई जिन ये अंखियाँ मुसकानि भरी जू।
कोऊ रहीं पुतरी सी खरी कोऊ घाट डरी कोऊ बाट परी जू।।
जे अपने घरहीं रसखानि कहैं अरु हौंसनि जाति मरी जू।
लाख जे बाल बिहाल करी ते निहाल करी न विहाल करी जू।।176।।

शब्दार्थ—चितई = देखी। पुतरी = काठ की पुतली। हाँसनि = प्रसन्नता-भरी लालसाएँ। बिहाल = व्याकुल। निहाल = प्रसन्न।

अर्थ—कोई गोपी अपनी सखी से कहती है कि हे सखि! कृष्ण की हँसी-भरी आँखों को जो बालाएँ देख पाईं, यह उनके पूर्वजन्मों के पुण्यों का ही फल था। उन

मुस्कान-भरी आँखों को देखकर कोई तो काठ की पुतली की तरह निष्चेष्ट खड़ी रही, कोई घाट पर डर गई और कोई अपनी सुधि-बुधि खोकर मार्ग में ही पड़ गई। रसखान कहते हैं कि जो बालाएँ अपने घर थीं, वे प्रसन्नता-भरी लालसाओं में मरी जाती थीं। कृष्ण ने जिन बालाओं को व्याकुल किया था, वस्तुतः उन्हें व्याकुल न करके प्रसन्न किया था।

सवैया

आजु री नन्दलला निकस्यौ तुलसीबन तें बन कैं मुसकातो।
देखें बनै न बनै कहतै अब सो सुख जो मुख मैं न समातो।।
हौं रसखानि बिलोकिबे कौं कुलकानि के काज कियौ हिय हातो।
आइ गई अलबेली अचानक ए भटू लाज को काज कहा तो।। 177।।

शब्दार्थ—नन्दलला = कृष्ण। तुलसीबन = वृन्दावन। बनकै = बन-ठनकर। हातो = दूर। भटू = सखी।

अर्थ—कोई गोपी अपनी सखी से कहती है कि हे सखी! आज बन-ठनकर मुस्कराता हुआ कृष्ण वृन्दावन से निकला। उसकी शोभा ने तो देखते बनती थी और न कहते बनती थी और उसे देखकर जो सुख प्राप्त हुआ, उसका वर्णन नहीं किया जा सकता। उस आनन्द-सागर को देखने के लिए सभी ब्रज-बालाओं ने कुल की लाज और मर्यादा को अपने हृदय से दूर कर दिया। हे सखि! इतने में ही अचानक वह अलबेली आ गई तो फिर लाज का क्या काम था? अर्थात् सभी कृष्ण के प्रति पूर्णतया अनुरक्त होकर अपनी लौकिक मर्यादाओं को भूल गईं।

सवैया

अति लोक की लाज समूह में छौंरि के राखि थकी वह संकट सों।
पल मैं कुलमानि की मेड नखी नहिं रोकी रुकी पल के पट सों।
रसखानि सु केतो उचाटि रही उचटी न संकोच की औचट सों।
अलि कोटि कियो हटकी न रही अटकी अँलिया लटकी औचट सों।। 178।।

शब्दार्थ—समूह में = भीड़ में ही। मेड़ = सीमा। नखी = लाँघ दी। पल के पट सों = पलक रूपी वस्त्र में। उचाटि = व्याकुल। औचट = ठेस, चोट।

अर्थ—कोई गोपी अपनी सखी से कृष्ण के रूप के प्रभाव का वर्णन करती हुई कहती है कि हे सखि! भीड़ में ही अत्यधिक लोक की लाज को छोड़कर मैं अत्यन्त संकट में पड़कर थक गई, क्योंकि उस समय भी मैं अपने मन को काबू में न रख सकी। कृष्ण को देखते ही क्षण-भर में ही कुल की मर्यादा की सीमा मैंने लाँघ दी; अर्थात् कुल-लाज को छोड़ दिया। मेरी दृष्टि पलकों के वस्त्र में भी नहीं रुक सकी। रसखान कहते हैं कि मैं चाहे जितनी व्याकुल रही, पर मैं संकोच की चोट से पृथक् न हो सकी; अर्थात् संकोच किये बिना न रह सकी। हे सखि! मैंने करोड़ों प्रयत्न किये, पर स्वयं को न रोक सकी और मेरी आँखें कृष्ण की लटकती हुई कुंतल-राशि में उलझ गईं।

रास लीला

कवित्त

अधर लगाइ रस प्याइ बाँसुरी बजाइ,
मेरो नाम गाइ हाइ जादू कियौ मन मैं।
नटखट नवल सुघर नन्दनन्दन ने,
करि कै अचेत चेत हरि कै जतन मैं।
झटपट उलट पुलट पट परिधान,
जानि लागीं लाजन पै सबै बाम बन मैं।
रस रास सरस रँगीलो रसखानि आनि,
जानि जोरि जुगुति बिलास कियौ जन मैं।। 179।।

शब्दार्थ—नवल = युवक। सुघर = सुन्दर। जतन मैं = यत्नपूर्वक। पट = वस्त्र। बाम = स्त्री। सरस = आनन्द देने वाला।

अर्थ—कोई गोपी अपनी सखी से रासलीला का वर्णन करती हुई कहती है कि जब कृष्ण ने अपनी बाँसुरी को अपने अधरों से लगाकर और उसे अधरों का रस पिलाकर तथा मेरा नाम गाकर बजाया तो मेरे मन पर मानो वह जादू कर गया। नटखट युवक सुन्दर कृष्ण ने मुझे अचेत करके यत्नपूर्वक हरि के ध्यान में लगा दिया; अर्थात् कृष्ण के ध्यान के बिना मुझे और किसी बात का पता न रहा। बाँसुरी की ध्वनि को सुनकर सारी ब्रज की स्त्रियाँ जल्दी से अपने वस्त्रों को उलटा-सीधा पहन कर बन में पहुँच गईं। तब सुन्दर रास रचने वाले सरस और रंगीले कृष्ण ने वहाँ आकर रासलीला की तथा युवतियों का समूह एकत्र करके उनके साथ आनन्द मनाया।

सवैया

काछ नयौ इकतौ बर जेउर दीठि जसोमति राज कर्‌यौ री।
या ब्रज-मंडल में रसखान कछू तब तें रस रास परयौ री।।
देखियै जीवन को फल आजु ही लाजहिं काल सिंगार हौं बोरी।
केते दिनानि पै जानति हो अंखियान के भागनि स्याम नच्चौरी।। 180।।

शब्दार्थ—काछ = कटिवस्त्र। इकतौं = अद्वितीय, अनुपम। जेउर = जेवर, आभूषण। दीठि = ढिठौना, काजल का टीका (माताएँ अपने बच्चों के काजल का टीका इसलिए लगा देती हैं ताकि उन्हें किसी की नजर न लग जाए)। राज = सुन्दर। बौरी = पगली।

अर्थ—कोई गोपी अपनी सखी से रासलीला का वर्णन करती हुई कहती है कि रासलीला के लिए तत्पर कृष्ण का कटि-वस्त्र अनुपम और नवीन है। वे सुन्दर आभूषण पहने हुए हैं। यशोदा ने उसके माथे पर सुन्दर ढिठौना लगाया हुआ है। हे पगली! जबसे इस ब्रज-मंडल में आनन्द-सागर कृष्ण ने रासलीला करनी शुरू की है,

तब से ब्रजवासियों में नवीन जीवन का संचार हो गया है। अपने जीवन के पुण्य बल से प्राप्त इस रासलीला का आज तो देखकर आनन्द उठा ले, कल से लज्जा का शृंगार कर लेना; अर्थात् लज्जा को त्याग कर रासलीला को देख, क्योंकि न जाने कितने दिनों के पश्चात् इन आँखों के भाग्य से कृष्ण नृत्य करेंगे।

विशेष—1. 'बौरी' शब्द का प्रयोग घनिष्ठ आत्मीयता का सूचक है।

2. श्री विश्वनाथप्रसाद मिश्र द्वारा सम्पादित 'रसखान ग्रंथावली' में यह सवैया नहीं है।

सवैया

आजु भटू इक गोपकुमार ने रास रच्यौ इक गोप के द्वार।
सुन्दर बानिक सों रसखानि बन्यौ वह छोहरा भाग हमारें।
ए बिधना! जो हमैं हँसतीं अब नेकु कहूँ उतकों पग धारैं।
ताहि बदौं फिरि आबे घरै बिनही तन औ मन जौवन बारैं।। 181।।

शब्दार्थ—भटू = सखी। बानिक = वेश। बदौं = शर्त लगाकर कहती हूँ,। वारैं = न्यौछावर करके।

अर्थ—कोई गोपी अपनी सखी से कहती है कि हे सखि! आज एक गोपी ने (कृष्ण ने) दूसरे गोप के द्वार पर रासलीला रचाई। हमारे सौभाग्य से वह नन्द पुत्र कृष्ण अच्छे वेश वाला बन गया; अर्थात् उसकी छबि द्विगुणित हो गई। हे भगवान्! जो हमारे प्रेम को लक्ष्य करके हमारे ऊपर हँसती है, अब यदि वह तनिक भी उस ओर चली जायें तो मैं शर्त लगाकर कहती हूँ कि वे अपना मन और यौवन कृष्ण पर न्यौछावर किये बिना अपने घर वापस नहीं आ सकतीं।

सवैया

आज भटू मुरली-बट के तट नंद के साँवरे रास रच्यौ री।
नैननि सैननि बैननि सों नहिं कोऊ मनोहर भाव बच्यौ री।।
जद्यपि राखन कौं कुल कानि सबै ब्रज-बालन प्रान पच्यौ री।
तद्यपि वा रसखानि के हाथ बिकानी कौं अंत लच्यौ पै लच्यौ री।। 182।।

शब्दार्थ—भटू = सखी। साँवरे = कृष्ण ने।

अर्थ—कोई गोपी अपनी सखी से कृष्ण द्वारा रचाई गई रासलीला का वर्णन करती हुई कहती है कि हे सखि! आज मुरली-वट के नीचे श्रीकृष्ण ने रासलीला रची थी। उसमें उन्होंने जो प्रदर्शन किया, वह इतना विविधतापूर्ण था कि उनकी आँखों से, सैनों से तथा वचनों से कोई भी मनोहर भाव नहीं बचा, अर्थात् अपने आंगिक और वाचिक नृत्यों के द्वारा उन्होंने सभी प्रकार के मनोहर भावों की अभिव्यक्ति कर दी। थी। यद्यपि अपने वंश की मर्यादा का पालन करने के लिए सारी ब्रज-बालाओं ने प्राणपण से प्रयत्न किया, तथापि वे अन्त में अपने प्रण से झुक गईं और आनन्द-सागर कृष्ण के हाथ बिक गईं। अर्थात् सभी ब्रज-बनिताएँ कृष्ण की छवि पर मुग्ध हो गईं।

सवैया

कीजै कहा जु पै लोग चबाव सदा करिबौ करि हैं बजमारौ।
सीत न रोकत राखत कागु सुगावत ताहिरी गावन हारौ।
आव री सीरी करैं अँखिया रसखान धनै धन भाग हमारौ।
आवत है फिरि आज बन्यौ वह राति के रास को नाचन हारौ।। 183।।

शब्दार्थ—चबाव = निन्दा। बजमारौ = अत्यन्त घातक। सीत न रोकत राखत कागु = कौआ शीतकाल (शरद ऋतु) का आगमन नहीं रोक सकता, शरद आगमन के साथ ही श्राद्ध-समय समाप्त हो जाता है। अतः कौवा नहीं चाहता कि शरद ऋतु आवे, पर उसे रोकना उस बेचारे के बस की बात नहीं है। सीरी करैं = शीतल करें, आनन्द प्राप्त करें।

अर्थ—कोई गोपी अपनी सखी से रासलीला में सम्मिलित होने का आग्रह करती हुई कहती है कि हे सखि! यह लोग हमारी अत्यन्त घातक निन्दा सदा करते रहते हैं, तो करें, हमें इससे चिंतित नहीं होना चाहिए, क्योंकि कौआ चाहे जितनी काँव-काँव करे, पर वह शरद ऋतु के आगमन का नहीं रोक सकता। अतः चलो, रासलीला में सम्मिलित होकर हम अपनी आँखें शीतल करें, आनन्द प्राप्त करें। हमारा भाग्य धन्य है जो हमें इस प्रकार की रासलीला को देखने का अवसर प्राप्त हुआ है। कल रात को रासलीला में नृत्य करने वाला वह कृष्ण आज फिर बन-ठनकर रासलीला में सम्मिलित हो रहा है।

विशेष—1. लोकोक्ति का सुन्दर प्रयोग है।

2. यह सवैया श्री विश्वनाथप्रसाद मिश्र द्वारा सम्पादित 'रसखान-ग्रंथावली' में नहीं है।

सवैया

सासु अछै बरज्यौ बिटिया जु बिलोके अतीक लजावत है।
मौहि कहै जु कहूँ वह बात कही यह कौन कहावत है।
चाहत काहू के मूँड़ चढ़यौ रसखान झुकै झुकि आवत है।
जब तैं वह ग्वाल गली में नच्यौ तब तै वह नाच नचावत है।। 184।।

शब्दार्थ—अछै बरज्यौ = अच्छी प्रकार रोकी। बिटिया = पुत्रवधू। मूड़ चढ़यौ = सिर पर चढ़ गया, धृष्ट हो गया।

अर्थ—कोई गोपी अपनी सखी से रासलीला का वर्णन करती हुई कहती है कि यद्यपि अपनी पुत्रवधू को उसकी सास ने रासलीला में आने से अच्छी प्रकार से रोक दिया, तथापि वह न रुक सकी। अपनी आज्ञा का उल्लंघन देखकर सासु बहुत लज्जित हो रही है। यदि मुझसे वह यह बात कहती तो मैं तुरन्त उत्तर दे देती कि यह कहाँ की बात है। आनन्द-सागर कृष्ण इतने धृष्ट हो गए हैं कि वे किसी गोपी को अपने वश में करना चाहते हैं, तभी तो वे बार-बार उसकी ओर झुक-झुककर आते हैं। जब

से कृष्ण ने उस गली में रासलीला की है, तब से उसने गोपियों को पूर्णतया अपने वश में कर लिया है।

विशेष—1. मुहावरों का सुन्दर प्रयोग।

2. यह सवैया श्री विश्वनाथप्रसाद मिश्र द्वारा सम्पादित 'रसखान-ग्रंथावली' में सवैया नहीं है।

सवैया

देखत सेज बिछी री अछी सु बिछी विष सो भिदिगो सिगरे तन।
ऐसी अचेत गिरी नहिं चेत उपाय करे सिगरी सजनी जन।
बोली सयानी सखि रसखानि बचै यौं सुनाइ कह्यौ जुवती गन।
देखन कौं चलियै री चलौ सब रास रच्यौ मनमोहन जू बन।। 185।।

शब्दार्थ—अछी = अच्छी। भिदिगौ = दौड़ गया। सयानी = चतुर।

अर्थ—रासलीला के प्रभाव से एक गोपी इतनी भाव-विभोर हो गई कि उसे अपनी सुधि ही न रही। उसी की अवस्था का वर्णन एक गोपी अपनी सखी से कर रही है कि एक गोपी अपनी अच्छी सेज को बिछी देखकर उस पर सोना चाहती थी कि इतने में बाँसुरी की ध्वनि सुनाई दी। उसे सुनकर उसके सारे शरीर में विष-सा फैल गया। वह ऐसी अचेत होकर गिरी कि उसकी सारी सखियों ने अनेक उपाय किये, पर उसे चेत नहीं हुआ। तब एक चतुर गोपी ने अपनी सखियों को बताया कि इसकी अचेतना तभी हट सकती है जब इसको सुनाकर यह कहा जाये कि हे सखि! कृष्ण ने बन में रास रचा है, अतः सब उसे देखने के लिए चलो।

तुलना— 1. 'दुसह बिरह दारुन दसा, रहै न और उपाय।
जात जात ज्यों राखियतु, पिय को नाम सुनाय।। —बिहारी

2. 'मोहि घरीक जिवायौ चहै तो।
कहै किन वाही बिसासी की बातें।' —किशोर

फाग-लीला

सवैया

खेलत फाग लख्यौ पिय प्यारी को ता मुख की उपमा किहिं दीजै।
देखत ही बनि आवै भलै रसखान कहा है जो बार न कीजै।।
ज्यौं ज्यौं छबीली कहै पिचकारी लै एक लई यह दूसरी लीजै।
त्यौं त्यौं छबीलो छकै छबि छाक सों हेरै हँसे न टरै खरौ भीजै।। 186।।

शब्दार्थ—किहिं = किस प्रकार। वारि = न्यौछावर करना। छकै छबि छाक सों = रूप के नशे में मस्त होते हैं।

अर्थ—कोई गोपी अपनी सखी से फागलीला का वर्णन करती हुई कहती है कि हे सखि! मैंने कृष्ण और उनकी प्यारी राधा को फाग खेलते हुए देखा। उस समय की

जो शोभा थी उसकी किस प्रकार उपमा दी जा सकती है। उस समय की शोभा तो देखते ही बनती है और कोई भी ऐसी वस्तु नहीं है जो उस शोभा पर न्यौछावर न की जा सके। ज्यों-ज्यों वह सुन्दरी राधा चुनौती देकर एक के बाद दूसरी पिचकारी कृष्ण के ऊपर चलाती है, त्यों-त्यों वे रूप के नशे में मस्त होते जाते हैं। राधा की पिचकारी को देखकर वे हँसते तो हैं, पर वे वहाँ से भागे नहीं और खड़े-खड़े भीगते रहे।

विशेष—यह सवैया श्री विश्वनाथप्रसाद मिश्र द्वारा सम्पादित 'रसखान-ग्रंथावली' में नहीं है।

सवैया

खेलत फाग सुहागभरी अनुरागहिं लालन कौं झरि कै।
मारत कुंकुम केसरि के पिचकारिन मैं रंग को भरि कै।
गेरत लाल गुलाल लली मन मोहिनी मौज मिटा करि कै।
जात चली रसखानि अली मदमत्त मनी-मन कों हरि कै।।187।।

शब्दार्थ—अनुरागहिं = प्रेम को। मनी-मन = मन रूपी बाण।

अर्थ—कोई गोपी अपनी सखी से होली का वर्णन करती हुई कहती है कि हे सखि! सौभाग्यशाली ब्रजबालाएँ कृष्ण के प्रेम को हृदय में धारण करके फाग (होली) खेल रही हैं। वे कुंकुम और केसर को तथा रंग-भरी पिचकारी को कृष्ण के ऊपर छोड़ रही हैं। ब्रजबालाएँ, जो मन को मोहने वाली हैं, अपने सुख को भुलाकर कृष्ण के ऊपर लाल गुलाल डाल रही हैं। हे सखि! वह ब्रजबाला मदमस्त मनरूपी मन का हरण करके चली जा रही है।

पाठान्तर—इस सवैया की अन्तिम पंक्ति का यह रूप भी मिलता है—
'जात चली रसखानि अली मदमत्त मनौ मन कों हरि कै।'

सवैया

फागुन लाग्यो जब तें तब तें ब्रजमण्डल धूम मच्यौ है।
नारि नवेली बचैं नहिं एक बिसेख यहै सबै प्रेम अच्यौ है।।
साँझ सकारे वही रसखानि सुरंग गुलाल लै खेल रच्यौ है।
को सजनी निलजी न भई अब कौन भटू जिहिं मान बच्यौ है।।188।।

शब्दार्थ—नवेली = नई, युवती। अच्यौ = पीना। सुरंग = सुन्दर रंग, लाल।

अर्थ—कोई गोपी अपनी सखी से होली का वर्णन करती हुई कहती है कि हे सखि! जब से फागुन का महीना लगा है, तबसे सारे ब्रज-मंडल में धूम मची हुई है। कोई भी युवती नारी इस धूमधाम से नहीं बची है और सभी ने एक विशेष प्रकार का प्रेम पी लिया है। प्रातः और सायं आनन्द-सागर कृष्ण लाल गुलाल लेकर फाग का खेल खेलते रहते हैं। हे सजनी! इस फागुन के महीने में कौन ऐसी ब्रजबाला है जो निर्लज्ज नहीं बन गई है? तथा जिसका मन बचा रह गया है?

विशेष—अन्तिम पंक्ति में काकुवक्रोक्ति अलंकार है।

कवित्त

आई खेलि होरी ब्रजगोरी वा किसोरी संग।
अंग अंग अंगनि अनंग सरकाइ गौ।
कुंकुम की मार वा पै रंगति उद्दार उड़ै,
बुक्का औ गुलाल लाल लाल बरसाइगौ।
छौड़े पिचकारिन वपारिन बिगोई छौड़ै,
तोड़ै हिय-हार धार रंग तरसाइ गौ।
रसिक सलोनो रिझवार रसखानि आजु,
फागुन मैं औगुन अनेक दरसाइ गौ।। 189।।

शब्दार्थ—अनंग = कामदेव। तरसाइ गौ = ललचा गया। धपारिन = होली-गीत। सलोनो = सुन्दर।

अर्थ—कोई गोपी अपनी सखी से कृष्ण की होली का वर्णन करती हुई कहती है कि आज कृष्ण ने ब्रज की गोरियों और राधा के साथ ऐसी होली खेली कि उनके अंग-अंग को रंगकर कामभावना उत्पन्न कर दी। कुंकुम की मार से और उसके ऊपर अनेक प्रकार के रंगों को डालकर लाल गुलाल की मुट्ठियाँ बिखेर कर वह कृष्ण सबको ललचा गया। उसने पिचकारियाँ छोड़ीं, होली के गीत गाये तथा गोपियों के हृदय के हारों को तोड़कर वह रंग की धारा बरसा गया। रसखान कहते हैं कि वह रसिक और सुन्दर कृष्ण आज फागुन में होली खेलते समय अपने अनेक अवगुणों को प्रकट कर गया।

कवित्त

गोकुल को ग्वाल काल्हि चौमुंह की ग्वालिन सों,
चाचर रचाइ एक धूमहिं मचाइ गौ।
हियो हुलसाइ रसखानि तान गाइ बाँकी,
सहज सुभाइ सब गाँव ललचाइ गौ।
पिचका चलाइ और जुवती भिंजाइ नेह,
लोचन नचाइ मेरे अगहि नचाइ गौ।
सासहिं नचाइ भोरी नंदहि नचाइ खोरी,
बैरनि सचाइ गोरी मोहि सकुचाइ गौ।। 190।।

शब्दार्थ—काल्हि = कल। चौमुँह = चारों ओर की। पिचका = पिचकारी। भिंजाइ नेह = प्रेम में भिगोकर। खोरी = गली। बैरनि सचाइ = बैरों का बदला लेकर। सकुचाइ गौ = लज्जित कर गया।

अर्थ—कोई गोपी अपनी सखी से होली का वर्णन करती हुई कहती है कि हे सखि! कल गोकुल का एक ग्वाला (कृष्ण) चारों ओर की गोपियों को घेरकर, चाँचर रचाकर धूम मचा गया। रसखान कहते हैं कि वह बाँकी बाँसुरी की तान सुनाकर तथा हृदय को उल्लसित करके सहज स्वभाव से सब गाँव वालों को ललचा गया है। वह

अपनी पिचकारी चलाकर तथा समस्त युवतियों को प्रेम में भिगोकर और अपनी आँखों को नचाकर मेरे सारे अंगों को नचा गया है। वह हमारी ही गली में मेरी सासु को तथा भोली ननद को नचाकर और पुराने बैरों का बदला लेकर मुझे लज्जित कर गया।

सवैया

आवत लाल गुलाल लियें मग सूने मिली इक नार नवीनी।
त्यौं रसखानि लगाइ हियें मौज कियौ मन माहिं अधीनी।
सारी फटी सुकुमारी हटी अंगिया दर की सरकी रगभीनी।
गाल गुलाल लगाइ लगाइ कै अंक रिझाइ बिदा करि दीनी।। 191।।

शब्दार्थ—लाल = कृष्ण। सारी = साड़ी। अंक = हृदय।

अर्थ—कोई गोपी अपनी सखी से कृष्ण की होली का वर्णन करती हुई कहती है कि हे सखि! कृष्ण हाथ में गुलाल लिये हुए आ रहे थे कि सूने मार्ग में उन्हें एक युवती नारी मिली। उसे उन्होंने अपने हृदय से लगाकर आनन्द के साथ अपनी मनचाही की। उसकी साड़ी फट गई, सौकुमार्य नष्ट हो गया, चोली फट गई और अपने स्थान से हट गई। कृष्ण ने उसके कपोलों पर गुलाल लगाकर, उसके हृदय से लगाकर तथा रिझा कर बिदा कर दिया।

सवैया

लीने अबीर भरे पिचका रसखानि खरौ बहु भाय भरौ जू।
मार से गोपकुमार कुमार से देखत ध्यान टरौ न टरौ जू।।
पूरब पुन्यनि हाथ पर्‌यौ तुम राज करौ उठि काज करौ जू।
ताहि सरौ लखि लाज जरौ इहि पाख पतिव्रत ताख धरौ जू।। 192।।

शब्दार्थ—पिचका = पिचकारी। भाय = भाव मार, कामदेव। कुमार = थोड़ी अवस्था के। सरौ = समक्ष, सम्मुख। पाख = पक्ष। ताख = आला। ताख धरौ = छोड़ दिया।

अर्थ—कोई गोपी अपनी सखी से कृष्ण की होली का वर्णन करती हुई कहती है कि हे सखि! वह आनन्द-सागर कृष्ण अनेक प्रकार के भावों में भरकर तथा अबीर भरी पिचकारी लेकर खड़ा हुआ था। छोटी अवस्था के गोपकुमार कामदेव जैसे दिखाई दे रहे थे जिन्हें देखते-देखते ध्यान उन पर टारे से भी नहीं टरता था। वह तुम्हारे हाथ पूर्वजन्म के पुण्यों के कारण ही लग गया है, अतः तुम उठकर अपना काम करो और उस पर शासन करो। उसको सामने देखकर लज्जा को छोड़ो तथा इस पक्ष में पति-धर्म का त्याग कर दो।

विशेष—1. द्वितीय पंक्ति में उपमा अलंकार।

2. चतुर्थ पंक्ति में मुहावरे का भावपूर्ण प्रयोग।

तुलना—हम भाषत हैं हरिचन्द पिया अहो लाड़िलि देर न मामैं करो।।
चलो फूजौ झुलाओ झुकौ उसकौ इहिं पाख पतिब्रत ताख धरौ।।

सवैया

मिलि खेलत फाग बढ़्यौ अनुराग सुराग सनी सुख की रमकैं।
करि कुंकुम लै कर कंजमुखी प्रिय के दृग लावन कौं धमकैं।।
रसखानि गुलाल की धूँधर मैं ब्रजबालन की दुति यौ दमकैं।
मनौ सावन माँझ ललाई के मांज चहूँ दिसि तें चपला चमकैं।।193।।

शब्दार्थ—अनुराग = प्रेम। रमकैं = अठखेलियाँ। कंजमुखी = कमल जैसे सुन्दर मुख वाली। लावन कौं = फेंकने के लिये। धूँधर = धुधार। चपला = बिजली।

अर्थ—कोई गोपी अपनी सखी से कृष्ण की होली का वर्णन करती हुई कहती है कि हे सखि! कृष्ण गोपियों के साथ फाग खेल रहे थे। सुख की इन सौभाग्यशाली अठखेलियों में उनका प्रेम बढ़ गया था। कमल जैसे सुन्दर मुख वाली गोपियाँ हाथ में कुंकुम लेकर उसे उनके ऊपर फेंकने के लिए अवसर ताक रही थीं। रसखान कहते हैं कि गुलाल की धुँआधार में ब्रजबालाओं की द्युति इस प्रकार चमक रही थी, मानो सावन मास की लालिमा में चारों ओर से बिजली चमक रही हो।

विशेष—अन्तिम पंक्ति में उत्प्रेक्षा अलंकार।

राधा का सौंदर्य

कवित्त

आजु बरसाने बरसाने सब आनन्द सों,
लाड़िली बरस गाँठि आई छबि छाई है।
कौतुक अपार घर घर रंग बिसतार,
रहत निहारि सुध बुध बिसराई है।
आये ब्रजराज ब्रजरानी दधि दानी संग,
अति ही उमंगे रूप रासि लूटि पाई है।
गुनी जन गान धन दान सनमान, बाजे—
पौरनि निसान रसखान मन भाई है।।194।।

शब्दार्थ—बरसाने = वर्षा ऋतु में। बरसाने = ब्रज का एक गाँव, राधा इसी गाँव की रहने वाली थी। रंग-बिसतार = आनंद का प्रसार। निसान = नगाड़ा।

अर्थ—राधा के सौन्दर्य का वर्णन करती हुई गोपी अपनी सखी से कहती है कि हे सखि! आज वर्षा ऋतु में बरसाने गाँव के सभी निवासी प्रसन्न हैं क्योंकि आज प्यारी राधा की वर्षगाँठ है, इसीलिए चारों ओर शोभा छाई हुई है। हर स्थान पर अपार आश्चर्य और आनन्द का प्रसार है जिसे देखकर लोग अपनी सुधि-बुधि भूल जाते हैं। दही का दान लेने वाले कृष्ण राधा के साथ यहाँ आये हैं। वे अत्यन्त प्रसन्न हैं, क्योंकि उन्हें रूप-राशि राधा को लूटने का अवसर मिला है। गाँव में हर स्थान पर गुणी व्यक्ति गीत गाते हुए सम्मानपूर्वक धन का दान कर रहे हैं और सर्वत्र मनोहर नगाड़े बज रहे हैं।

विशेष—यह कवित्त श्री विश्वनाथप्रसाद मिश्र द्वारा सम्पादित 'रसखान-ग्रंथावली' में नहीं है।

कवित्त

कैंधो रसखान रस कोस दृग प्यास जानि,
आनि के पियूष पूष कीनो बिधि चंद घर।
कैंधों मनि मानिक बैठारिबै को कंचन मैं,
जरिया जोबन जिन गढ़िया सुघर घर।
कैंधों काम कामना के राजत अधर चिन्ह,
कैंधों यह भौंर ज्ञान बोहित गुमान हर।
एरी मेरी प्यारी दुति कोटि रति रम्भा की,
वारि डारों तेही चित चोरनि चिबुक पर।। 195।।

शब्दार्थ—रस कोस = आनन्द-निधि। पियूष पूष = अमृत का सार। बिधि = ब्रह्मा। गढ़िया सुघर घर = सुन्दर घर बना लिया। बोहित = नौका। गुमान हर = गर्व को नष्ट करने वाला। दुति = शोभा।

अर्थ—कोई गोपी राधा से उसके सौन्दर्य का वर्णन करती हुई कहती है कि ब्रह्मा ने संसार को प्यासा जानकर उसकी तृप्ति के लिए तुम्हारे नेत्रों में आनन्द-निधि भर दिया है। तुम्हारा मुख इतना सुन्दर है जैसे अपने अमृत-सार को सँजोकर स्वयं चन्द्रमा उपस्थित हो गया हो। तुम्हारे शरीर का गठन ऐसा है जैसे सोने में मणि-मुक्ताओं को जड़ने के लिये कुशल जड़िया यौवन ने सुन्दर घर (रत्न जड़ने के लिए) स्थान बना दिया हो। तुम्हारे अधरों की लाली काम कामना जैसी सुशोभित है। तुम्हारी नासिका का छिद्र उस भौंरे के समान है जिसमें ज्ञान की नौका का गर्व नष्ट हो जाता है, अर्थात् सुधि-बुधि नष्ट हो जाती है। मेरी प्यारी सखी राधा! तेरी मनोहर चिबुक पर करोड़ों रति और रम्भा की न्यौछावर करती हूँ।

विशेष—यह कवित्त श्री विश्वनाथ प्रसाद मिश्र द्वारा सम्पादित 'रसखान-ग्रंथावली' में नहीं है।

सवैया

श्री मुख यों न बखान सकै वृषभान सुता जू को रूप उजारो।
हे रसखान तू ज्ञान संभार तरैनि निहार जू रीझन हारो।
चारु सिंदूर को लाल रसाल लसै ब्रज बाल को भाल टिकारो।
गोद में मानौं बिराजत है घनस्याम के सारे को सारे को सारो।। 196।।

शब्दार्थ—श्रीमुख = मुख की शोभा। वृषभान सुता = राधा। तरैनि = नक्षत्र। रसाल = सरस। टिकारो = टीका। घनस्याम के सारे की सारे को सारो = मंगल।

अर्थ—कोई गोपी अपनी सखी से राधा के सौन्दर्य का वर्णन करती हुई कहती है कि हे सखि! राधा के मुख की शोभा का कौन वर्णन कर सकता है। उसका सौन्दर्य

प्रकाशित करने वाला है। रसखान कहते हैं कि हे मनुष्य! तू अपना ज्ञान संभाल और यदि तू राधा के रूप का कुछ बोध करना चाहता है तो नक्षत्रों की ओर देख; अर्थात् जिस प्रकार नक्षत्रों की प्रभा अनुपम है, उसी प्रकार राधा का रूप भी अद्वितीय है। उस ब्रजबाला के मस्तक पर लगा हुआ सिन्दूर का टीका अत्यन्त सुन्दर एवं सरस है। वह टीका ऐसा प्रतीत होता है मानो चन्द्रमा की गोद में मंगल सुशोभित हो।

विशेष—1. उत्प्रेक्षा अलंकार।

2. 'घनस्याम के सारे की सारे को सारो' में क्लिष्टत्व दोष है क्योंकि इसक़ा अर्थ क्लिष्टता से निकलता है—घनस्याम का साला = चन्द्रमा; चन्द्रमा की स्त्री = बीरबहूटी; वीरबहूटी का भाई मंगल।

3. यह सवैया श्री विश्वनाथ प्रसाद मिश्र द्वारा सम्पादित 'रसखान-ग्रंथावली' मे नहीं है।

सवैया

अति लाल गुलाल दुकूल ते फूल अली! अति कुंतल रासत है।
मखतूल समान के गुंज घरानि मैं किंसुक की छवि छाजत है।।
मुकता के कंदब ते अंब के मोर सुने सुर कोकिल लाजत है।
यह आबनि प्यारी जू की रसखानि बसंत-सी आज बिराजत है।। 197।।

शब्दार्थ—अली = सखी। अलि = भ्रमर। कुंतल = केश। मखतूल = काला रेशम। छरानि मैं = डोरियों में।

अर्थ—कोई गोपी अपनी सखी से राधा के सौन्दर्य का वर्णन करती हुई कहती है कि हे सखि! उसका अत्यन्त लाल गुलाल के समान दुकूल गुलाब के लाल फूल की भाँति शोभायमान है। उसकी काली केशराशि भौंरों के समान सुशोभित है। काले रेशम की डोरियों में बँधे हुए गुंज पलाश-पुष्प की भाँति शोभा सम्पन्न है। उसके मोती कदंब और आम की मंजरियों के समान शोभायमान हैं। उसकी वाणी में इतना माधुर्य है कि उसके वचनों को सुनकर कोयल भी लजा जाती है। इस अपनी प्यारी और आनन्द की खान राधा की शोभा बसन्त श्री के समान प्रतीत हो रही है।

विशेष—यमक, उपमा, छेकानुप्रास और सांग रूपक अलंकार।

सवैया

तन चन्दन खौर के बैठी भटू रही आजु सुधा की सुता मनसी।
मनौ इन्दुबधून लजावन कों सब ज्ञानिन काढ़ि धरी गन सी।।
रसखानि बिराजति चौकी कुचौ बिच उत्तमताहि जरी तन सी।
दमकै दृग बान के घायन कों गिरि सेत के सधि के जीवन सी।। 198।।

शब्दार्थ—सुधा की सुता मनसी = सुधा की मानस-पुत्री। इंदुबधून = चन्द्रमा की पत्नियों तारिकाओं का। लजावन = लज्जित करने के लिए। गन सी = गणश्री, अपने

समूह की सात्विक छटा। चौकी = हार के बीच का चंदा। उत्तमताहि = सौन्दर्य को। संधि = बीच। जीवन-सी = जलाशय की भाँति।

अर्थ—कोई गोपी अपनी सखी से राधा की सुन्दरता का वर्णन करती हुई कहती है कि हे सखि! अपने शरीर पर चन्दन लगाकर बैठी हुई वह सुधा की मानस पुत्री राधा ऐसी प्रतीत हो रही है, मानो चन्द्रमा की पत्नियों व तारिकाओं को लज्जित करने के लिए सब प्रकार की अपनी समय सात्विक शोभा को बाहर निकाल कर बैठी हुई हो। रसखान कवि कहते हैं कि उसके कुचों के बीच में हार का चन्दा इस प्रकार शोभा दे रहा है, जैसे सौन्दर्य को ही उसके शरीर में जड़ दिया गया हो। वह चन्दा जैसा प्रतीत होता है मानो दृगबाणों का घाव दमक रहा हो, अथवा श्वेत पर्वत के संधिस्थान में कोई जलाशय हो।

विशेष—1. उपमा, रूपक, उत्प्रेक्षा और अतिशयोक्ति अर्थालंकारों का बड़ा ही भावपूर्ण प्रयोग हुआ है।

2. 'दमकै दृग बान के घारन को' में दी नई उपमा रसानुभूति में बाधक है।

सवैया

आज सँवारति नेकु भटू तन, मंद करी रति की दुति लाजै।
देखत रीझि रहे रसखानि सु और छटा विधिना उपराजै।
आए हैं न्यौतें तरैयन के मनो संग पतंग पतंग जू राजै।
ऐसें लसै मुकुतागन मैं तित तेरे तरौना के तीर बिराजै।। 199।।

शब्दार्थ—भटू = सखी। रति = कामदेव की स्त्री, जो सर्वाधिक सुन्दर मानी जाती है। दुति = द्युति शोभा। लाजै = लज्जित हो जाती है। रसखानि = आनन्द-सागर कृष्ण। विधिना = ब्रह्मा। उपराजै = उत्पन्न करे। तरैयन के = नक्षत्रों के, मोतियों के। पतंग = सूर्य, तरौना। पतंग = शलभ, तिल। तीर = किनारा।

अर्थ—कोई गोपी राधा से उसके सौन्दर्य का वर्णन करती हुई कहती है कि हे सखि! आज तनिक अपना शरीर संभाल लो, क्योंकि इसके वर्णन के समक्ष रति का सौन्दर्य भी मन्द हो गया है और वह इसी कारण लज्जित हो रही है। आनन्द सागर कृष्ण तुम्हारी शोभा को देखकर रीझ रहे हैं। तुम्हारे अतिरिक्त ब्रह्मा और क्या उत्पन्न करे? अर्थात् तुम उसकी सौन्दर्य सृष्टि पर चरम पराकाष्ठा हो। मोतियों से युक्त तुम्हारे तरौना के किनारे पर सुशोभित होता हुआ तिल इस प्रकार सुशोभित हो रहा है मानो सूर्य के सारे नक्षत्र आकर एकत्र हो गए हों।

विशेष—प्रतीप, श्लेष, यमक, उपमा अलंकार।

सवैया

प्यारी की चारु सिंगार तरंगनि जाय लगी रति की दुति कूलनि।
जोबन जेब कहा कहियै उर पै छवि मंजु अनेक दुकूलनि।
कंचुकी सेत मैं जावक बिन्दु बिलोकि मरैं मघवानि की सूलनि।
पूजे है आजु मनौ रसखान सु भूत के भूप बंधूक के फूलनि।। 200।।

शब्दार्थ—सिंगार तरंगनि = सौन्दर्य की लहरें। जेब = कान्ति। सेत = श्वेत, सफेद। जावक = महावर, लाल रंग। मघवानि की सूलनि = इन्द्र वज्र की चोट। सूत के भूप = शिव। बंधूक के फूलानि = दुपहरिया के लाल रंग के फूलों से।

अर्थ—कोई गोपी राधा के सौन्दर्य का वर्णन अपनी सखी से करती हुई कहती है कि हे सखि! उस प्यारी राधा के सुन्दर सौन्दर्य की लहरें रति की शोभा के किनारों से जा लगी हैं; अर्थात् वह रति के समान सुन्दर है। उसके यौवन की कांति का तो कहना ही क्या? उसके हृदय पर अनेक सुन्दर वस्त्रों की शोभा सुशोभित है। उसकी श्वेत कंचुकी में लाल रंग के बिन्दु को देखकर तो मनुष्य इन्द्र के वज्र की चोट की भाँति भारी चोट खाकर मर जाता है। उसके कुचों पर पड़ा हुआ लाल वस्त्र इस प्रकार प्रतीत हो रहा है, मानो बन्धूक के फूलों से शिव की पूजा की गई हो।

विशेष—1. उत्प्रेक्षा अलंकार।

2. यह सवैया श्री विश्वनाथप्रसाद मिश्र द्वारा सम्पादित 'रसखान ग्रंथावली' में नहीं है।

तुलना—'दुरत न कुच बिच कंचुकी, चुपरी सारी सेत।
कवि अंकन के अर्थ लौं, प्रगट दिखाई देत।।' —बिहारी

सवैया

बाँकी मरोर गटी भृकुटीन लगीं अँखियाँ तिरछानि तिया की।
टाँक सी लाँक भई रसखानि सुदामिनी तें दुति दूनी हिमा की।।
सोहैं तरंग अनंग को अंगनि ओप उरोज उठी छलिया की।
जोबनि जोति सु यौं दमकै उकसाइ दइ मनो बाती दिया की।। 201 ।।

शब्दार्थ—टाँक = पतली। लाँक = लंक, कमर। सुदामिनि = सौदामिनी, बिजली। दुति छुति = शोभा। अनंग = कामदेव। ओप = शोभा। उरोज = स्तन।

अर्थ—कोई गोपी राधा की वयः सन्धि का वर्णन अपनी सखी से करती हुई कहती है कि राधा की तिरछी आँखों में, जो भृकुटी तक फैली हुई हैं, गर्वीली वक्रता ग्रहण कर ली हैं। आनन्द-सागर राधा की कमर पतली हो गई है। उसके हृदय की (शरीर की) शोभा दामिनी से भी अधिक बढ़ गई है। उसके अंगों में कामदेव की तरंगें शोभायमान हैं, उसकी छाती के उठे हुए स्तन भी शोभायुक्त हैं। उसकी यौवन शोभा इस प्रकार दमक रही है, मानो दीपक की बाती उकसा दी गई हो; अर्थात् जिस प्रकार दीपक की बाती को बढ़ाने से धूमिल प्रकाश स्पष्ट हो जाता है, इसी प्रकार राधा के अंगों में भी यौवन की शोभा स्पष्ट दिखाई दे रही है।

विशेष—उपमा, अधिक, छेकानुप्रास अलंकार।

तुलना— 1. अंग अंग नग जगमगैं, दीप सिखा सी देह।
दिया बढ़ाये हू रहै, बड़ो उजेरो गेह।' **—बिहारी**

2. 'पलट चली मुसकाय, दुति रहीम उपजाय अति।
बाती सी उकसाय, मानो दीनी देह की।' **—रहीम**

सवैया

वासर तूँ जु कहूँ निकरै रबि को रथ माँझ आकाश अरै री।
रैन यहै गति है रसखानि छपाकर आँगन तें न टरै री।।
द्यौस निस्वास चल्यौई करै निसि द्यौस की आसन पाय धरै री।
तेजो न जात कछू दिन राति बिचारे बटोही की बाट परै री।। 202।।

शब्दार्थ—वासर = दिन। छपाकर = चन्द्रमा। द्यौस = दिवस, दिन। बाट परै = रास्ता रुक जाता है।

अर्थ—कोई गोपी राधा से उसके सौन्दर्य का वर्णन करती हुई कहती है कि हे राधा! यदि तू दिन में अपने घर से बाहर निकल आती है तो तेरे सौन्दर्य से सूर्य इतना चकित हो जाता है कि उसका रथ आकाश में ही रुक जाता है, अर्थात् सूर्य अपनी गति भूलकर एकटक तुझे ही देखता रह जाता है। हे आनन्द-सागर राधा! रात को भी यही दशा होती है। तेरा सौन्दर्य देखकर चन्द्रमा तेरे आँगन में ही ठहर जाता है और आगे नहीं बढ़ता। दिन में तो पवन चलता ही रहता है, पर रात में भी वह दिन की आशा से तेरे पीछे लगा रहता है; अर्थात् तेरी सुगन्धि का लोभी पवन रात-दिन चलता रहता है। इस पवन के रात-दिन चलते रहने के कारण तेरा तो कुछ नहीं बिगाड़ता, पर बेचारे पथिक का रास्ता रुक जाता है; अर्थात् वह अपने रास्ते पर चल नहीं पाता।

विशेष—अत्युक्ति और ब्याजास्तुति अलंकार।

तुलना— 'मेरे कहे हाहा करि नीरै ह्वै निहारी जब,
जेते बट बाट के बटाऊ मारे जात हैं।' **—आलम**

सवैया

जाको लसै मुख चन्द समान कमानी सी भौंह गुमान हरै।
दीरघ नैन सरोजहुँ तैं मृग खंजन मीन की पाँत दरै।
रसखान उरोज़ निहारत ही मुनि कौन समाधि न जाहि टरै।
जिहिं नीके नवै कटि हार के भार सों तासों कहैं सब काम करै।। 203।।

शब्दार्थ—गुमान हरै = गर्व को नष्ट करती है। सरोज = कमल। दरै = चूर्ण करना। उरोज = स्तन।

अर्थ—कोई गोपी अपनी सखी से राधा के सौन्दर्य का वर्णन करती हुई कहती है कि हे सखि! जिसका मुख चन्द्रमा के समान सुशोभित है। कमानी सी भौंहें गर्व को नष्ट करती हैं, विशाल नेत्र कमल से बढ़कर हैं और मृग, खंजन तथा मीन की पंक्तियों को चूर्ण करने वाले हैं। आनन्द-सागर स्तनों को देखते ही ऐसा कौन ऋषि है जो अपनी समाधि से विचलित नहीं हो जाता। जो कोट के हार के बोझ से हो, अपनी सुकुमारता के कारण, नीचे झुक जाती है, उससे सब काम करने को कहते हैं।

विशेष—1. उपमा, व्यतिरेक, वक्रोक्ति, अतिशयोक्ति अलंकार।

2. यह सवैया श्री विश्वनाथप्रसाद मिश्र द्वारा सम्पादित 'रसखान-ग्रंथावली' में नहीं है।

पाठान्तर—इस सवैये की प्रथम दो पंक्तियों का यह रूप भी मिलता है।

'यह जाको लसै मुख चन्द-समान कमान-सीं भौंह गुमान हरै।
अति दीरघ नैन सरोजहूँ तें मग खंजन मीन की पाँति दरै।।'

सवैया

प्रेम कथानि की बात चलैं चमकै चित चंचलता चिनगारी।
लोचन बंक बिलोकनि लोलनि बोलनि मैं बतियाँ रसकारी।
सोहैं तरंग अनंग को अंगनि कोमल यौं झमकै झनकारी।
पूतरी खेलत ही पटकी रसखानि सु चौपर खेलत प्यारी।।204।।

शब्दार्थ—लोलनि = सुन्दर, मधुर। रसकारी = आनन्ददायक। अनंग = कामदेव। झमकै = ध्वनि करती है। पूतरी = चौसर की गोट।

अर्थ—कोई गोपी अपनी सखी से चौपड़ का वर्णन करती हुई कह रही है कि जब भी प्रेम-कथाओं की चर्चा चलती है तो कृष्ण के मन में चंचलता की चिनगारी चमकने लगती है। वे वक्र दृष्टि से देखने लगते हैं, मधुर बोल बोलने लगते हैं और उनकी बातें अत्यधिक आनन्द से भरी हुई होती हैं। उनके अंगों में कामदेव की लहरें सुशोभित हो जाती हैं। रसखान कहते हैं कि उन्होंने अपनी प्राणप्रिया के साथ चौपड़ खेलते हुए अपनी गोट को पटक दिया। अर्थात् वे अपनी प्रिया के प्रेम में इतने तल्लीन हुए कि चौपड़ खेलना ही भूल गए।

विशेष—अनुप्रास अलंकार।

मानवती राधा

कवित्त

वारति जा पर ज्यौ न थकै चहुँ ओर जिती नृप ती धरती है।
मान सखै धरती सों कहाँ जिहि रूप लखै रति सी रती है।
जा रसखान बिलोकन काजू सदाई सदा हरती बरती है।
तो लगि ता मन मोहन कौं अँखियाँ निसि द्यौस हहा करती है।।205।।

शब्दार्थ—वारति = न्यौछावर करती हुई। ज्यौं = जीव, प्राण। ती = स्त्रियाँ। मान सकै धर = जो मान धारण कर सके। रती = रत्ती के समान। हरती बरती है = आकुल रहती है। तौ लगि = तेरे लिए। निसि द्यौस = रात-दिन। हाहा करती है = अनुनय-विनय करती रहती है।

अर्थ—मानवती राधा को उसकी सखी समझाती हुई कहती है कि हे राधे! जिस कृष्ण पर चारों ओर के राजाओं की सभी स्त्रियाँ अपने प्राणों को न्यौछावर करते हुए नहीं थकतीं। ऐसी स्त्रियाँ कहाँ हैं जो कृष्ण से विमुख होकर मान धारण कर सकें, भले ही उनकी सुन्दरता में रति भी रत्ती के समान हो, नगण्य हो। जिस आनन्द-सागर कृष्ण को देखने के लिए सभी स्त्रियाँ सदा ही आकुल रहती हैं, उसी मनमोहन कृष्ण की

आँखें रात-दिन तेरे लिए अनुनय-विनय करती रहती हैं। (अतः तू अपना मान छोड़कर कृष्ण से शीघ्र मिल।)

विशेष—1. यमक, व्यतिरेक, उपमा अलंकार।

2. यह सवैया श्री विश्वनाथप्रसाद मिश्र द्वारा सम्पादित 'रसखान-ग्रंथावली' में नहीं है।

सवैया

मान की औधि है आधी घरी अरी जौ रसखानि डरै हित कें डर।
कै हित छोड़िये पारियै पाइनि एसे कटाछनहीं हियरा-हर।।
मोहनलाल कों हाल बिलोकियै नेकु कछू किनि छ्वै कर सों कर।
ना करिबे पर वारे हैं प्रान कहा करि हैं अब हाँ करिबे पर।।206।।

शब्दार्थ—औधि = अवधि। हित = प्रेम। कै = या तो। हियरा हर = हृदय को हर; मन को जीत लो।

अर्थ—कोई गोपी अपनी मानिनी सखी राधा को समझाती हुई कहती है कि यदि आनन्द-सागर प्रेम के कारण डर जायें तो मान की आधी घड़ी होनी चाहिए; अर्थात् यदि कृष्ण तेरे मान से भयभीत हो गए हैं तो तुझे अपना मान छोड़ देना चाहिए। या तो तुम उनसे प्रेम ही छोड़ दो; और यदि प्रेम को नहीं छोड़ सकतीं तो उसके पैरों में पड़कर ऐसी तिरछी दृष्टि से देखो कि उसके मन को ही जीत लो। तुम अपने वियोग में कृष्ण का तनिक हाल तो देखो, वह बेचारा तुम्हारे विरह में हाथ मल रहा है। वह तुम्हारी 'नहीं' पर ही अपने प्राणों को न्यौछावर करता है। न जाने 'हाँ' करने पर वह क्या करेगा।

विशेष—परम्परागत वर्णन है।

सवैया

तू गरबाइ कहा झगर रसखानि तेरे बस बाबरो होसै।
तौ हूँ न छाती सिराइ अरी करि झार इतै उतै बाझिन कोसै।
लालहि लाल कियें अँखियाँ गहि लालहि काल सौं क्यौ भई रोसै।
ऐ बिधना तू कहा री पढ़ी बस राख्यौ गुपालहिं लाल भरोसै।।208।।

शब्दार्थ—गरबाइ = गर्व करके। सिराइ = ठंडी पड़ना। करि झार = डाह करके।

अर्थ—कोई गोपी अपनी सखी राधा को समझाती हुई कहती है कि तू गर्व करके मुझसे क्या झगड़ा करती है। आनन्द-सागर कृष्ण तेरे प्रेम में पागल होकर तेरे वश में हो गए हैं, तो भी तेरी छाती ठंडी नहीं हुई और डाह करके फिर भी मुझे बंध्या होने की गाली देती है। कृष्ण तेरे लिए लाल आँख किए हुए हैं; अर्थात् आतुरता से तेरी प्रतीक्षा करते हैं। कृष्ण को अपने वश में करके भी काल की भाँति क्यों क्रोध करती है। हे दैव! तूने यह विद्या कहाँ से पढ़ी है कि तूने कृष्ण को अपने प्रेम का झूठा विश्वास दे दिया है और वह तेरे ही भरोसे रहता है।

विशेष—अनुप्रास और यमक अलंकार है।

सवैया

पिय सों तुम मान करूयौ कत नागरि आजु कहा किनहूँ सिख दीनी।
ऐसे मनोहर प्रीतम के तरुनी बरुनी पग पोछ नवीनी।।
सुन्दर हास सुधानिधि सो मुख नैननि चैन महारस भीनी।
रसखानि न लागत तोहिं कछू अब तेरी तिया किनहूँ मति दीनी।। 208।।

शब्दार्थ—कत = क्यों। सिख = शिक्षा। बरुनी = बरौनियों से। सुधानिधि = चन्द्रमा। महारस = अत्यधिक आनन्द।

अर्थ—कोई गोपी अपनी मानिनी सखी, राधा की ताड़ना करती हुई कहती है कि चतुर सखि! तुम अपने प्रिय से क्यों मान कर रही हो? तुम्हें आज क्या हो गया है? किसने तुमको ऐसी शिक्षा दी है, तुम्हारा प्रिय तो इतना मनोहर है कि तरुणियाँ उसके पैरों को अपनी बरौनियों से पोंछती हैं। उसका हास्य-सुन्दर है, मुख चन्द्रमा के समान सुन्दर है, उसके नेत्र सुख देने वाले और अत्यन्त आनन्द से भरे हुए हैं। ऐसा आनन्द-सागर प्रिय अब तेरा कुछ नहीं लगता; अर्थात् तू उसकी रूठी हुई है। हे प्रिया! न जाने किसने तेरी मति को छीन लिया है जो तू ऐसे मनोहर प्रियतम से मान करके बैठी हुई है।

विशेष—1. अनुप्रास, उपमा अलंकार।

2. 'तिया' शब्द के प्रयोग में भर्त्सना का भाव निहित है।

कवित्त

डहडही बैरी मंजु डार सहकार की पै,
चहचही चुहल चहूकित अलीन की।
लहलही लोनी लता लपटी तमालन पै,
कहकही तापै कोकिला की काकलीन की।।
तहतही करि रसखानि के मिलन हेत,
बहबही बानि तजि मानस मलीन की।
महमही मन्द-मन्द मारुत मिलनि तैसी,
गहगही खिलनि गुलाब की कलीन को।। 209।।

शब्दार्थ—डहडही = फली हुई। सहकार = आम। अलीन को = भौंरों की। लहलही = हरी भरी। लोनी = सुन्दर। काकलीन की = कुंजों की। तहतही = शीघ्रता। रसखानि = आनन्द-सागर कृष्ण। बहबही = भद्दी। बानि = आदत स्वभाव। मारुत = हवा। गहगही = पूर्ण विकसित।

अर्थ—कोई गोपी अपनी सखी मानवती राधा से समस्त ऋतु का वर्णन करती हुई कहती है कि हे सखि! आम की बौरों से युक्त तथा फली हुई सुन्दर डाली पर चारों ओर से भौंरों की गूँज आनन्दपूर्वक गूँज रही है। हरी-भरी सुन्दर लतायें तमाल वृक्षों से लिपटी हुई हैं जिन पर कोयलें गूँज रही हैं। शीघ्रता से कृष्ण से मिलने के लिए

गोपियाँ अपने हृदय का मलीन स्वभाव छोड़कर आतुर हो गई हैं। सुगन्धित मन्द-मन्द मारुत चल रहा है और गुलाब की कलियाँ खिलकर पूर्ण विकसित हो गई हैं।

ऐसे समय में तेरा मान करना उचित नहीं है।

सवैया

जो कबहूँ मग पाँव न देतु सु तो हित लालन आपुन गौनै।
मेरो कह्यौ करि मान तजौ कहि मोहन सों बलि बोल सलौने।
सौहें दिबावत हौं रसखानि तूँ सौहैं करै किन लाखनि लौने।
नोखी तूँ मानिन मान कर्‌यौ किन मान बसत मैं कीनौ है कौनै।। 210।।

शब्दार्थ—सलौने = मधुर। सौंहें = सौगन्ध। सौंहें = सम्मुख। लाखनि = लाखों में सुन्दर मुख। नोखी = विलक्षण।

अर्थ—कोई गोपी अपनी मानिनी सखी राधा को समझाती हुई कहती है कि जो स्त्रियाँ कभी घर से बाहर कदम नहीं रखतीं, वे भी कृष्ण के लिए स्वयं छिपकर गमन करती हैं; अर्थात् कृष्ण में इतना आकर्षण है कि धीरा भी उनसे मिलने के लिए अधीरा बन जाती हैं। अतः तू मेरा कहना मान कर अपना मान छोड़ और मोहन से मधुर-मधुर शब्दों में बातें कर। रसखान कहते हैं कि मैं तुझको सौगन्ध दिलाकर कहती हूँ कि हे लाखों में सुन्दर मुख वाली! तू कृष्ण के सामने जा। हे माननि! तू तो बहुत ही विलक्षण है, वरना बसन्त-ऋतु में भी कोई मान करता है? अतः तू मेरा कहना मान और अपना मान तजकर कृष्ण से बातें कर।

विशेष—तृतीय और चतुर्थ पंक्ति में यमक अलंकार।

सखी शिक्षा

सवैया

सोई है रास मैं नैसुक नाच कै नाच नचायौ कितौ सबकों जिन।
सोई है री रसखानि किते मनुहारिन सूँघे चितौत न हो छिन।।
तौ मैं धौं कौन मनोहर भाव बिलोकि भयौ बस हाहा करी तिन।
औसर ऐसौ मिलै न मिलै फिर लगर मोड़ो कनौड़ौ करै छिन।। 211।।

शब्दार्थ—लगर = शरारती। मोड़ो = बालक। कनौड़ो = कृतज्ञ।

अर्थ—कोई गोपी अपनी सखी को शिक्षा देती हुई कहती है कि हे सखि! वह वही कृष्ण है जो रासलीला में तनिक नाचकर सबको नचाया करता है। वही आनन्द-सागर कृष्ण है जो अनेक मनुहारें करने पर भी पल-भर के लिए भी सीधी तरह से नहीं देखता; अर्थात् हर समय शरारत करता रहता है। न जाने तुझमें वह कौन-से मनोहर भाव देखकर तेरे प्रति आकृष्ट हो गया है। ऐसा अवसर शायद आगे मिले या न मिले कि वह शरारती कृष्ण तुझे कृतज्ञ करे; अर्थात् तेरे प्रति आकृष्ट हो, अतः अब जो अवसर मिला है, उसे हाथ से न जाने दे।

विशेष—उल्लेख अलंकार।

सवैया

तौ पहिराइ गई चुरिया तिहिं को घर बादरी जाय भरै री।
वा रसखान कों ऐतौ अधीन कैं मान करै चलि जाहि परै री।।
आबन कों पुततीत हठा करैं नैंननि धारि अखण्ड ढरैरी।
हाथ निहारि निहारि लला मनिहारिन की मनुहारि करै री।।212।।

शब्दार्थ—ऐतौ अधीन ने = इस प्रकार अपने प्रेम के वश में करके। चलि जाहि परै = दूर हट; यह स्त्रियों की भर्त्सना देने की एक प्रकार की गाली है। मनुहारि = सत्कार।

अर्थ—कोई गोपी अपनी सखी को समझाती हुई कहती है कि हे सखि! तुझे जो मनिहारी चूड़ियाँ पहना गई, तू जाकर उसका घर क्यों नहीं भर देती; अर्थात् उसे काफी धन क्यों नहीं दे देती। तूने उस आनन्द-सागर कृष्ण को इस प्रकार अपने प्रेम में वश में कर लिया है कि वह तेरे बिना अब एक पल भी नहीं रह सकता और अब तू उसके पास जाने में हिचकिचाती है, उससे मना करती है। चल दूर हट! तेरे आने के लिए, तुझसे मिलने के लिए, कृष्ण की आँखें तुझसे अनुनय-विनय करती हैं और तेरे वियोग में उसकी आँखों से निरन्तर आँसू बहते रहते हैं। तूने जो चूड़ियाँ पहन रक्खी हैं, इन चूड़ियों वाले हाथों को देखकर कृष्ण, उस मनिहारी का अवश्य सत्कार करेंगे; अर्थात् उसे साधुवाद देंगे।

विशेष—1. यमक अंलकार।

2. यह सवैया श्री विश्वनाथप्रसाद मिश्र द्वारा सम्पादित 'रसखान-ग्रंथावली' में नहीं है।

सवैया

मेरी सुनौ मति आइ अली उहाँ जौनी गली हरि गावत है।
हरि है बिलोकति प्राननि कों पुनि गाढ़ परें घर आवत है।।
उन तान की तान तनी ब्रज मैं रसखानि समान सिखावत है।
तकि पाय घरौं रपटाय नहीं वह चारो सो डारि फँदावत है।।213।।

शब्दार्थ—अली = सखी। जौनी = जिस। गाढ़ = विपत्ति। समान = ज्ञान।

अर्थ—एक गोपी अपनी सखी से कृष्ण के प्रति सचेत रहने के लिए कहती हुई वर्णन करती है कि हे सखि! मेरी बात को ध्यान से सुनो और जिस गली में कृष्ण अपनी बाँसुरी बजाता हुआ जाता है, उस गली में बिल्कुल मत जाओ, क्योंकि देखते ही कृष्ण प्राणों को हर लेता है और फिर गोपियाँ बेचारी प्रेम की विपत्ति लेकर ही अपने घरों को लौटती हैं। उसने अपनी बाँसुरी की तानों को सारे ब्रज में तान रखा है, अतः मैं तुझसे ज्ञान की बात कहती हूँ कि बहुत सोच-समझकर पैर रक्खो, क्योंकि वह कृष्ण इसी प्रकार फँसाता है, जिस प्रकार चारा देकर मछली को फँसाया जाता है।

विशेष—1. यमक, श्लेष अलंकार।

2. 'तकि पाय धरौ रपटाय नहीं' मुहावरे का भावपूर्ण प्रयोग है।

सवैया

काहे कूँ जाति जसोमति के गृह पोच भली घर हूँ तो रई ही।
मानुष को डसिबौ अपुनो हँसिबौ यह बात उहाँ न नई ही।।
बैरिनि तौ दृग-कोरनि में रसखान जो बात भई न भई ही।
माखन सौ मन लैं यह क्यों वह माखनचोर के ओर नई ही।।214।।

शब्दार्थ—पोच भली = चाहे कमजोर ही सही। रई = दूध मथने की लकड़ी। उहाँ = वहाँ पर। बैरिनि = औरतों का आत्मीयता-सूचक सम्बोधन। तौ = तेरे। न भई ही = पहले नहीं थी। माखन सौ = मक्खन के समान कोमल।

अर्थ—कोई गोपी यशोदा के घर गई और वहाँ से कृष्ण के प्रेम के वशीभूत होकर लौटी। उसकी भर्त्सना करती हुई उसकी सखी कह रही है कि तू यशोदा के घर गई ही क्यों? रई तो तेरे भी पास थी, भले ही वह कमजोर सही। वहाँ कृष्ण के द्वारा प्रेम का जाल फैलाकर भोली नारियों को डसना और उन नारियों के फिर अपनी हँसी कराना कोई नई बात नहीं है। वहाँ तो प्रतिदिन ऐसा ही होता रहता है। हे बैरिन! तेरे नेत्रों में आज जो बात मैं देख रही हूँ, वह पहले तो नहीं थी; अर्थात् आज तुम्हारी आँखों में प्रेम की मादकता है। अपना मक्खन-जैसा कोमल हृदय लेकर तू उस माखनचोर की ओर गई ही क्यों थी?

विशेष—1. उपमा अलंकार।

2. अंतिम पंक्ति में 'माखन' और 'माखनचोर' का प्रयोग अत्यन्त औचित्यपूर्ण है।

3. श्री विश्वनाथप्रसाद मिश्र द्वारा सम्पादित 'रसखान-ग्रंथावली' में यह सवैया नहीं है।

सवैया

हेरति बारहीं यार उसै तुव बाबरी बाल, कहा धौ करैगी।
जौं कबहूँ रसखानि लखै फिर क्यों हूँ न बीर ही धीर धरैगी।
मानि ऐ काहू की कानि नहीं, जब रूपी ठगी हति रंग ढरैगी।
यातैं कहौं सिख मानि भटू यह हेरनि तेरे ही पैड़े परैगी।।215।।

शब्दार्थ—हेरति = देखती है। बीर = सखी। कानि = लज्जा, भय। रंग = प्रेम। सिख = शिक्षा। भटू = सखी। हेरनि = देखना। नैड़े = पीछे।

अर्थ—कोई गोपी अपनी सखी को समझाती हुई कहती है कि हें सखि! तू बार-बार कृष्ण की ओर देखती है। हे पगली! तू नहीं जानती कि इसका परिणाम क्या होगा? यदि कभी आनन्द-सागर कृष्ण ने तेरी ओर देख लिया। तो हे सखि! फिर तू अपना सारा धैर्य खो बैठेगी और उसमें अनुरक्त हो जायेगी। तब तू किसी भी प्रकार की लज्जा नहीं पावेगी और कृष्ण के प्रेम में रंग जायेगी। हे सखि! इसलिए मैं तुझसे कहती हूँ कि तू मेरी शिक्षा मान, अन्यथा यह देखना तेरे ही पीछे पड़ जायेगा; अर्थात् जब तू कृष्ण से प्रेम करने लगेगी तो फिर तुझे बड़ी व्याकुलता होगी; तेरा सुख-चैन सब दूर हो जायेगा।

सवैया

बाँके कटाक्ष चितैबो सिख्यौ बहुधा बरज्यौ हित कै हितकारी।
तू अपने ढंग की रसखानि सिखावनि देति न हौं पचिहारी।
कौन की सीख सिखीं सजनी अजहूँ तजि दै बलि जाउँ तिहारी।
नन्द के नन्दन के फन्द अजूँ परि जैहै अनोखी निहारिनिहारी।।216।।

शब्दार्थ—कटाक्ष = कटाक्ष, तिरछी दृष्टि से। हितकारी = प्रेम करने वाला पति। हौं पचिहारी = मैं कोशिश करके हार गई हूँ। निहारिनिहारी = देखने वाली।

अर्थ—कोई गोपी अपनी माननी सखी को समझाती हुई कहती है कि हे सखि! तूने बाँकी-तिरछी दृष्टि से देखना तो सीख लिया है; अर्थात् तू प्रेम करना तो जान गई है, पर प्रायः अपने प्रेम करने वाले पति की भर्त्सना कर देती है। तू तो अपने ही प्रकार की आनन्द-सागर से भरी हुई युवती है, जो मेरी शिक्षा नहीं मानती। मैं तो तुझे शिक्षा देते-देते कोशिश करके हार गई हूँ। हे सजनी! तूने किसकी शिक्षा को ग्रहण कर लिया है? अपना मान छोड़ दे, मैं तुझ पर न्यौछावर होती हूँ। हे विलक्षण दृष्टि से देखने वाली! यदि तू कहीं कृष्ण के फन्दे में पड़ गई तो फिर मुसीबत आ जायेगी। अतः तुझे अपना मान छोड़कर अपने प्रियतम से प्रेम करना ही उचित है।

सवैया

बैरिन तूँ बरजी न रहै अबही घर बाहिर बैरु बढ़ैगौ।
टौना सुनन्द छुटोना पढ़ै सजनी तुहि देखि बिसेषि पढ़ैगौ।।
हँसि है सखि गोकुल गाँव सतै रसखानि तबै यह लोक रढ़ैगौ।
बैरु चढ़ै धरहिं रहि बैठि अटा न एढ़ै बघनाम चढ़ैगौ।।217।।

शब्दार्थ—बरजी न रहैं = रोकने पर नहीं रुकती। टोना = जादू। छुटोना = लड़का। बिसेष = विशेष। लोक = दुनिया। बैरु = आयु।

अर्थ—कोई गोपी कृष्ण के प्रेम में दिवानी अपनी सखी को समझाती हुई कहती है कि हे सखि! तू रोकने पर भी नहीं रुकती। यदि तेरा कृष्ण के प्रति ऐसा ही लगाव रहा हो घर और बाहर बैर बढ़ जायेगा। नन्दपुत्र कृष्ण जादू के मन्त्र से तो सदा ही पड़ता रहता है, पर तुझे देखकर वह और भी विशेष रूप से पड़ेगा। सारा गोकुल गाँव तेरी हँसी उड़ायेगा और सारी दुनिया तेरी निन्दा करेगी। अब तेरी आयु चढ़ रही है; अर्थात् तू युवती हो रही है, अतः तेरा घर के अन्दर बैठना ही ठीक है; अट्टाली पर चढ़ना ठीक नहीं है, क्योंकि इससे तेरी बदनामी होगी।

विशेष—1. 'बैरिन शब्द का प्रयोग आत्मीयता का सूचक है।

2. 'बैरु चढ़ै', मुहावरे का भावपूर्ण प्रयोग है।

3. अन्तिम पंक्ति में लक्षणा शब्द-शक्ति और असंगति अलंकार का प्रयोग भाववर्धक है।

सवैया

गोरस गाँव ही मैं बिचिबो तचिबौ नहीं नन्द-मुखानल झारन।
गैल गहें चलियै रसखानि तौ पाप बिना डरियै किहि कारन।।
नाहि री ना भट्ट, क्यों करि कै बन पैठत पाइवी लाज सम्हारन।
कुंजनि नन्दकुमार बसै तहाँ मार बसै कचनार की डारन।।218।।

शब्दार्थ—तचिबो = जलना। नन्द-मुखानल-झारन = ननद के मुख की आग की लपटें। गैल = मार्ग। भटू = सखी। मार = कामदेव।

अर्थ—कोई गोपी अपनी सखी से गोरस बेचने के लिए बाहर चलने के लिए कहती है। उसकी बात सुनकर वह सखी कहती है कि हे सखि! मैं गोरस गाँव में ही बेचूँगी, क्योंकि ननद के मुख की आग की लपटों में जलना, ननद की फटकारें सुनना, अच्छा नहीं है। जब मैं बाहर जाती हूँ तो मेरी ननद कृष्ण और मुझे लक्ष्य करके अनेक प्रकार की मर्मान्तक गालियाँ देती है। यह सुनकर वह गोपी कहती है कि हम अपने रास्ते चली जायेंगी। जब तुम्हारे मन में कोई पाप ही नहीं है तो फिर तुम अपने मन में क्यों डरती हो? यह सुनकर फिर सखी कहती है कि सखि! मैं तुम्हारे साथ नहीं चलूँगी, क्योंकि उस ब्रज में घूमने पर जहाँ कृष्ण रहते हैं, किस प्रकार अपनी लाज संभाली जा सकती है। वहाँ कुंजों में तो कृष्ण रहते हैं, और कचनार की डालियों में कामदेव निवास करता है।

कहने का भाव यह है कि उस वन का, जहाँ कृष्ण रहते हैं, वातावरण ही इतना मादक है कि वहाँ पहुँचते ही मन इतना कामपूर्ण हो जाता है फिर उचित-अनुचित का ध्यान ही नहीं रहता। अतः मुझे गाँव से बाहर निकलना उचित नहीं है।

सवैया

बार ही गोरस बेंचि री आजु तू माइ के मूढ़ चढ़ै कत मौंड़ी।
आवत जात ही होइगी साँझ भटू जमुना मतरौंड लौ औंड़ी।
पार गए रसखानि कहै अँखियाँ कहूँ होहिंगी प्रेम कनौड़ी।
राधे बलाइ ल्लौं जाइगी बाज अबै ब्रजराज सनेह की डौंड़ी।।219।।

शब्दार्थ—बार हीं = इस पार ही। मौंड़ी = सखी। मतरौंड़ = मथुरा और वृन्दावन के बीच का एक स्थान। प्रेम कनौड़ी = प्रेम के वशीभूत।

अर्थ—एक गोपी अपनी सखी से कहती है कि हे सखि! आज तू अपना गोरस नदी के इस पार ही बेच ले और नदी के उस पर न जा क्योंकि यमुना पार से मतरौंड तक जाते-आते ही साँझ हो जायेगी। दूसरा कारण यह है कि नदी के उस पार जाने पर आनन्द-सागर कृष्ण मिल जायेंगे, जिन्हें देखते ही न जाने आँखें प्रेम के वशीभूत हो जायें। फिर यह बात राधा तक भी पहुँच जायेगी और सारे ब्रज में कृष्ण की डौंडी पिट जायेगी।

तुलना—'हाय दई न बिसाखी सुनै कछू है जग बाजत नेह की डौंड़ी।'

—घनानन्द

कवित्त

ब्याहीं अनब्याहीं ब्रज माहीं सब चाही तासौं,
दूनी सकुचाहीं दीठि परै न जुन्हैया की।
नेकु मुसकानि रसखानि को बिलोकति ही,
चेरी होति एक बार कुंजनि दिखैया की।
मेरो कह्यौ मानि अन्त मेरो गुन मानिहै री,
प्रात खात जात न सकात सोहैं मैया की।
माई की अटंक तौ लौं सासु की हटक जौ लौं,
देखी ना लटक मेरे दूलह कन्हैया की।। 220।।

शब्दार्थ—जुन्हैया = चाँदनी। चेरी = दासी। हटक = बाधा।

अर्थ—कोई गोपी सखी से कृष्ण की छवि का वर्णन करती हुई कहती है कि ब्रज की जितनी भी विवाहित नारियाँ और अविवाहित युवतियाँ हैं, सब कृष्ण को चाहती हैं उससे प्रेम करती हैं। वैसे वे इतनी लज्जाशील हैं, कि चाँदनी की दृष्टि भी उन पर न पड़ जाये, इसलिए दूने संकोच के साथ वे अपने घर से बाहर निकलती हैं। किन्तु उस यथा कुञ्ज दिखाने वाले कृष्ण की तनिक सी मुस्कारहट को भी देखकर वे तुरन्त उसकी दासी बन जाती हैं। हे सखि! तुम मेरा कहना मानो और अन्त में तुम मेरा अहसान स्वीकार करोगी। तुम्हें अपनी माँ की सौगन्ध है, तुम कभी भी प्रातःकाल बिना खाना खाये बन में न जाना, अन्यथा वहाँ सारे दिन तुम्हें भूखा रहना पड़ेगा। भाई की बाधा और सासु की रुकावट मेरे मार्ग में तब तक ही बनी हुई है, जब तक उन्होंने मेरे प्रिय कृष्ण की छवि को नहीं देखा है; अन्यथा वे स्वयं भी उस छवि पर मुग्ध हों जायेंगी।

सवैया

मो हित तो हित है रसखान छपाकर जानहिं जान अजानहिं।
सोच चबाव चल्यौ चहुँधा चलि री चलि रीखत रोहि निदानहिं।
जो चहियै लहियै भरि चाहि हिये उहियै हित काज कहा नहिं।
जान दे सास रिसान दै नन्दहिं पानि दे मोहि तू कान दै तानहिं।। 221।।

शब्दार्थ—मो हित तो हित है = मेरी भलाई तेरी ही भलाई में है। छपाकर = चन्द्रमा। चबाव = निन्दा। खत = हानि। निदानहिं = अन्त में। जो चाहियै लहियै भरि चाहि = यदि कृष्ण को प्रेमपूर्वक आँख भरकर देखना चाहती है। हित काज = प्रेम के लिए। पानि = हाथ।

अर्थ—कोई गोपी अपनी सखी को शिक्षा देती हुई कहती है कि मेरी भलाई तेरी ही भलाई में है। अर्थात् मैं जो कुछ कह रही हूँ वह सब तेरी ही भलाई के लिए कह रही हूँ। तू चन्द्रमा को जानकर भी अनजान क्यों बनी हुई है; अर्थात् चन्द्रमा भावोद्दीपक है, इस बात को जानकर भी तू कृष्ण से क्यों नहीं मिल रही है। तेरे कलंक

की चर्चा चारों ओर चल रही हैं और इस चर्चा से अन्त में तुझे ही हानि होगी, अतः तू चल कर कृष्ण से मिल। यदि तू कृष्ण को प्रेमपूर्वक आँख भरकर देखना चाहती है तो तुझे सभी प्रकार की निन्दा सहन करनी होगी, क्योंकि प्रेम के लिए क्या कुछ नहीं सहा जाता। अतः तू सास की चिन्ता छोड़, ननद को क्रुद्ध होने दे, मुझे अपना हाथ दे; अर्थात् मेरे ऊपर विश्वास कर और कृष्ण की तानों को सुन; अर्थात् कृष्ण से मिल।

विशेष—1. तृतीय पंक्ति में यमक अलंकार।

2. यह सवैया श्री विश्वनाथ प्रसाद मिश्र द्वारा सम्पादित 'रसखान-ग्रंथावली' में नहीं है।

सवैया

तेरी गलीन मैं जा दिन ते निकसे मन मोहन गोधन गावत।
ये ब्रज लोग सो कौन सी बात चलाइ कै जो नहिं नैन चलावत।
वे रसखानि जो रीझहैं नेकु तौ रीझि कै क्यों न बनाइ रिझावत।
बावरी जौ पै कलंक लग्यौ तो निसंक ह्वै क्यौं नहीं अंक लगावत।। 222।।

शब्दार्थ—गोधन = गोचारण का गीत। अंक = हृदय।

अर्थ—कृष्ण प्रेम से विमुख किसी गोपी को उसकी सखी समझाती हुई कहती है कि जिस दिन से तेरी गली में से श्री कृष्ण गोचारण का गीत गाते हुए निकले हैं, उस दिन से न जाने ब्रज में लोगों न कौन सी बात चला दी है कि तेरे नेत्र ही पटकने बन्द हो गए हैं। यदि आनन्द-सागर कृष्ण तुझ पर तनिक भी रीझ गए हैं तो तू अच्छी प्रकार से रिझाकर उन्हें अपने वश में क्यों नहीं करती; यदि तुझे प्रेम का कलंक लग ही गया है तो निर्भय होकर कृष्ण को अपने हृदय से क्यों नहीं लगाती।

विशेष—1. 'बात' का क्लिष्ट प्रयोग है।

2. अन्तिम पंक्ति में शब्द एवं भाव छटा अनुपम है।

तुलना—

1. 'कौन संकोच रह्यो है निवाज,
जो तू तरसै उनहूँ तरसावत।
बाबरी जो पै कलंक लग्यौ,
नो निसंक ह्वै क्यों नहिं अंक लगावत। —**निवाज**

2. विस्नु बिरंचि बिचारि मनावत,
गावत कीरति मोद पगावत।
बावरी जो पै कलंक लग्यौ,
तो निसंक ह्वै क्यों नहीं अंक लगावत।' —**मोहन**

3. 'होनी हुती सो तो होय चुकी,
इन बातन में अब लाभ कहा है।
लागे कलंकहु अंक नहीं,
तो सखि भूल हमारी महा है।' —**हरिश्चन्द्र**

सवैया

जाहु न कोऊ सखी जमुना जल रोके खड़ो मग नन्द को लाला।
नैन नचाइ चलाइ चितै रसखानि चलावत प्रेम को भाला।
मैं जु गई हुती बैरन बाहर मेरी करी गति टूटि गौ माला।
होरी भई कै हरी भए लाल कै लाल गुलाल पगी ब्रजमाला।। 223।।

शब्दार्थ—मग = मार्ग। नन्द को लाला = कृष्ण।

अर्थ—कोई गोपी अपनी सखी को समझाती हुई कहती है कि हे सखि! किसी को भी यमुना जल भरने नहीं जाना चाहिए, क्योंकि कृष्ण मार्ग रोके हुए खड़ा है। वह अपनी आँखों को नचाकर मन को चंचल बना कर प्रेम का भाला चलाता है। मैं जो बाहर निकल गई तो मेरी उस कृष्ण ने ऐसी दुर्गति की कि मेरे गले की माला भी टूट कर गिर गई। यह होली है या कृष्ण के द्वारा हरण है, क्योंकि सभी ब्रजबालाएँ कृष्ण के गुलाल से लाल हो रही हैं।

सोरठा

अरी अनोखी बाम, तू आई गौने नई।
बाहर धरसि न पाय, है छलिया तुव ताक मैं।। 224।।

शब्दार्थ—अनोखी = सुन्दर। बाम = स्त्री। छलिया = कृष्ण। तुव ताक मैं = तेरी खोज में।

अर्थ—ब्रज में आई किसी नई गोपी को अन्य गोपी चेतावनी देती हुई कहती है कि हे सुन्दर नारी! तू नई-नई गौने में आई है, अतः यहाँ की बातों को नहीं जानती। तू अपने घर से बाहर पैर न रखना, क्योंकि कृष्ण तेरी खोज में है। यदि तू उसे मिल गई तो वह तुझे अपने प्रेम-बन्धन में बाँध लेगा।

संयोग-वर्णन

सवैया

बिहरैं पिय प्यारी सनेह सने छहरैं चुनरी के फवा कहरैं।
सिहरैं नव जोबन रंग अनंग सुभंग अपांगनि की गहरैं।
बहरैं रसखानि नदी रस की लहरैं बनिता कुल हू भहरैं।
कहरैं बिरही जन आतप सों लहरैं लली लाल लिये पहरैं।। 225।।

शब्दार्थ—सनेह सने = प्रेम-पूर्वक। फवा = फुँदने। फहरैं = गिरते हैं। सुभंग = सुन्दर। अपांगिन = नेत्रों की कोरें। कहर = दुखी होते हैं। आतप = विरह दुःख।

अर्थ—कोई गोपी अपनी सखी से राधा-कृष्ण के मिलन का वर्णन करती हुई कहती है कि हे सखि! कृष्ण प्रिया राधा के साथ प्रेमपूर्वक विचरण करते हैं जिसकी चुनरी के फुँदने छहरकर गिरते हैं। सुन्दर नेत्र-कोरों की गंभीरता से उसका नव-यौवन

सिहरता है तथा प्रेम के कारण काम-भावना उत्पन्न होती है। रसखान कहते हैं कि वहाँ पर आनन्द की नदी बहती है जिसके किनारों पर खड़ी ब्रज-बालाएँ काँपती हैं। उसके कारण विरही जनों का विरह दुःख बढ़ता है। और वे उससे दुखी होते हैं तथा कृष्ण राधा के साथ प्रसन्न हो रहे हैं।

विशेष—अनुप्रास अलंकार।

सवैया

सोई हुती पिय की छतियाँ लगि बाल प्रबीन महा मुद मानै।
केस खुले छहरैं बहरैं फहरैं छबि देखत मैन अमानै।
वा रस मैं रसखानि पगी रति रैन जगी अँखियाँ अनुमानै।
चन्द पै बिम्ब औ बिम्ब कैरव कैरव पै मुकता प्रयानै।। 226।।

शब्दार्थ—सोई हुई = सोई हुई थी। मुद = प्रसन्नता। छहरैं = फैले हुए थे। बहरैं फहरैं = बाहर निकलकर हिल रहे थे। मैन = कामदेव। अमानै = अमान्य, तिरस्करणीय। चन्द = चन्द्रमा जैसा मुख। बिम्ब = कुंदरू, आँखों की ललाई। कैरव = कुमुद, आँखों के सफेद कोए। मुकतान = मोतियों के; रात में जागने के कारण आँसुओं के।

अर्थ—कोई गोपी अपनी सखी से अन्य सखी के सुरतान्त का वर्णन करती हुई कहती है कि वह चतुर बाला अत्यन्त प्रसन्नता के साथ अपने प्रियतम की छाती से लगकर सोई हुई थी। उसके खुले हुए केश बाहर निकलकर हिल रहे थे। उसकी शोभा को देखकर कामदेव भी तिरस्करणीय था। प्रिय के साथ आनन्द में डूबी रहकर रात-भर जागने की बात का पता उसकी आँखों से चल रहा था। उसका अलसाया हुआ मुख, लाल आँखें, आँखों के सफेद कोए और रात-भर जागने के कारण जम्भाई के कारण निकले हुए आँसू ऐसे प्रतीत होते थे मानो चन्द्रमा पर बिम्ब, बिम्ब पर कुमुद और कुमुद पर मोती हों।

विशेष—प्रतीप और रूपक अलंकार।

सवैया

अंगनि अंग मिलाइ दोऊ रसखानि रहे लिपटे तरु घाहीं।
संगनि संग अनंग को रंग सुरंग सनी पिय दै गल बाहीं।
बैन ज्यौं मैन सु ऐन सनेह को लूटि रहे रति अन्दर जाहीं।
नीबी गहै कुच कंचन कुम्भ कहै बनिता पिय नाही जु नाहीं।। 227।।

शब्दार्थ—अनंग = कामदेव। रंग = प्रेम। सुरंग = उन्मादक। ऐन = घर।

अर्थ—कोई गोपी अपनी सखी से किसी अन्य गोपी के रस-शृंगार का वर्णन करती हुई कहती है कि वे दोनों वृक्ष की छाया में अपने अंग से अंग मिला रहे थे। वह नायिका उसके साथ कामदेव के उन्मादक प्रेम में डूबकर उसे बाहुपाश में जकड़े हुए थी। उसके वचन कामदेव के घर जान पड़ते थे; अर्थात् उसके वचनों से काम-भावना की अभिव्यक्ति हो रही थी। वे दोनों रति के अन्तर्गत प्रेम की लूट कर

रहे थे। जब उसका प्रिय उसकी नीवी को और कंचन कुच-कुम्भों को ग्रहण करता था तो वह वनिता नहीं-नहीं कर रही थी।

विशेष—अनुप्रास, उपमा, रूपक अलंकार।

तुलना— हाथन सों गहि नीवी कह्यो पिय,
नाहीं तु नाहीं जु नाहीं जु नाहीं।' —हरिश्चन्द्र

सवैया

आज अचानक राधिका रूप-निधान सों भेंट भई बन माहीं।
देखत दीठि परे रसखानि मिले भरि अंक दिये गलबाहीं।
प्रेम-पगी बतियाँ दुहुँ घाँ की दुहुँ कों लगीं अति ही जित चाहीं।
मोहिनी मंत्र बसीकर जन्त्र हटा पिय की तिय की नहिं नाही।। 228।।

शब्दार्थ—रूप-निधान = सौन्दर्य-भण्डार। रसखानि = आनन्द-सागर कृष्ण। अंक = बाहुपाश। प्रेम पगी = प्रेमपूर्ण।

अर्थ—कोई गोपी अपनी सखी से राधा-कृष्ण के मिलन का वर्णन करती हुई कहती है कि हे सखि! आज अचानक बन में राधा और सौन्दर्य-भण्डार कृष्ण की भेंट हो गई। आनन्द-सागर कृष्ण ने उसे देखते ही गलबाहीं देकर बाहुपाश में बाँध लिया। दोनों प्रेम-पूर्ण बातें करने लगे, दोनों के मन में ही मिलन की अत्यन्त प्रबल इच्छा थी। प्रियतम कृष्ण का हा-हा करना यदि मोहिनी मंत्र था तो राधा का 'नहीं नहीं, करना' वशीकरण मन्त्र था।

सवैया

वह सोई हुती परजंक लली लला लोनो सु आह भुजा भरिकै।
अकुलाइ कै चौंकि उठी सु डरी निकरी चहैं अंकनि तें फरिकै।
झटका झटकी मैं फटौ पटुका दर की अंगिया मुकता झरिकै।
मुख बोल कढ़े रिस से रसखानि हटौ जू लला निबिया धरिकै।। 229।।

शब्दार्थ—हुती = थी। परजंक = पर्यंक। अंकनि तें = भुजाओं में से। पटुका = दुपट्टा। दरकी = फट गई। मुकता = मोती।

अर्थ—एक गोपी अपनी सखी से अन्य किसी की सूरत का वर्णन करती हुई कहती है कि वह अपने पलंग पर सोई हुई थी कि कृष्ण ने आकर उसे अपनी भुजाओं में भर लिया। वह आकुल होकर चौंक उठी, डर गई और फड़क कर उसकी गोद से निकलने का प्रयत्न करने लगी। इस झटका-झटकी में उसका दुपट्टा फट गया, चोली भी फट गई और उसमें से मोती टूट कर नीचे गिर पड़े। रसखान कहते हैं, तब उसने क्रोधपूर्वक कृष्ण से कहा कि हे कृष्ण! दूर हट जाओ, मेरी नीवी धड़क रही है।

विशेष—अनुभावों का सजीव एवं स्वाभाविक वर्णन है।

सवैया

अँखियाँ अँखियाँ सों सकाइ मिलाइ हिलाइ रिझाइ हियो हरिबो।
बतिया चित चोरन चेटक सी रस चारु चरित्रन ऊचिरबो।।
रसखानि के प्रान सुधा भरिबो अधरान पै त्यौं अधरा धरिबो।
इतने सब मैन के मोहिनी जन्त्र पै मन्त्र वसीकर सो करिबौ।।230।।

शब्दार्थ—सकाइ = संकोचपूर्ण। चेटक = जादू। चारु = सुन्दर। ऊचरिबो = उच्चरित करना, कटना। बसीकरण = वशीकरण। सी = सी-सी की ध्वनि।

अर्थ—कोई गोपी अपनी सखी से अन्य सखी के सुख शृंगार का वर्णन करती हुई कहती है कि उसके संकोचपूर्ण अपने प्रियतम की आँखों से अपनी आँखें मिलाकर; गर्दन हिलाकर और उसके द्वारा अपने प्रिय को रिझाकर उसका हृदय अपने वश में कर लिया। चित्त को चुराने वाले चोरों की-सी जादू-भरी बातें करके उसने रमणीय आनन्द दिया। अपने प्रिय के अधरों पर अपने अधर रखकर उसने उसके प्राणों में अमृत उड़ेल दिया। इतने सारे मोहने वाले कामदेव के मन्त्रों को अपनाकर भी उसने सी-सी ध्वनि करके अपने करसे प्रिय पर वशीकरण मन्त्र डाल दिया।

विशेष—यमक, उपमा अलंकार।

सवैया

बागन का को जाओ पिया, बैठी ही बाग लगाभ दिखाऊँ।
एड़ी अनाकर सी मौरि रही, बरियाँ दोउ चम्पे की डार नवाऊँ।।
छातनि मैं रस के निबुआ अरु घूँघट खोलि कै दाख चखाऊँ।
टाँगन के रस चसके रति फूलनि की रसखानि लूटाऊँ।।231।।

शब्दार्थ—मौरि रही = फूल रही है। दाख = द्राक्षा, छुहारा। टाँगन = पैर।

अर्थ—कोई नायिका नायक से कह रही है हे प्रियतम! तुम बाग में क्यों जाते हो? मैं घर बैठे हो तुम्हें बाग लगाकर दिखा सकती हूँ। मेरी ऐड़ियाँ पनार की भाँति फूल रही हैं, मानो ये ही अनार हैं। दोनों बाँहें ही मानो चम्पे की डालें हैं। छाती में उभरे हुए स्तन ही मानो रस-भरे नींबू हैं। मैं घूँघट खोलकर तुम्हें द्राक्षा चखा सकती हूँ, अर्थात् मेरे अधरों के चुम्बन में द्राक्षा का आनन्द भरा हुआ है। रसखान कहते हैं कि जंगरूपी छुहारों का रस तुम्हें चखा सकती हूँ और प्रेम की कलियाँ तुम पर लुटा सकती हूँ।

विशेष—वर्णन में काव्यात्मकता कम है और सांगरूपक की संयोजना का प्रयत्न अधिक है।

वियोग-वर्णन

सवैया

फूलत फूल सवै बन बागन बोलत मौर बसंत के आवत।
कोयल की किलकारी सुनै सब कंत बिदेहन तें सब धावत।

ऐसे कठोर महा रसखान जु नेकुह मोरी ये पीर न पावत।
हक ही सालत है हिय में जब बैरिन कोयल कूक सुनावत।। 232।।

शब्दार्थ—कंत = प्रियतमा। हक = बरछी।

अर्थ—कोई गोपी अपनी सखी से कहती है कि सारे बागों में फूल खिल गए हैं। बसंत के आगमन के कारण भौंरे उन पर गूँज रहे हैं। कोयल की कू-कू सुनकर सबके प्रियतम कृष्ण इतने कठोर हैं कि मेरी विरह वेदना की तनिक भी चिन्ता नहीं करते। जब कोयल बोलती है तो उसकी कूक हृदय में बरछी के समान लगती है।'

विशेष—1. उपमा अलंकार।

2. परम्परागत वर्णन।

3. यह सवैया श्री विश्वनाथ प्रसाद मिश्र द्वारा सम्पादित 'रसखान-ग्रंथावली' में नहीं है।

सवैया

रसखान सुनाह वियोग के ताप मलीन महा दुति देह तिया की।
पंकज सौ मुख गौ मुरझाय लगी लपटैं बरै स्वाँस हिया की।
ऐसे में आवत कान्ह सुने हुलसै सुतनी तरकी अंगिया की।
यों जन जोति उठी तन की उकसाय दई मनौ बाती दिया की।। 233।।

शब्दार्थ—सुनाह = प्रियतम। ताप = दुःख। पंकज = कमज। बरै = जलने लगी। हुलसै = प्रसन्न हुई। सुतनी = दृढ़ डोर।

अर्थ—कोई गोपी अपनी सखी से किसी अन्य विरहणी गोपी के विषय में कह रही है। वह गोपी अपने प्रियतम के वियोग-दुःख से इतनी दुखी हुई थी कि उसके शरीर की शोभा मंद पड़ गई थी। उसका कमल-जैसा मुख भी मुरझा गया था। उसके हृदय की साँसें लपट बनकर जलने लगी थीं। इसी बीच उसने अपने प्रियतम के आगमन की खबर सुनी। वह इतनी प्रसन्न हुई कि उसकी कंचुकी की दृढ़ डोर भी कसमसाने लगी। उसका शरीर इस प्रकार शोभायुक्त हो उठा, मानो दीपक की बत्ती को उकसा दिया गया हो।

विशेष—1. उपमा, उत्प्रेक्षा, समाधि अलंकार।

2. सवैया 200 में भी यही उत्प्रेक्षा है।

2. यह सवैया श्री विश्वनाथ प्रसाद मिश्र द्वारा सम्पादित 'रसखान-ग्रंथावली' में नहीं है।

सवैया

बिरहा की जू आँच लगी तन में तब जाय परी जमुना जल में।
बिरहानल तैं जल सूखि गयौ मछली वहीं छाँड़ि गई तल में।।
जब रेत फटी रु पताल गई तब सेस जर्‌यौ धरती-तल में।
रसखान तबै इहि आँच मिटे तब आय कै स्याम लगैं गल में।। 234।।

शब्दार्थ—विरहानल = वियोग की आग। धरती-तल = पाताल लोक। आंच मिटै = दुःख दूर होगा, ज्वाला शान्त होगी।

अर्थ—कोई गोपी अपनी सखी से अन्य विरहणी गोपी का वियोग-दुःख का वर्णन करती हुई कहती है जब उसके शरीर में वियोग-दुःख की आग बढ़ गई तो वह उसे शान्त करने के लिए यमुना में कूद गई। तब विरह की आग के कारण यमुना का जल सूख गया और मछलियाँ जल के अभाव के कारण यमुना के तल में बैठ गईं। उस आग के कारण जब यमुना का जल अत्यन्त गर्म हो गया। तो उसकी गरमी से पाताल-लोक में स्थित शेषनाग भी जलने लगा। रसखान कहते हैं कि यह ज्वाला तभी शान्त हो सकती है जब कृष्ण उसके गले से आकर लगेंगे।

विशेष—1. ऊहात्मकता के कारण भाव-शून्यता।

2. यह सवैया श्री विश्वनाथप्रसाद मिश्र द्वारा सम्पादित 'रसखान-ग्रंथावली' में नहीं है।

तुलना— 'प्यारी कौं परसि पौन गयो मानसर पँह,
लागत ही पौरे गति भई मानसर की।
जलचर जरे औ सिवार जरि छार भयौ,
जल जरि गयौ पंक सूख्यौ भूमि दरकी।' —**गंग कवि**

सवैया

बाल गुलाब के नीर उसीर सों पीर न जाइ हियैं, जिन ढारी।
कंज की माल करौ जू बिछावत होत कहा पुनि चंदन गारौ।
एते इलाज बिकाज करौं रसखानि कों काहे कों जारे पै जारौ।
चाहत हौ जु छिवायौ भटू तौ दिखाबौं बड़ी बड़ी आँखनवारो।।235।।

शब्दार्थ—गुलाब के नीर = गुलाब जल। उसीर = खस। गारौ = लेप। बिकाज = व्यर्थ। भटू = सखी।

अर्थ—कोई विरह-व्याकुल गोपी अपनी सखी से कहती है कि हे सखि! यदि मेरे हृदय में गुलाबजल और खस छिड़कना बेकार है। कंजमाला का बिछावन करने से तथा चंदन का लेप करने से भी कोई लाभ नहीं है। ये सारे उपचार व्यर्थ हैं, वरन् ये तो मेरी जलन को और अधिक बढ़ाते हैं। हे सखि! यदि तुम मुझे जीवित रखना चाहती हो तो मुझे विशाल नेत्र वाले कृष्ण का दर्शन करा दो।

विशेष—वर्णन परम्परागत।

सवैया

काह कहूँ रतियाँ की कथा बतियाँ कहि आवत है न कछू री।
आइ गोपाल लियौ भरि अंक कियौ मनभायौ पियौ रस कू री।
ताहि दिना सों गड़ी अंखियाँ रसखानि मेरे अंग अंग मैं पूरी।
पै न दिखाई परै अब बाबरी दै कै बियोग बिथा मजूरी।।236।।

शब्दार्थ—रतियाँ की = रात को। अंक = गोद।

अर्थ—कोई गोपी अपनी सखी से अपनी विरह व्यथा का वर्णन करती हुई कहती है कि हे सखि! मैं रात की बातें तुमसे क्या कहूँ? वे बातें तो कहने में ही नहीं आतीं। कृष्ण ने मुझे अपनी गोद में भर लिया, उसने अपनी मनोकामना पूरी की, और रस का पान किया। उसी दिन से उस आनन्द-सागर की आँखें पूर्णतया मेरे अंग-अंग में गड़ी हुई हैं; अर्थात् मैं उनकी शोभा को तनिक देर के लिए भी नहीं भूल पाती। किन्तु हे सखि! वियोग-व्यथा को मजदूर रूप में देकर कृष्ण अब दिखाई नहीं पड़ता।

विशेष—1. परम्परागत वर्णन है।

2. 'बाबरी' शब्द आत्मीयता का सूचक है।

कवित्त

काह कहूँ सजनी संग की रजनी नित बीतै मुकुन्द कोंटे री।
आवन रोज कहैं मनभावन आवन की न कबौ करी फेरी।
सौतिन-भाग बढ़्यौ ब्रज मैं जिन लूटत हैं निसि रंग घनेरी।
मो रसखानि लिखी बिधना मन मारिकै आयु बनी हौं अहेरी।। 237 ।।

शब्दार्थ—मुकुन्द = कृष्ण। रंग = आनन्द। बिधना = ब्रह्मा। अहेरी = शिकारी।

अर्थ—कोई गोपी अपनी सखी से सपत्नी-भाव को प्रकट करती हुई कहती है कि हे सजनी! मैं तुमसे अपनी व्यथा किस प्रकार प्रकट करूँ? सारी रात कृष्ण की बाट देखते-देखते ही बीत जाती है। मनभावन कृष्ण रोजाना मेरे पास आने को कहते हैं, लेकिन उनकी मेरे यहाँ आने की कभी बारी ही नहीं आती। आजकल तो ब्रज में वह सौत भाग्यशाली हैं जो कृष्ण के साथ रात को अत्यधिक आनन्द का भोग करती हैं। रसखान कहते हैं कि मेरे भाग्य में तो ब्रह्मा ने यही लिखा है कि मैं अपने आप को मारने के लिए स्वयं ही अपनी शिकारी बनी हुई हैं।

सवैया

आये कहा करि कै कहिए वृषमान लली सों लला दृग जोरत।
ता दिन तें अँसुवान की धार रुकी नहीं जद्यपि लोग निहोरत।
बेगि चलो रसखान बलाइ लौं क्यों अभिमानन भौंह मरोरत।
प्यारे! सुन्दर होय न प्यारी अबै पल अधिक में ब्रज बोरत।। 238 ।।

शब्दार्थ—निहोरत = समझते हैं। बलाइ लौं = बलैया लेती हूँ। पुरन्दर = इन्द्र। पल आधिक में = एक आध पल में। बोरत = डुबोना।

अर्थ—राधा की कोई सखी कृष्ण को समझाती हुई कहती है कि हे कृष्ण! तुम यह तो बताओ कि राधा से अपनी आँखें मिलाकर तुम उस पर क्या जादू कर आये हो, क्योंकि उसी दिन से उसकी आँसुओं की धारा रुकी नहीं है, यद्यपि लोग उसे बहुत समझाते हैं। हे आनन्द-सागर कृष्ण! जल्दी चलो, मैं तुम्हारी बलैया लेती हूँ, क्योंकि

अभिमान करके तुम रुक रहे हो! हे प्यारे! यदि तुम नहीं चले तो विरहिणी राधा अपने आँसुओं में एक-आध पल में ही इन्द्र बनकर सारे ब्रज को डुबो देगी।

विशेष—1. एक बार इन्द्र ने ब्रज-वासियों से रुष्ट होकर समूचे ब्रजको डुबो देने का संकल्प किया और मूसलाधार वर्षा शुरू कर दी तब कृष्ण ने गोवर्धन पर्वत उठाकर ब्रज की रक्षा की। इस सवैया की अंतिम पंक्ति में इस कथा की ओर संकेत है।

2. 'पुरन्दर होय न प्यारी' का एक अर्थ यह भी हो सकता है—

राधा को इन्द्र मत समझो, क्योंकि इन्द्र से तो तुमने गोवर्धन उठाकर ब्रज की रक्षा कर ली थी, पर राधा से किस प्रकार भी उसे नहीं बचा पाओगे।

3. श्री विश्वनाथप्रसाद मिश्र द्वारा सम्पादित 'रसखान-ग्रंथावली' में यह सवैया नहीं है।

तुलना— 1. 'सखी इन नैननि तैं धन हारे।
बिनहीं रितु बरषत निति बासर, सदा मलिन दोउ तारे।
ऊरध स्वास समीर तेज अति, सुख अनेक द्रुम डारो।
वदन सदन कहि बसे बचन-खग, दुख पावस के मारे।
दुरि दुरि बूँद परत कंचुकि पर मिलि अंजन सौं कारे।
मानौ परनकुटी सिव कन्हीं, बिबि मूरति धरि न्यारे।
घुमरि घुमरि बरसत जल छाँडत, डर लागत अंधियारे।
बूड़त ब्रजहिं सूर को राखै, बिनु गिरवरधर प्यारे।।'

—सूरदास

2. 'कहु रहीम उत जाय कै, गिरधारी सों टेरि।
अब दृग जल भरि राधिका, जहिं डुबावत फेरि।। —रहीम

3. 'लाड़िली के अँसुवान को सागर,
बाढ़त जात मनो नभ छवे है।
बात कहा कहिए ब्रज की अब,
बूड़ौई ह्वै है कि बूढ़त ह्वै है।।' —रघुनाथ

4. 'जानि ब्रज बूड़त जू होते गिरिधारी तौ पे,
ब्रज में बढ़ौते दुख-सीते कहो काहे के।'

—द्विजदेव

सवैया

गोकुल के बिछुरे को सखी दुख प्रान ते नेकु गयौ नहीं काढ्यौ।
सो फिर कोस हजार तें आय कै रूप दिखाय दधे पर दाध्यौ।
सो फिर द्वारिका ओर चले रसखान है सोच यहै जिय गाढ्यौ।
कौन उपाय किये करि है ब्रज में बिरहा कुरुक्षेत्र को बाढ्यौ।। 239।।

शब्दार्थ—गोकुल के बिछुरे को = गोकुल गाँव त्यागने का। दझे पर दाध्यौ = जले हुए को और जलाया। कुरुक्षेत्र को बाढ्यौ = कुरुक्षेत्र में दिये गये दान के समान

बढ़ता ही जाता है (पुराणों में बताया गया है कि कुरुक्षेत्र में किया गया दान आदि 13 दिन तक प्रतिदिन 13 गुनी वृद्धि को प्राप्त करता है)।

अर्थ—कोई गोपी अपनी सखी से कहती है कि हे सखि! अभी तक गोकुल गाँव से बिछुड़ने का दुःख ही अपने मन से नहीं निकाला गया था कि बहुत दूर से कृष्ण ने आकर अपना सौन्दर्य दिखाकर हमें जले हुओं को और जलाया, अपने प्रेम-पाश में बाँधकर वे फिर द्वारिका को चले गये। हमारे मन में अब यही दुःख है कि ब्रज में कुरुक्षेत्र में दिये गये दान के समान नित्यप्रति बढ़ते हुए इस विरह दुःख को मिटाया जा सकता है।

विशेष—1. रूपक अलंकार।

2. यह सवैया श्री विश्वनाथ प्रसाद मिश्र द्वारा सम्पादित रसखान ग्रंथावली में नहीं है।

तुलना— बिरह भरेयौ कर आँगन कोने।
दिन दिन बाढ़त जात सखी री, ज्यों कुरुखेत के डारे सोने।।'

—सूरदास

सवैया

गोकुल नाथ बियोग प्रलै जिमि गोपिन नंद जसोमति जू पर।
बाहि गयौ अँसुवान प्रवाह भयौ जल में ब्रजलोक तिहू पर।।
तीरथराज सी राधिका सु तो रसखान मनौं ब्रज भू पर।
पूरन ब्रह्म है ध्यान रह्यौ पिय औधि अखैबट पात के ऊपर।। 240।।

शब्दार्थ—प्रलै = प्रलय,। तीरथराज = प्रयाग, प्रयाग के समान पवित्र। औधि = अवधि। अखैबट = अक्षयबट; इस वृक्ष का प्रलयकाल में भी नाश नहीं होता।

अर्थ—कोई गोपी अपनी सखी से कहती है कि कृष्ण के वियोग का दुःख गोपियों, नन्द और यशोदा पर प्रलय का रूप धारण कर चुका है। इनके वियोगजन्य आँसुओं के प्रवाह में ब्रजलोक जल में बह गया है। प्रयाग के समान पवित्र राधा के प्राण ही समूचे ब्रज में इस धरती पर बच पाये हैं और वह भी इसलिए कि वह अपने पूर्ण ब्रह्म प्रियतम के ध्यान में उनके आगमन की अवधि भी गिनती हुई अक्षयवृक्ष के पत्तों पर चढ़ गई है।

विशेष—1. उपमा, अतिशयोक्ति अलंकार।

2. ऊहात्माक्ता के कारण भावों का क्षति।

3. यह सवैया श्री विश्वनाथप्रसाद मिश्र द्वारा सम्पादित 'रसखान-ग्रंथावली' में नहीं है।

सवैया

ए सजनी जब तें मैं सुनी मथुरा नगरी बरषा रितु आई।
लै रसखान सनेह की ताननि कोकिल मोर मलार मचाई।
साँझ तें भोर लौं भोर तें साँझ लौं गोपिन चातक ज्यौं रट लाई।
एरी सखी कहिये तो कहाँ लगि बैरं अहीर ने पीर न पाई।। 241।।

शब्दार्थ—सनेह कीताननि = प्रेमपूर्ण स्वरों में। साँझ ते भोर लौं भोर ते साँझ लौं = सन्ध्याकाल से प्रातःकाल तक और प्रातःकाल से सन्ध्याकाल तक। कहाँ लगि = कहाँ तक। बैरी = शत्रु। आत्मीयता = सूचक सम्बोधन। पीर न पाई = पीड़ा का अनुभव नहीं हुआ।

अर्थ—कोई गोपी अपनी सखी से कहती है कि हे सजनी! जब से मैंने यह सुना है कि मथुरा नगरी में वर्षा ऋतु आ गई है और कोयल तथा मोर प्रेम के स्वरों में बोलने लगे हैं, तब से हर समय गोपियाँ चातक की भाँति पी-पी पुकार रही हैं। लेकिन हे सखि! यह तो बताओ कि उस बैरी अहीर को (कृष्ण को) इन गोपियों की विरह-वेदना का कहाँ तक अनुभव हुआ है; वह तो अत्यन्त निष्ठुर और पाषाण-हृदय है।

विशेष—1. प्रकृति का उद्दीपन रूप में परम्परागत वर्णन।

2. उपमा अलंकार।

3. यह सवैया श्री विश्वनाथप्रसाद मिश्र द्वारा सम्पादित 'रसखान-ग्रंथावली' में नहीं है।

सवैया

मग हेरत धू धरे नैन भए रसना रट वा गुन गावन की।
अंगुरी-गनि हार थकी सजनी सगुनौती चलै नहि पावन की।
पथिकौ कोऊ ऐसाजु नाहिं कहै सुधि है रसखान के आवन की।
मनभावन आवन सावन में कही औधि करी डग बावन की।।242।।

शब्दार्थ—मग हेरत = रास्ता देखते हुए। धूधरे = धुँधले। रसना = जीभ। सगुनौती = शुभ शकुन। औधि = आने की अवधि। डग बाबन की = वामनावतार के डगों की भाँति निरन्तर बढ़ती हुई।

अर्थ—कोई गोपी अपनी सखी से अपनी विरहावस्था का वर्णन करती हुई कहती है कि हे सखि! अपने प्रियतम कृष्ण का रास्ता देखते हुए मेरे नेत्र धुँधले पड़ गये हैं; उसके गुणों का गान करती-करती जीभ थक गई है। उसके आने के दिनों को गिनती-गिनती अँगुलियाँ थक गई हैं, लेकिन उनके आने का कोई भी शुभ शकुन प्राप्त नहीं होता। कोई भी ऐसा पथिक नहीं आता जो कृष्ण के आगमन का समाचार दे। कृष्ण सावन के महीने में आने की कह गये थे, पर अभी तक नहीं आये। उनके आने की अवधि तो वामनातार की तरह निरन्तर बढ़ती ही जा रही है।

विशेष—1. उपमा अलंकार।

2. विरह का परम्परागत वर्णन।

3. यह सवैया श्री विश्वनाथप्रसाद मिश्र द्वारा सम्पादित 'रसखान ग्रंथावली' में नहीं है।

तुलना— 1. 'बीती औधि आवक की लाल मनभावन की'
डग भई बाबन की सावन की रतियाँ।' —**सेनाहति**

2. 'बावन को डग यौ बिरहा जु अहो मन भावन सावन आयौ।
—**अज्ञात**

सपत्नी-भाव

सवैया

वा रसखानि गुनौं सुनि के हियरा अत टूक ह्वै फाटि गयौ है।
जानति हैं न कछू हम ह्याँ उनवाँ पढ़ि मंत्र कहा धौं दयौ है।
साँची कहैं जिय मैं निज जानि कै जानति हैं जस जैसो लयौ है।
लोग लुगाई सबै ब्रज माँहि कहैं हरि चेरी को चेरो भयो है।। 243।।

शब्दार्थ—गुनौं = गुणों को। सत = सों। कहा धौं = न जाने क्या। जस = यश। चेरी को = दासी कुब्जा का। चेरो = सेवक।

अर्थ—गोपियाँ कुब्जा के प्रति ईर्ष्या भाव दिखाती हुई उद्धव से कहती हैं कि हे उद्धव! उस आनन्द-सागर कृष्ण के गुणों को सुनकर हमारा हृदय सौ-सौ टुकड़े होकर फट गया है। हम नहीं जानतीं कि कौन-सा मंत्र पढ़कर कुब्जा ने कृष्ण पर चला दिया है। हम अपने मन में विचार कर वह बात सत्य कहती हैं और जानती हैं कि कृष्ण ने इस प्रकार से कितना यश प्राप्त किया है? अर्थात् वे बहुत बदनाम हो गए हैं, क्योंकि ब्रज के सब नर-नारी यह कहते हैं कि कृष्ण कुब्जा दासी के दास बन गये हैं।

विशेष—काकुवक्रोक्ति अलंकार।

सवैया

जानै कहा हम मूढ़ सवै समझीन तबै जबहीं बनि आई।
सोचत हैं मन ही मन मैं अब कीजै कस बनियाँ जुगँवाई।।
नीचो भयौ ब्रज को सब सीस मलीन भई रसखानि दुहाई।
चेरी को चेटक देखहु ही हाई चेरो कियौ धौं कहा पढ़ि माई।। 244।।

शब्दार्थ—जबही बनिह आई = अवसर था। चेर को = कुब्जा को। चेटक = जादू।

अर्थ—गोपियाँ उद्धव के निर्गुण ब्रह्म के उपदेश को सुनकर बहुत दुखी होती हैं और परस्पर कहती हैं कि हम मूर्ख कुछ भी नहीं जानतीं, इसलिए जब अवसर था तभी हम अपने कर्त्तव्य को नहीं समझ सकीं, अर्थात् जब कृष्ण ब्रज छोड़कर जा रहे थे, तभी उन्हें रोक लेना था। अब मन ही मन यह सोचती हैं कि जो बातें हो चुकीं, उसके विषय में कुछ कहना-सुनना व्यर्थ है। इस घटना से सारे ब्रजवासियों का सिर झुक गया और सारी प्रार्थनाएँ व्यर्थ सिद्ध हो गईं। हे सखि! इस कुब्जा का जादू तो देखो जिससे उसने कृष्ण को अपना दास बना लिया है। ना जाने वह जादू उसने कहाँ पढ़ा है।

सवैया

काइ सौं माई वह करियै सहियै सोई जो रसखान सहावैं।
नेय कहा जब और कियौं तब नाचियै सोई जौ नचावैं।
चाहत है हम और कहा सखि क्यों हू कहू पिय देखन पावैं।
चेरियै सौं जगुपाल रच्यौ तौं भली ही सबै मिलि चेरी कहावैं।। 245।।

शब्दार्थ—नेम = नियम। रूपौ = अनुरूप हो गया।

अर्थ—गोपियाँ परस्पर कहती हैं कि हे सखि! किससे अपने मन की व्यथा कहें। आनन्द-सागर कृष्ण ने जो दुःख दिया है, अब तो उसे सहन करने के अतिरिक्त और कोई सहारा नहीं है। जब कृष्ण से प्रेम किया है तो फिर नियम आदि का स्थान भी क्या रह गया है। जिस प्रकार वह नचाये उसी प्रकार नाचना होगा। हे सखि! हम और कुछ नहीं चाहतीं। हम तो केवल यही चाहती हैं कि जिस प्रकार कृष्ण के दर्शन कर सकें। यदि कृष्ण दासी के वश में ही होते हैं (क्योंकि वे कुब्जा के वश में हो गये हैं,) तो चलो और सब मिलकर उनकी दास बन जाओ।

तुलना— 1. 'चेरी ही सों पै रुकि वही बढ़ी है तो तो,
आओ ब्रजनाथ ब्रज हम सब चेरी हैं।' —**नाथ**

2. 'दासी सों जो साँवरी उद्धव तो हमहूँ चलदासी बनेंगी।'
—**रसनायक**

सवैया

भेती जू पें कुबरी ह्याँ सखी भरी लातन मूका बकोटती लेती।
लेती निकारि हिये की सबै नक छेदि कौड़ी पिराइ कै देती।।
देती नचाइ कै नाच वा राँड कौं लाल रिझावन को फल सेती।
सेती सदाँ रसखानि लियें कुबरी के करेजनि सूलसी भेती।। 246।।

शब्दार्थ—भेती = होती। बकोटती लेती = चोंट लेती।

अर्थ—कुब्जा के प्रति आक्रोश दिखाती हुई कोई गोपी अपनी सखिसे कहती है कि हे सखि! यदि यहाँ पर वह कुब्जा होती तो लात-घूँसे मारकर उसे ठीक कर देती। अपने हृदय का सारा गुस्सा लेती और उसकी नाक को छेद कर उसमें कौड़ी पहना देती। उस राँड़ को मैं नाच-नचा देती और कृष्ण को रिझाने का फल देती। इस प्रकार मैं सदैव आनन्द-सागर कृष्ण की सेवा करती जिससे कुब्जा के हृदय में मैं सदैव काँटे की भाँति कसकती रहती।

विशेष—1. मुक्त पदग्रहण यमक।

2. नारी-मन के आक्रोश का स्थान का स्वाभ्राविक चित्रण।

तुलना— 'नीच जाति लौंडो जाकों बेसर सों काम कहा,
दोऊ ओर छेद नाक कौड़ी एक डारती।
दाँतनि सों काटि काटि लातत सों मारि मारि,
कुब्जा कौ कूबरौ करैजौ हौं निकारती। —**अज्ञात**

कुबलियापीड़-वध

सवैया

कंस के क्रोध की फैलि रही सिगरे ब्रजमंडल माँझ फुकार सी।
आइ गए कछनी कछिकै तबहीं नट-नागरे नंद कुमार-सी।।

द्वैरद को रद खैंचि लियौ रसखान हिये माहि लाई विमार-सी।
लीनी कुठौर लगी लखि तोरि कलंक तमाल तें कीरति-डार सी।। 247।।

शब्दार्थ—फुकार = फुफकार। द्वरद = हाथी, कुबलिया पीड़। रद = दाँत।

अर्थ—इस सवैया में कवि कुबलयापीड़ के वध का वर्णन करता हुआ कहता है कि कंस के क्रोध की आग सारे ब्रज में फुफकार की तरह फैल रही थी और उसने कृष्ण को मरवाने के लिए कुबलयापीड़ से उनका युद्ध निश्चित कर दिया था। उससे युद्ध करने के लिए कृष्ण काछनी बाँध कर आ गये। रसखान कहते हैं कि उन्होंने अपने मन में विचार करके उस हाथी का दाँत लिया और उन्होंने उसे तमाल की डाली की भाँति तोड़ दिया। कृष्ण का यह कार्य ऐसा प्रतीत हुआ, मानो उन्होंने कलंकरूपी तमाल वृक्ष जैसे तुच्छ स्थान पर लगी कीर्तिरूपी शाखा को तोड़ दिया हो।

विशेष—उत्प्रेक्षा अलंकार।

पाठान्तर—'इस सवैया की तृतीय पंक्ति का यह रूप भी मिलता है।
'रद्ध दुरद्ध को ऐंच लियौ रसखान यहै, मन आड़ विचार सी।'

उद्धव-उपदेश

सवैया

जोग सिखावत आवत है वह कौन कहावत को है कहाँ को।
जानति हैं बर नागर है पर नेकहु भेद लख्यौ नहिं ह्यॉं को।
जानति ना हम और कछू मुख देखि जियै नित नन्दलला को।
जात नहीं रसखानि हमैं तजि राखनहारी है मोरपखा को।। 248।।

शब्दार्थ—वर = श्रेष्ठ। नन्दलला = कृष्ण।

अर्थ—निर्गुण ब्रह्म का उपदेश देने के लिये आये हुए उद्धव को देखकर गोपियाँ परस्पर कहती हैं कि योग की शिक्षा देता हुआ जो व्यक्ति आ रहा है यह कौन है? उसका नाम क्या है? कहाँ वह रहता है? यद्यपि हम जानती हैं कि वह कोई श्रेष्ठ आदमी है, तथापि इसका हमको तनिक भी भेद (परिचय) ज्ञान नहीं है। यह चाहे कितना भी योगोपदेश करे, पर हम तो इसके अतिरिक्त और कुछ नहीं जानतीं कि हम नित्य कृष्ण के दर्शन करके ही जीवित रहती हैं, रसखान कहते हैं कि कृष्ण हमसे नहीं त्यागे जाते, क्योंकि वे मोर मुकुटधारी कृष्ण ही हमारे रक्षक हैं।

सवैया

अंजन मंजन त्यागौ अली अंग धारि भभूत करौ अनुरागै।
आपुन भाग कर्‌यौ सजनी इन बावरे ऊधो जू को कहाँ लागै।
चाहै सो और सबै करियै जू कहै रसखान सयानप आगै।
जो मन मोहन ऐसी बसी तो सबै री कहौ मुय गोरस जागै।। 249।।

शब्दार्थ—अंजन मंजन = शृंगार। करौ अनुरागै = प्रेम करो। सयानप = चतुराई। गोरख जागै = गौरख पंथी 'गोरख जागै' का नाद किया करते हैं।

अर्थ—गोपियाँ उद्धव के उपदेश का परिहास करती हुई कहती हैं कि हे सखि! अब शृंगार करना छोड़ दो और भस्म से प्रेम करके उसे ही अपने अंगों पर धारण करो। हे सजनी! जब हमारे भाग्य में कृष्ण की प्रीति लिखी हुई है तो इस पागल उद्धव को क्यों ईर्ष्या होती है। इस चतुराई के आगे और चाहे हम कुछ भी कर लें, पर जब हमारे हृदय में कृष्ण बसा हुआ है तो उसकी प्रीति हमसे नहीं छूट सकती। इस पर भी यह उद्धव कहता है कि हम सब कृष्ण की प्रीति छोड़ कर 'गोरख-जागै' का नाद करती रहें।

विशेष—यह सवैया श्री विश्वनाथप्रसाद मिश्र द्वारा सम्पादित 'रसखान-ग्रंथावली' में नहीं है।

सवैया

लाज के लेप चढ़ाइ कै अंग पची सब सीख को मन्त्र सुनाइ कै।
गारुड़ ह्वै ब्रज लोग भक्यौ करि औषद बेसक सौहैं दिखाइ कै।।
ऊधौ सौं रसखानि कहै लिन चित्त धरौ तुम एते उधाइ कै।
कारे बिसारे को चाहैं उतर्‌यौ अरे बिख बाबरे राख लगाइ कैं।। 250।।

शब्दार्थ—पची = कोशिश की। गारुड़ = साँप का विष उतारने वाला। बेसक = उत्तमोत्तम। कारे = कृष्ण को। बिख = विष।

अर्थ—उद्धव से निर्गुण ब्रह्म का उपदेश सुनकर गोपियाँ उससे कहती हैं कि हे उद्धव! हम सब ने लाज का लेप अपने अंगों पर लगाने की कोशिश की, सभी प्रकार के मंत्र सुनाये, ब्रज के लोग गारुड़ बनकर भी थक गये, सौगन्ध दिला कर उत्तमोत्तम औषधियाँ खाईं, पर इतने उपाय करने पर भी हमारा कृष्ण प्रेमरूपी विष नहीं उतर सका; अर्थात् हम कृष्ण को नहीं छोड़ सकीं। हे कारे (उद्धव)! तुम उसी विषैले नाग रूपी कृष्ण का विष योग भस्म से उतारना चाहते हो।

कहने का भाव यह है कि जब इतने अधिक उपाय करने पर भी हम कृष्ण प्रेम से वियुक्त नहीं हुईं तो तुम्हारा योगोपदेश भी यहाँ पर कोई कार्य नहीं करेगा।

तुलना—1. सांवरे साँप डसी हैं सबै तिन्हैं ज्ञान सों मूढ़ि उतारै कहा बिस'

—ब्रजनिधि

2. 'स्याम वियोग तैं उद्धव जू छतियाँ फटी ता में मयूष भरो जु।'

—सोमनाथ

सवैया

सार की सारी सो पारीं लगै धरिबे कहै सीस बघम्बर पैया।
हाँसी सो दासी सिखाई लई है बेई जु बेई रसखानि कन्हैया।
जोग गयौ कुबजा की कलानि मैं री कब ऐहै जसोमति मैया।
हाहा न ऊधौ कुढ़ाऔ हमें अब हीं कहि दै ब्रज बाजे बधैया।। 251।।

शब्दार्थ—सार = लोहा। बघम्बर = बाघ की खाल। पैया = पाया हुआ।

अर्थ—उद्धव का निर्गुण गुरु का उपदेश सुनकर गोपियाँ उससे कहती हैं कि हे उद्धव! तुम हमें सीस पर बाघम्बर धारण करने को कहते हो, पर वह बाघम्बर हमें लोटे की साड़ी से भी नारी लगता है। जिसने हँसी-हँसी में कुब्जा को अपने वश में कर लिया है, वे ही—केवल वे ही हमारे आनन्द-सागर कृष्ण हैं। तुम्हारा योग तो कुब्जा की चतुरता से दब गया। हे उद्धव! हमें बहुत दुःख है। तुम हमें अधिक दुखी न करो। हम अभी कह देती हैं कि ब्रज में बधाई के बाजे बाजें।

ब्रज-प्रेम

सवैया

या लकुटी अरु कामरिया पर राज तिहुँ पुरु को तजि डारौं।
आठहु सिद्ध निवौ निधि को सुख नन्द की गाइ चराइ बिसारौं।
ए रसखानि जबैं इन नैनन ते ब्रज के बन बाग तड़ाग निहारौं।
कोटिक ये कलधौत के धाम करील की कुंजन ऊपर बारौं।।252।।

शब्दार्थ—वा = उस। लकुटी = लाठी। तिहूँ पुर को = तीनों लोकों का। सिद्ध = अलौकिक शक्ति, सिद्धियाँ आठ मानी गई हैं—अणिमा, महिमा, गरिमा, लघिमा, प्राप्ति, प्राकाम्य, ईशित्व और वाशित्व। अणिमा सिद्धि से योगी अनुरूप धारण करके अदृश्य हो जाती है। महिमा सिद्धि से योगी अपने देह का चाहे जितना विस्तार कर सकता है। गरिमा सिद्धि से योगी अपने शरीर का चाहे जितना भार बढ़ा सकता है। लघिमा सिद्धि से योगी चाहे जितना छोटा और हल्का हो सकता है। प्राप्ति सिद्धि से प्रत्येक पदार्थ प्राप्त किया जा सकता है। प्रकाम्य सिद्धि से योगी जो चाहता है, वही हो जाता है। ईशित्व सिद्धि के बल पर दूसरों पर प्रभुत्व किया जा सकता है। वाशित्व के सिद्धि के बल पर चाहे जिसको वश में किया जा सकता है। निधि = अपूर्व वैभव, विधियाँ नौ मानी गई हैं—पद्म, महापद्म, शंख, मकर, कच्छप, मुकुन्द, कुन्द, नील और खर्व। कोटिक = करोड़ों। कलधौत के धाम = सोने चाँदी के महल। ते = सांसारिक प्रभुता के प्रतीक।

अर्थ—द्वारिका में रहकर कृष्ण को ब्रज की याद आ गई है। वे व्यथित होकर रुक्मिणी से कह रहे हैं कि उस लाठी और कामरी के लिए में तीनों लोक का राज्य कदंब छोड़ देने को तैयार हूँ, नन्द को गाय चराने के लिए अणिमा ,आदि आठों सिद्धियों के तथा पद्म आदि नवों निधियों के सुख का त्याग करने को उद्यत हूँ। जबसे मैंने अपनी इन आँखों से ब्रज के बन और तालाबों को देखा है अर्थात् मुझे उनकी याद आई है, तब से मैं उसके लिए इतना आतुर हो गया हूँ कि मैं वैभव के प्रतीक इन करोड़ों सोने-चाँदी के महलों को ब्रज के करील कुंजों के ऊपर न्यौछावर करता हूँ।

विशेष—'ब्रज के बन-बाग' और 'करील की कुंजन' में छेकानुप्रास है।

पाठान्तर—'ए रसखानि कबौ इन आँखिन सों ब्रज के बान बाग तड़ाग निहारों।'
''कोटि कई कलधौत के धाम करील की कुंजन ऊपर वारौं।''

कवित्त

ग्वालन संग जैबो बन एबौ सु गायन संग,
हेरि तान गैबो हा हा नैन कहकत हैं।
ह्याँ के गज मोती माल वारौं गुंज मालन पै,
कुंज सुधि आए हाय प्रान धरकत हैं।
गोबर को गारौ सु तो मोहि लागै प्यारी कहा,
भयौ मौन सोने के जटित मरकत हैं।
मन्दर ते ऊँचे यह मन्दिर है द्वारिका के,
ब्रज के खिरक मेरे हिय खरकत हैं।। 253।।

शब्दार्थ—जैबौ = जाना। ऐबौ = आना। हेरि = देखकर। गैबो = गाना। जटित मरकर = रत्नों से जड़े हुए। मन्दर = मंदराचल। खिरक = गोशाला।

अर्थ—ब्रज का स्मरण आने पर कृष्ण रुक्मिणी से अपने ब्रज प्रेम को व्यक्त करते हुए कहते हैं कि बन में ग्वालों के संग जाना, वहाँ से गायों के साथ लौटना, ब्रज के सुन्दर दृश्यों को देखकर बाँसुरी बजाना आज भी मेरी आँखों में करकते हैं, अर्थात् उन घटनाओं की स्मृति से मुझे बहुत दुःख होता है। यहाँ पर मुझे गज मोतियों की जो मालायें मिली हुई हैं, इन्हें मैं उन गुञ्जमालाओं के ऊपर न्यौछावर कर सकता हूँ। जब भी मुझे ब्रज के कुंजों की याद आती है तो मेरे अंग फड़कने लगते हैं। वहाँ के गोबर की गारा भी मुझे इतना प्रिय है कि उसके सामने रत्नों से जड़े हुए ये सोने के भव्य भवन भी नगण्य हैं। यह सच है कि द्वारिका के ये राजमहल मन्दिराचल (पर्वत) से ऊँचे हैं। फिर भी ब्रज की गोशालाओं की याद मेरे हृदय को कुरेदती रहती है।

विशेष—यह कवित्त श्री विश्वनाथप्रसाद मिश्र द्वारा सम्पादित 'रसखान-ग्रंथावली में नहीं है।'

गंगा महिमा

सवैया

इक ओर किरीट लसै दुसरी दिसि नागन के गन गाजत री।
मुरली मधुरी धुनि आधिक ओठ पै आधिक नन्द से बाजत री।
रसखानि पितम्बर एक कंधा पर एक बाघम्बर राजत री।
कोउ देखउ संगम लै बुड़की निकसे यहि मेख सों छाजत री।। 254।।

शब्दार्थ—किरीट = मुकुट। लसै = सुशोभित है। नागन के गन = सर्पों के समूह। आधिक = आधा। नाद = शृंगी।

अर्थ—कोई गोपी अपनी सखी से गंगा महिमा का वर्णन करती हुई कहती है कि हे सखि! उसके सिर पर एक ओर तो मुकुट सुशोभित है और दूसरी ओर सर्पों के समूह फुँकार रहे हैं। एक ओर आधे ओठ पर मधुरी मुरली बज रही है और दूसरी ओर आधे ओठ पर शृंगी बज रही है। रसखान कहते हैं कि उनके एक कन्धे पर पीला वस्त्र

है और दूसरे पर बाघ की खाल सुशोभित है। ऐसा प्रतीत होता है कि कृष्ण गंगा और यमुना में डुबकी लगाकर इस सुन्दर रूप को धारण करके निकले हैं।

विशेष—यह माना जाता है कि गंगा में स्नान करने से शिवरूप की और यमुना में स्नान करने से कृष्ण रूप की, तथा (गंगा-यमुना) में स्नान करने से हरिहर (शिव-कृष्ण) रूप की प्राप्ति होती है।

सवैया

बैद की औषध खाइ कछू न करै बहु संजम री सुनि मोसें।
तो जल-पान कियौ रसखानि सजीवन जानि लियौ रस तोसें।
ए री सुधामई भागीरथी नित पथ्य अपथ्य बनै तोहिं पोसें।
आक धतूरो चबात फिरै बिख खात फिरै सिब तेरै भरोसे।। 255।।

शब्दार्थ—औषध = औषधि। संजम = संयम। भागीरथी = गंगा। पथ्य = परहेज। अपथ्य = बद परहेज। पोसैं = प्रसन्न करने पर।

अर्थ—कवि रसखान गंगा की महिमा का वर्णन करते हुए कहते हैं कि हे गंगे! जिस व्यक्ति पर तुम्हारी कृपा हो जाती है, उसे न तो वैद्य की औषधि खाने की आवश्यकता है और न किसी प्रकार का संयम करने की ही जरूरत है। रसखान कहते हैं कि तेरे जल को पीने से सजीवन शक्ति और अपार आनन्द प्राप्त होता है। हे अमृत जल से युक्त गंगे! तेरे प्रसन्न करने पर बद-परहेज भी परहेज के समान लाभदायक बन जाता है। इसीलिए तेरे भरोसे पर शिव आक और धतूरे के चबाते हैं तथा विष को खाते हैं।

तुलना— 'बाँधे जटाजूट बैठि परवत कूट माँहि,
महाकाल कूटे कहाँ कैसे के ठहरतौ।
पीवै नित भंगै रहै प्रेतन के संगै ऐसे,
पूछतो को नंगै जो गंगे सीस धारतौ।' —**पद्माकर**

शिव-महिमा

सवैया

यह देखि धतूरे के पात चबात औ गात सों धूलि लगावत है।।
चहुँ ओर जटा अटकै लटके फनि सों कफनी फहरावत हैं।।
रसखानि सोई चितवै चित दै तिनके दुखदुन्द भजावत हैं।
गज खाल की माल विसाल सो गाल बजावत आवत हैं।। 256।

शब्दार्थ—पात = पत्ते। फनि = सर्प। कफनी = एक प्रकार का वस्त्र जिसे साधु पहनते हैं। भजावत हैं = नष्ट करते हैं।

अर्थ—कवि रसखान शिव की स्तुति करते हुए कहते हैं कि यह देखो; शिव धतूरे के पत्ते चबाते हैं तथा शरीर में धूलि लगाते हैं। उनकी जटाएँ चारों ओर बिखर कर

लटक रही हैं। उनके गले में पड़ा हुआ सर्प साधु-वस्त्र के समान दिखाई दे रहा है। रसखान कहते हैं कि जो मन लगाकर शिव की इस मूर्ति को देखते हैं, शिव उनके दुःखों को नष्ट करते हैं। वे गज की खाल ओढ़े, कपालों की माला पहने हुए, गाल बजाते हुए आते हैं।

प्रेम-वाटिका

दोहा

प्रेम अयनि श्री राधिका, प्रेम-बरन नंदनन्द।
प्रेम-वाटिका के दोऊ, माली मालिन द्वन्द्व।।1।।

शब्दार्थ—प्रेम-अयनि = प्रेम-धाम। प्रेम-बरन = प्रेम का साक्षात् रूप। द्वन्द्व = युगल, जोड़ा।

अर्थ—रसखान कवि राधा और कृष्ण के प्रेम का वर्णन करते हुए कहते हैं कि श्री राधा प्रेम का धाम है और कृष्ण प्रेम का साक्षात् रूप हैं। अतः राधा और कृष्ण का जोड़ा प्रेम-वाटिका के मालिन और माली का जोड़ा है।

विशेष—रूपक अलंकार।

दोहा

प्रेम प्रेम सब कोउ कहत, प्रेम न जानत कोइ।
जो जन जाने प्रेम तौ, परै जगत क्यौं रोइ।।2।।

शब्दार्थ—सरल है।

अर्थ—सब लोग प्रेम-प्रेम चिल्लाते हैं, अर्थात् प्रेमी होने का दावा करते हैं और प्रेम की महत्ता का बखान करते हैं, पर वास्तविकता तो यह है कि वे प्रेम के सच्चे स्वरूप को नहीं जानते। यदि व्यक्ति प्रेम के सच्चे स्वरूप से परिचित हो जायें संसार रो-रोकर न मरे; अर्थात् इसमें कोई क्लेश एवं बाधा न रहे।

दोहा

प्रेम अगम अनुपम अमित, सागर सरिस बखान।
जो आवत यदि ढिंग बहुरि, जात नाहिं रसखान।।3।।

शब्दार्थ—अगम = अगम्य। अमित = अपार। सरिस = समान। ढिंग = समीप। बहुरि = फिर।

अर्थ—प्रेम की महत्ता का वर्णन करते हुए रसखान कहते हैं कि प्रेम को अगम्य, अनुपम, अपार और सागर के समान गम्भीर समझना चाहिए। जो व्यक्ति इस प्रेम सागर के पास आ जाता है, वह फिर इससे दूर नहीं जाता। अर्थात् जो प्रेमी बन जाता है। वह फिर प्रेम के बन्धन से नहीं छूट पाता।

विशेष—उपमा अलंकार।

दोहा

प्रेम-वारुनी छानि कै, बरुन भरा जलधीस।
प्रेमहिं तें विष-पान करि, पूजे जात गिरीस।।4।।

शब्दार्थ—बारुन = शराब। बरुन = वरुण। जलधीस = जल का देवता।

अर्थ—प्रेम की महत्ता का वर्णन करते हुए रसखान कहते हैं कि प्रेम की शराब छानने के कारण वरुण जल के देवता बन गये और प्रेम से ही विष को पी लेने के कारण शिव की पूजा होती है।

दोहा

प्रेम-रूप दपन अहो, रचै अजूबो जेल।
या मैं अपनो रूप कछु लखि परिहै अनमेल।।5।।

शब्दार्थ—दर्पन = दर्पण, शीशा। अजूबो = अजीब, अद्‌भुत।

अर्थ—प्रेम की महत्ता का वर्णन करते हुए रसखान कहते हैं कि प्रेम रूपी दर्पण में अद्‌भुत खेल रचा हुआ है, क्योंकि इसमें अपना स्वरूप कुछ-कुछ अनमेल-सा दिखाई देता है।

दोहा

कमल-तन्तु सो छीद अरु, कठिन खडग की धार।
अति सूधो टेढ़ो बहुरि, प्रेम-पंथ अनिबार।।6।।

शब्दार्थ—कमल तंतु = कमल का रेशा। छीन = क्षीण, पुतला। खडग = तलवार। बहुरि = फिर। अनिबार = अनिवार्य।

अर्थ—प्रेम के स्वरूप का वर्णन करते हुए रसखान कवि कहते हैं कि प्रेम पंथ अनिवार्य रूप से विलक्षण है। यह कमल के रेशे के समान पतला और तलवार की धार के समान तीक्ष्ण होता है। यह अत्यन्त सीधा भी है और टेढ़ा भी है।

विशेष—उपमा अलंकार।

तुलना— 1. 'अति छीन मृनाल के तारहु त,
तिहिं ऊपर पांव दै आवनो है।
यह प्रेम को पंथ करार महा,
तरवार की धार पै धावनो है।' —**बोधा**

2. 'कमल तन्तु की नाल सों, जाको मारग छीन।
3. 'पंच अगनि सहिबौ सुगम, सुगम खडग की धार।
इक रंग प्रीति निबाहिबौ, महा कठिन व्यौहार।।' —**दोहा सारसंग्रह**

दोहा

लोक वेद मरजाद सब, लाज काज सन्देह।
देत बहाए प्रेम करि, विधि निषेध को नेई।। 7।।

शब्दार्थ—मरजाद = मर्यादा। काज = कार्य, लौकिक कर्म। नेह = स्नेह।

अर्थ—प्रेम की महत्ता का वर्णन करते हुए रसखान कहते हैं कि लोक की मर्यादा तथा वेदों की मर्यादा, लज्जा, लौकिक कार्य और संशय ये सब प्रेम करने से दूर हो जाते हैं, क्योंकि प्रेम विधि और निषेध दोनों रूपों से युक्त है।

दोहा

कबहुं न जा पथ भ्रम तिमिर, दहै सदा सुख चन्द।
दिन दिन बाढ़त ही रहत, होत कबहुं नहिं मन्द।। 8।।

शब्दार्थ—भ्रम तिमिर = सन्देह का अन्धकार।

अर्थ—प्रेम की महत्ता का वर्णन करते हुए रसखान कहते हैं कि इस प्रेम पंथ में कभी भी सन्देह का अन्धकार नहीं रहता, बल्कि सदा सुख का चन्द्रमा चमकता रहता है। यह चन्द्रमा प्रतिदिन बढ़ता ही रहता है और कभी भी मन्दा नहीं पड़ता। कहने का भाव यह है कि प्रेम में सदा सुख ही मिलता है।

तुलना—'कबहुँ होत नहिं भ्रम निसा, इक रस सदा प्रकास।' —**हरिश्चन्द्र**

दोहा

भले वृथा करि पचि मरौ, ज्ञान गरूर बढ़ाय।
बिना प्रेम फीको सबै, कोटिन कियें उपाय।। 9।।

शब्दार्थ—पचि = प्रयत्न करके। ज्ञान गरूर = ज्ञान का गर्व। कोटिन = करोड़ों।

अर्थ—प्रेम विहीन ज्ञान व्यर्थ है। इस बात का प्रतिपादन करते हुए रसखान कहते हैं कि ज्ञान का गर्व करके चाहे उसकी महत्ता का प्रतिपादन करने के लिए ज्ञानी मनुष्य प्रयत्न करता हुआ मर जाये, पर वह व्यर्थ ही सिद्ध होता है, क्योंकि चाहे करोड़ों प्रयास किए जायें, बिना ज्ञान के प्रेम फीका ही होता है।

दोहा

स्त्रुति पुरान आगमन स्मृतिहि, प्रेम सबहि को सार।
प्रेम बिना नहिं उपजं हिय, प्रेम-बीज-अँकुवार।। 10।।

शब्दार्थ—स्त्रुतिं = वेद। आगम = शास्त्र। स्मृतिहि = स्मृति शास्त्र। अँकुवार = अंकुर।

अर्थ—रसखान कवि प्रेम की महत्ता का वर्णन करते हुए कहते हैं कि प्रेम वेद, पुराण, शास्त्र, स्मृति इन सभी का सार है। बिना प्रेम के हृदय में प्रेमबीज का अंकुर अंकुरित नहीं होता।

दोहा

आनन्द अनुभव होत नहिं, बिना प्रेम जग जान।
कै वह विषयानन्द के, कै ब्रह्मानन्द बखान।। 11।।

शब्दार्थ—कै = चाहे। विषयानन्द = लौकिक पदार्थों से युक्त। ब्रह्मानन्द = भगवद्विषयक।

अर्थ—प्रेम की महत्ता का प्रतिपादन करते हुए रसखान कहते हैं कि यह अच्छी तरह जान लेना चाहिए कि इस संसार में बिना प्रेम के आनन्द नहीं मिल पाता। प्रेम चाहे लौकिक पदार्थों से युक्त हो, या भगवद्विषयक हो, वह दोनों ही अवस्थाओं में आनन्द प्रदान करने वाला होता है।

दोहा

ज्ञान करम रु उपासना, सब अहमिति को मूल।
दृढ़ निस्चय नहिं होत बिन, किए प्रेम अनुकूल।। 12।।

शब्दार्थ—रु = अरु, और। अहमिति = अहंकार। मूल = कारण। निस्चय = निश्चयात्मिका बुद्धि।

अर्थ—प्रेम की महत्ता का वर्णन करते हुए रसखान कहते हैं कि ज्ञान, कर्म-काण्ड और उपासना ये सब मन में अहंकार उत्पन्न करने के कारण हैं, क्योंकि प्रेम को अनुकूल बनाये बिना भगवत्प्रेम की ओर उन्मुख हुए बिना, दृढ़ निश्चयात्मिका बुद्धि उत्पन्न नहीं होती।

दोहा

सास्त्रन पढ़ि पंडित भए, कै मौलवी कुरान।
जु पै प्रेम जान्यौ नहीं, कहा कियौ रसखान।। 13।।

शब्दार्थ—सास्त्रन = शास्त्रों को। जु पै = यदि।

अर्थ—प्रेम के बिना सारा ज्ञान व्यर्थ है, इस बात का प्रतिपादन करते हुए रसखान कहते हैं कि व्यक्ति चाहे शास्त्रों को पढ़कर पंडित बन जाये, या कुरान को पढ़कर मौलवी बन जाये। लेकिन यदि उसने प्रेम-तत्व को नहीं जाना है तो उसका यह ज्ञान पूर्णतया व्यर्थ है।

तुलना—'पोथी पढ़ि पढ़ि जग मुआ, पंडित भया न कोय।
ढाई अच्छर प्रेम का, पढ़े सो पंडित होय।।'

दोहा

काम क्रोध मद मोह भय, लोभ द्रोह मात्सर्य।
इन्न सबही तें प्रेम है, परे कहत मुनिवर्य।। 14।।

शब्दार्थ—काम = काम-भावना। मद = अहंकार। द्रोह = शत्रुता। मात्सर्य = ईर्ष्या। पर = दूर। मुनिवर्य = मुनि प्रवर।

अर्थ—प्रेम सब प्रकार के भावों से श्रेष्ठ है और अशुद्ध भावों से दूर है, इसका प्रतिपादन करते हुए रसखान कहते हैं कि काम-भावना, क्रोध, अहंकार, ममता, भय, लोभ शत्रुता और ईर्ष्या इन सभी भावों से प्रेम दूर होता है, अर्थात् प्रेम में यह भाव नहीं होते। यह मुनिप्रवरों का मत है।

दोहा

बिन गुन जोबन रूप धन, बिन स्वारथ हित जानि।
सुद्ध कामना तें रहित, प्रेम सकल रसखानि।। 15।।

शब्दार्थ—गुन = गुण। जोबन = यौवन। बिन स्वारथ हित = स्वार्थ लाभ से रहित। कामना = इच्छा। कामना तें रहित = निष्काम। रसखान = आनन्द का धाम।

अर्थ—प्रेम के महत्त्व का प्रतिपादन करते हुए रसखान कहते हैं कि जो प्रेम बिना गुण के, यौवन के, रूप के, धन के, स्वार्थ लाभ से रहित, शुद्ध और निष्काम होता है, वही सच्चा प्रेम है और ऐसा ही प्रेम सुख का धाम होता है, अर्थात् सहज ही सच्चा एवं सुखकारक प्रेम होता है।

दोहा

अति सूक्षम कोमल अतिहि, अति पतरो अति दूर।
प्रेम कठिन सब तें सदा, नित इकरस भरपूर।। 16।।

शब्दार्थ—सूक्षम = सूक्ष्म। पतरो = पतला, क्षीण। अति दूर = अगम्य। इकरस = एक-सा रहने वाला।

अर्थ—प्रेम के स्वरूप का प्रतिपादन करते हुए रसखान कहते हैं कि सच्चा प्रेम अत्यन्त सूक्ष्म, कोमल, क्षीण और अगम्य होता है। यह सदैव एक-सा रहने वाला और परिपूर्ण होता है। ऐसा प्रेम सबसे कठिन होता है।

दोहा

जग मैं सब जाल्यौ परै, अरु सब कहै कहाइ।
मैं जगदीस, रु प्रेम यह, दोऊ अकथ लखाई।। 17।।

शब्दार्थ—जान्यौ परै = जाना जा सकता है। कहै कहाइ = कहा जा सकता है। अकथ = अकथ्य।

अर्थ—प्रेम और ईश्वर की समानता का प्रतिपादन करते हुए रसखान कहते हैं कि इस संसार की सारी वस्तुएँ जानी जा सकती हैं, अर्थात् सारी वस्तुएँ बोधगम्य हैं और सारी वस्तुएँ कही जा सकती हैं, अर्थात् वर्णनीय हैं, किन्तु ईश्वर और प्रेम ये दोनों अकथ्य एवं प्रदर्शनीय हैं। अर्थात् इन दोनों का न तो वर्णन भी किया जा सकता है और न ये दोनों ही देखे जा सकते हैं। कहने का भाव यह है कि प्रेम ईश्वर की भाँति सूक्ष्म एवं दुर्बोध है।

दोहा

जेहि बिनु जाने कछुहि नहिं, जात्यौ जात बिसेष।
सोइ प्रेम जेहि जानिकै, रहि न जात कछु सेष।। 18।।

शब्दार्थ—सरल है।

अर्थ—प्रेम की महत्ता का प्रतिपादन करते हुए रसखान कहते हैं कि जिस प्रेम को जाने बिना और किसी वस्तु का बोध नहीं होता और जिसे जानने पर विशेष ज्ञान हो जाता है, वही प्रेम है जिसका बोध होने पर और कुछ जानने के लिए शेष नहीं रह जाता। कहने का भाव यह है कि प्रेम सब ज्ञानों का मूल आधार है।

दोहा

दम्पति, सुख अरु विषम-रस, पूजा निष्ठा ध्यान।
इन तें परे बखानियै, सुद्ध प्रेम रसखान।। 19।।

शब्दार्थ—दम्पति-सुख = गृहस्थ जीवन का आनन्द। विषय-रस = सांसारिक पदार्थों से प्राप्त आनन्द। निष्ठा = धार्मिक विश्वास। ध्यान = ध्यान धारणा आदि। परे = दूर, रहित।

अर्थ—शुद्ध प्रेम के स्वरूप का प्रतिपादन करते हुए रसखान कहते हैं कि गृहस्थ जीवन के आनन्द से, सांसारिक पदार्थों से प्राप्त आनन्द से, पूजा से, धार्मिक विश्वास से, ध्यान धारणा आदि से रहित शुद्ध प्रेम होता है जो आनन्द का सागर है।

दोहा

मित्र कलत्र सुबन्धु सुत, इनमें सहज सनेह।
सुद्ध प्रेम इनमें नहीं, अकथ कथा सबिसेह।। 20।।

शब्दार्थ—कलत्र = स्त्री। सुबन्धु = हितैषी भाई। सुत = पुत्र। सहज = स्वाभाविक। सबिसेह = विशेष रूप से।

अर्थ—शुद्ध प्रेम के स्वरूप का वर्णन करते हुए रसखान कहते हैं कि यद्यपि स्त्री में हितैषी भाई में और पुत्र में स्वाभाविक रूप से प्रेम होता है, परन्तु इस प्रेम को शुद्ध प्रेम नहीं कहा जा सकता, क्योंकि शुद्ध प्रेम तो विशेष रूप से अवर्णनीय कथा वाला होता है, अर्थात् उसका वर्णन नहीं हो सकता।

दोहा

इक अंगी बिनु कारनहिं, इक रस सदा समान।
गनै प्रियहि सर्वस्व जो, सोई प्रेम समान।। 21।।

शब्दार्थ—इक अंगी = एकांगी। इक रस = एक ही प्रकार का आनन्द। सोई प्रेम समान = वही शुद्ध प्रेम है।

अर्थ—शुद्ध प्रेम के स्वरूप का वर्णन करते हुए रसखान कहते हैं कि जो प्रेम एकांगी हो, अर्थात् प्रत्युत्तर की भावना से परे हो, बिना स्वार्थ आदि कारणों से उत्पन्न हुआ हो और सदैव एक ही प्रकार के आनन्द में समान रहता हो; अर्थात् जिसमें आनन्द की मात्रा घटती न हो; जिसके होने पर प्रिय को ही सर्वस्व माना जाता हो; वही शुद्ध प्रेम कहलाता है।

दोहा

ड रैसदा चाहे न कछु, सहै सबै हो होय।
रहै एक रस चाहि कै, प्रेम बखानो सोय।। 22।।

शब्दार्थ—चाहि कै = इच्छा करके।

अर्थ—शुद्ध प्रेम के स्वरूप का वर्णन करते हुए रसखान कहते हैं कि जो प्रेमी सदैव इस भावना को लेकर डरता रहे कि कहीं उसके प्रेम में चूक न हो जाये, तो किसी भी प्रकार की स्वार्थ-भावना से रहित हो; जो सब प्रकार की विपत्तियों को सहने के लिए तैयार हो, जो सदैव इच्छा करके एक ही रस में डूबा हो, ऐसे ही व्यक्ति को सच्चा प्रेमी कहा जाता है और उसी का प्रेम शुद्ध कहलाता है।

दोहा

प्रेम प्रेम सब कोउ कहै, कठिन प्रेम की फाँस।
प्रान तरफि निकरै नहीं, केवल चलत उसाँस।। 23।।

शब्दार्थ—फाँस = चुभने वाला काँटा। तरफि = तड़प कर।

अर्थ—प्रेम वेदना का वर्णन करते हुए रसखान कहते हैं कि सभी लोग प्रेम-प्रेम चिल्लाते हैं; अर्थात् प्रेमी होने का दावा करते हैं, पर वे यह नहीं जानते कि प्रेम की फाँस बड़ी दुःखदायी होती है। इसमें प्राण तड़पते ही रहते हैं, पर निकलते नहीं; इसके आघात से मनुष्य मृतप्राय हो जाता है और उसके केवल उच्छ्वास चलते रहते हैं।

दोहा

प्रेम हरी को रूप है, त्यौं हरि प्रेम स्वरूप।
एक होई द्वै यों लसैं, ज्यौं सूरज अरु धूप।। 24।।

शब्दार्थ—द्वै = दो होकर। लसैं = सुशोभित होते हैं।

अर्थ—प्रेम और परमात्मा के एक स्वरूप का वर्णन करते हुए रसखान कहते हैं कि जिस प्रकार प्रेम परमात्मा का रूप है, उसी प्रकार परमात्मा भी प्रेम का स्वरूप है। एक होकर भी दोनों रूपों में इस प्रकार सुशोभित हैं जैसे सूरज और उसकी धूप।

विशेष—उदाहरण अलंकार।

दोहा

ग्यान ध्यान विद्या माती, मत बिस्वास बिबेक।।
विना प्रेम सब धूरि हैं, अगजग एक अनेक।। 25।।

शब्दार्थ—मती = मति, बुद्धि। विवेक = ज्ञान। अगजग एक अनेक = इस चराचर सृष्टि में प्रेम एक होकर भी अनेक है।

अर्थ—प्रेम की महत्ता का वर्णन करते हुए रसखान कहते हैं कि ज्ञान, ध्यान, विद्या, विविध मतों का विश्वास और विवेक सब विना प्रेम के धूलि के समान निरर्थक हैं, क्योंकि प्रेम ही वह तत्त्व है जो ब्रह्म की भाँति इस संसार में एक होते हुए ही अनेक रूपों में दिखाई देता है।

विशेष—रूपक अलंकार।

दोहा

प्रेम फाँस मैं फंसि मरे, सोई जिए सदाहिं।
प्रेम परम जाने बिना, मरिं कोई जीवत नाहिं।। 26।।

शब्दार्थ—फाँस = फन्दा। परम = रहस्य।

अर्थ—प्रेम की महत्ता का वर्णन करते हुए रसखान कहते हैं कि जो व्यक्ति प्रेम के बन्धन में बँधकर मर जाता है, वह सदैव जीवित रहता है; अर्थात् प्रेम के बंधन में बँधकर व्यक्ति अमर हो जाता है। कोई भी व्यक्ति जो प्रेम के रहस्य को नहीं जानता, वह मर कर जीवित नहीं रहता।

विशेष—विरोधाभास अलंकार।

दोहा

जग मैं सब तैं अधिक अति, ममता तनहिं लखाय।
पै या तरहूं तैं अधिक, प्यारी प्रेम कहाय।। 27।।

शब्दार्थ—सरल है।

अर्थ—प्रेम की महत्ता का वर्णन करते हुए रसखान कहते हैं कि इस संसार में सबसे अधिक ममत्व शरीर के प्रति देखा जाता है, परन्तु प्रेम इस शरीर से भी अधिक प्यारा होता है।

दोहा

जेहि पाएँ बैकुंठ अरु, हरिहूँ की नहिं चाहि।
सोह अलौकिक सुद्ध सुभ, सरस सप्रेम कहाहि।। 28।।

शब्दार्थ—सरल है।

अर्थ—प्रेम की महत्ता का वर्णन करते हुए रसखान कहते हैं कि जिस प्रेम को प्राप्त करके बैकुण्ठ की और भगवान की भी इच्छा नहीं रहती, उसे ही अलौकिक, शुद्ध शुभ और सरस प्रेम कहा जाता है।

दोहा

कोउ याहि फाँसी कहत, कोउ कहत तरवार।
नेजा भाला तीर कोउ, कहत अनोखी ढार।। 29।।

शब्दार्थ—नेजा = बरछी।

अर्थ—प्रेम के विविध रूप हैं, इसी बात का वर्णन करते हुए रसखान कहते हैं कि कोई व्यक्ति तो इस प्रेम को फाँसी बताता है, कोई तलवार, कोई बरछी, भाला और तीर; तथा कोई इसे अनोखी ढाल बताता है।

दोहा

पै मिठास या मार के, रोम-रोम भरपूर।
मरत जियै झुकतौ थिरै, बनै सु चकनाचूर।। 30।।

शब्दार्थ—झुकतौ = गिरना। थिरै = स्थिर होना, संभालना।

अर्थ—प्रेम की महत्ता का वर्णन करते हुए रसखान कहते हैं कि प्रेम की चोट गहरी होते हुए भी मधुर होती है। इसकी चोट से मनुष्य का रोम-रोम माधुर्यपूर्ण आनन्द से भरपूर हो जाता है। प्रेम में मरने वाला व्यक्ति ही जीवित रहता है। प्रेम में गिरता हुआ व्यक्ति ही संभलता है। जो व्यक्ति अपना अहंकार पूर्णतया नष्ट करके प्रेम की ओर उन्मुख होता है, उसी का जीवन सुधर जाता है।

विशेष—विरोधाभास अलंकार।

दोहा

पै एतोहूँ रम सुन्यौ, प्रेम अजूबो खेल।
जांबाजी बाजी जहाँ, दिल का दिल से मेल।। 31।।

शब्दार्थ—अजूबो = अजीब, अद्भुत। जांबाजी = प्राणों की बाजी।

अर्थ—प्रेम की विलक्षणता का वर्णन करते हुए रसखान कहते हैं कि हमने केवल इतना सुना है कि प्रेम अद्भुत खेल है। यह वही खेल है जिसमें प्राणों की बाजी लगा कर दिल से मेल किया जाता है।

दोहा

सिर काटौ छेदौ हियो, टूक टूक हरि देहु।
पै याके बदले जिहँसि, वाह वाह ही लेहु।। 32।।

शब्दार्थ—सरल है।

अर्थ—प्रेम की कठिनता का वर्णन करते हुए रसखान कहते हैं कि जब व्यक्ति अपने सिर को काट लेता है और हृदय को छेद कर टूक-टूक कर लेता है, तब उसके बदले में उसे प्रशंसा मिलती है; अर्थात् वही व्यक्ति प्रेमी होकर प्रशंसा का पात्र बनता है।

दोहा

अकथ कहानी प्रेम की, जानत लैली खूब।
दो तनहूँ जहँ एक ये, मन मिलाइ महबूब।।33।।

शब्दार्थ—अकथ = अकथ्य। लैली = लैला, मजनू की प्रेमिका। महवूब = प्रेमी।

अर्थ—प्रेम की कहानी अकथनीय है जिस मजनू की प्रेमिका लैला अच्छी तरह जानती है। प्रेम वह वरदान है जो दो प्रेमियों के तन को तथा मन को मिलाकर एक कर देता है।

दोहा

दो मन इक होते सुन्यौ, पै वह प्रेम न आहि।
हौइ जबै द्वै तनहुँ इक, सोई प्रेम कहाहि।।34।।

शब्दार्थ—आहि = है।

अर्थ—प्रेम के स्वरूप का प्रतिपादन करते हुए रसखान कहते हैं कि यद्यपि मैंने प्रेम में दो मनों को एक होते हुए सुना है, लेकिन यह वास्तविक प्रेम नहीं है। जब दो शरीर एक हो जाते हैं, तो उसे ही प्रेम कहते हैं।

'प्रेमानन्द प्रकारेण द्वैत विस्मरणं गतम्।'

तुलना— 1. 'आसिक मासुक ह्वै गया, इस्क कहावै सोय।
दादू उस मासूक का, अल्ला आसिक होय।।' —दादूदयाल

दोहा

याही तें सब सुक्ति तें, लही बड़ाई प्रेम।
प्रेम भए नसि जाहिं सब, बँधें जगत के नेम।।35।।

शब्दार्थ—याही तें = इसी कारण से। लही = प्राप्त की। नसि जाहिं = नष्ट हो जाते हैं। नेम = नियम।

अर्थ—प्रेम में दो शरीरों को एक करने की शक्ति होती है, इसी कारण से प्रेम ने मुक्ति से भी अधिक प्रशंसा प्राप्त की है; अर्थात् प्रेम का स्थान मुक्ति से भी ऊँचा होता है। प्रेम के होने पर संसार के सारे बँधे हुए नियम नष्ट हो जाते हैं, अर्थात् प्रेम संसार के किसी भी नियम को नहीं मानता।

दोहा

हरि के सब आधीन पै, हरी प्रेम-अधीन।
याही तें हरि आपुहीं, याही बड़प्पन दीन।।36।।

शब्दार्थ—सरल है।

अर्थ—प्रेम भगवान से भी बड़ा है, इसी बात का प्रतिपादन करते हुए रसखान कहते हैं कि संसार के सब प्राणी भगवान के वश में हैं, पर भगवान प्रेम के वश में

होते हैं। इसीलिए स्वयं भगवान ने अपने-से अधिक प्रेम को महत्ता प्रदान की है।

तुलना— 1. 'हरि ब्रजजन आधीन है, ब्रज जन हरि आधीन।' —**नागरीदास**
2. 'स्वामी ते सेवक बड़ो, जो निज धर्म सुजान।
राम बाँधि उतरे उदधि, लाँघि गये हनुमान।।' —**तुलसीदास**

दोहा

वेद मूल सब धर्म यह, कहैं सबै स्त्रुतिसार।
परम धर्म है ताहु तें, प्रेम एक अनिवार।। 37।।

शब्दार्थ—स्त्रुतिसार = वेदों का तत्त्व। अनिवार = अनिवार्य।

अर्थ—प्रेम की महत्ता का वर्णन करते हुए रसखान कहते हैं कि वेद सब धर्मों का मूल है, परन्तु प्रेम को श्रुतियों का तत्त्व कहा जाता है। इसलिए प्रेम परम धर्म और अनिवार्य तत्त्व है।

दोहा

जदपि जसोदानन्द अरु, ग्वाल बाल सब धन्य।
पे या जग मैं प्रेम कौं, गोपी भई अनन्य।। 38।।

शब्दार्थ—जसोदानन्दन = कृष्ण। अनन्य = अद्वितीय।

अर्थ—प्रेम की महत्ता का प्रतिपादन करते हुए रसखान कहते हैं यद्यपि कृष्ण को प्रेम पाने स कृष्ण, ग्वाल-बाल आदि सब धन्य हैं; किन्तु इस संसार में अत्यधिक प्रेमिका होने के कारण गोपियाँ अद्वितीय बन गई हैं; अर्थात् उनके समान कोई नहीं है।

तुलना— 'कबिरा कबिरा क्या कहै, जा जमुना के तीर।
इक इक गोपी प्रेम पै, बहिगे कोटि कबीर।।' —**कबीर**

दोहा

वा रस की कछु माधुरी, ऊघो लही सराहि।
पावै बहुरि मिठास अरु, अब दुजो को आहि।। 39।।

शब्दार्थ—वा रस की = प्रेमानन्द की। बहुरि = फिर।

अर्थ—प्रेम की महत्ता का वर्णन करते हुए रसखान कहते हैं कि प्रेमानन्द का कुछ माधुर्य उद्धव ने सराहकर ग्रहण किया था। जो माधुर्य उद्धव को प्राप्त हो गया है, अब उस माधुर्य को फिर से कौन प्राप्त कर सकता है?

दोहा

स्त्रवन कीरतन दरसनहिं जो उपजत सोई प्रेम।
सुद्धासुद्ध विभेद ते, द्वैबिध ताके नेम।। 40।।

शब्दार्थ—स्त्रवन = श्रवण, सुनना। सुद्धासुद्ध = शुद्ध और अशुद्ध। द्वैबिध = दो प्रकार के। नेम = नियम।

अर्थ—प्रेम के भेद का निरूपण करते हुए रसखान कहते हैं कि जो प्रेम श्रवण, कीर्तन और दर्शन से उत्पन्न होता है, वही शुद्ध और अशुद्ध, निष्काम और सकाम, ये दो प्रकार के प्रेम होते हैं।

दोहा

स्वारथमूल असुद्ध त्यों, सुद्ध स्वभावऽनुकूल।
नारदादि प्रस्तार करि, कियौ जाहि को तूल।। 41।।

शब्दार्थ—स्वारथ मूल = स्वार्थ-भावना से युक्त। स्वभावऽनुकूल = सहज भाव से। प्रस्तार करि = विस्तार से। तूल = विस्तार।

अर्थ—प्रेम के दो भेद होते हैं—शुद्ध और अशुद्ध। शुद्ध और अशुद्ध प्रेम के स्वरूप का प्रतिपादन करते हुए रसखान कहते हैं कि जो प्रेम स्वार्थ-भावना से युक्त होता है उसे अशुद्ध प्रेम कहते हैं और जो सहज भाव से होता है उसे शुद्ध प्रेम कहते हैं। नारद आदि महर्षियों ने इन दोनों प्रकार के प्रेमों का वर्णन विस्तार से किया है।

दोहा

रसमय स्वाभाविक बिना, स्वारथ अचल महान।
सदा एकरस सुद्ध सोइ, प्रेम अहै रसखान।। 42।।

शब्दार्थ—रसमय = आनन्द से पूर्ण। स्वाभाविक = सहज। एकरस = निरन्तर समान रहने वाला।

अर्थ—शुद्ध प्रेम के स्वरूप का प्रतिपादन करते हुए रसखान कहते हैं कि जो प्रेम आनन्द से पूर्ण, सहज, निष्काम, अचल, महान् और निरन्तर समान रहने वाला होता है, जो कभी घटता नहीं है, वह शुद्ध प्रेम कहलाता है।

दोहा

जातें उपजत प्रेम सोइ, बीज कहावत प्रेम।
जामैं उपजत प्रेम सोइ, क्षेत्र कहावत प्रेम।। 43।।

शब्दार्थ—सरल है।

अर्थ—प्रेम के स्वरूप का प्रतिपादन करते हुए रसखान कहते हैं कि जिस कारण से प्रेम उत्पन्न होता है, उसे प्रेम का बीज कहते हैं और जो प्रेम का आश्रय होता है, उसे प्रेम का क्षेत्र कहते हैं।

दोहा

जातें पनपत बढत अरु, फूलत फलत महान।
सो सब प्रेमहिं प्रेम यह, कहत रसिक रसखान।। 44।।

शब्दार्थ—सरल है।

अर्थ—प्रेम के स्वरूप का प्रतिपादन करते हुए रसखान कहते हैं कि जिससे प्रेम उत्पन्न होता है, फूलता तथा बढ़ता है और बनता है, यह सब प्रेम ही होता है।

दोहा

वही बीज अँकुर वही, सेक वही आधार।
डाल पात फल फूल सब, वही प्रेम सुखसार।। 45।।

शब्दार्थ—सेक = सिंचन।

अर्थ—प्रेम की महत्ता का वर्णन करते हुए रसखान कहते हैं कि प्रेम ही बीज है, वही अंकुर है, वही सिंचन है, वही आधार है, वही डाल, पात, फल, फूल और सुख का सार है।

दोहा

जो तातें जामैं बहुरि, जा हित कहिया वेष।
सो सब प्रेमहिं प्रेम है, जग रसखानि असेष।। 46।।

शब्दार्थ—बहुरि = फिर। बेष = श्रेष्ठ। असेष = पूर्ण रूप से।

अर्थ—प्रेम की महत्ता का प्रतिपादन करते हुए रसखान कहते हैं कि जो जिससे और फिर जिसमें जगत का सौन्दर्य, श्रेयता, महत्ता, उत्कृष्ठता, आदि गुण विद्यमान हैं, वे सब इस चराचर सृष्टि में प्रेम-रूप से भासित हैं।

दोहा

कारज कारन रूप यह, प्रेम कहै रसखान।
कर्ता कर्म क्रिया करन, आपहि प्रेम बखान।। 47।।

शब्दार्थ—कारज = कार्य। कारन = कारण, साधन।

अर्थ—प्रेम कही महत्ता एवं व्यापकता का वर्णन करते हुए रसखान कहते हैं कि प्रेम ही जगत का कारण है; अर्थात् जगत की उत्पत्ति प्रेम से ही हुई है और जगत की रचना रूप कार्य भी प्रेममय है। प्रेम ही कर्त्ता, कर्म, क्रिया और भगवान का रूप है।

दोहा

देखि गदर हित-साहिबी, दिल्ली नगर मसान।
छिनहि बादसा-बंस की, ठसक छोड़ि रसखान।। 48।।

शब्दार्थ—हित-साहिबी = प्रभुत्व के लिए। ठसक = झूठा गर्व।

अर्थ—अपने जीवन की एक घटना का उल्लेख करते हुए रसखान कहते हैं कि दिल्ली में प्रभुत्व के लिए विप्लव देखकर तथा दिल्ली को उजड़ा हुआ देखकर, पठान बादशाहों के वंश का झूठा गर्व खंडित होते देखकर मैंने दिल्ली छोड़ दी।

दोहा

प्रेम-निकेतन श्रीबनहि, आइ गोबर्धन धाम।
लह्यौ सरन चित चाहिकै, जुगल सरूप ललाम।। 49।।

शब्दार्थ—प्रेम-निकेतन = प्रेम धाम। श्रीबनहिं = वृन्दावन में। गोबर्धन धाम = ब्रज का प्रख्यात स्थान। चित चाहिकै = उत्कंठापूर्वक। जुगल-सरूप = राधा और कृष्ण का रूप। ललाम = सुन्दर।

अर्थ—अपने वृन्दावन-निवास की घटना की ओर संकेत करते हुए रसखान कहते हैं कि दिल्ली छोड़कर मैं प्रेम-धाम वृन्दावन में आकर गोवर्धन नामक स्थान पर बस गया और वहीं राधा-कृष्ण के सुन्दर रूप की उत्कंठापूर्वक शरण ग्रहण की; अर्थात् राधा-कृष्ण की भक्ति में तल्लीन हो गया।

दोहा

तोरि मानिनी तें हियो, फोरि मोहिनी-मान।
प्रेम देव की छबिहि लखि, भए मियाँ रसखान।। 50।।

शब्दार्थ—प्रेम देव = कृष्ण। छबिहि = शोभा को।

अर्थ—कृष्ण-भक्ति की ओर अपना प्रेम प्रदर्शित करते हुए रसखान कहते हैं कि मान करने वाली नारी का हृदय तोड़कर, अर्थात् उसके प्रेम के बँधनों को छोड़कर और मन को मोहित करने वाली स्त्रियों के गर्व को चूर्ण करके तथा कृष्ण की शोभा को देखकर मुसलमान-धर्मावलम्बी रसखान कृष्ण-भक्ति में तन्मय हो गये।

दोहा

बिधु सागर रस इन्दु सुभ, बरस सरस रसखान।
प्रेम वाटिका रचि रुचिर, चिर हिय हरषि बखान।। 51।।

शब्दार्थ—बिधु सागर रस इन्दु = संवत् 1671। रुचिर = सुन्दर।

अर्थ—रसखान कहते हैं कि मैंने उल्लसित होकर इस सोरस और सुन्दर-प्रेम वाटिका की रचना शुभ वर्ष संवत् 1671 वि में की।

दोहा

अरपी श्री हरि चरन जुग पुहुप पराग निहार।
बिचरहिं या मैं रसिकबर, मधुकर निकर अपार।। 52।।

शब्दार्थ—अरपी = अर्पित की। पुहुप पराग = कमल-केसरल। मधुकर-निकर = भौंरों का समूह।

अर्थ—रसखान कहते हैं कि मैंने यह प्रेम-वाटिका श्रीकृष्ण के दोनों चरणों के कमल-केसर को देखकर उनको अर्पित की। आशा है कि अपार भौंरों के समूह रूपी रसिकवर इसमें विचरण करेंगे, अर्थात् इससे आनन्द प्राप्त करेंगे।

दोहा

(शेष पूरण)

राधा-माधव सखिन संग, बिरहत कुंज-कुटीर।
रसिकराज रसखानि तहँ, कूजत कोइल कीर।।53।।

शब्दार्थ—माधव = कृष्ण। कोइल = कोयल। कीर = तोता।

अर्थ—रसखान कहते हैं कि राधा और कृष्ण अन्य सखियों के साथ कुंज कुटीरों में विचरण करें और वहाँ पर रसिकराज रसखान कोयल तथा तोते के रूप में कूजता रहे।

दानलीला

सवैया

आवत हौ रस के चसके तुम जानत हौ रस होत कहा हो।
नैसक वै रस भीजन दैहौ दिना दस के अलबेले लला हो।
अंत वही दिन आवेंगे झूमि गुवालिन ही के जुसंग सखा हो।
ल्यौगे कहा इन बातन तैं घर जाव अब ही लरका हो।।1।।

शब्दार्थ—चमके = लोभ से। नैसक = थोड़ा-सा। लरका = अबोध।

अर्थ—कोई गोपी कृष्ण की भर्त्सना करती हुई कहती है कि हे कृष्ण! तुम मेरे पास रस के लोभ से आये हो, लेकिन तुम यह नहीं जानते कि रस क्या होता है? अभी तो तुम दस दिन के अलबेले लड़के हो, अर्थात् अल्पायु के हो, अतः स्वयं को थोड़ा-सा रस में तो भीगने दो, अर्थात् वह अवस्था तो आने दो, जब रसास्वादन का बोध हो आता है। अन्त में वे ही दिन आ जायेंगे जब तुम ग्वालिनों के साथ झूमकर रस का आनन्द लोगे। अतः तुम अभी से इन बातों से क्या लोगे। तुम अभी अबोध हो, इसलिए अपने घर चले जाओ।

सवैया

आई हौ आज नई ब्रज में कछु नैना नचाइ कैं रार मचैहौ।
जानति हौ हमहीं छलि कै दधि बेचन जाव सो जान के पैहौ।
लैहौं चुकाइ सबै तुम सों रसखानि भले मन में पछतैहो।
जो तुम होहु बड़े घर की अइलात कहा हौ जगात न दैहौ।।2।।

शब्दार्थ—रार = झगड़ा। अइलात = गर्व करना। जगात = कर, टैक्स।

अर्थ—गोपी की बातें सुनकर कृष्ण कहते हैं कि तुम अभी ब्रज में नई-नई आई हो, इसलिए आँखें नचाकर झगड़ा कर रही हो, अर्थात् तुम्हारा यह झगड़ा केवल दिखावे के लिए है, वास्तविक नहीं है। तुम चाहती हो कि हमें धोखा देकर तुम दही बेचने के लिए निकल जाओ, पर हम तुम्हें इस प्रकार नहीं जाने देंगे। रसखान कहते

हैं कि चाहे तुम अपने मन में जितना पछतावा करो, पर हम तुमसे सब कर वसूल कर लेंगे। यदि तुम किसी बड़े घर की हो तो इसमें गर्व करने की कोई बात नहीं है, क्योंकि तुम्हारा कर न देने का आग्रह व्यर्थ है; अर्थात् चाहे तुम जितने बड़े घर की हो, हम बिना कर लिए तुम्हें नहीं छोड़ेंगे।

सवैया

सुनिकै यह बात हियें गुनि कै तब बोलि उठी वृषभान-लली।
कहौ कान्ह अजान भए बन में कहूं माँगत दान कि छेकि गली।
मग आइ कै जाइ रिसाई कड़ा तुम एकऊ बात कही न भली।
हम हैं वृषनभानपुरा की लली अब गोरस बेचन जात चली।।3।।

शब्दार्थ—गुनि कै = सोचकर। वृषभान = राधा। गोरस = दही।

अर्थ—कृष्ण की बातें सुनकर और उन्हें अपने हृदय में सोचकर राधा कहती है कि हे कृष्ण! आज तुम अनजान बन गये हो, जो बन में हमारा मार्ग रोकते हो। तुम हमारा मार्ग रोकना ही चाहते हो, अथवा कुछ माँगना चाहते हो। मार्ग में आकर और अपनी इच्छा पूरी न हो सकने के कारण तुम क्रोधित होकर क्यों जाते हो? तुमने तो एक भी बात ठीक नहीं कही। हम राजा वृषभानु की पुत्री हैं और अब दही बेचने के लिए जा रही हैं। तुम्हारे रोके से हम नहीं रुक सकतीं।

सवैया

एरी कहा वृषभानुपुरा की तो दान दियें बिन जान न पैहो।
जौ दधि-माखन देव जु चाखन झूमत लाखन या मग एहौ।
नाहिं तौ जो रस सो रसलैहो जु गोरस बेचन फेरि न जैहौ।
नाहक नारि तू रारि बढ़ावति गारि दियें फिरि आपहि दैहौ।।4।।

शब्दार्थ—लाखन = लाखों बार। नाहक = व्यर्थ में। आपहि दैहो = आप भी खाओगी।

अर्थ—राधा की चुनौती सुनकर कृष्ण कहते हैं कि तुम मुझे वृषभानु की पुत्री होने का क्या भय दिखाती हो? मैं बिना कर लिये तुम्हें यहाँ से जाने न दूँगा। यदि तुम मुझे खाने के लिए दही और माखन दे दोगी, तो इस मार्ग से लाखों बार निःशंक होकर निकल जाओ। कोई तुम्हें कुछ न कहेगा। यदि तुम अपनी मरजी से मुझे गोरस नहीं दोगी तो जो तुम्हारे पास गोरस है, वह तो मैं छीन ही लूँगा और फिर तुम्हें इस मार्ग से कभी भी जाने नहीं दूँगा। हे नारी! तुम व्यर्थ में ही झगड़ा बढ़ाती हो। यदि तुम मुझको गाली दोगी तो उसके बदले में स्वयं भी गाली खाओगी।

कवित्त

गारी के देवैया बनवारी तुम कहौ कौन,
हम तौं वृषभान की कुमारी सब जानो है।
जोर तौ करौगे जाइ जासों हरि पार पाइ,
भुरही तें आजु मो सों कैसो हठ ठानो है।
बूझि देखौ मन माहिं अरुझत मग जात,
बूझिहौ निदान कान्ह जौन कहो मानो है।
मेरे जान कोऊ मीरखान आवै दही छीनै,
तू तौ है अहीर मोहिं नहिं पहिचानो है।।5।।

शब्दार्थ—गारी = गाली। जोर = बल-प्रयोग। पार पाइ = पार पाना, कार्य की सिद्धि होना। भुरहिं तें = प्रातःकाल से ही। अरुझत = झगड़ना। मीरखान = राज्य का उच्च अधिकारी।

अर्थ—कृष्ण की बातें सुनकर राधा कहती है कि हे कृष्ण! तुम गाली देने वाले कौन होते हो; अर्थात् तुम्हें गाली देने का क्या अधिकार है? सब लोग इस बात को जानते हैं कि हम राजा वृषभान की पुत्री हैं और इसलिए हमें गाली देना आसान नहीं है। हे कृष्ण! यदि बल-प्रयोग करना ही है तो उससे करो जिससे तुम्हारी कार्य-सिद्धि हो जाये। आज न जाने तुमने क्यों प्रातःकाल से ही मेरे साथ झगड़ा शुरू कर दिया है। तुम अपने मन में सोचकर देख लो कि रास्ते में किसी से भी झगड़ा करना उचित नहीं है। यदि तुम्हें मेरा विश्वास न हो तो जिसका तुम्हें विश्वास है, उसी से बात पूछकर देख लो। मैं तो यह जानती हूँ कि राज्य का कोई उच्च अधिकारी ही दही छीनने के लिए आ सकता है। पर तुम तो केवल अहीर हो; अर्थात् साधारण-सी जाति के पुत्र हो और तुम मुझको नहीं पहचान रहे हो।

विशेष—व्यंग्यात्मकता के द्वारा प्रभावोत्कर्ष।

कवित्त

तोहूं पहचानौं वृषभान हूँ को जानौं नेकु,
कहूं की न शंक मानौं हौं अहीर ऐसो हौं।
मीरन को मारि मान तोरिहों गुमान लैहों,
आज तोसौं दान लैहों देखियै जु जैसो हौं।
फोरिहों मटकी माट लै दही करौगौ लूट,
जैहो कोने सु तौ घाट बाट रोके बैसौ हौं।
कहा कहौं राध तोहिं अजहूँ न चीन्है मोहिं,
मेरी ओर देखि नेकु दानी कान्ह कैसो हौं।।6।।

शब्दार्थ—नेकु = तनिक भी। संका = डर। मीरन को = सरदारों को। गुमान = गर्व। मटूकी = मटकी, छोटा घड़ा। माट = घड़ा। बैसो हों = बैठ गया हूँ। चीन्है = पहचानना। दानी = कर (टैक्स) लेने वाला।

अर्थ—राधा की बातें सुनकर कृष्ण कहते हैं कि हे राधा! मैं तुझे भी जानता हूँ और तेरे पिता वृषभान को भी जानता हूँ, लेकिन मैं ऐसा अहीर हूँ कि किसी का भी डर नहीं मानता। राज्य के सरदारों को मार कर जिनका तुम घमण्ड करती हो, तुम्हारा गर्व चूर्ण कर दूँगा। आज मैं तुमसे दान लेकर ही रहूँगा और फिर तुम्हें मेरी शक्ति का पता चलेगा। मैं तुम्हारे छोटे और बड़े घड़ों को फोड़ कर तुम्हारी दही को लूट लूँगा और फिर तुम चाहे जिससे शिकायत करो, मैं इसी रास्ते पर बैठा हुआ हूँ, डर कर कहीं भागूँगा नहीं। हे राधा! मैं तुमसे क्या कहूँ? तुम आज भी मुझे नहीं पहचान रही हो मेरी ओर तो देखो, तुम्हें पता चलेगा कि तुमसे कर लेने वाला कृष्ण कैसा है?

कवित्त

जोहौं मैं तिहारी ओर नन्दगाँव के किसोर,
माखन के चोर तुम गोकुल के बासी हौ।
जसुदा तिहारी माइ ऊखल सों बाँधो जाइ,
दानी पै कहाए आइ भए कामरासी हौ।
कंस सों कहौंगी जाइ माँगिहौं तुमैं धराइ,
रहौगे कहाँ छिपाइ जो बड़ मवासी हौ।
गोरस को दान हम आजहु न सुने काम,
काहै लाल हम सों करत रोज रासी हौ।।7।।

शब्दार्थ—जौहे = देखती हूँ। कामरासी = काम भावना से युक्त। तुमैं धराइ = तुमको बन्दी बनाने के लिए। मवासी = सुरक्षित दुर्ग।

अर्थ—कृष्ण की बातें सुनकर राधा कहती है कि हे कृष्ण! मैं तुम्हारी ओर देखती हूँ और तुम्हें पहचानती भी हूँ। तुम नन्द गाँव के युवक हो, मक्खन के चोर हो और गोकुल के निवासी हो। यशोदा, जिसने तुम्हें ऊखल से बाँध दिया था, तुम्हारी माँ है। आज तुम यहाँ आकर कर लेने वाले बन गये हो और काम भावना से युक्त हो गये हो। मैं कंस से तुम्हें बन्दी बनाने के लिए विनती करूँगी और फिर तुम सुरक्षित दुर्गों में भी नहीं छिप सकोगे, क्योंकि कंस तुम्हें बन्दी बनाकर ही रहेगा। हमने कभी यह नहीं सुना कि दही पर भी कर लगता है, अतः हमारे साथ प्रतिदिन परिहास करना ठीक नहीं है।

कवित्त

दान पै न कान सुने लैहों सो गुमान भंजि,
हासी पर हासी परहासी आज करौंगो।

जेती तुम ग्वालिन तितेक सब रोकि राखौं,
जमुना की ओटि पैं जु सबैं काम सरौंगो।
जाकों तूँ कहति कंस ताहि को करौं बिधंस,
हौं तौ जदुबंस बीर काहू सों न डरौंगो।
भूषन उतारि चीर फारि चीर डारि दैहौं,
नन्द की दुहाई खात टेक सों न टरौंगो।।8।।

शब्दार्थ—भंजि = चूर्ण करना। सरौंगो = पूर्ण करूँगा। बिधंस = विध्वंस। टेक सों = प्रण से।

अर्थ—राधा की बातें सुनकर कृष्ण कहते हैं कि यदि तुम दान देने की बात को नहीं सुनोगी तो मैं तुम्हारा गर्व चूर्ण कर दूँगा और तुम्हारी विविध प्रकार से हाँसी करूँगा। जितनी तुम ग्वालिन हो, उन सबको मैं रोक लूँगा और यमुना की ओट में अपने सब कार्यों को पूर्ण करूँगा। जिस कंस की तुम मुझे धमकी दिखलाती हो, उसका नाश कर दूँगा। मैं यदुवंश का वीर हूँ, इसीलिए किसी से नहीं डरूँगा। तुम्हारे भूषणों को उतार कर तुम्हारे चीर के टुकड़े-टुकड़े कर डालूँगा। मैं नन्द बाबा की सौगन्ध खाकर कहता हूँ कि अपने प्रण से तनिक भी नहीं हटूँगा, अर्थात् प्रण पूरा करके रहूँगा।

कवित्त

नन्द की न दासी हम जातिहू मैं नाहीं कम,
एक गाँव बसौं स्याम भोर भए बादी हो।
जमुना के तीर तुम चीर हूँ चुराइ रहौ,
ताहू की न लाज आई ओर न फसादी हो।
रोकत हौ टोकत हौ बाट माहि साट खाह,
माट फोरि चाटौ दही यही गुन आदी हो।
जौ कहूँ बैठारिहौ न पारिहौ रुआब माहि,
नोन की न गोन ली है आदी हूँ न लादी हो।।9।।

शब्दार्थ—भोर भए = भोले होकर। बादी = जगड़ालू। ओर के = भारी। फसादी = झगड़ा करने वाले। साट खाह = दूसरों का धन लूटना। आदी = स्वभाव वाले। रुआब = रोब। नोन = नमक। गोन = माल लादने की बोरी। आदी = अद्रक, अदरक।

अर्थ—कृष्ण की बातें सुनकर राधा कहती है कि हे कृष्ण, न तो हम नन्द की दासी हैं जिस प्रकार तुम हो और न तुमसे जाति में ही कम हैं। हम सब एक ही गाँव के रहने वाले हैं, लेकिन तुम भोले बन कर भी झगड़ालू हो, अर्थात् केवल देखने में ही भोले दिखाई देते हो, अन्यथा तुम तो स्वभाव से झगड़ालू हो। तुमने यमुना के किनारे पर जाकर स्नान करती हुई गोपियों के वस्त्र चुरा लिये थे। इस अधर्म कार्य को करके

भी तुम्हें लज्जा नहीं आई। तुम तो भारी झगड़ा करने वाले हो। दूसरों का धन लूटने के लिए तुम उनका रास्ता रोकते हो, उन्हें टोकते हो। तुम्हारा अव यह स्वभाव वन गया है कि तुम घड़ा फोड़ कर दही खाने वाले बन गये हो। जो तुम्हें कहीं बैठाया जाये तो तुम रौब भी नहीं दिखा सकते, अर्थात् तुम्हारा व्यक्तित्व भी प्रभावशाली नहीं है। फिर यह भी समझ लो कि हम गोन में नमक और अदरक भरकर लादने के आदी नहीं हैं, अर्थात् हम कोई साधारण व्यापारी नहीं हैं, यदि तुम हमें छोड़ोगे तो तुम्हें इसका बहुत मूल्य देना पड़ेगा।

कवित्त

मेरो को करै नियाब हौं तो तीनि लोक राव,
हमै घरौ माँटी चाव दाँव भलो पायौ है।
वृन्दावन कुंज माँह कदम की छाँह चलौ,
अंक भरि भेंटि लैहों जैसो मन भायौ है।
हीरा मनि मानिक की कांच और पोतिन की,
मोतिन की गात की जगात हौं लगायौ है।
गोरस तौ ढर ढर खाहु पीयौ बेर बेर,
देखहु सलोनो रूप दानी कान्ह आयौ है।। 10।।

शब्दार्थ—नियाब = न्याय। राव = राजा। अंक भरि = बाहुपाश में बाँध कर। मोतिन की = माला के मनकों की। जगात = कर।

अर्थ—राधा की बातें सुनकर कृष्ण कहते हैं कि मेरा न्याय कौन कर सकता है, क्योंकि मैं तीनों लोकों का राजा हूँ अर्थात् मैं तो स्वयं ही सबसे बड़ा हूँ। तुम इसी कारण उल्लसित होकर यही दाव देखकर फेर लेती हो। तुम वृन्दावन के कुंजों में उत्पन्न कदम के वृक्षों की छाया में चलो और जैसा मैं चाहता हूँ, वहाँ तुम्हें बाहुपाश में लूँगा। मैंने हीरा, मणि, मानिक, बाँध और मोती जैसे तुम्हारे शरीर पर कर लगाना है। गोरस तो मैंने अनेक बार अत्यधिक मात्रा में खाया-पिया है, अब तुम यह समझ लो कि मैं तुम्हारे सुन्दर शरीर से कर वसूल करने आया हूँ।

सवैया

नौ लख गाय सुन हम नन्द के तापर दूध दही न अघाने।
माँगत भीख फिरौ बन ही बन झूठि हो बातन के पर पाने।
और ही नारिन के मुख जोबत लाज गहौ कछु होहु सयाने।
जाहु भले जु चले घर जाहु चले बस जाउ बृन्दावन जाने।। 11।।

शब्दार्थ—नौ लख = नौ लाख। अघाते = तृप्त हुए। जोबत = देखना। होहु सयाने = होश में आकर। जाने = जानती हैं।

अर्थ—कृष्ण की बातें सुनकर राधा कहती है कि हे कृष्ण! मैंने सुना है कि नन्द के नौ लाख गायें हैं, फिर भी तुम उनकी दूध-दही खाकर तृप्त नहीं हुए। तुम वन-वन में झूठी बात करके भीख माँगते फिरते हो। तुम दूसरों की स्त्रियों के मुँह देखते फिरते हो। तुम्हारा यह कार्य नहीं है, अतः होश में आकर कुछ शर्म करो। अच्छा यही है कि तुम वृन्दावन अपने घर चले जाओ, क्योंकि हम तुम्हें भली प्रकार जानती हैं।

स्फुट पद

तू एसी चतुराई ठानै, चाहे को निकसत या गैल।
गैल कना तेरे बाबा की, हम निकसी का पहिल पहैल।
यह पैडौं सबहिंन चलिबे को, काहे को तू रोकत छैल!
रसखानि के प्रभू सूधो चलि जा, देहुं उरहनौ नंद महैल।।1।।

शब्दार्थ—गैल = रास्ता। पहिल पहैल = प्रथम बार। पैड़ों = रास्ता। उरहनौ = उपालम्भ, शिकायत। नंद महैला = नंदमिहिर।

अर्थ—मार्ग में जाते हुए किसी गोपी को कृष्ण ने छेड़ दिया। वह कृष्ण को बुरा-भला कहने लगी। इस पर कृष्ण ने कहा कि यदि अपने मन में इतनी होशियार बनती हो तो इस रास्ते से निकलती ही क्यों है? इस पर गोपी कहती है कि यह रास्ता न तो तेरे बाबा का है और न हम प्रथम बार ही इससे जा रही हैं, पहले भी इस रास्ते से निकल चुकी हैं। रास्ता तो सभी के चलने के लिए है अतः हे छैला! तुम रास्ता क्यों रोकते हो? हे रसखान के प्रभु! हमें छोड़कर या तो सीधे-सीधे यहाँ से चले जाओ, वरना तुम्हारी शिकायत नन्दमिहिर से कर देंगी।

गारी खायगो अरे गँवार?
ऐसी कौन सिखाई तोहै, पकरत आप पराई ना:?
जा जा गोरस ले पिबैया, कौन है तू मग रोकनहार?
एती बरजोरौ ना कीजै, मोहन सीख दई सत बार।
खीजि मटुकिया भटकि सुपटकी, गोरस बहि-बहि चल्यौ पनार?
रसखान के प्रभु आज जान दैं, कल आऊँगी यहै करार।।2।।

शब्दार्थ—गँवार = धृष्ट। गोरस = दही। बरजोरी = छीना-झपटी। सीख = शिक्षा। सतबार = सैकड़ों बार। खीजि = क्रोधित होकर। पनार = नाली।

अर्थ—कोई गोपी दही बेचने के लिए जा रही थी। रास्ते में कृष्ण मिल गये और उससे छेड़खानी करने लगे। इस पर गोपी ने कहा कि हे धूर्त कृष्ण! तुम मुझसे छेड़खानी क्यों करते हो? क्या तुम मुझसे गाली खाना चाहते हो? तुम्हें पराई स्त्री को छेड़ने की शिक्षा किसने दी है? जाओ, यहाँ से चले जाओ। तुम जैसे दही खाने वाले अनेक देखे हैं। मेरा रास्ता रोकने वाले होते कौन हो? हे मोहन! मैं तुमको सैकड़ों बार

समझा चुकी हूँ कि तुम्हारी ऐसी छीना-झपटी करनी ठीक नहीं है। यह सुनकर कृष्ण को क्रोध आ गया और क्रोधित होकर उन्होंने उस गोपी की दही की मटकी झटक कर पृथ्वी पर फेंक दी जिससे वह फूट गई और दही नाली में बह-बहकर चलने लगी। तब गोपी ने उनसे प्रार्थना की कि हे रसखान के प्रभु! आज तो मुझे जाने दो। मैं वचन देती हूँ कि कल अवश्य आऊँगी।

वाही दिन वारौ बानक बनि, आयौ सखि आज।
गावत तेरी रझि भावतौ संग लिये सुधर समाज।
सास ननद की कानि करौ जनि, उठि किन खेलौ फाग।
अँखियाँ सखियाँ सुफल करौ किन, इन नैनन के भाग।
कान परी जब तान मोहिनी, तबहुं तजी कुल कानि।
इतरु हँसी वृषभान-नंदिनी, उतरु हँसे रसखानि।।3।।

शब्दार्थ—वाही दिन वारौ = उसी दिन की तरह। बानक बनि = वेशभूषा सजाकर। सुधार = सुन्दर। कानि = भय। जानि = मत। किन = क्यों नहीं। इतरु = इधर। वृषभान-नंदिनी = राधा। रसखान = कृष्ण।

अर्थ—कोई गोपी अपनी सखियों को फाग खेलने के लिए प्रेरित करती हुई कहती है कि हे सखियो! कृष्ण ने आज फिर उसी दिन वाली वेश-भूषा धारण करके अपने शरीर को सजाया है। वह अपने साथ अपने साथियों का सुन्दर समाज लेकर तेरे प्रेम के गीत गाता है। अब तुम अपनी सास और ननदों का भय मत करो और उठकर फाग खेलो। हे सखियो! यह अवसर बड़े सौभाग्य से मिला है, अतः कृष्ण के साथ फाग खेलकर अपनी आँखों को सफल करो। जब कृष्ण की मनोहर तान हमने सुनी थी तभी हमने अपने कुल की मर्यादा को छोड़ दिया था। इधर राधा कृष्ण को देखकर हँसी और उधर कृष्ण राधा को देखकर हँसे।

आज होरी रे मोहन होरी!
कालि हमारे आँगन गारी, दे आयौ सो को री।।
अब का दुरि बैठे मैया ढिंग, निकसो कुन्ज बिहारी।
उमँगि-उँमगि आई गोकुल की, सकल मही धनधारी।
जब ललना ललकारि निकासे, रूप सुधा की प्यारी।
लिपटि गई घनस्याम लाल सों, चमक चमक चपला सी।
काजर देउ जु परि भरुवा के, सबै दैहु मिलि गारी।
कहि रसखान एक गारी पै, सौ आदर बलिहारी।।4।।

शब्दार्थ—कालि = कल। दुरि = छिपकर। ललना = गोपी। चपला = बिजली। भरुवा = भडुवा, विभिन्न वेशधारी।

अर्थ—गोपियाँ कृष्ण के घर जाती हैं और कृष्ण को होली खेलने के लिए ललकारती हुई कहती हैं कि हे मोहन! आज होली है, कल तुम हमारे घर जाकर गाली

दे आये थे और आज अपनी माँ के पास छिपकर बैठ गये हो। हे कुंजबिहारी! बाहर निकलो। देखो, गोकुल की समस्त वैभव पृथ्वी वाली उमंग गई है; अर्थात् चारों ओर मादक वातावरण छाया हुआ है। जब कृष्ण के सौन्दर्य-अमृत की प्यासी गोपियों ने कृष्ण को बाहर निकाल लिया तो वे उससे बिजली की तरह लिपट गईं। तब वे कहने लगीं कि सब मिलकर इस भडुवा को (कृष्ण को) काला कर दो और इसे गाली दो! रसखान कहते हैं कि उनकी एक गाली पर सौ आदरों को निछावर किया जा सकता है।

विशेष—उपमा अलंकार।

मैं कैसे निकसों मोहन खेलै फाग।
मेरे संग की सब गयी, मोहि प्रगट्यौ अनुराग।।
एक रैनि सुपनो भयौ, नन्द-नन्दन मिल्यौ आइ।
मैं सकुचन घूँघट कर्‌यौ, (उन) भुज मेरी लपटाइ।।
अपनौ रस मो कों दयो, मेरो लीनो घूँटि।
बैरिन पलकैं खुल गयीं, (मेरी) गई आस सब ठूटि।।
फिरि मैं बहुतेरी करी, नेकु न लागी आँखि।
पलक मूँदि परिचौ लियौ, (मैं) जाम एक लौं राखि।
मेरे ता दिन ह्वै गयौ, होरी डाडों रोपि।
सास ननद देखन गई मौहि घर वासौ सोंपि।।
सास उपासन भारुई ननद खरी अनखाय।
देबर डग धरिवौ गनै, (मेरो) बोलत नाहु रिसाय।
तिखके चढ़ि ठाड़ी रहूँ, लैन करू कनेहर।
राँति द्यौत हौसे रहे का मुरली की टेर।।
क्यों करि मन धीरज धरूँ, उठति अतिहि अकुलाय।
कठिन हियौ फाटे नहीं, तिल भर दुख न समाय।
ऐसी मन में आवई, छाँड़ि लाज कुल कानि।
जाय मिलौ बृज ईस सों, रति नायक रसखानि।।5।।

शब्दार्थ—अनुराग = प्रेम। रस = आनन्द। परियो = परिचय, प्रतीक्षा। जाम = काल, प्रहर। डाँडों रोपि = डंडा गाड़ दिया। बासौ = घर, सामान। अनखाय = क्रोधित होता है। तिखने = तिमंजिले पर। कनहेर = दर्शन की उत्सुकता।

अर्थ—कोई गोपी अपनी सखी से कहती है कि हे सखि! मैं घर से बाहर कैसे निकलूँ, क्योंकि बाहर कृष्ण फाग खेल रहे हैं। मेरे साथ की सारी सखियाँ चली गईं हैं, पर मैं नहीं गयी क्योंकि मेरे मन में कृष्ण के प्रति प्रेम उत्पन्न हो गया है। हे सखि! एक दिन स्वप्न में मैं कृष्ण से मिली। उस मिलना वेला में मैंने तो संकोच से घूँघट कर लिया, पर उन्होंने अपनी भुजाएँ फैलाकर मुझे अपने बाहु-पाश में बाँध लिया। उन्होंने

अपना आनन्द मुझे दिया और मेरा स्वयं ले लिया। तभी मेरी आँखें खुल गईं और अब आशा टूट गई। फिर मैंने सोने का बहुत प्रयत्न किया पर फिर मुझे नींद न आई। एक प्रहर तक आँखें मूँदकर मैं नींद की प्रतीक्षा करती रही और देखे हुए दृश्य को आँखों में झुलाती रही। उसी दिन से कृष्ण के साथ होली खेलने का मेरे ऊपर प्रतिबन्ध लग गया। मुझे घर और घर का सामान सौंप कर सास-ननद स्वयं तो होली खेलने चली गयीं, पर मुझे जाने नहीं दिया। कृष्ण के प्रति मेरे प्रेम को जान कर सास तो मुझे दुःख देती रहती है, और ननद अत्यन्त अप्रसन्न रहती है। देवर मेरे आने-जाने की पूरी चौकसी करता रहता है, पति क्रोधित होकर बातें करता है। कृष्ण का तनिक-सा दर्शन पाने के लिए मैं तिमंजिले पर खड़ी रहती हूँ और रात-दिन उनकी मुरली की ध्वनि सुनकर प्रसन्न रहती हूँ। मैं अपने मन में किस प्रकार धैर्य धारण कर सकती हूँ, क्योंकि कृष्ण की याद आते ही मेरा मन अत्यधिक व्याकुल हो जाता है। मेरा हृदय इतना कठोर है कि वह वियोग दुःख से फटता भी तो नहीं है और इतना कोमल है कि इसमें तिलभर दुःख भी नहीं समा पाता। मेरे मन में तो यह बात आती है कि मैं लज्जा और कुल मर्यादा छोड़कर रति-नायक, ब्रज के अधिपति कृष्ण से जा मिलूँ।

संदिग्ध छन्द

सवैया

हेरत कुँज भुजा धरें स्याम सों नैक तवै हँसती न लुगाई।
लाज न कानि हती जिय माँझ सु मेटत जो मग माँह कन्हाई।
हेरे परैं न गुपाल सखी इन जोबन आनि कुचाल चलाई।
होय कहा अब के वछिताएँ जौ हाथ तें छूटि गई लहिकाई।।1।।

शब्दार्थ—हेरत = देखते हुए। कानि = मर्यादा। लरिकाई = लड़कपन, बचपन।

अर्थ—कोई गोपी अपनी सखी से कृष्ण के प्रति अपने प्रेम को व्यक्त करती हुई कहती है कि हे सखि! बचपन में जब मैं कृष्ण के ऊपर कुंज में अपनी भुजाओं को रख लेती थी, अर्थात् उसे बाहु-पाश में बाँध लेती थी तो उस घटना को देखते हुए भी अन्य स्त्रियाँ तनिक भी नहीं हँसती थीं, मेरा परिहास नहीं करती थीं। यदि कृष्ण मार्ग में मिल जाता था तो मैं निःसंकोच भाव से उससे मिलती थी। तब मेरे मन में न तो लज्जा होती और न कुल की मर्यादा का कोई भाव होता था। हे सखि! अब मोहन के आने पर मैं चाहते हुए भी कृष्ण को नहीं देख पाती। यह मोहन तो मेरे लिए इतना कटु अभिशाप बन गया है। लेकिन जब बचपन बीत गया तो पछताने से क्या होता है।

विशेष—गोपी के सरल भाव का स्वाभाविक वर्णन है।

कवित्त

चीर की चटक औ लटक नव कुंडल की,
भौंह की मटक नेह अँखिन दिखाउ रे।
मोहन सुजान गुरू-रूप के निधान फेरि,
बाँसुरी बजाइ तनु-तपन सिराउ रे।।
पहो बनवारी बलिहारी जाऊँ तेरी आजु,
मेरी कुँज आइ नेक मीठी तान गाउ रे।
नन्द के किसोर चितचोर मोर पंखवारे,
बंसी वारे साँवरे पियारे इत आउ रे।।2।।

शब्दार्थ—चटक = शोभा। नेह = स्नेह, प्रेम। निधान = भण्डार। तनुतपन = शरीर का दुःख। सिराउ = ठंडा करना। नेक = तनिक।

अर्थ—कोई गोपी कृष्ण से प्रार्थना कर रही है कि हे कृष्ण! अपने वस्त्रों की शोभा और नवीन कुण्डलों के इधर-उधर हिलने की शोभा, भौंहों की मटक और अपनी आँखों में भरा हुआ प्रेम मुझे दिखाओ। हे मोहन! तुम सुजान हो, गुण और सौन्दर्य के भण्डार हो, फिर से बाँसुरी बजाकर मेरे शरीर के दुःख को ठण्डा करौ। हे बनवारी! मैं आज तुम पर बलिहारी होती हूँ। मेरे कुंज में आकर तनिक बाँसुरी की मीठी तान सुनाओ। हे नंदनंदन, चित्त को चुराने वाले, मोर-मुकुट धारण वाले श्यामवर्ण प्रियतम, इधर आओ अर्थात् मेरे पास आकर वियोग-दुःख दूर करो।

कवित्त

तट की न घट भरैं मग की न पग धरैं,
घर की न कछु करैं बैठीं भरैं साँसु री।
एकै सुनि लौट गई एके लोट पोट भई,
एकनि के दृगनि निकसि आए आँसु री।।
कहै रसखान सो सबै ब्रज बनिता बधि,
बधिक कहाय हाय भई कुल हाँसु री।
करिये उपाय बाँस डारियै कटाय, नाहिं,
उपजैगो बाँस नांहिं बाजै फेरि बाँसुरी।।3।।

शब्दार्थ—घट = घड़ा। मग = मार्ग। दृगनि = आँखों में। हाँसु = हँसी।

अर्थ—कृष्ण की बाँसुरी के प्रभाव का वर्णन करती हुई कोई गोपी अपनी सखी से कहती है कि हे सखि! जब कृष्ण ने बाँसुरी बजाई तो ब्रज की समस्त गोपियाँ किंकर्त्तव्यविमूढ़ हो गईं। जो गोपी जल भरने के लिए गई थी, वह यमुना के किनारे पर ही खड़ी रह गई। जो मार्ग में जा रही थी, उसके आगे पैर चले नहीं। जो घर में थी वह अपना कार्य छोड़कर केवल लम्बे-लम्बे साँस लेने लगी। एक गोपी बाँसुरी की

ध्वनि को सुनकर पृथ्वी पर अचेत होकर लोट गई, एक लोट-पोट हो गई। एक की आँखों से आँसू निकल आए। रसखान कहते हैं इस प्रकार ब्रज की गोपियों की भी हँसी हुई क्योंकि उन्होंने अपनी कुल की मर्यादा का कोई ध्यान नहीं रखा। बाँसुरी के भयंकर प्रभाव से बचने का तो उपाय है कि इस संसार के सारे बाँसों को कटवा दिया जाये, क्योंकि न बाँस होगा और न बाँसुरी बजेगी!

विशेष—लोकोक्ति अलंकार।

कवित्त

भिक्षुक तिहारो कहाँ बलि मख शाला जहाँ,
सर्पन को संगी है है क्षीरनिधि में!
ऐरी वहरगी बैल वारौ कहाँ नामत है,
किने तिरभंग, कहीं है है ग्वालिन में।।
चाउर चबैया कहाँ है सुदामा पास,
विष को अहारी कहो पूतना के घर में।
सिंधु-सुता आन मिलीं तर्क सों तरक करी,
गिरिजा मुसकाति जाति झारी लिए कर में।। 4।।

शब्दार्थ—बलि मख-शाला जहाँ = जहाँ पर राजा बलि की यज्ञशाला है। छीरनिधि = क्षीरसागर, विष्णु का निवास-स्थान, कृष्ण को विष्णु का अवतार माना जाता है। तिरभंगा = त्रिभंगी होकर। पूतना = एक राक्षसी, जिसे कृष्ण ने बचपन में मारा था। सिन्धु-सुता = लक्ष्मी। तर्क से तर्क करी = तर्क के द्वारा पराजित कर दिया। गिरिजा = पार्वती। झारी = जलपात्र।

अर्थ—पार्वती जल का पात्र लेकर जा रही थी। मार्ग में उन्हें लक्ष्मी मिली। उसने शिव का परिहास करने के लिए पार्वती से कुछ प्रश्न किये, परन्तु पार्वती उनके उत्तर कृष्ण से (विष्णु के अवतार से) सम्बद्ध कर दिये। इस प्रकार पार्वती ने अपने पति के गौरव की जो रक्षा की और लक्ष्मी को अपने तर्कों से पराजित कर दिया? प्रश्न और उत्तर इस प्रकार हैं—

प्रश्न—तुम्हारा भिक्षुक कहाँ है? (गोपी का शिव से तात्पर्य है।)

उत्तर—जहाँ राजा बलि की यज्ञशाला है। (कृष्ण राजा बलि के पास वामन का रूप धारण करके दान माँगने गये थे।)

प्रश्न—सर्पों का साथी कहाँ है? (शिव के गले में सर्प है।)

उत्तर—क्षीर सागर में। (विष्णु क्षीर सागर में शेषनाग की शैया बनाकर निवास करते हैं। कृष्ण को विष्णु का अवतार माना गया है।)

प्रश्न—अरी, मैं पूछती हूँ कि वह बहुरंगी बैल वाला कहाँ नाच रहा है? (शिव की सवारी नांदी बैल है और शिव का ताण्डव नृत्य प्रसिद्ध है।)

उत्तर—तीन भंगिमाएँ बनाकर ग्वाल-समूह के मध्य।

प्रश्न—**चावलों को चाबने वाला कहाँ है? (शिव वैभव से दूर रहकर कठोर योगी का जीवन बिताते हैं।)**

उत्तर—सुदामा के पास। (कृष्ण ने सुदामा के चावल खाये थे।)

प्रश्न—**वह विष खाने वाला कहाँ है? (शिव ने देवताओं की रक्षा के लिए क्षीर सागर से निकले हुए विष का पान किया था।)**

उत्तर—पूतना के घर में। (पूतना राक्षसी अपने स्तनों से विष लगाकर वालक कृष्ण को मारने आई थी।)

इस प्रकार जल-पात्र लेकर जाती हुई पार्वती ने अपने तर्कों से लक्ष्मी को पराजित कर दिया।

सवैया

खेलिये फाग निशंक ह्वै आज मयंक सुखी कहै भाग हमारी।
लेहु गुलाल दुऔ कर में पित्र कटिक रंग हिये महं डारी।
भावै सु मोहि करो रसखान जू पाँव परौं जनि घूंघट टारो।
बीर की सौंह हौं देखिहौं कैते अबीर तो आँख बचाय के डारो।।5।।

शब्दार्थ—निशंक ह्वै = निडर होकर। मयंकमुखी = चन्द्रमुखी। दुऔ = दोनों। भावै = जो अच्छा लगे। पांव परौं जनि घूंघट टारो = मैं तुम्हारे पैरों में पड़कर प्रार्थना करती हूँ कि मेरा घूँघट मत खोलो। बीर = भाई। सौं = सौगन्ध।

अर्थ—फाग खेलते समय कोई चन्द्रमुखी गोपी कृष्ण से कहती है कि हे कृष्ण! हम दोनों को फाग खेलने का अवसर मिला है, यह हमारा सौभाग्य है। अतः तुम निडर होकर फाग खेलो। दोनों हाथों में गुलाल लेकर और पिचकारी में रंग भर मेरे ऊपर डालो। जो अच्छा लगे, उसी प्रकार मेरे साथ फाग खेलो, पर मैं तुमसे पैरों में पड़कर प्रार्थना करती हूँ कि मेरा घूँघट मत खोलो। मैं भाई की सौगन्ध खाकर कहती हूँ कि मेरी आँखों को बचाकर मेरे ऊपर अबीर डालो, वरना आँखों में अबीर पड़ जाने से मैं किस प्रकार तुम्हारे सौंदर्य को देख सकूँगी?

दोहा

नन्द महर कै बगर तन, ऊब मेरे को जाय।
नाहक कहुं गढ़ि जायगो, हित काँटो मन पाय।।6।।

शब्दार्थ—बगर = आँगन। मेरे को जाये = मेरी बलाय जाये। नाहक = व्यर्थ में ही। हित = प्रेम। मनपाय = मन रूपी चरण में।

अर्थ—कोई गोपी अपनी सखी से कहती है कि नन्द मिहिर के आँगन में अब मेरी बलाय जाय अर्थात् मैं वहाँ बिल्कुल नहीं जाऊँगी क्योंकि वहाँ व्यर्थ ही मन रूपी चरण में प्रेमरूपी काँटा गड़ जायेगा अर्थात् कृष्ण से प्रेम हो जायेगा।

विशेष—रूपक अलंकार।

कवित्त

सुरतरु लतानि भार फल है ललित कैधों,
कामधेनु धारा सम नेह उपजावनी।
कैधों चिन्तामनिन की माल उर सोभित,
बिसाल कंठ में धरै हैं जोति झलकावनी।
प्रभु की कहानी ते गुसाईं की मधुरबानी,
मुक्ति सुखदानी रसखानि मनभावनी।
खाँड की खिजावनी सी कंठ की कुढ़ावनी सी,
सिता को सतावनी सी सुधा सकुचावनी।। 7।।

शब्दार्थ—सुरतस = कल्पवृक्ष। चार फल = धर्म, अर्थ, काम, मोक्ष। ललित = सुन्दर। नेह = स्नेह। सिता = शर्करा, चीनी।

अर्थ—इस कवित्त में राम-कथा के महत्त्व का वर्णन किया गया है। यह राम-कथा कल्पवृक्ष की शाखाओं की भाँति धर्म, अर्थ, काम और मोक्ष के चार सुन्दर फल देने वाली है या कामधेनु की दुग्ध धारा के समान पवित्र और निर्मल प्रेम को उत्पन्न करने वाली है या हृदय पर चिन्तामणि माला के समान सुशोभित होने वाली या विशाल कण्ठ में दिव्य ज्योति के समान झलकने वाली है। राम की कथा से गोस्वामी तुलसीदास की वाणी मुक्ति सुख आनन्द देने वाली मनोहर हो गई। राम-कथा खाँड कन्द शरीर की भाँति मीठी और अमृत के समान अलौकिक आनन्द प्रदान करने वाली है।

विशेष—सन्देह उल्लेख अलंकार।

अंग भभूत लगाय महा सुख है कोउ एसौ सो प्रेमहु पागै।
नाथ को तुम सुनै बिगसै हियो कान्ह को नाम सुनै अनुरागे।
जोग लिये हरि प्यारौ मिलैतो मैं कान फटाये कहा दुख लागै।
मोहन के मन मानी यही तो सबै री कहो मिलि गोरख जागै।। 8।।

शब्दार्थ—भभूत = भस्म। नाथ = गोरखनाथ। बिगसै हियौ = हृदय प्रसन्न हो जाता है। अनुरागै = प्रेम पूर्ण हो जाता है।

अर्थ—उद्धव के निर्गुण ब्रह्म उपदेश को सुनकर कोई गोपी उद्धव से कहती है कि कृष्ण के प्रेम में निमग्न हुआ क्या कोई ऐसा प्राणी है जो यह कहे कि अंगों में भस्म लगने से महासुख की प्राप्ति होती है। गोरखनाथ का नाम सुनकर हृदय प्रसन्न हो जाता है परन्तु कृष्ण का नाम सुनने पर मन प्रेमपूर्ण हो जाता है। यदि योग धारण करने से प्यारा कृष्ण मिल जाय तो हमें अपने कान फटवा लेने से भी कोई दुःख नहीं अर्थात् हम सहर्ष अपने कान फटवा सकती हैं। यदि कृष्ण की यही इच्छा है कि हम उन्हें छोड़कर योग साधना शुरू कर दें तो हे सखि! अब आ जाओ और मिलकर गोरखनाथ का अलख जगाओ।

कैसा यह देस निगोरा, जग होरी ब्रज होरा।
मैं जल जमना भरन जात रही, देख बदन मेरा गोरा।
मौंसों कहैं चलो कुँजन में, तनक-तनक में छोरा।
परे आँखिन में डोरा।।
जियरा देखि डरात सखी री, लाज भरम को ओरा।
का बूढ़े का लौग लुगाई, एक ते एक ठिठोरा।
न काहू सों काहू को चोरा।।
मन मेरो हर्‌यो नन्द के ने सखि चलत लगावत जोरा।
कहै रसखान सिखाइ सखन सौं, अब मेरा अंग टटोरा।
न मानत कहत निहोरा।।9।।

शब्दार्थ—निहोरा = निगोड़ा। तनक-तनक सो = छोटे-छोटे। डोरा = काजल। ठिठोरा = धृष्ट। निहोरा = विनय।

अर्थ—कोई गोपी अपनी सखि से कह रही है कि हे सखि! यह निगोड़ा देश कैसा है और ब्रज तो सारे जग से बढ़कर है। मैं यमुना में पानी भरने के लिए जा रही थी कि मेरे गोरे शरीर को देखकर, मेरे सौन्दर्य पर रीझ कर छोटे-छोटे बच्चे भी जो आँखों में काजल लगाये हुए थे, मुझसे कहने लगे कि कुंजों में चलो। उन्हें देखकर मेरा मन डर गया, लज्जा संकट में पड़ गया। क्या बूढ़े, क्या लोग और स्त्रियाँ, यहाँ ब्रज में तो सब एक-दूसरे से बढ़-चढ़कर धृष्ट हैं, कोई किसी के जोड़े में नहीं आता, अर्थात् सभी अनुपमेय हैं। हे सखि! मेरा मन कृष्ण ने हर लिया है, वह चोरी-चोरी मेरे पीछे चलता है और अपने सब साथियों को सिखा कर मेरी तलाशी लिवा लेता है। उससे चाहे जितनी विनय करो, पर वह किसी की कोई बात नहीं सुनता।

दोहा

परम चतुर पुनि रसिकवर; कैसो हू नर होय।
बिना प्रेम रूखो लगै; बादि चतुराइ सोम।।10।।

शब्दार्थ—रसिकवर = भावुक। बादि = व्यर्थ। चतुराई = चतुरता।

अर्थ—इस दोहे में कृष्ण के प्रेम के महत्त्व का वर्णन किया गया है। चाहे मनुष्य कितना ही चतुर और भावुक हो परन्तु यदि उसमें कृष्ण के प्रति प्रेम नहीं है तो वह नीरस है और उसकी सारी चतुराई व्यर्थ है।

●●●